Singen und Tanzen

Schweine und Trauben werden eingefahren

Beim Falkenabrichten

Beim Schachspiel

Karmelitermönche im Chor

Ritter mit Helmbusch brüstet sich in voller Rüstung;
Schild und Schabracke zeigen sein Wappen

Mit einem Astrolabium wird der Himmel vermessen

Korn wird zu Schiff in
die Mühle gefahren

Ein Krug wird beim Geldverleiher verpfändet

Illustration von Paul M. Breeden

KAISER
RITTER
PATRIZIER

KAISER RITTER PATRIZIER

Prunk und Pracht des Mittelalters
in Wort und Bild

NATIONAL GEOGRAPHIC SOCIETY / BUCHER

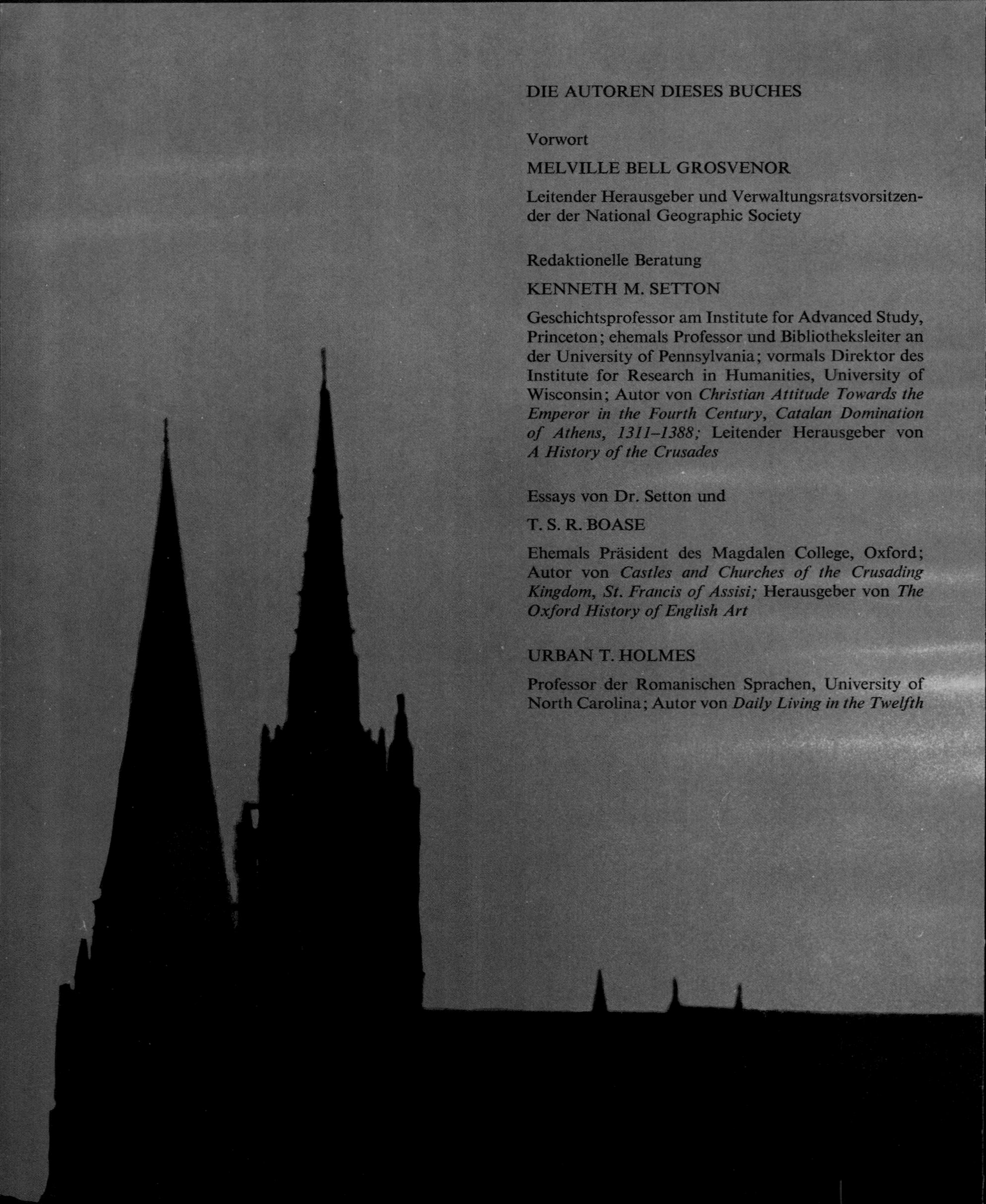

DIE AUTOREN DIESES BUCHES

Vorwort

MELVILLE BELL GROSVENOR

Leitender Herausgeber und Verwaltungsratsvorsitzen-
der der National Geographic Society

Redaktionelle Beratung

KENNETH M. SETTON

Geschichtsprofessor am Institute for Advanced Study,
Princeton; ehemals Professor und Bibliotheksleiter an
der University of Pennsylvania; vormals Direktor des
Institute for Research in Humanities, University of
Wisconsin; Autor von *Christian Attitude Towards the
Emperor in the Fourth Century, Catalan Domination
of Athens, 1311–1388;* Leitender Herausgeber von
A History of the Crusades

Essays von Dr. Setton und

T. S. R. BOASE

Ehemals Präsident des Magdalen College, Oxford;
Autor von *Castles and Churches of the Crusading
Kingdom, St. Francis of Assisi;* Herausgeber von *The
Oxford History of English Art*

URBAN T. HOLMES

Professor der Romanischen Sprachen, University of
North Carolina; Autor von *Daily Living in the Twelfth*

Century, *A History of the French Language;* Herausgeber von *Critical Bibliography of French Literature (Medieval Period)*

PAUL MURRAY KENDALL

Englischprofessor, Ohio University; Autor von *Louis XI, Richard the Third, The Yorkist Age, Warwick the Kingmaker, The Art of Biography*

NORMAN P. ZACOUR

Geschichtsprofessor, University of Toronto; Autor von *An Introduction to Medieval Institutions, Talleyrand: the Cardinal of Périgord, 1301–1364;* Mit-Herausgeber des *Catalogue of Manuscripts*

Kapitel von

MICHAEL KUH und EDWARDS PARK sowie TOM ALLEN, HOWARD LA FAY und FRANC SHOR von der National Geographic Society

PHOTOGRAPHEN

James P. Blair, Bruce Dale, Walter Meayers Edwards, George F. Mobley, Albert Moldvay (alle Mitarbeiter der National Geographic Society); Jonathan S. Blair, Michael Kuh, Ted Spiegel und andere

ILLUSTRATIONEN

André Durenceau, Birney Lettick, Tom Lovell, Robert W. Nicholson und andere

Die Originalausgabe erschien unter dem Titel *The Age of Chivalry* bei der National Geographic Society

Aus dem Amerikanischen übertragen von Gertrud Strub
Redaktion: Robert Schnieper

Copyright © 1969 und 1975 by National Geographic Society, Washington, D.C., U.S.A.
Copyright © 1975 für die deutschsprachige Ausgabe by Verlag C. J. Bucher, Luzern und Frankfurt/M.

Printed in Germany by Mohndruck, Gütersloh

ISBN 3 7658 0208 5

Die Kathedrale von Chartres, bleibendes Symbol mittelalterlichen Glaubens, im Abendrot; Jonathan S. Blair.

Seite 2: Ein fröhlicher Hofstaat feiert den 1. Mai zu Füßen der turmbewehrten Stadt Riom in der Auvergne; Miniatur, 15. Jh., aus Les Très Riches Heures du Duc de Berry, *Musée Condé, Chantilly; Giraudon*

VORWORT

Die weit ausholenden Schleifen der Seine begleiteten mich auf meiner Reise durch die Normandie; die von Hecken gesäumten, von steinernen Kirchtürmen überragten Felder waren in den Schleier der Apfelblüte gehüllt; schwere Kühe und massige Percheron-Pferde weideten friedlich. Milde Maidüfte grüßten mich, während ich von der Küste landeinwärts fuhr auf meiner Suche nach den Anfängen unserer Kultur.

Nach einer Kurve in der Nähe von Les Andelys tauchte unversehens Château-Gaillard vor mir auf, dessen grimmige Mauern sich in der Talenge senkrecht über der Felswand erhoben. Das Schloß von Richard Löwenherz! Es galt zu seiner Zeit als ein Wunder und ist es heute noch.

Die Straßennamen im Dorf – rue Richard Cœur-de-Lion und rue Philippe-Auguste – erinnerten an die Herausforderungen, die die königlichen Rivalen sich zuriefen.

«Und wenn seine Mauern aus starkem Eisen wären», höhnte Philipp, König von Frankreich, «würde ich sie trotzdem einnehmen.»

«Bei Gott!» brüllte Richard, König von England. «Und wenn seine Mauern aus Butter wären, würde ich sie trotzdem halten.»

Ich kletterte auf diese selben Wälle, stand, wo Richard gestanden hatte, und dachte daran, wie tapfer er in Frankreich und gegen den edlen Saladin in Palästina gekämpft hatte. Robin Hood, Ivanhoe, Roland, König Artus und die Ritter seiner Tafelrunde, Richard Löwenherz und Jeanne d'Arc, das Hirtenmädchen in der Ritterrüstung, hatten mit ihren Heldentaten mein Knabenherz höher schlagen lassen. Schon allein diese Namen sind der Inbegriff von Rittertum.

Sie kamen mir alle wieder in den Sinn, als ich zusammen mit Merle Severy und seiner Arbeitsgemeinschaft ein Buch über das vorliegende Werk zu planen begann. Da hatten wir die Gelegenheit, ein großartiges Schauspiel von Abenteuer und Liebe, tapferen Recken und schönen Damen, Turnieren, Ritterehre, heldenhaften Taten zur Erfüllung heiliger Gelübde zu neuem Leben zu erwecken.

«Rittertum?» sagte Severy. «Die Voraussetzung dafür ist natürlich das Pferd. Nicht nur Gelübde, sondern auch Hafer.»

Ich mußte schnell einmal blinzeln. Dann kam es mir. Natürlich – Rittertum kommt von Reiter, und zum Reiten braucht es Pferde.

«Der Ritter vollbrachte seine Heldentaten zu Pferd. Ohne Pferd war er verloren. Denken Sie nur an Shakespeare und seinen Richard III.: ‹Mein Königreich für ein Pferd!› Diese Percheron-Pferde, die Sie in der Normandie gesehen haben, waren kein Zufall. Europas schmächtige Pferde mußten zu Größe und Kraft herangezüchtet werden, damit sie fähig waren, diese ganze Rüstung zu tragen, die nach der Einführung der Armbrust noch schwerer wurde. Aber ohne Steigbügel wäre ein Ritter beim ersten kräftigen Stoß vom Pferd gefallen. Steigbügel kamen erst im 8. Jahrhundert aus dem Osten nach Europa. Vorher klammerte man sich eben fest, so gut es ging. Der Stoßangriff der mittelalterlichen Ritter bedeutete eine militärische Revolution. Der Steigbügel schmiedete Pferd, gerüsteten Reiter und Lanze zu einer ungemein wirkungsvollen Waffe zusammen.»

«So war das also...», sann ich. «Ohne Steigbügel kein Ritter. Aber ein kriegstüchtiges Pferd und eine Rüstung müssen eine hübsche Stange Geld gekostet haben.»

«Richtig. Den Preis von etwa zwanzig Ochsen – das Pfluggespann von zehn oder mehr Bauernfamilien. Dazu kamen die Kosten für ein Ersatzpferd und die Ausrüstung des Knappen – ein kleines Vermögen. Das heißt, daß der schwerbewaffnete Kavallerist, der Ritter, ein Adliger war.»

«Um sich solche Ritter leisten zu können, muß man also ein Feudalsystem entwickeln», spann ich den Gedankengang weiter. «Ein Grundherr leiht Lehensleuten Land im Tausch gegen Kriegsdienst. Ritter und Rittergut gehören zusammen. Infolgedessen sollten wir die Organisation des Herrschaftsguts studieren –»

Wie eine Vision aus dem Zeitalter der Ritter erhebt San Marino seine Zinnen über der italienischen Adriaküste.

«Und den Begriff der Lehenstreue, der von den germanischen Stämmen übernommen wurde . . .» – «Und das Christentum, das die ritterlichen Ideale inspirierte . . .» Die Ideen sprudelten nur so, als jeder etwas beisteuerte.

Die Kreuzzüge! Wir wollten den Kreuzfahrern ins Heilige Land folgen, den Pilgern zu den heiligen Stätten, z. B. nach Santiago de Compostela. Wir wollten die Bedeutung dessen aufzeigen, was der Islam und die Muselmanen Europa brachten: Kunst und Wissenschaft, Gelehrsamkeit und Gewürze.

«Und arabische Hengste», schlug Severy vor.

Wir wollten zeigen, wie das Wiederaufleben des Handels Anlaß gab zum Wachstum der Städte, zur Entstehung der Zünfte, des Bankwesens, des Geschworenengerichts, zum Unterhandeln, das zum Parlament führte, und zum Aufschwung der Gelehrsamkeit, die uns die Universitäten von Bologna, Paris, Oxford und Heidelberg bescherte. Wir wollten nachzeichnen, wie die hanseatischen Kaufleute ihr Handelsreich errichteten, das von London über Lübeck bis Nowgorod reichte. Und im kanaldurchzogenen Brügge wollten wir festlichen Vorführungen und Turnieren beiwohnen.

Diese Turniere dienten dazu, kriegerische Leidenschaft in höfisches Schauspiel abzuwandeln. Damit verbunden war das ritterliche Ideal romantischer Liebe. Sie stellte die Frau auf ein Piedestal, wo sie von den zu ihrer Ehre lanzenbrechenden Rittern von ferne verehrt wurde. Als die Rüstung schwerer wurde, verlor die Rolle des Ritters im Krieg an Bedeutung. Der edle berittene Streiter hatte die zu Fuß kämpfenden Bauern als unerfahrene Knirpse verachtet. Aber als diese Infanterie mündig wurde und seinen Brustharnisch

Die Bolzen der Armbrust waren der Grund, weshalb die Kettenpanzer durch Metallplatten ersetzt wurden. So entstand der Ritter in seiner glänzenden Rüstung. James P. Blair, NGS

mit einer Musketenkugel durchbohren konnte, trug der Ritter seine glänzende Rüstung mehr zum Prestige als zum Schutz und zeigte seine Tapferkeit am liebsten bei Hof. Unser Ritter war ein Höfling geworden, oft hoffärtig in seinem Benehmen den gewöhnlichen Sterblichen gegenüber, jedoch immer ritterlich und höflich zu den Edelfräulein, denen er den Hof machte . . .

Wir baten Dr. Kenneth M. Setton vom Institute for Advanced Study in Princeton, den Vorsitz eines Ausschusses angesehener Autoren zu übernehmen. Sie und unsere Photographen und Redakteure streiften kreuz und quer durch die Welt des Mittelalters. Endlich war dieses Buch fertig. Wir hielten inne, um den letzten Abzug durchzublättern, und ließen uns durchdringen von der Freude, die einen überkommt, wenn man vollbracht hat, was man sich vorgestellt hat. Wir betrachteten die sechzehnseitige Falttafel des ganzen Bildteppichs von Bayeux, mit den durchs Wasser watenden Pferden Wilhelms des Eroberers und seinen Rittern, die in Hastings den Sieg davontrugen über die aus dem Sattel geworfenen Sachsen, an jenem Tag des Jahres 1066, der auf immer in die Geschichte eingegangen ist.

Ich fragte Severy, warum er lächle.

«Wie Sie sehen», antwortete er, «geht im Grunde genommen alles auf das Pferd zurück.»

Auf das Pferd – und die Helden und die schönen Damen und mehr als tausend Jahre packender Geschichte.

Melville Bell Grosvenor

INHALT

Im Kreislauf der Jahreszeiten ernten die Bauern das Korn, fahren es ein und beugen ihre Rücken hinter dem von Ochsen gezogenen Pflug. Illuminationen aus dem Lutrell-Psalter; British Museum, London

Kenneth M. Setton

DER ANBRUCH DES MITTELALTERS

An einem Novembertag im Jahr des Heils 324 schritt eine majestätische Gestalt, die einen Speer in der Hand trug, über einen Hügel oberhalb des Bosporus und steckte die Grenzen einer neuen Stadt ab. Die letzten Gebäude der alten griechischen Stadt Byzanz wichen immer weiter zurück. Das Gefolge beobachtete den Mann mit Besorgnis. Würde er denn nie innehalten? Schließlich näherte sich ihm ein Gefolgsmann und fragte:

«Wie weit wollt Ihr gehen, Herr?»

«Bis der, der mich führt, Halt gebietet.»

So berichtet die Überlieferung von der göttlichen Führung, die Konstantin dem Großen zuteil wurde, als er Konstantinopel gründete, die Hauptstadt des römischen Ostreichs. Im Gegensatz zu Rom, wo das Heidentum noch in voller Blüte stand, nahm die neue Hauptstadt sofort den christlichen Glauben an. Erst zwölf Jahre zuvor hatte Konstantin die Religion gesetzlich anerkannt und damit fast drei Jahrhunderten beinahe ununterbrochener Verfolgung ein Ende gemacht. Sein «Neues Rom», Symbol des anbrechenden christlichen Zeitalters, wurde zu einer der legendenreichsten Städte der Welt.

Wenige Besucher können sich Konstantinopels Bann entziehen. Nie werde ich einen wunderschönen Mainachmittag vergessen, als ich auf einer Anhöhe westlich der Stadt stand und herabblickte auf das sanft sich kräuselnde Wasser des Goldenen Horns, das, dem Fluß der Geschichte vergleichbar, gemächlich dem Bosporus entgegenströmt. In einem großartigen Panorama zogen Jahrhunderte vor meinem geistigen Auge vorbei.

Jahrelang hatte ich Vorlesungen über byzantinische Geschichte gehalten und dabei oft von diesem Schnittpunkt dreier Kontinente gesprochen, aus deren brodelnder Mischung ein so großer

Die Kolossalstatue Konstantins, des ersten christlichen Kaisers, blickt vom Palazzo dei Conservatori in Rom aus in die Ewigkeit; Merle Severy, NGS

13

Teil mittelalterlicher Kultur hervorging. Vielleicht war Konstantin wirklich von Gott geführt worden, dachte ich jetzt, während meine Augen den Umriß der kaiserlichen Stadt suchten, welche diese Jahrhunderte vom 4. bis zum 15. überbrückte, die wir Mittelalter nennen, das Bindeglied zwischen dem Altertum und dem Beginn der Neuzeit.

Seiner ästhetischen Aufgabe gehorchend, ließ mich mein Gedächtnis die finsteren Gassen und die mit Melonenschalen übersäten Straßen vergessen, die ich am Morgen durchstreift hatte. Vor meinen Augen erhob sich das goldene Byzanz, vor dem Pilger und Kreuzfahrer in Ehrfurcht erstarrt waren; sie «hatten nie geglaubt, daß es auf der ganzen Welt eine so reiche Stadt geben könne; sie bestaunten die hohen Mauern und die wehrhaften Türme, die üppigen Paläste und gewaltigen Kirchen . . . die Breite und Länge dieser Stadt, die großartiger war als alle andern».

Ich versetzte mich noch weiter in die Vergangenheit zurück, in eine Zeit, da Konstantins Stadt, im reicheren und dichter bevölkerten Osten erbaut, die Zukunft verkörperte, während Rom und der Westen allmählich unter dem äußeren Andringen der

Bei seiner Gründung eines neuen Roms setzt Konstantin den Mittelpunkt des Reichs dort, wo Europa und Asien sich treffen. Hier verbindet der Bosporus das Schwarze Meer mit dem Mittelmeer. Rom hatte 38 Jahre zuvor aufgehört, Angelpunkt der Welt zu sein, als Diokletian Nikomedia in Kleinasien zur Hauptstadt des Ostens, Mailand zu der des Westens machte.

1100 Jahre lang sollte Konstantinopel ein Bollwerk der Christenheit gegen Angriffe aus dem Osten sein, ein Mittelpunkt des Handels, der klassischen Gelehrsamkeit und des christlichen Glaubens, ein Leuchtfeuer in Europas finstersten Zeiten. 1453 von den Türken erobert, zeugen die Mauern der Stadt (rechts) von der Größe des Byzantinischen Reichs. In diesem Namen liegt wie in einem Schrein bewahrt Byzantion, die alte griechische Kolonie.

Ted Spiegel, Rapho Guillumette. Illustration für NGS von André Durenceau

Barbaren und dem inneren Verfall der politischen, sozialen und wirtschaftlichen Strukturen zusammenbrach. Der Westen erscheint düster im Vergleich zu dem goldenen und azurblauen Glanz von Byzanz und der aufbrechenden Kraft des Islams. Aber diese Jahrhunderte des Übergangs trugen die Keime des Ruhms, der Herrlichkeit und der großen Taten des kommenden Zeitalters des Rittertums in sich.

Die spätrömische Gesellschaft, die dem Mittelalter vorausging, vereinte ungeheuren Reichtum und entwürdigende Armut in sich, Askese und Ausschweifung, krasse Unwissenheit in hochgestellten Kreisen und sentimentale Liebe zu antiker Kultur.

Der vornehme Römer, umgeben von einem zahlreichen Gefolge, fuhr immer noch in einem großen Wagen oder ließ sich in einer geschmückten Sänfte tragen und lud zu erlesenen Festessen ein. Er las Terenz oder Menander, besichtigte seine Weinberge und Olivenhaine, schaute zu, wie ein Mosaikboden gelegt oder ein Wandbild gemalt wurde. Durch die argwöhnische kaiserliche Regierung von einer militärischen Laufbahn ausgeschlossen, befriedigte ein Mitglied der Senatorenklasse seinen Ehrgeiz lieber mit dem förmlichen Amt eines Konsuls oder eines Prätors als mit dem verantwortungsvollen Posten eines Präfekten oder Verwalters einer Provinz.

In der Stadt gab sich das Volk immer noch mit «Brot und Zirkusspielen» zufrieden, trank und stritt sich in den Kneipen, grölte bei den unzüchtigen Pantomimen und wartete ungeduldig von einem Wagenrennen auf das nächste. Salvian, ein Marseiller Priester aus dem 5. Jahrhundert, sagt, daß «die römische Welt lachend unterging».

Sie lag schon seit langer Zeit im Sterben.

Im Malstrom des 3. Jahrhunderts, als ein militärischer Befehlshaber nach dem andern die Regierung stürzte und seinerseits ermordet wurde, führte die Geldentwertung zu einer ungeheuren Inflation und der Rückkehr zur «Naturalwirtschaft». Meistens erhob die Regierung die Landsteuern in Nahrungsmitteln, Rohstoffen und Dienstleistungen und bezahlte ihre Soldaten und Beamten ebenfalls in Naturalien.

Im 4. Jahrhundert führten Diokletian und Konstantin eine Münzreform durch, aber im Versuch, die Gesellschaft zu stabilisieren, nahmen sie zu einer allzu einfachen Lösung Zuflucht. Sie verordneten, daß jeder sein Leben lang die gleiche Arbeit zu verrichten habe. Und der Sohn eines Bäckers hatte Bäcker zu werden, der Sohn eines Fuhrmanns Fuhrmann.

Die Schönheit und die Annehmlichkeit der Städte mußten den harten Erfordernissen der Verteidigung weichen. Durch Mauern gegen Angriffe geschützt, überlebten ein paar Städte als kirchliche und staatliche Verwaltungszentren. Wenige blieben Mittelpunkte des Handels und der Wirtschaft. Der Handel ging immer mehr in die Hände der Levantiner über, die nicht fest angesiedelt waren und deshalb die Gegend verlassen konnten, sobald die Lage kritisch wurde.

Angewidert von der Übervölkerung und dem Gestank der durch ihre Mauern eingeengten Städte, zog sich der Aristokrat auf sein Landgut zurück, wo er anbaute, was er zum Leben brauchte. Seine Absonderung von der Stadt nimmt das Landleben der feudalen Gesellschaft vorweg.

Freie Kleinbauern, die von Schulden, Seuchen, Räuberunwesen, Usurpationen mächtiger Nachbarn und übersetzte Abgaben an die Regierung zugrunde gerichtet wurden, stellten sich unter den Schutz größerer Landbesitzer, die private Truppen von Raufbrüdern unterhielten. Sklaven und *coloni* genannte Pächter arbeiteten zu Tausenden auf den großen Landgütern. Die *coloni* waren frei vor dem Gesetz, aber an das Gut gebunden, genau wie ihre Kinder nach ihnen. Ein Edikt von Konstantin setzt fest, daß «Pächter, die an Flucht denken, in Ketten zu legen und ... zu Sklaverei zu verurteilen sind».

Bis weit hinein ins Mittelalter sollten die Bauern den Boden der Rittergüter pflügen, ohne jede Hoffnung auf Verbesserung ihres Loses. Trotz der ihm innewohnenden Fehler sollte indessen das Wirtschaftssystem der Feudalherrschaft Europa ernähren.

Während die Bauern schufteten, genossen sie den Schutz der Gutsherren. Diese Landbesitzer waren ihrerseits mächtigeren Herren untertan und wurden die militärischen «Vasallen ihrer Lehensherren». Wir werden sehen, wie daraus das Feudalsystem entstand. Welches auch seine politischen Mängel waren, so trug doch das Feudalwesen zu Gesetz und Ordnung bei, soweit man überhaupt von Gesetz und Ordnung sprechen konnte.

Aber im Zwielicht des römischen Niedergangs herrschten Angst und Hunger. Kaiser Valentianus III. beschreibt den Winter 450/451 folgendermaßen:

Ins Goldene Horn, auf dem die Fischer von Istanbul ihrem Beruf nachgehen, strömten Pelze aus Skythien, Gewürze, Seide und Edelsteine aus Indien, Sklaven, Gold, Weihrauch aus Afrika, Getreide aus Ägypten, Stickereien, Glas und Metallarbeiten aus den dichtbesiedelten Städten der Levante. «Sogar die Winde verschworen sich, um Waren herzubringen, die die Bewohner reich machten», frohlockte ein byzantinischer Höfling.

Joan Rahn

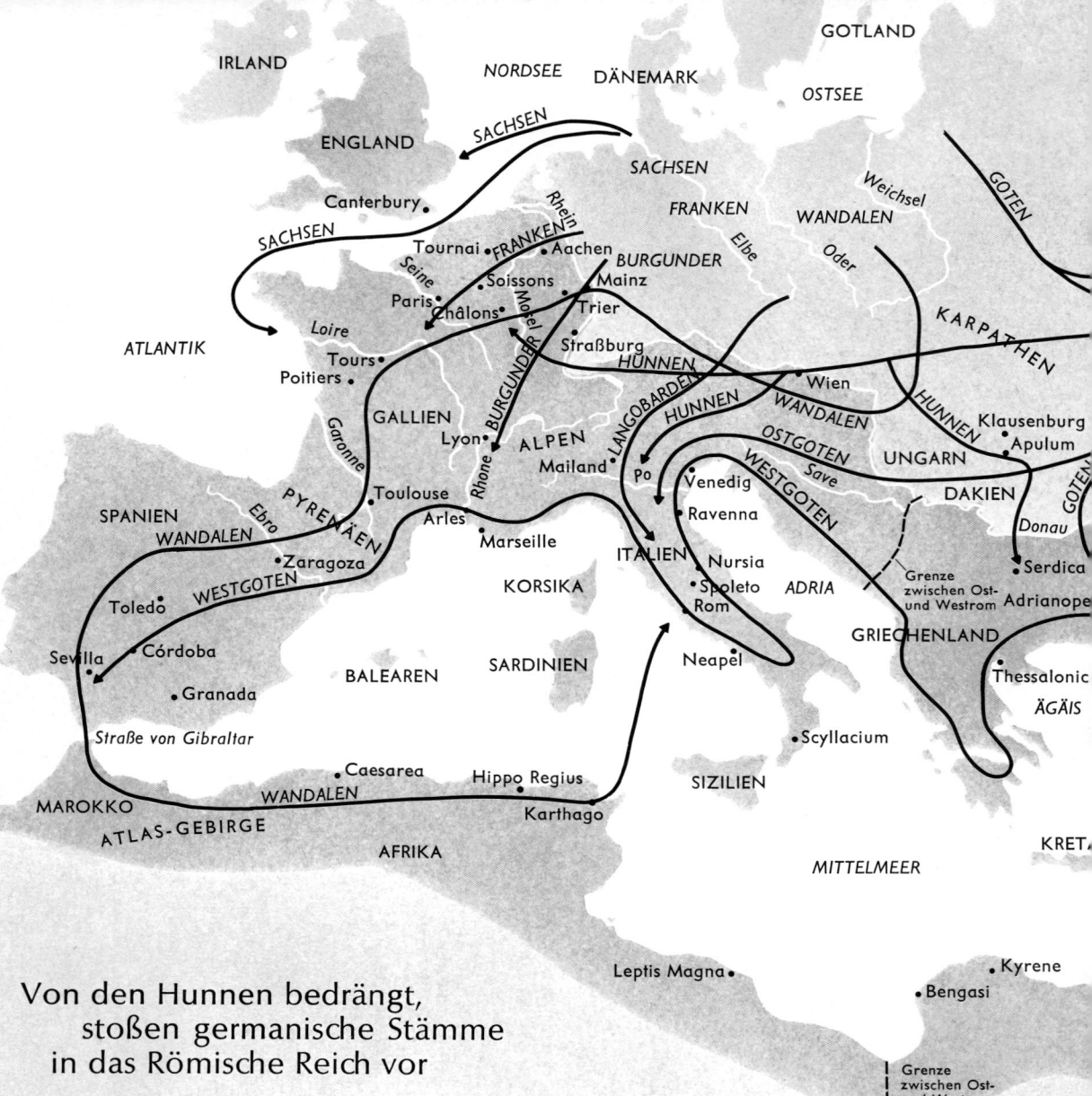

Von den Hunnen bedrängt, stoßen germanische Stämme in das Römische Reich vor

« Die schrecklichste Hungersnot wütete in ganz Italien . . . Die Leute waren gezwungen, ihre Kinder zu verkaufen, um dem drohenden Tod zu entgehen . . . Denn es gibt nichts, zu dem sich der Mensch nicht treiben ließe, wenn er an seinem Leben verzweifelt . . . Seine einzige Sorge ist, überhaupt zu leben. Aber meiner Meinung nach ist es nicht recht, wenn die Freiheit untergeht . . . Wer will nicht lieber als freier Mann sterben, als das Joch der Sklaverei ertragen?»

Aber den unterdrückten Bewohner der römischen Provinz kümmerte es wenig, wer sein Meister war.

Man hört oft, daß der «Fall von Rom» das Ende des Altertums bedeutet habe. Aber Rom «fiel» nicht, es verfiel allmählich. Seit Generationen drängten germanische Völker gegen die Nordgrenzen. Solange Rom stark war, wurden diese Barbaren zurückgedrängt. Nicht die Germaneneinfälle waren an Roms Niedergang schuld, sondern sie waren erfolgreich, weil Roms Macht bereits morsch war.

Karte von
Snejinka Stefanoff, NGS

0   800
Kilometer

Dnjepr

HUNNEN

OSTGOTEN

UKRAINE

SKYTHEN

ulcea

SCHWARZES MEER

Trapezunt

Bosporus
Konstantinopel (Byzantium)
  •Nicomedia
 •Nicaea
     Nyssa •

Euphrat

HUNNEN

KLEINASIEN

• Antiochia

ZYPERN   SYRIEN

        • Damaskus

PALÄSTINA

    • Caesarea
      • Jerusalem

Alexandria   •Rafah

ÄGYPTEN   •Fustat (Kairo)

Nil

Gegen Ende des Bronzezeitalters (500 v. Chr.) begannen die germanischen Stämme von ihrer ursprünglichen baltischen Heimat aus nach Südosten zu wandern, den Ufern der Weichsel entlang und den Karpathen entgegen. Von Julius Caesar und Tacitus (dessen *Germania* aus dem Jahr 98 n. Chr. stammt) erfahren wir, daß die Germanen bereits den Boden pflügten und Vieh, Schweine, Pferde, Geflügel und Bienen hielten. Sie bevölkerten ihre Wälder und Haine mit Kriegsgöttern wie Wotan und Thor und lebten gemäß einem Gewohnheitsrecht, das sie als heilig und ewig ansahen. Frauen und Kinder begleiteten die Krieger zuweilen aufs Schlachtfeld, um sie zu großen Taten anzuspornen.

Ein unternehmungslustiger Anführer umgab sich mit Zelt-«Genossen» *(comites),* die an seinem Tisch aßen, ihm in die Schlacht folgten und sich in die Beute teilten. Wenn ein Mitglied eines solchen *comitatus* den Anführer in der Schlacht überlebte, bedeutete dies für ihn lebenslange Schande. In dieser Beziehung ist bereits das persönliche Element der Lehenstreue erkennbar, die später ein Vasall seinem Feudalherrn schwor.

Wie ein abbröckelnder Damm bemühten sich die einst mächtigen römischen Legionen am Rhein und an der Donau, die Westgoten, Wandalen und anderen Stämme aufzuhalten, die vor den aus Asiens Steppen hervorbrechenden Hunnen flohen. Diese aus Skandinavien stammenden germanischen Stämme brachten grimmige Krieger hervor (oben), für die, wie Tacitus sagt, Faulheit bedeutete, daß man «mit dem Schweiße seines Angesichts erwarb, was man mit Blutvergießen erreichen konnte». Europa färbte sich rot, als im 4. und zu Beginn des 5. Jahrhunderts der Damm barst.

Nächste Doppelseite: Der Hunne Attila, der sein Lager in der ungarischen Ebene aufgeschlagen hat, zecht in barbarischem Prunk. Ein byzantinischer Gesandter spricht im Flüsterton vom stolzen Herrscher über Europa, der sich mit Fleisch und Wein und einfachem hölzernem Tafelgerät aus der Steppe begnügt, während Gefolgsleute in römischen Villen erbeutete Silbergedecke hochhalten. Der weißhaarige Priscus, der Gefährte des Abgesandten, merkte sich alles und beschrieb später dieses 449 abgehaltene Gelage.

Attilas Hand ruht auf seinem Lieblingssohn Ernas. Dahinter verbirgt ein Baldachin das erhöht stehende fürstliche Bett. Priscus berichtet, daß zwei Krieger vortraten und Attilas Siege besangen. Einige «fanden Gefallen an den Gesängen, andere wurden in der Seele erregt beim Gedanken an den Krieg . . .»

Von diesem mit einer Palisade umgebenen Dorf aus ritten die krummbeinigen, «mit ihren Pferden verwachsenen» Bogenschützen auf Eroberung aus. Anstelle von Herden trieben die Hunnen Menschen zusammen, die auf den Feldern Sklavenarbeit verrichteten, um sie zu ernähren.

Krieger zu Pferd, ca. 700, Hornhausen, Deutschland; Landesmuseum Halle; Foto Marburg
Nächste Doppelseite: Illustration für NGS von Birney Lettick

Richard S. Durrance. NGS. Unten: Christopher G. Knight

Wie die Schafe, die von rumänischen Hirten (oben) vorangetrieben werden, strömten die Westgoten nach Süden, vorwärtsgedrängt von dem wölfischen Jägervolk der Hunnen. 376 überquerten sie die Donau (rechts), den mächtigen Wassergraben des Reiches. Kaiser Valens erlaubte ihnen, sich als Bundesgenossen (foederati) anzusiedeln, mit der Aufgabe, andere Stämme fernzuhalten. Aber übermäßige Tribute trieben sie zum Aufstand. 378 vernichteten sie bei Adrianopel eine römische Armee und erschlugen Valens.

Kaiser Theodosius nahm sie in seinen Dienst. Aber eine Generation später verwüsteten die Westgoten unter Alarich zuerst Griechenland, dann wandten sie sich westwärts. Rom zog seine Truppen vom Rhein ab, um Italien zu beschützen. Am letzten Tag des Jahres 406 überquerten die von den Hunnen nach Westen gedrängten Wandalen und andere Stämme den zugefrorenen Strom. Der Rhein bot keinen Schutz mehr, und «Gallien war ein einziger Scheiterhaufen, der seinen Rauch gen Himmel sandte». Die Franken bemächtigten sich des Nordens, die Burgunder Ostgalliens.

Es ist möglich, daß römische Kaufleute, die im Norden Pelze, Bernstein und Sklaven einhandelten, die Germanen auf den Gedanken brachten, südwärts zu ziehen. Diese Völker machten sich nicht auf den Weg, um das Reich zu zerstören, sondern sie wollten teilhaben an seinen Reichtümern.

In der Mitte des 3. Jahrhunderts lag Dakien (das heutige Rumänien) wie ein Niemandsland zwischen der Donau und den unermüdlich Einfälle verübenden Goten. Zum Schutz der Provinz warb Rom Söldner aus besiegten Stämmen an. «Die Aufnahme von Barbaren in die römischen Armeen», schrieb Edward Gibbon in seinem *Niedergang und Fall des Römischen Reichs,* «wurde jeden Tag allgemeiner, nötiger und verhängnisvoller.»

Um 274 zog Kaiser Aurelian seine Legionen bis zur Donau zurück und gab Dakien preis. Hundert Jahre später strömten asiatische Nomaden aus der Steppe herein. Mit Fellen bekleidet, Beinschienen und kleine runde Kopfbedeckungen tragend, mit kurzen Bogen bewaffnet, lebten sie sozusagen auf ihren flinken, sehnigen Rossen. Vor diesen schnellen Reitern zerstoben die Goten wie Streu, und die Hunnen überfluteten Europa.

Der Name Hunne beschwört heute noch Bilder brutaler Rohheit herauf. «Sogar die Gesichter ihrer kleinen Kinder haben etwas Unheimliches an sich», berichtet man uns. Die Hunnen besaßen keine Schrift und, behaupteten die Römer, wußten nichts von ihrer Vergangenheit. Aber im Jahr 395 machten sie Geschichte, indem sie in einem doppelten Einfall das Ostreich in die Zange nahmen. Die eine Armee galoppierte über die zugefrorene Donau, die andere stürmte über die Pässe des Kaukasus nach Kleinasien. «Sie erfüllten die ganze Erde mit Gemetzel und Panik», schrieb Hieronymus. «Ihre Schnelligkeit kam allen Gerüchten zuvor, und weder Religion noch Rang und Würde, noch Alter, noch flehendes Kindergeschrei konnte ihr Mitleid erregen.»

Vor dem Anrücken einer in aller Eile zusammengetrommelten kaiserlichen Armee zogen sich die Hunnen in den Norden zurück, fuhren jedoch fort, Überfälle über die Reichsgrenzen zu verüben; gelegentlich traten sie sogar als Söldner in den Dienst des Kaisers. Meistens aber unterwarfen sie andere barbarische Völker.

Ihre kurzlebige Herrschaft erreichte ihren Höhepunkt unter Attila, der «Gottesgeisel». 443 verwüstete er das Ostreich und verlangte einen Jahrestribut von 2100 Pfund Gold. Begierig nach mehr griff er vier Jahre später wieder an. «Mehr als hundert Städte wurden erobert», berichtet ein Chronist. «Beinahe geriet Konstantinopel selbst in Gefahr, und die meisten Einwohner flohen ... Nicht abzuschätzen war die Zahl der Toten.» Darauf wandte Attila sich nach Westen und fiel in Gallien ein. Er kam nicht weiter als Châlons, doch kehrte er im folgenden Jahr zurück und verheerte Italien bis zum Po. Eine anrücken-de römische Armee, eine Seuche unter den Horden der Hunnen und die Bitten des Papsts

Die Plünderung Roms, der achthundert Jahre lang unangetasteten Stadt der Caesaren, ließ die ganze damalige Welt erzittern. Die Bürger drängen sich auf dem Forum zusammen, inmitten der Denkmäler vergangener Größe, während Alarichs Westgoten im August 410 drei Tage lang nach Herzenslust plündern. Flammen züngeln aus der Tabularium, dem Reichsarchiv, auf dem Kapitol. Der Tempel des Jupiter Capitolinus (oben links) blickt herab auf den Tempel des Saturn und den Triumphbogen des Septimius Severus (rechts).

Dreimal drangen die Westgoten in Italien ein. Die beiden ersten Überfälle wurden von Stilicho, einem tüchtigen römischen General wandalischen Ursprungs, abgewehrt. Aber er wurde hingerichtet vom mißtrauischen Kaiser Honorius, der sich in seine Hauptstadt Ravenna zurückzog und nichts unternahm, um ein vom Hunger geschwächtes, wehrloses Rom vor der Einnahme durch Alarich zu bewahren.

Rom erholte sich wieder, aber das Westreich zerfiel weiter. Die Wandalen, die Spanien im Sturm erobert hatten, errichteten ein Königreich in Nordafrika und riegelten mit ihren von Karthago aus unternommenen Streifzügen das westliche Mittelmeer ab. 455 eroberten sie Rom und plünderten es zwei Wochen lang.

Die Macht der weströmischen Kaiser war schon längst in die Hände ihrer Barbarengenerale übergegangen. Einer von ihnen, Odoaker, setzte 476 den blutjungen Kaiser Romulus Augustulus ab, der sich in eine Villa bei Neapel zurückzog. Die Absetzung dieses letzten Schattenkaisers in Italien wurde als der «Fall von Rom» bezeichnet – ein «Fall», der damals gar nicht beachtet wurde.

Illustration für NGS von André Durenceau

Leo I. veranlaßten Attila, Rom zu verschonen und sich über die Alpen zurückzuziehen. Bald darauf feierte er seine Hochzeit mit Ildico, obwohl er schon mehrere Frauen hatte. Während des Fests trank er unmäßig, ehe er sich mit der Braut zurückzog. Als er am nächsten Morgen nicht erschien und seine Leute nachschauten, fanden sie Ildico weinend neben seiner Leiche sitzend. Attilas Reiter schnitten sich das Haar ab und zerfleischten sich das Gesicht mit Säbelhieben. So trauerten sie um den «größten aller Krieger . . . nicht mit weibischen Klagen . . ., sondern mit dem Blut von Männern».

Bei ihrem ersten Ausbruch aus Asien hatten die Hunnen die Ostgoten in Richtung auf

Caesar und Christus machten aus Rom die Ewige Stadt. Während die Überreste der heidnischen Tempel inmitten von Plünderung und Zerstörung auf dem Forum verwitterten, kündigte der Glaube, der die Katakomben erleuchtete (links), eine neue Zeit an.

Von Palästina aus hatte sich das Christentum rasch längs der Straßen und Seewege eines friedlichen, mächtigen Reiches ausgebreitet. Es faßte Wurzel in den Städten, wo das Griechische des Neuen Testaments von weiten Kreisen gesprochen wurde, brauchte aber länger, um die ländlichen Gegenden zu durchdringen. Im 3. Jahrhundert zählte man in Rom dreißigtausend Gläubige. Sie begruben ihre Heiligen und Märtyrer in Nischen in den Katakomben und erwarteten in heiterer Gelassenheit die Auferstehung.

Albert Moldvay, NGS. Gegenüber: Erich Lessing, Magnum

den Dnjestr und die Westgoten südlich über die Donau abgedrängt. Im Austausch gegen freie Zufluchtstätten dienten die Westgoten den Römern als «Verbündete». Als sie Rom plünderten, ging ein Schauer des Entsetzens durch die ganze zivilisierte Welt. Zum erstenmal seit achthundert Jahren hatte ein Feind die Stadt betreten, und der Mythos der Macht, der einen langen Verfall verschleiert hatte, war zerstört. «Die Stadt, welche die ganze Welt einnahm, ist selbst eingenommen worden», klagte Hieronymus.

Im römischen Nordafrika wurde auch Augustinus, der Bischof von Hippo, von der Nachricht schwer getroffen – aber ebenso schwer traf ihn die Anklage der Heiden, die den Christen vorwarfen, sie seien schuld, daß die alten Götter ihre schützende Hand von Rom abgezogen hätten. Dreizehn Jahre lang arbeitete Augustin an seinem *Gottesstaat,* einer Antwort, die auf Jahrhunderte hinaus den Geist der Menschen beschäftigen sollte.

Rom wurde für seine Sünden bestraft, schloß Augustin. Anstatt ihre lasterhaften Götter abzuschaffen, eiferten die Menschen ihnen nach. «Das Feuer ihrer niedrigen Leidenschaften brannte heißer in ihren Herzen als die Flammen, die die Dächer der Stadt verzehrten.» Anstatt den Verlust dieser irdischen Stadt zu betrauern, sollten die Menschen ihre Augen auf die himmlische Stadt richten, «von unvergleichlicher Pracht ... Dort ist der Sieg Wahrheit, die Würde ist Heiligkeit, der Friede ist Glück, das Leben ist Ewigkeit.»

Augustin, dessen *Bekenntnisse* verraten, daß er selber als Student und Lehrer die Fleischtöpfe Karthagos und Roms nicht verachtet hatte, wurde von Ambrosius, dem Bischof von Mailand, bekehrt und stellte sich nun mit dem gleichen Eifer in den Dienst des Gottesstaats. Er kehrte nach Afrika zurück, gründete ein Kloster und verließ dessen Abgeschiedenheit nur ungern, als er zum Bischof von Hippo (dem heutigen Bône in Algerien) berufen wurde. Dort stürzte er sich in den Kampf gegen die Ketzer und verfaßte ungezählte Schriften; bei seinem Tod, vierunddreißig Jahre später, standen die Wandalen vor den Toren Afrikas.

In Augustin überschneiden sich die antike und die mittelalterliche Welt. «Ich wünsche, Gott und die Seele zu kennen. Nichts weiter? Nein, gar nichts», schrieb er. Indessen vertiefte er sich mit einem von den Klassikern geschärften und von Platos Denken beeinflußten Geist in dieses Suchen. Das Christentum mußte und wollte von Athen ebenso lernen wie von Jerusalem.

In den kommenden Kämpfen mit dem Heiligen Römischen Reich pflegte die Kirche sich als die Verkörperung von Augustins göttlichem, dem irdischen überlegenen Staat zu betrachten – darum sollte der Staat der Kirche untertan sein. Philosophen, Mystiker, die protestantischen Reformatoren nährten sich alle von diesen Gedanken. Aber am wichtigsten für die Menschen seiner Zeit, die ihre Welt um sich herum einstürzen sahen, war die Zukunftshoffnung, die er ihnen einflößte. Er verhalf einem Zeitalter des Glaubens zum Durchbruch, das die Fensterrosen von Chartres und Notre-Dame schuf. Wie Ambrosius gesagt hatte: «Inmitten des Trubels der Welt bleibt die Kirche unerschüttert, die Wogen können ihr nichts anhaben. Während ringsum gräßliches Chaos herrscht, bietet sie allen Schiffbrüchigen einen sicheren Hafen, wo sie Ruhe finden.»

Nicht daß das Christentum etwa leichtes Spiel gehabt hätte. Es mußte sich zur Wehr setzen gegen die orientalischen «Mysterienkulte» – gegen Cybele, die «Große Mutter der Götter», die in Kleinasien verehrt wurde, gegen die ägyptische Isis, die syrische Fruchtbarkeitsgöttin Astarte, den persischen Mithras, den Gott des Lichts, und andere beliebte Kulte, deren esoterische Riten den Eingeweihten mystische Erlebnisse und das Heil versprachen. Zudem hatte das Christentum sich mit der Feindschaft des Staates auseinanderzusetzen, denn die Christen weigerten sich, den Kaiser zu verehren.

Aber das «Blut der Märtyrer» war der Nährboden der Kirche. Konstantins Bekehrung brachte 313 die offizielle Anerkennung mit sich, und die Edikte von Theodosius erklärten 391/392 das Christentum zur einzigen gesetzlichen Religion. Nun wurden die heidnischen Bräuche verboten und die Mysterienkulte unterdrückt. Die Heiden wurden sogar von allen zivilen und militärischen Ämtern ausgeschlossen.

Indessen stellte das Wuchern abtrünniger Sekten innerhalb der christlichen Gemeinschaft eine lebensbedrohende Belastung dar, denn sie zweifelten die Lehren an, auf denen der Glaube beruhte, und gefährdeten so die Einheit der Kirche. Ende des 4. Jahrhunderts schien es, als sei jedermann sein eigener Theologe, wie Gregor von Nyssa voll Verzweiflung und doch belustigt über die Bewohner von Konstantinopel schrieb, denen die heilige Dreieinigkeit ebenso am Herzen lag wie die Wagenrennen.

«Die Stadt ist voll von Theologen ... Wenn man sich nach dem Wert des Geldes erkundigt, erklärt einem ein Philosoph, worin sich der Sohn vom Vater unterscheide. Wenn man fragt, was das Brot koste, bekommt man zur Antwort, der Vater sei größer als der Sohn. Wenn man wissen möchte, ob das Bad zubereitet sei, erhält man die Auskunft, daß der Sohn aus dem Nichts erschaffen wurde!»

Während im Osten jedes Tüpfelchen jeder Doktrin diskutiert wurde, baute man im Westen eine mächtige kirchliche Organisation auf. Der römische Bischofsstuhl, dessen Prestige durch Roms historische Rolle als Hauptstadt des Reichs verstärkt wurde, stützte seinen Autoritätsanspruch auf die frühe Überlieferung, daß Petrus (und Paulus) die Kirche am Tiber gegründet hätten: «Du bist Petrus, und auf diesen Felsen *(petra)* will ich bauen meine Gemeinde ... Und ich will dir des Himmelreichs Schlüssel geben; alles, was du auf Erden binden wirst, soll auch im Himmel gebunden sein» (Matthäus XVI, 18–19). Der Papst, der stets zugleich Bischof von Rom ist, wurde mit der Zeit als der «Erbe des heiligen Petrus» angesehen.

445 bestätigte Kaiser Valentinian III. die Oberherrschaft des Bischofs von Rom über die westliche Kirche. Als germanische Völker auf römischem Boden Königreiche errichteten und die kaiserliche Macht im Westen versagte, half das Papsttum, die Lücke zu füllen. Der Papst war Schiedsrichter in Rechtsdingen, das Symbol einer moralischen Macht, er besaß die römische Majestät, verfügte über die gefürchteten Strafen des Interdikts (das den Gläubigen einer Gegend den Zugang zu den Sakramenten verwehrte) und der Exkommunikation (Ausschluß eines einzelnen aus der christlichen Gemeinschaft), und so begann der Aufstieg des Papsttums zu der Vormachtstellung, die es im Mittelalter genoß. Vor ihm lag die Aufgabe, ganz Europa zum Christentum zu bekehren; die Bahnbrecher dieses Missionswerks waren die Mönche.

Illustration für NGS von Birney Lettick

Das im 6. Jahrhundert gegründete Kloster von Scyllacium in Süditalien ist eine Insel des Friedens in einer bewegten Zeit. Hier bemüht man sich, christliche und heidnische Klassiker vor dem Untergang zu bewahren, während der betagte Gründer des Klosters, Cassiodorus, alle Gäste willkommen heißt, «als wären sie Christus selbst». In der Welt draußen, wo er lange Jahre in Ravenna dem Ostgotenkönig Theoderich dem Großen als Beamter gedient hatte, versuchten byzantinische Heere, Italien für Justinian zurückzuerobern. Hier im Kloster kämpfen die Mönche «mit Tinte und Feder gegen die Versuchungen des Teufels» und begründen damit eine klösterliche Tradition.

Das Mönchstum hatte seine Wurzeln in Ägypten, wo vom heiligen Antonius inspirierte Asketen als Einsiedler in der Wüste oder in religiösen Gemeinschaften lebten. In Syrien und Palästina kam es zu extremen Kasteiungen: Der heilige Symeon Stylites verbrachte siebenunddreißig Jahre auf einer Säule. Als Gegner solcher Praktiken verordnete Basilius von Caesarea ein Leben in der Gemeinschaft, wo die Mönche siebenmal am Tag beteten, ihre Mahlzeiten gemeinsam einnahmen und zusammen die Felder bebauten. Seine aus dem 4. Jahrhundert stammenden Vorschriften, die den Nachdruck auf Gehorsam, Keuschheit, Armut, Studium und harte Arbeit legen, bestimmen heute noch das Leben in den orthodoxen Klöstern der griechisch-slawischen Welt, auch in den berühmten Klöstern des Athos. Das westliche Gegenstück dazu ist die vom heiligen Benedikt von Nursia aufgestellte Regel; er gründete um 529 sein Kloster auf dem Monte Cassino zwischen Rom und Neapel. Zur Karolingerzeit herrschte in der lateinischen Christenheit beinahe überall die Benediktinerregel.

Im Osten bildete die glanzvolle Herrschaft Justinians und der Kaiserin Theodora einen Lichtblick in der Mitte des 6. Jahrhunderts. Das byzantinische oder spätrömische Reich kannte keine Trennung zwischen Kirche und Staat. Der Kaiser besaß die Autorität als eine Gabe Gottes und er setzte die Patriarchen ein und ab, wie es ihm beliebte. Der Palast, die Schatzkammer, die Kanzlei, die Ställe des Kaisers waren alle «heilig». Heilig, aber nicht sicher. Das Leben des Kaisers war ständig bedroht.

Durch das ganze Mittelalter hindurch stand Byzanz als Bollwerk zwischen Europa und den Horden der Eindringlinge aus dem Osten, deren Vormarsch von der Tapferkeit der Soldaten und der diplomatischen Geschicklichkeit des byzantinischen Hofs zum Stillstand gebracht wurde. Feinde standen immer vor den Toren – und selbst im Innern fehlten sie nicht. Von den rund hundert byzantinischen Kaisern starb nur ein Drittel friedlich in ihrem Bett und ohne ihrer Kaiserwürde verlustig gegangen zu sein. Justinian gehörte zu ihnen, aber im fünften Jahr seiner Herrschaft verlor er bei einem Aufstand der «Zirkusparteien» beinahe seinen Thron.

Das Volk von Konstantinopel war in zwei Gruppen gespalten, die zwei Zirkusparteien unterstützten, die Blauen und die Grünen, und diese ursprünglichen Sportliebhaber entwickelten sich zu Parteigängern. Manchmal wohnten hunderttausend Zuschauer den Wagenrennen im Hippodrom bei, das wie früher die Agora in Athen oder das Forum in Rom zu Volksversammlungen diente. Die beiden auf den gegenüberliegenden Rängen zusammen-

«Nika!» – «Siegt!» Diese Parole widerhallt in den Gassen und Straßen von Byzanz, als 532 der Nika-Aufstand ausbricht. Furcht erfüllte Justinians Herz in seinem kaiserlichen Palast (unten). Die Höflinge flehen ihn an, die Flucht zu ergreifen, und ohne die leidenschaftliche Rede der Kaiserin Theodora hätte die Geschichte vielleicht einen anderen Verlauf genommen. «Es ist nicht möglich, daß der Mensch, wenn er erst einmal geboren ist, nicht auch stirbt. Aber . . . Exil ist unerträglich . . . Wenn Ihr wünscht, Euch zu retten, Herr, so ist es ein Leichtes . . . Ich für mein Teil halte mich an das alte Sprichwort, wonach der kaiserliche Purpur das beste Leichentuch abgibt!» Justinian rafft sich auf, befiehlt einen Angriff – und dreißigtausend Aufständische lassen ihr Leben im Hippodrom, wo sie sich einst heiser schrien, während die Wagenlenker (links) ihre Runden um die spina fuhren, die Achse der langen ovalen Reitbahn. Neben der heute mit Obelisken geschmückten Anlage erheben sich die Blaue Moschee und die Hagia Sophia.

Illustration für NGS von André Durenceau. Gegenüber: James P. Blair, NGS. Elfenbeinschnitzerei, 5. Jh., Museo cristiano, Brescia; Scala

gedrängten Parteien machten kein Hehl aus ihrer politischen Meinung und riefen dem Kaiser laut ihre Beschwerden zu. Die Blauen, die religiös orthodox und politisch konservativ waren, genossen das Wohlwollen der Oberschichten. Die radikaleren Grünen dagegen konnten auf die Unterstützung des Pöbels und der Besitzlosen zählen.

Die Grünen hielten sich gewöhnlich im Zeugma auf, dem Handels- und Hafenquartier jenseits des Goldenen Horns. Sie drängten sich auch auf dem Brotmarkt am Mesê oder in der von Arkaden, Läden und Buden gesäumten Hauptstraße, wo das Völkergemisch des ganzen Reiches sich zwischen Eseln, Kamelen und tief gebeugten Lastenträgern herumtrieb.

Die Blauen verkehrten auf der vornehmen Pittakia «auf der Ostseite», nahe beim kaiserlichen Palast, den Regierungsämtern und den Häusern der Edlen mit ihren geräumigen Anlagen. Paläste und Elendsviertel fanden sich aber auch Seite an Seite. Hinter den Marmorfassaden der Häuser der Reichen plätscherten Springbrunnen in Innenhöfen, während der erste Stock der eingekeilten Häuser der Armen über die Gasse vorsprang. Und überall erhoben sich die Kirchen und Klöster dieser «von Gott behüteten Stadt».

Die Blauen und die Grünen standen Wache auf den Stadtmauern und bildeten eine Bürgerwehr. Mehr als einmal halfen sie, Barbaren zurückzuschlagen. Aber in ihrer Anmaßung und Hitzköpfigkeit übten sie einen wahren Terror aus. Junge Raufbolde der Blauen, die seltsame Haartrachten «im Stil der Hunnen» und purpurgestreifte Tuniken mit riesigen Ärmeln zur Schau trugen, machten sich ein Vergnügen daraus, Bürger zu überfallen. Die Grünen fanden Zulauf bei verarmten Bauern

Die Kaiserin Theodora mit ihrem stählernen Willen und Geist ist in einem leuchtenden Mosaik verewigt, das die Kirche San Vitale in Ravenna schmückt. Justinian (unten) führt eine religiöse Prozession von Geistlichen, Höflingen und Soldaten an, deren Förmlichkeit so steif ist wie die brokatenen Gewänder, Ausdruck des orientalischen Luxus, der am Hof des erhabenen Monarchen herrschte.

Ravenna, die Hauptstadt des byzantinischen Italien, symbolisiert Justinians Traum eines vereinten Reichs. Da es im Westen keinen Kaiser mehr gab, mußten alle lateinischen Länder an ihn zurückfallen. Die Wiedereroberung war auch ein Kreuzzug, um die Katholiken vor den wandalischen und gotischen Herrschern zu retten, die arianische Ketzer waren (so genannt nach Arius, einem Priester des 4. Jahrhunderts).

Der Chronist Prokop beschrieb die gewaltigen Siege des byzantinischen Generals Belisar und pries auch die großzügigen Baupläne des Kaisers. Aber in seiner Geheimgeschichte schildert er mit giftigen Worten Theodora als eine zum Purpur erhobene Hure, eine grausame, rachsüchtige, gefährliche Intrigantin, und Justinian als «treulosen Freund . . ., verräterischen Feind, von Mord- und Plünderungswahn besessen».

Byzantinisches Mosaik, 6. Jh.; Kirche San Vitale, Ravenna; Scala

und Städtern, die, von Justinians Steuereintreibern um Hab und Gut gebracht, in die Hauptstadt strömten.

Der Nika-Aufstand begann, als beide Parteien vereint gegen die Hinrichtung zweier Kampfhähne protestierten, eines Blauen und eines Grünen. Der Aufruhr wuchs sich zum Sturm aus, und der Pöbel steckte die Stadt in Brand. Nach einer Woche schwelten geschwärzte Ruinen dort, wo Paläste, Hospize, öffentliche Bäder und Heiligtümer gestanden hatten, die Hagia Sophia, die Kirche der heiligen Weisheit, nicht ausgenommen.

Nachdem er den Aufstand in Blut ertränkt hatte, machte sich Justinian daran, die Stadt mit einer Pracht wieder aufzubauen, die jahrhundertelang die Besucher in Erstaunen versetzte. In fünf Jahren errichtete er eine neue Hagia Sophia und machte sie zur größten Kirche der Christenheit.

Wie auf zahllose Besucher vor mir wirkte sie auch auf mich als Inbild der Schönheit. Ihre Kuppel schien in der Tat «in der Luft zu schweben», wie der Historiker Prokop schrieb, und «Sonnenlicht entstand in ihr». Kein Wunder, daß Justinian, als er sein Werk mit dem Tempel in Jerusalem verglich, ausrief: «Salomo, ich habe dich übertroffen!»

Als Justinian sich daranmachte, Konstantins Reich zurückzuerobern, errangen seine Armeen Sieg um Sieg. Seine Legionen brachten den Wandalen in Nordafrika eine entscheidende Niederlage bei, entrissen den Westgoten die Südostküste von Spanien, eroberten Sizilien, zerstörten das ostgotische Reich in Italien. Es waren unglaubliche Leistungen für jene Zeit, aber sie waren nicht von Dauer. Und die Rückkehr der westlichen Provinzen unter kaiserliche Kontrolle brachte Justinian, der als östlicher oberster Kirchenfürst herrschte, in Konflikt mit dem Papst in Rom, der nicht nur eine geistliche Herrschaft ausübte, sondern auch sein weltliches Reich ausgedehnt hatte. Andere Kräfte trugen ebenfalls dazu bei, daß mit der Zeit die christliche Kirche sich in die römisch-katholische im Westen und die orthodoxe im Osten teilte.

Justinian regierte mit Hilfe einer mächtigen, zentralisierten Bürokratie. Er arbeitete unermüdlich an einer Reform der Verwaltung, behob Mißstände, schaffte einen Ausgleich zwischen den Gehältern, schuf Staatsmonopole. Er gründete eine byzantinische Seidenindustrie, nachdem einer Legende zufolge zwei Mönche Seidenraupeneier aus China herausgeschmuggelt hatten, wo das Geheimnis der Seidenfabrikation streng gehütet wurde. Indem er alle kaiserlichen Gesetze seit Hadrians Herrschaft umredigierte, verpflichtete er sich spätere Zeitalter. Sein Kodex und seine Pandekten, die fünfhundert Jahre später im Westen eine Neugeburt erleben sollten, bilden die Grundlage eines großen Teils des modernen Rechtswesens.

Obwohl an den Gerichtshöfen und in der Regierung Latein die offizielle Sprache war, fuhren die meisten Leute im Osten fort, griechisch zu sprechen. In der Mitte des 7. Jahrhunderts hatte die lateinische Sprache das gleiche Los erlitten wie die Toga, das hochgeschätzte Symbol römischer Würde; sie war durch lange Gewänder oder Kaftane östlicher Herkunft ersetzt worden, die je nach Rang anders aussahen und getragen wurden. Da die Byzantiner Nacktheit mit Sünde gleichsetzten, verhüllten sie den Körper sorgfältig; ihre Roben beeinflußten die Kleidung im Westen bis ins 12. Jahrhundert, als der «gotische» Stil aufkam. Die byzantinische Hofetikette fand ihre Nachahmer noch bei den Bourbonen, den Habsburgern und den Romanoffs. Auch heute noch ist das strenge Zeremoniell des Vatikans dem eines byzantinischen Kaisers vor tausend Jahren sehr ähnlich.

Auf einem Ring von Licht schwebend, erschien die goldene Kuppel der Hagia Sophia dem Prokop gleichsam an goldenen Ketten am Himmelszelt aufgehängt. Justinians Meisterwerk, das am Weihnachtstag 537 geweiht wurde, war der krönende Schmuck einer Hauptstadt, in der mehr als eine halbe Million griechisch sprechende «Römer» lebten (während Roms Bevölkerung weit geringer war). Als der Sultan Mohammed der Große Konstantinopel eroberte, «die Stadt, welche die ganze Welt begehrte», wurde die Hagia Sophia in eine Moschee umgewandelt. Heute ist sie ein Museum, von dem aus vier Minarette immer noch gen Himmel ragen.

Erich Lessing, Magnum

35

Die Leidenschaft für Einzelheiten und Genauigkeit, die sich im diplomatischen Protokoll und im Gesetz kundtat, in der Theologie und in der Liturgie, in der Staatskunst und in der Militärorganisation, findet sich auch in der Kunst. Elfenbeinschnitzereien, Silberarbeiten, Emaille, Brokate, Miniaturen, Fresken und Mosaike zeugen von der Fähigkeit des byzantinischen Künstlers, sich geduldig ins Detail zu vertiefen. Gottes Schöpfung zeugte von einer wundersamen Sorgfalt, und es ziemte dem nach seinem Bild geschaffenen Menschen, sie nach bestem Können nachzuahmen.

Im 7. Jahrhundert brach der Islam über die feierliche Liturgie des byzantinischen Lebens herein. Lange ehe der Prophet Mohammed geboren war, hatten Araber als Händler und Söldner das Byzantinische Reich und das Persische Königreich bereist. Als Byzanz und Persien sich in langen Kriegen gegenseitig erschöpften, ergriffen die Araber die historische Gelegenheit beim Schopf.

Die neue Religion des Islams («Unterwerfung unter Allahs Willen») verlieh den Araberstämmen eine kulturelle und soziale Einheit, wie sie sie noch nie gekannt hatten. Hunger, Beutelust, Kampffreude und Ehrgeiz trieben sie, ein Reich zu erobern, das sich vom Indus bis zu den Pyrenäen erstreckte.

Unter Omar, dem zweiten Kalifen, wurden zwischen 634 und 644 Syrien, Palästina, Persien und Ägypten überrannt. Die Armeen des Propheten stürmten westwärts durch Nordafrika, eroberten Spanien und fielen sogar in Frankreich ein. Bald standen sich Christenheit und Islam längs des ganzen Mittelmeers gegenüber. In Spanien sollten die Christen jahrhundertelang gegen die «Mauren», hauptsächlich Berber aus Marokko, kämpfen; sie drängten sie ins Königreich Granada zurück und verjagten sie schließlich in dem Jahr, in welchem Kolumbus seine erste Reise nach Amerika antrat.

Im 11. Jahrhundert besetzten die bereits zum Islam bekehrten Seldschuken-Türken Mesopotamien und Kleinasien. Die ersten Kreuzfahrer mußten sich einen blutigen Weg durch ihre Reihen bahnen.

Trotz der ständigen Kriege trieben italienische Stadtstaaten Handel mit den Muselmanen, denen der Koran das Geschäftemachen mit den Ungläubigen erlaubte. Westliche Kaufleute

Schnelle Rosse und scharfe Krummsäbel errichteten in kürzester Zeit ein Reich, als die Sarazenen aus dem arabischen Schmelztiegel ausbrachen. 638 ergab sich Jerusalem dem Kalifen Omar. Mit nur viertausend Reitern zog sein General Amr ibn al-Asi gegen das byzantinische Ägypten. In Rafah erreichte ihn ein Befehl von Omar. Da er seinen Inhalt erriet, begab er sich so schnell wie möglich über die ägyptische Grenze nach El-Arish und öffnete ihn erst dann. Kehr zurück, wenn du noch in Palästina bist, lautete die Botschaft; wenn du schon in Ägypten bist, ziehe weiter. Seine Leute jubeln, als er den Befehl zum Vormarsch erteilt, der Ägypten dem Islam einverleiben und tausend Jahre Hellenismus wie Schnee in der arabischen Sonne zum Schmelzen bringen wird. Obwohl ihr Reich größer war als alles, was Rom je besessen hatte, verstärkten die Araber paradoxerweise die Macht der römischen Päpste, indem sie deren rivalisierende Bistümer eroberten – Alexandrien, Antiochien und Karthago. Indessen führten die Muselmanen keine Zwangsbekehrungen durch; sie zogen es vor, die Ungläubigen zu besteuern und eine Herrscherelite zu bleiben.

Illustration für NGS von André Durenceau

übernahmen viele Wörter arabischen Ursprungs – Admiral, Kaliber, Magazin, Monsun, Tarif usw. Sie hielten sich an muselmanische Vorbilder, als sie den Wechsel und die Aktiengesellschaft entwickelten.

Muselmanische Gelehrte übersetzten Werke aus dem Griechischen, Persischen, Syrischen und Sanskrit ins Arabische. Arabische Geographen, Astronomen, Astrologen, Alchemisten, Physiker und Naturwissenschaftler bereicherten Europas Kultur. Unser technischer Wortschatz zeugt von ihrem Einfluß mit Wörtern wie Alkali, Algebra, Amalgam, Zenit, Nadir und Ziffer. Muselmanische Mathematiker gebrauchten die Null zweihundert Jahre, ehe sie im 12. Jahrhundert in Europa auftauchte.

Kostbare arabische Metallarbeiten und Keramiken beeinflußten italienisches Handwerk; das syrische Schmelzglas inspirierte die venezianischen Glasbläser. Die Europäer importierten persische und türkische Teppiche; sie schätzten Damaszener Stahl und verarbeiteten Leder aus Córdoba. Mosul gab uns das Wort Musselin, und Damaskus den Damast.

Auf vielerlei Art sollte das mittelalterliche Europa Nutzen ziehen aus der reichen Vermischung der Kulturen in der muselmanischen Welt. Aber im 8. Jahrhundert stellten die Armeen des Propheten eine furchtbare Gefahr dar. Wenn Byzanz im Osten nicht standgehalten hätte, wenn Karl Martell, der Großvater Karls des Großen, die Eindringlinge zwischen Tours und Poitiers nicht so nachdrücklich besiegt hätte, würden die folgenden Seiten wahrscheinlich eine andere Geschichte erzählen.

Zwei Faktoren bestimmten die unwiderstehliche Macht, welche die herumziehenden Araber vorwärtstrieb. Die eine Kraft war der Hunger, der heute noch die Beduinen auf der Suche nach Futter für ihre Kamel-, Schaf- oder Ziegenherden durch glühende Sandwüsten wandern läßt. Der andere Faktor war der Islam, ein neuer Glaube, der weder Priester noch Sakrament nötig hatte und doch Christus und die hebräischen Propheten ehrte, einen einzigen Gott anbetete und im Jenseits das Paradies versprach. «Allah schuf Himmel und Erde», sagt der Koran dem Gläubigen (links), dessen Vorfahren die Steinböden von Arabia deserta verließen, um unter den Palmen von Damaskus oder über die Springbrunnen Spaniens zu herrschen.

Nächste Doppelseite: Voll Inbrunst umkreisen die Pilger die Kaaba in der Haram-Moschee in Mekka; dies ist der freudige Höhepunkt ihrer Pilgerfahrt (haddsch) zum größten Heiligtum des Islams. Fünfmal am Tag kehren sich die 460 Millionen Muselmanen auf der ganzen Welt gegen Mekka, um zu beten. Und während das Zeitalter der Ritter in den von Kriegen zerrissenen Ländern Europas langsam Gestalt gewann, wandten sich die Muselmanen vor tausend Jahren ihren Nachbarn im Norden zu, um Krieg zu führen, Handel zu treiben und die Früchte der unter ihrer Herrschaft vereinigten vielfältigen Kulturen zu teilen.

Thomas J. Abercrombie, NGS (ebenfalls nächste Doppelseite)

39

Norman P. Zacour

DIE WELT KARLS DES GROSSEN

Ein Raunen geht durch die Menge, als an diesem Weihnachts-tag des Jahres 800 eine hohe Gestalt die St.-Peters-Kirche betritt. Franken und Römer, Griechen und Langobarden, Friesen und Sachsen, alle drehen sie den Kopf, um den Mann zu sehen, der sie nach Rom gerufen hat. Den leinene Kniehosen und Pelzmäntel tragenden Franken fällt seine fremdländische Kleidung auf: Eine römische Toga und ein Mantel verhüllen seinen «ziemlich vorstehenden Bauch». Er kniet vor dem großen Altar, seine «sehr großen und lebhaften» Augen sind auf die goldene Krone vor ihm gerichtet. Selbst wenn er kniet, überragt der stiernackige Mann mit der langen Nase alle andern.

Nun setzt der Papst die Krone auf das blonde Haar dieses achtundfünfzigjährigen Königs, der die ganze Christenheit in seinem Reich vereinen will. Dreimal widerhallt die holzgedeckte Basilika vom jubelnden Ruf: «Heil und Sieg dem von Gott gekrönten großen Kaiser der Römer, Carolus Magnus!»

Dankbar fällt der Papst auf die Knie, um den Rocksaum des ersten Kaisers zu küssen, den Westrom seit mehr als dreihundert Jahren wieder besitzt. Der Mann, der St. Peter als König der Franken betrat, ist beim Verlassen der Kirche Herrscher über das zukünftige Heilige Römische Reich. Unter dem Namen Karl der Große geht er in die Geschichte ein.

Nur einen Monat zuvor war er von Germanien nach Rom ge-zogen, um die von Aufständischen zerrissene Stadt zu befrieden und den Papst Leo III. zu retten. In den fünf Jahren seit seiner Wahl hatte Leo gegen römische Feinde zu kämpfen gehabt, die ihn der Unsittlichkeit bezichtigten. Sie hatten sogar eine päpst-liche Prozession in einen Hinterhalt gelockt und Leo gefangen-genommen. Er konnte fliehen und suchte Schutz am Hof Karls des Großen.

Beinahe ein halbes Jahrhundert lang regierte Karl der Große sein Reich hoch zu Pferd. Reiterstandbild, Bronze, 9. Jh.; Louvre, Paris; Eddy van der Veen

*«Beuge demütig dein stolzes Haupt...
Bete an, was du verbrannt hast, ver-
brenne, was du angebetet hast!»*

Mit der Taufe des fränkischen
Königs Chlodwig in Reims beginnt
496 eine neue Zeit. Er war der erste
Barbarenkönig des Westens, der zur
römischen Kirche übertrat. Seine
Bekehrung, an der seine Frau Chro-
degilde, eine burgundische Prinzessin,
großen Anteil hatte, erfolgte, nachdem Gott ihm einen überwältigenden
Sieg geschenkt hatte. Dreitausend
fränkische Krieger folgten seinem
Beispiel.

Der gewalttätige und listige Chlodwig beseitigte die letzten Reste
römischer Herrschaft in Gallien, vertrieb die häretischen Westgoten aus
Aquitanien und begann Burgund zu
erobern. Aber seine Nachkommen,
die mordlustigen und entarteten
Merowinger, waren bloße Schatten-
gestalten. Die Macht wurde vom
Majordomus ausgeübt, dessen Amt
erblich war.

751 stimmte schließlich der Papst
mit dem Majordomus Pippin dem
Kleinen überein: «Es ist besser, den
Namen König dem zu verleihen, der
die Weisheit und die Macht besitzt.»
So wurde Childerich III. geschoren
uns ins Kloster gesteckt, und König
Pippin begründete die Dynastie der
Karolinger.

Sein Sohn Karl der Große hatte die
Kraft, das fränkische Königreich zu
einem Kaiserreich auszuweiten
(rechts), und die Weisheit, es
geschickt zu regieren.

Die Krönung machte die Abhängigkeit des Papstes vom Frankenkönig deutlich und
ließ die Hoffnung auf ein *imperium christianum,* ein christliches Reich, entstehen. Als
Retter des Papstes, Verteidiger des Glaubens und jetzt auch als Kaiser des Westens sollte
Karl über ein Reich herrschen, das Kirche und Staat umfaßte.

Als ich dieses Reich bereiste und versuchte, einen Blick in seine Welt zu erhaschen, fand
ich die Vielfalt, die er gekannt hatte. Aber was er als ein Land regiert hatte, ist jetzt in
mehrere Staaten zerfallen: Frankreich, Belgien, Luxemburg, die Niederlande, die
Schweiz, ein großes Stück von Deutschland, Österreich und Italien und ein Zipfelchen
Spanien. Doch im Herzen blieb er ein Franke, der Erbe einer mächtigen Familie, die ihr
Geschick mit dem christlichen Glauben verknüpfte.

Dem kleinen Jungen erzählte man von seinem Großvater Karl, mit dem Beinamen
Martell (der Hammer), der die muselmanischen Eindringlinge bei Tours in die Flucht geschlagen hatte. Mit neun Jahren sah er zweifellos, wie sein Vater, Pippin der Kleine, vom
großen angelsächsischen Missionar Bonifatius gekrönt wurde. Später machte der Papst
selber die Reise über die Alpen, um Pippin zu weihen und seine Söhne als Nachfolger zu
salben. Bald schon sollte der Knabe, der Karl der Große wurde, erfahren, wie ein Priester
für seinen Glauben stirbt und wie ein König für seine Krone bezahlt.

Nicht lang nach Pippins Krönung zog sich der von fünfunddreißigjähriger Missionsarbeit in Germanien erschöpfte Bonifatius in sein Lieblingskloster Fulda zurück. Aber als ihm beunruhigende Berichte über seine neugegründete Kirche in Friesland zu Ohren kamen, eilte er nach Norden, um sein Predigen und seine Bekehrungen wiederaufzunehmen. Wo heute die holländische Stadt Dokkum steht, wurde der Greis mit dreiundfünfzig seiner Gefährten von einer Bande von Heiden erschlagen.

Das Kloster Fulda lag «inmitten von Wäldern in einer weiten, einsamen Gegend». Als ich dorthin gelangte, begrüßte mich ein Dom mit einem warmen barocken Lächeln. Unter dem schwarzen Altar in der Krypta liegt ein marmorner Bonifatius mit seiner Mitra in einem Sarkophag aus dem 18. Jahrhundert. Kleine Marmorengel mit entschlossenen Gesichtern bemühten sich, den schweren Deckel hochzuhalten. Nebenan sah ich im Museum, das dem Dom angeschlossen ist, den *Codex Ragyndrudis*, einen dicken Manuskriptband von Schriften der Kirchenväter. Er trägt

Nächste Doppelseite: Der Rhein, Rückgrat des Reiches, war die Wiege der fränkischen Nation, ihr Handelsweg und ihr Schild gegen die Sachsen im Osten. Karls Armeen überschritten ihn oft; in Mainz baute er eine Brücke, hatte aber keinen Erfolg beim Versuch, ihn durch einen Kanal mit der Donau zu verbinden. Hier fließt der sagenumwobene Strom an Burg Katz vorbei, im Hintergrund der Loreleifelsen.

Nächste Doppelseite: Thomas Nebbia

Das christliche Kaiserreich Karls des Großen

DÄNEN

Frankenreich um 768

Erwerbungen Karls des Großen

Tributpflichtige Völker

0   320
Kilometer

Dokkum

FRIESLAND

Verden • Elbe

SACHSEN

Paderborn •

Weser

Köln • • Geismar

Aachen   THÜRINGEN

Rhein   • Fulda

Ingelheim • Mainz

Soissons • Reims   Frankfurt

Saint-Denis   Worms •

• Paris   Verdun   • Lorsch

Mosel

FRANZIEN   ALAMANNIEN

Seine   Donau

• Orléans   BAYERN

Tours   Lech   • Salzburg

St. Gallen •

BURGUND   ALPEN

Loire

Großer   Venedig

St. Bernhard

AQUITANIEN   • Pavia   Po

Garonne   Rhone   LANGOBARDEN

Ravenna

BASKEN   Paß von Roncesvalles   Pisa •

Pamplona •   PYRENÄEN

SPANISCHE MARK

OMAIJADISCHES   Korsika

EMIRAT   Ebro   Barcelona

VON CORDOBA   MITTELMEER

BRETAGNE

SLAWEN

AWAREN

UNGARN

HERZOGTUM SPOLETO

Tiber

PATRIMONIUM PETRI

• Rom

ADRIA

HERZOGTUM BENEVENT

Neapel •

die Spuren tiefer Hiebe, denn Bonifatius hatte ihn in der Hand gehalten, als die Friesen über ihn herfielen. All der gefällige Barockschmuck, mit dem die Reliquie umgeben ist, vermag den Bann jenes gräßlichen Augenblicks vor bald 1200 Jahren nicht zu brechen.

Als Jüngling begleitete Karl seinen Vater Pippin, als dieser, um den Segen des Papstes abzuverdienen, in die Lombardei einmarschierte, um «dieses stinkende Volk . . . die Wiege des Aussatzes» zu besiegen, mit anderen Worten die Langobarden, die unter päpstlichem Fluch standen. Diese «Langbärte» waren ein germanisches Volk, das, im 6. Jahrhundert von Österreich kommend, über die Alpen gezogen war und einen Großteil Italiens besetzt hielt. Sie nahmen Rom in die Zange und setzten sich ganz einfach über die päpstlichen Ansprüche auf die Territorien hinweg, die Kaiser Konstantin angeblich dem Papsttum abgetreten hatte. Pippins Sieg über die Langobarden verhalf dem Papst zu seinem Land – und besiegelte das Bündnis zwischen dem fränkischen Königreich und der Kirche.

Karl der Große beweint seine Nachhut, die auf dem Rückzug aus Spanien 778 bei Roncesvalles in einen Hinterhalt geriet und niedergemacht wurde. Dreihundert Jahre später verherrlichten die Troubadoure zur Zeit der Kreuzzüge das Gefecht und schenkten dem Rittertum einen Helden mit dem Rolandslied.

Von seinem eifersüchtigen Stiefvater verraten, weigert sich Graf Roland, Hilfe herbeizurufen, um seinem Ruhm keinen Abbruch zu tun. «Mit seiner Lanze öffnet er einen Ausgang für die Seele» in seinen heidnischen Gegnern und freut sich am Blut, das sein Schwert rötet.

Schmalgesichtige Basken bebauen die Pyrenäenhänge, wo ein Waffengefährte stöhnte: «Deine Tapferkeit, Roland, war unser Untergang.»

William Albert Allard. Ausschnitt von einem vergoldeten Schrein Karls des Großen in Aachen, 13. Jh.; R. W. Schlegelmilch

Pippin starb 768. Da bei den Franken die Familie, nicht der älteste Sohn, den Thron erbte, mußte Karl drei Jahre lang die Herrschaft mit einem jüngeren Bruder teilen. Als ihre Rivalität beinahe in offenen Krieg überging, wurde der Bruder krank und starb. Nun herrschte Karl allein über das Frankenland, aus dem das heutige Frankreich und Deutschland hervorgehen sollten. Aber noch war sein Reich nicht geeint und wahrhaft untertan. Christen, «die nicht viel mehr als Heiden» waren, hielten an alten Gebräuchen und Stammesgesetzen fest. Aquitanier und Bayern zettelten Aufstände an. Ein widerspenstiges Königreich, dessen Grenzen von Feinden strotzten, zwang Karl bald zu ständigem Kriegführen.

Sein Vater und sein Großvater hatten ihm drei Feinde hinterlassen: im Norden und Osten die Sachsen, im Südosten die Langobarden und im Südwesten die arabischen Eroberer Spaniens, gegen die er 778 mit einer großen Armee auszog.

Abtrünnige arabische Fürsten südlich der Pyrenäen hatten ihm zu verstehen gegeben, er werde in Spanien willkommen sein. Statt dessen lehnte das Volk es ab, «befreit» zu werden, und Karl zog wieder nach Norden. Auf einer Paßhöhe geriet seine Nachhut in einen Hinterhalt – nicht der Muselmanen, sondern der stolzen, unabhängigen Basken, die nichts von seiner Herrschaft wissen wollten.

Einhard, ein im Kloster geschulter Höfling, der Karls Biograph wurde, berichtet von dem mörderischen Treffen. Auf einer bewaldeten Berghöhe versteckte Basken «fielen über den Troß her und rissen die Nachhut in den Talgrund herunter». Sie «töteten alle ... plünderten den Troß und zerstoben im Schutz der einbrechenden Nacht in alle Himmelsrichtungen».

Die Legende bemächtigte sich des Geschehens, schmückte es aus, erhob das Scharmützel zu einer großen Schlacht, machte den Paß von Roncesvalles (franz. Roncevaux) berühmt und verklärte den Namen eines der gefallenen Helden, Roland. Schließ-

49

lich gewann die Legende eine poetische Form in der Gestalt des *Rolandslieds*, eines Epos, das die ritterlichen Tugenden der Krieger im Europa der Feudalzeit verherrlichte.

Karl der Große führte sein Heer nie wieder persönlich nach Spanien. Aber am Ende seiner Regierungszeit hatten seine Truppen die Spanische Mark abgegrenzt, ein Gebiet, das von Pamplona in der Nähe des Atlantiks bis Barcelona am Mittelmeer reichte.

Zwischen den Franken und den Sachsen bestand keine derartige Pufferzone. Längs dieser nordöstlichen Grenze, schrieb Einhard, «war der Morde, Diebstähle und Brandstiftungen auf beiden Seiten keine Ende». Jeder Überfall auf eine fränkische Grenzsiedlung wurde von Karls Truppen doppelt und dreifach heimgezahlt. Die Strafexpeditionen in sächsisches Gebiet entwickelten sich bald zu einem Eroberungskrieg.

«Kein anderer Krieg, den die Franken je unternahmen», fuhr Einhard fort, «wurde mit so viel Ausdauer und Erbitterung geführt oder kostete so viele Mühe, denn die Sach-

sen waren, wie beinahe alle germanischen Stämme, ein wildes Volk, das den Teufel verehrte und unserer Religion feind war ...» Die Sachsen kämpften nicht nur um ihr Land, sondern um ihre Art zu leben. Sie wußten, daß ihre Unterwerfung unter Karls Krone auch die Unterwerfung unter seinen Christengott bedeutete. Er führte einen heiligen Krieg gegen «das heimtückische, eidbrüchige sächsische Volk, bis es erobert und zur christlichen Religion bekehrt – oder völlig vernichtet ist».

Während des ersten Feldzugs im Jahr 772 drang er in den heiligen Hain der Sachsen bei Paderborn in

« Hoch sind die Berge und dunkel die Täler . . . geheimnisvoll die Engpässe.» Die fränkische Nachhut, einer eng zusammengedrängten Schafherde vergleichbar, schwellt im Rolandslied zu zwanzigtausend Rittern an, und die baskischen Wegelagerer werden hunderttausend berittene Sarazenen. Roland tritt als Vorkämpfer der Christenheit auf – «unter dem Himmelsgewölbe lebt kein zweiter Vasall wie er». Er haut sich einen Paß durch die Pyrenäen, die Rolandspforte, dank seinem magischen Schwert Durandal, mit dem sein Lehensherr ihn gegürtet hat, der weißbärtige, «mehr als zweihundert Jahre alte» Karl der Große.

Westfalen vor und ließ Irminsul umlegen, die hohe hölzerne Säule, die von den Sachsen als die symbolische Trägerin des Weltalls verehrt wurde. Karl war in einer Tradition von Axt-und-Schwert-Missionseifer aufgewachsen: Jahre zuvor hatte der von Karl Martells Soldaten begleitete fromme Bonifatius die heilige Eiche der Heiden in der Nähe von Geismar umgehauen. Aus dem Holz dieses dem Donnergott Donar geweihten Baums hatte Bonifatius eine Kapelle erbaut. Bei seinem Überfall plünderte Karl auch den Gold- und Silberschatz des heidnischen Gotts.

So tief er auch zweiunddreißig Jahre lang in sächsisches Land eindrang, so viele Edle sich ihm auch unterwarfen, so viele Bekehrungen er auch erzwang, im Augenblick, da er seine Armee zurückzog, erhoben die Sachsen sich wieder. «Wie ein Hund, der zu seinem Erbrochenen zurückkehrt», sagt ein karolingischer Chronist, «so kehrten sie zum Heidentum zurück, das sie ausgespien hatten.»

Wenn das Schwert die Bekehrung nicht zustande brachte, benutzte Karl es zum Blutbad. Einmal trieb er 4500 Sachsen zusammen und ließ sie an einem Tag enthaupten. Dann, sagt die Chronik, «begab er sich in sein Winterlager . . . und feierte dort Weihnachten und Ostern wie gewohnt». Mit der Zeit konnte er auch die Vernichtung der sächsischen Stämme feiern und die Ausdehnung seines Reichs über ihr blutgetränktes Land.

Während die Franken ihre jahrhundertealten Grenzen überschritten und alte Gegner hinmordeten, stellten sich ihnen neue Feinde entgegen. Hinter den Friesen und Sachsen lauerten die heidnischen Dänen und Slawen; jenseits von Bayern streiften die Awaren umher, nomadische Reiter aus den Steppen Asiens, die im 7. Jahrhundert in Europa eingefallen waren. Die Art, wie sie die Eroberten unterdrückten, machte aus Slawen «Sklaven». Die Awaren «spannten slawische Frauen wie Tiere vor ihre Wagen, vergewaltigten sie planmäßig, zerstörten ihre Familie, ja erniedrigten ihr ganzes Leben zu einem tierischen Dasein». Die Awaren benutzten slawische Männer als Schild, wenn sie in die Schlacht ritten.

In sieben Jahren eines erbitterten Kriegs vernichteten die Franken die Awaren beinahe völlig. Wo einst der Palast des awarischen Königsrings stand, «findet sich keine Spur menschlicher Behausung mehr», schreibt Einhard. Fünfzehn von je vier Ochsen gezogene Wagen schleppten die Schätze des Königsrings ab.

Karl brauchte solche Beute, um seine ständigen Kriege einträglich zu machen und um seine Vasallen zu zahlen. Indem er Heeresdienst mit Beute und Land belohnte, schuf Karl eine Hierarchie mächtiger Edelleute. Sie schworen dem König Lehenstreue und waren ihrerseits Lehensherren niedrigerer Männer. Landbesitzer mußten nicht nur an den Kriegszügen teilnehmen, sondern auch selbst für ihre Ausrüstung aufkommen. Ein Vasall wurde angewiesen, sich an einem Sammelpunkt einzufinden, «so ausgerüstet mit Euren Mannen, daß Ihr von dort aus in jede Richtung ziehen könnt, die unser Befehl Euch anweist . . . Jeder Reiter hat einen Schild, eine Lanze, ein Schwert, einen Dolch, einen Bogen, einen Köcher mit Pfeilen mitzubringen, und

« Wo immer man tüchtige Männer findet», *ordnete Karl an*, *«soll man ihnen Wald zum Roden geben.»* *Dieser Befehl fällte ganze Wälder und erschloß neue Felder für den Grundherrn – «kein Herr ohne Land, kein Land ohne Herr». Jahrhundertelang sollte der Hörige arbeiten, während der Herr es sich wohl sein ließ, zuerst in einer hölzernen Burg, dann in einem steinernen Schloß. Als militärischer Vasall seines Lehensherrn hatte der Grundherr die Aufgabe, seinerseits seine Hörigen zu beschützen, über sie zu herrschen und Gericht zu sprechen.*

Die schwere Erde ließ sich leichter bebauen, als der tiefgreifende Pflug mit Rädern und die eisengespickte Egge aufkamen (rechts). Hufeisen und ein Geschirr, das das Tier nicht mehr würgte, wenn es ziehen mußte, machten aus den Schlachtrossen Arbeitspferde. Die Dreifelderwirtschaft ließ ein Feld brachliegen, während die beiden andern Weizen und Roggen in Wintersaat, Hafer und Gerste in Sommersaat trugen. Aber das von Hand gesäte Korn brachte nur spärliche Ernten ein; die Mühlen und Backöfen des Grundherrn beanspruchten alles Getreide; ständig drohten Krieg und Hungersnot. Die Hörigen, die an den Boden und an ihren Herrn gebunden waren, konnten nur mit seiner Erlaubnis heiraten und mußten seine Felder vor den ihren bebauen. Sie bezahlten die Pacht in Naturalien und Geld, brachten zu Ostern Eier und zu Weihnachten Gänse und klagten: «Was der Bauer in einem Jahr hervorbringt, vergeudet der Herr in einer Stunde.»

«September», flämischer Kalender, ca. 1500; British Museum, London

Die Arbeit der Hörigen, die vor Tagesanbruch aufstehen und mit Einbruch der Nacht zu Bett gehen, folgt einem Kalender, den Karl in seiner fränkischen Sprache Pflugmond (Juni), Heumond (Juli), Erntemond (August), Windmond (September) und Weinlesemond (Oktober) nannte. Sie hacken Holz, schlachten Schweine für den Winter, ernten Korn für Brot und Bier (das gesünder und länger haltbar war als Wasser oder Milch) – im ewigen Einerlei der Arbeit, einen Tag für sich selber, den nächsten für den Herrn. Aufseher passen auf, daß sie nicht «davonlaufen, um Märkte und Messen zu besuchen».

Der Rauch, der einfach durch ein Loch im Dach entweicht, schwärzt bald die Hütten mit ihrem Boden aus gestampfter Erde und den Betten aus Binden, und «nichts als Regen» wäscht die Gesichter der Bauern. Mit der Zeit bekommen die zur Hälfte aus Holz gebauten Dorfhäuser, die mit dem Vieh geteilt werden, Schornstein und Herd.

Die Bauern, die sich die himmlische Hierarchie nach dem Vorbild der feudalistischen Pyramide vorstellen, beten zu den Heiligen, damit diese für sie Fürbitte tun bei Gott – genau wie sie ihre Gesuche an den Grundherrn richten, nicht an den König.

Fortsetzung S. 56

«Dezember» (oben) und «Januar» (gegenüber), flämischer Kalender; British Museum. «Juli», französischer Kalender, ebenfalls ca. 1500; Bibliothèque nationale, Paris

Fortsetzung von S. 54

*Die Abergläubischen wenden sich
an eine Hexe oder den Geist eines
knorrigen Baums. Nach sechs Tagen
harter Arbeit stören die Männer den
Sabbath und die Geistlichkeit mit
«Balladen und Tänzen und gottlosen,
übermütigen Liedern und dergleichen
Ködern des Teufels».*

*Die häufigste Sünde der Frauen ist
Ungehorsam gegenüber ihrem Mann.
Die Nörglerinnen werden ins Wasser
der Weiher getaucht, und die Männer
haben «das Recht, ihre Frau zu
schlagen», aber «nicht zu Tode zu
prügeln».*

Volkmar Wentzel, NGS

in Euren Karren . . . Äxte, Hobel, große Bohrer, Bretter, Spaten,
eiserne Schaufeln und anderes Gerät . . .»

Obwohl er grundsätzlich frei war, schwor jeder Lehensmann
seinem Herrn Gehorsam und gelobte, ihm zu dienen und für ihn
zu kämpfen. Er konnte von seinem Treueschwur entbunden
werden, wenn der Lehensherr versuchte, ihn umzubringen oder
einen Leibeigenen aus ihm zu machen, sein Besitztum stahl oder
seine Frau verführte. Aber dann mußte der Lehensmann einen
neuen Herrn finden und ihm einen neuen Lehenseid leisten,
denn jeder Mann mußte einen Herrn haben.

Die Macht des Adels war im Grund und Boden verwurzelt –
Land stellte damals ungefähr die einzige Form von Reichtum dar,
denn es gab wenig Handel oder Industrie, und nur durch Landbesitz konnte man zu Einfluß gelangen. Die meisten Untertanen
Karls des Großen waren Bauern, die entweder ihr eigenes Stück
Land bebauten oder als Pächter auf den großen Herrenhöfen
arbeiteten. Einigen wenigen gelang es, ihre Landhörigkeit zu
brechen. Der Sohn eines von Karl freigelassenen Leibeigenen
wurde Erzbischof von Reims. Ein Adliger spottete einst voll
Wut: «Der König hat Euch die Freiheit geschenkt, aber nicht
Adel, denn das ist nicht möglich!»

Der König selbst besaß riesige *villis*, Güter, die seinen Hof
und sein Heer versorgten. Sie waren auch die Etappenorte, wo
er während seiner beinahe ununterbrochenen Reisen durch sein
Reich haltmachte. Es war in der Tat einfacher, wenn der Hof

Auf den Alpwiesen, wo fröhliche Gesichter die Morgensonne begrüßen, wo Pferd und Ochse das letzte Sommerheu heimschleppen, bebauen Mann, Frau und Kind heute noch ihr geliebtes Land. «O Erde, unsere Mutter!» sangen die Hörigen im Reich Karls des Großen, denn im Boden erblickten sie das Wunder der Geburt.

Hier in Österreich, der Ostmark seines Reiches, brachte die Mutter Erde sogar das Salz hervor, dank dem man das Fleisch für die harte Winterszeit aufbewahren konnte. Salz füllte auch die königliche Börse, denn nur die Krone hatte das Recht, es abzubauen. Truppen hielten die Bauern im Salzkammergut eingeschlossen, um den Schmuggel zu verhindern. Reisende brauchten einen Paß, und erst im 19. Jahrhundert wurden Besucher willkommen geheißen.

Salzburg, das von Bonifatius zum Bischofssitz erhoben worden war, bewachte die Salzvorräte für Karl den Großen. 748 beschuldigte Bonifatius hier einen irischen Abt eines «falschen, sündigen Glaubens», weil er behauptet hatte, die Erde sei rund.

sich dorthin begab, wo sich die Nahrung befand, als wenn die Nahrung an den Hof hätte gebracht werden müssen.

«Den Augen zum Gefallen», verordnete Karl, daß jedes Gut mit «Schwänen, Pfauen, Fasanen, Enten, Tauben, Rebhühnern und Turteltauben» belebt werden solle. Er erließ eine ganze Reihe von Vorschriften für seine Gutsverwalter. Eine, die mir besonders auffiel, lautete: «Sieh zu, daß ... unsere Trauben nicht mit den Füßen gepreßt werden.» Die Vorratskammern mußten gefüllt sein mit «Speck, geräucherten Schinken, Würsten, frisch gepökeltem Fleisch ... Senf, Käse, Butter, Malz, Bier, Met und Honig ...». Und jedes Gut mußte sich selbst versorgen, jedes mußte seine eigenen «Hufschmiede, einen Goldschmied, einen Silberschmied, Schuhmacher, Drechsler, Zimmerleute, Waffenschmiede» besitzen ... «Männer, die Bier zu machen verstehen ... Bäcker, die unsere Tafel mit feinem Gebäck beliefern ...»

Aber als sein Reich größer und größer wurde, konnte er es nicht mehr allein von seinem Pferd herab regieren. Die Verschiedenheit der Völker, Sprachen und Gebräuche widersetzte sich seinem Traum von Einheit. So teilte er das Reich in Gaue, die wieder in Hundertschaften zerfielen, deren jede von einem direkt ihm verantwortlichen Grafen regiert wurde. Da diese Grafen meistens aus alten fränkischen Familien stammten, vermochten sie genug Land und Macht zu vereinen, um die Königskrone zu bedrohen. Um sie in Schach zu halten, spielte Karl, der die Kirche ebenfalls in den Dienst seiner Regierung stellte, oft Bischöfe

gegen Grafen aus. Und um zu überwachen, wie sie ihren Pflichten nachkamen – Aushebung des Heerbanns, Eintreiben der königlichen Steuern und Zölle, Rechtspflege – schickte er *missi dominici*, Königsboten, aus, die das Amt eines Aufsehers ausüben mußten.

Diese Sendgrafen, die gewöhnlich zu zweit reisten (ein Laie und ein Geistlicher), verbrachten jedes Jahr ein paar Wochen in einem Gebiet, das mehrere Grafschaften umfaßte. Karl gebot ihnen, «eine sorgfältige Untersuchung anzustellen, wann immer jemand behauptet, daß ihm Unrecht geschehen sei», denn er verlangte, daß seine Gesetze den Schwachen nicht weniger beschützen sollten als den Starken. «Niemand soll es wagen dürfen, Gottes heilige Kirchen, Witwen oder Waisen oder Fremde zu plündern oder zu schädigen ... Und niemand soll vom rechten Pfad der Gerechtigkeit ferngehalten werden aus ... Angst vor dem Mächtigen.»

Lange vor seiner Krönung hegte Karl bereits Träume von kaiserlicher Größe. Wie Konstantin wollte er ein neues Rom errichten. Er wollte von einer ständigen Hauptstadt aus regieren, einem «heiligen Palast», wie der Hof in Byzanz. Zu seinem Rom wählte er eine Stadt im Herzen von Franken, das zwischen dem Rhein und der Maas südwestlich des von den Römern gegründeten Köln liegende Aachen. Einhard, «ein schmächtiger Körper, der einen großen Geist beherbergte», half beim Bau des Palastes mit, zu dem ein Schwimmbecken gehörte, das groß genug war für hundert Schwimmer. «Keiner vermochte ihn beim Schwimmen zu übertreffen», schrieb er von Karl dem Großen. Heute noch behaupten die Kölner, daß die Wahl des Monarchen auf ihre stolze Stadt gefallen wäre, hätten ihn nicht die warmen Heilquellen und seine Vorliebe für das Schwimmen nach Aachen gelockt.

Karl der Große hielt hof in einer fünfzig Meter langen marmorgeschmückten Halle, wo Landkarten seines Reichs in silbernen und goldenen Tafeln eingelegt waren. Die Adligen putzten sich heraus. Man berichtet uns von einem Diakon, «der dem italienischen Brauch folgte und das Gesetz der Natur mißachtete. Denn er ging ins Bad und ließ sich glatt rasieren, glättete seine Haut, reinigte seine Nägel und ließ sich das Haar so kurz schneiden, als wäre er gehobelt worden.»

Der König liebte altfränkische Kleidung – vergoldete, mit roten Riemen geschnürte hohe Stiefel, Kniehosen und Hemd aus besticktem Leinen, langer Mantel – und regierte

Der Reichsthron beherrscht Karls Palastkapelle in Aachen (gegenüber). Erbeutete Säulen und der achteckige Stil der Kirche San Vitale in Ravenna brachten byzantinische Pracht in die Hauptstadt der Franken. Die Lichterkrone des mit sechzehn Türmchen versehenen Leuchters, den Kaiser Friedrich Barbarossa stiftete, versinnbildlicht das himmlische Jerusalem.

Die Krone, die Karl der Große im Jahr 800 in Rom erhielt (rechts), war die Ursache jahrhundertelangen Zwiespalts. Wenn der Papst den Kaiser krönte, war dann nicht die Kirche die höchste Instanz? Diesem Anspruch hielten die Kaiser des Heiligen Römischen Reiches Deutscher Nation und Frankreichs allerchristlichste Könige, die alle Karls des Großen Erben waren, entgegen, daß sie nicht im Namen Gottes regieren könnten, wenn nicht sie den höchsten Rang einnehmen würden. Und wie stand es mit dem Kaiser in Konstantinopel, der behauptete, über die ganze Christenheit zu herrschen?

Französische Miniatur, 14. Jh.; Musée Goya, Castres, Frankreich; Giraudon
Gegenüber: Walter Meayers Edwards, NGS

wie das Haupt einer Sippe. Er erteilte Audienz, während er sich am Morgen ankleidete. Wenn ein Streit geschlichtet werden mußte, «ließ er die beiden Parteien vortreten, hörte sich den Fall an und fällte sein Urteil, als säße er auf dem Richterstuhl» anstatt auf seinem Bett.

Im Palast wimmelte es von Kindern, die der König nach Kräften verwöhnte. Er hatte vierzehn eigene Nachkommen, darunter sechs von Konkubinen, und dazu zog er die fünf Töchter seines Sohns Pippin auf, der an der Pest gestorben war. Die Kinder, die mit dem König aßen und herumreisten, «erfreuen des Vaters Herz wie junge Rebenschößlinge», schrieb ein Höfling. Karl schmückte seine Töchter mit Edelsteinen, krönte sie mit Diademen, kleidete sie in Hermelin. Er liebte sie so sehr, wird uns berichtet, daß er sie nicht heiraten ließ. Aber er duldete ihre Liebesabenteuer und ihre unehelichen Kinder.

Eine Geschichte berichtet, daß der König, der oft schlecht schlief, eines Morgens vor Tagesanbruch von seinem Fenster aus einem Stelldichein zusah. Er bestrafte weder seine Tochter noch ihren Liebhaber, «da sie so jung sind». Außerdem predigte er Keuschheit mehr mit Worten als mit dem Beispiel.

Obwohl sein Hof bei zu Besuch weilenden Geistlichen Anstoß erregen mochte, berief Karl der Große die besten christlichen Gelehrten seiner Zeit zu sich. Er selber konnte kaum lesen und schreiben, aber er schätzte Bildung über alles. Einhard berichtet, daß der König «Schreibtafeln unter seinem Kissen» aufbewahrte, «so daß er während seiner freien Zeit seine Hand daran gewöhnen konnte, Buchstaben zu zeichnen». Er studierte Latein, Griechisch, Arithmetik, Logik, Rhetorik und Astronomie. Und was er für sich selber wünschte, wollte er auch für sein Reich.

Er glaubte, daß das Christentum dieses Reich einen konnte. Aber wie sollte ein unwissender Geist die Heilige Schrift kennen? «Bestrebt Euch zu lernen», flehte er seine Geistlichen an. In einem Brief an Äbte und Bischöfe beklagte er sich über ungebildete Mönche. «Was gottesfürchtige Frömmigkeit ihren gläubigen Herzen eingegeben hatte, vermochten ihre ungeschulten Zungen nicht ohne Stammeln in Worten wiederzugeben.» Es gab kaum eine Bibel, die nicht von groben Fehlern strotzte.

Aus Italien, wo die Tradition weltlicher Gelehrsamkeit noch fortlebte, holte er Petrus von Pisa, der die Literatur in die Hofschule einführte, und Paulus Diaconus, einen Langobarden, der später eine bedeutende Geschichte seines Volks schrieb. Aus Spanien kam Theodulf, ein Dichter, Theologe, Freund der Künste und scharfer Sozialkritiker. «Ein Bischof, der selbst mit Essen vollgestopft ist, sollte nicht versuchen, andere von der Gefräßigkeit abzuhalten, und er sollte nicht Nüchternheit predigen, wenn er selbst betrunken ist.»

Der größte Lehrmeister Karls des Großen, Alkuin von York, kam von den Britischen Inseln, wo die Klöster in einer Epoche, da der Kontinent eine dunkle Zeit durchmachte, das Wissen lebendig erhielten. Alkuin bildete Schüler aus, die seine bündige Lektion über den Unterschied zwischen gesprochenem und geschriebenem Wort der nächsten Generation weitergaben.

Wunder aus Arabien gelangen 802 als Geschenke von Harun al-Raschid, dem aus Tausend und einer Nacht berühmten Kalifen von Bagdad, nach Aachen. Der Elefant, mit Namen Abu al-Abbas, gewann Karls Herz und stapfte mit ihm durch das Reich. Er sollte 810 die Dänen in Schrecken versetzen, aber er starb – obwohl die Tierbücher behaupteten, Elefanten würden dreihundert Jahre alt. Mit ihm nahm auch Karls Glück ein Ende. Eine Seuche wütete unter dem Vieh, die Brücke über den Rhein brannte ab, drei seiner Familienangehörigen starben, dann kam der Tod auch zu ihm. Grabüberreste lassen erkennen, daß er über ein Meter neunzig groß war.

Illustration für NGS von André Durenceau

Schüler: Was ist das gesprochene Wort?

Alkuin: Schall und Rauch . . .

Schüler: Was ist das geschriebene Wort?

Alkuin: Der Hüter der Geschichte . . .

Die Hofschule bildete eine große Anzahl zukünftiger Geistlicher aus und wurde ein Vorbild für all die Schulen, die Karl in den Klöstern und Bischofssitzen einrichtete. Dort lernten die Knaben die Psalmen, einfaches Rechnen, die Grundzüge der lateinischen Grammatik und das Singen der Liturgie. Niemand konnte Priester werden, wenn er nicht einigermaßen mit dem Bibeltext vertraut war – und schreiben konnte.

Alkuin ließ einen korrigierten Bibeltext erstellen. Von Rom kamen anerkannte Fassungen des kanonischen Rechts, die Liturgie und die Werke der ersten Kirchenväter. Die Klosterschreiber verzichteten auf das frühere Gekritzel. Im ganzen Reich sollte man das Wort Gottes in einer eleganten, klaren Handschrift lesen können – der karolingischen Minuskel.

Karl gefiel sich in der anregenden Gesellschaft seiner Gelehrten, die ihn «David» betitelten, ihn schmeichelhaft einen neuen Cicero nannten und sich gegenseitig der Antike entliehene Spitznamen gaben. Sie freuten sich zusammen an gutem Essen und geistvollen Gesprächen. «Und Pater Albinus (Alkuin) pflegte dazusitzen, immer bereit zu einem frommen Wort und zu ungezwungenem Zugreifen mit Mund und Hand», schreibt Theodulf.

«Es sollen Schulen eingerichtet werden, wo die Knaben das Lesen lernen können», befahl der König, der kaum seinen eigenen, Karolus, schreiben konnte (rechts). Indessen brachte seine leidenschaftliche Lernbegierde Licht in seine Zeit – und in die unsere.

Elfenbein, 10. Jh.; Kunsthistorisches Museum, Wien. Monogramm, 775; Archives nationales, Paris. «D» aus einer von Alkuin revidierten Bibel des 9. Jh.; British Museum. Evangeliar Karls des Großen, 783; Bibliothèque nationale, Paris. Torhalle in Lorsch, Walter Meayers Edwards, NGS

Mit einer Taube auf der Achsel beugt sich Gregor der Große im 6. Jahrhundert über seine Bücher (gegenüber). Die Kopisten seiner Zeit schrieben in enggedrängter Schrift ihre lateinischen Großbuchstaben auf Pergament, das solider, aber auch teurer war als Papyrus. Merowingische Schreiber entwickelten ein Gekritzel, in dem Johannes I, 2 folgendermaßen aussah:

hoc ecat lnpynncipio

Zu Karls Zeit gestalteten die Gelehrten eine «karolingische Minuskel», in welcher der gleiche Satz so wiedergegeben wurde:

hoc erat inprincipio

– den auch wir Modernen ohne weiteres als hoc erat in principio – «Dasselbe war im Anfang» – lesen können.

Der nebenstehende Text ist in Buchstaben geschrieben, die von dieser Schrift abgeleitet wurden. Wir nennen diese Lettern «Antiqua», denn die Gelehrten und Drucker der Renaissance hielten die in dieser Schrift geschriebenen Klassiker für antike Originale. Die meisten unserer lateinischen Klassiker kamen über karolingische Kopien auf uns. (Die Kursivschrift hier stammt von einer Schrägschrift ab, die in der Kanzlei des Vatikans verwendet wurde.)

Die Bibliothek des berühmten karolingischen Klosters Lorsch in Deutschland (links oben) enthielt beinahe sechshundert Werke religiöser und klassischer Natur. So wie die Künstler die Gotteshäuser ausschmückten, verzierten die Mönche Gottes Wort mit keltisch-germanischen Miniaturen (links).

«In der Mitte sitzt David mit seinem Zepter und teilt mächtige Portionen aus ...» Wir vermeinen fast, Karl den Großen zu hören, wie er auf lateinisch über Poesie und Dogma diskutiert und auf fränkisch den Jägern zuruft, sie sollen den Braten am Spieß hereintragen.

Unterhalb seines auf dem Hügel gelegenen Palasts in Aachen erhob sich eine «prächtige Basilika», die er mit «goldenen und silbernen Lampen und mit Gittern und Türen aus schwerer Bronze schmückte». Von seinem Palast ist nichts übriggeblieben, aber die Kapelle steht immer noch, ein achteckiger, mit einem Umgang versehener Kuppelbau in orientalischem Stil. Als ich im goldenen Licht in dieser Palastkapelle stand und die Augen hob, fiel mein Blick auf einen Marmorthron. Dort hatte er gesessen. Und darüber, hoch oben in der Kuppel, sahen seine Leute wie ich das Bild des thronenden Christus in einem goldenen Mosaik. Ihr Kaiser spiegelte Gottes Majestät wider.

Aber in seinen letzten Jahren, als er alt und krank und auf sein Seelenheil bedacht war, kam er oft und zu allen Zeiten mit schwerem Herzen in seine Kapelle. Er glaubte, daß seine Sünden Gottes Zorn auf sein Reich herabgerufen hätten. In einem letzten Bemühen, den Herrn zu versöhnen, vermachte er drei Viertel seiner Schätze den Erzbischofs- und den Bistümern des Reichs.

«Der Boden verliert überall seine Fruchtbarkeit», klagte er in einem Dekret von 807. Hungersnot drohte. Seuchen wüteten. Aber er konnte nicht viel mehr dagegen tun, als gegen die Priester zu wettern, die «Land und Leibeigene und anderes Besitztum» mit Kirchengeldern kaufen und «ihre Zeit mit Festgelagen, Unterdrückung und Rauben verbringen».

Karl der Große starb am 28. Januar 814. Innerhalb zweier Generationen wurden sein Reich und seine Erziehungsreformen ein Opfer des Bürgerkriegs und brachen zusammen. Das Reich zerfiel in lauter kleine Lehensgüter, deren Herren Titel und Land ihren Söhnen weitervererbten. In dem zersplitterten Reich ohne starken König wurde die Feudalherrschaft übermächtig.

Etwas über hundert Jahre nach Karls Tod war sein Geschlecht erloschen. Aber die kommenden Zeiten lagen lange unter seinem Schatten. Er inspirierte ritterliche Legenden und das Streben nach dem Ideal eines Heiligen Römischen Reiches. Otto III. öffnete Karls Grab in Aachen und nahm das kaiserliche Kreuz an sich, das den Leichnam schmückte – und starb 1002 mit einundzwanzig Jahren. Kaiser Friedrich Barbarossa erklärte ihn zum Heiligen; Napoleon nannte ihn «meinen großen Vorläufer». Aber die Wirklichkeit eines geeinten Reichs wurde keinem von ihnen zuteil. Nur Karl der Große schuf diese Gott unterstellte Gemeinschaft, dieses zugleich so mächtige und so zerbrechliche christliche Reich.

Denn selbst die Bauten – Kirchen, Klöster, Städte – sollten zerfallen. Aus dem Norden kommend, stürmte Tod und Zerstörung darüber hin. Hilflos drängten sich die Christen eines zertrümmerten heiligen Reiches in den Kirchen zusammen und beteten: *«A furore Normannorum libera nos, Domine* – Erlöse uns von der Raserei der Männer aus dem Norden, o Herr!»

Der Codex Aureus *ist ein Vermächtnis aus karolingischer Zeit, deren Handwerk und Geist ein lange in Dunkel gehülltes Europa mit Licht erfüllten und heilige Worte in eine Pracht kleideten, wie sie Reliquien anstand. Aber wie der Meteor, von dem die Chroniken berichten und der Karls des Großen Tod ankündigte, «loderte» die Zeit «... in einem großen Leuchten auf» – und verschwand von neuem in der Finsternis.*

Thronender Christus, umgeben von den vier Evangelisten, und Szenen aus dem Evangelium auf dem juwelenbesetzten Einband des «Codex Aureus» von St. Emmeran, geschaffen in Reims oder Saint-Denis, 9. Jh.; Bayerische Staatsbibliothek, München; Max Hirmer

Aus den zerklüfteten Fjorden brachen grimmige Nordländer hervor; sie waren auf der Suche nach Beute und verbreiteten Schrecken in allen Ländern, die sie verwüsteten. Howard La Fay erzählt die wilde Saga dieser Männer, die ihn zwingt, sich fernen Gestaden zuzuwenden.

IM KIELWASSER DER WIKINGER

Wikinger verfolgen auf dem Mittelmeer mit Lateinsegeln ausgestattete Handelsschiffe; Illustration für NGS von Tom Lovell

Am 8. Januar wurde Gottes Kirche in Lindisfarne von den Heiden überfallen und durch Plünderung und Gemetzel jämmerlich zerstört.» Dieser eine bündige Satz aus der *Angelsächsischen Chronik* des Jahres 793 kennzeichnet das Auftauchen der Wikinger in der Geschichte.

Die Heiden, welche die Insel vor der britischen Ostküste verheerten, waren in leichten Schiffen mit gefährlich wenig Freibord über die winterliche See gefahren. Sie kamen aus nebligen Gebieten außerhalb des christlichen Bereichs, und seltsame Schlangen- und Drachenköpfe starrten von ihrem Schiffsbug herunter. Ihre Beherrschung der Meere versetzte Europa in Staunen und Angst – genau wie ihre Grausamkeit.

«Noch nie zuvor», sagt Alkuin, «hatte ein solcher Schrecken Britannien heimgesucht.» Diese Wikinger erschlugen waffenlose Mönche, raubten die Meßgewänder und geweihten Gegenstände aus den Heiligtümern, plünderten Bibliotheken, in denen das literarische Erbe der Antike aufbewahrt wurde. Was sie nicht mitschleppen konnten, verbrannten sie.

Die Wikingerzeit dauerte zweihundertfünfzig stürmische Jahre – Jahre des Blutvergießens, der Entdeckungen, der Besiedlung, Jahre epischen Heldentums, epischer Poesie und epischer Tragödie, Jahre, in denen die Schweden, Dänen und Norweger aus ihrer eisigen Festung in Skandinavien ausbrachen und allmählich die ganze damals bekannte Welt in eine gewaltige Zange nahmen. Sie waren nicht nur Krieger, sondern auch geborene Kaufleute, die ebensooft Handel trieben, wie sie fremdes Gebiet überfielen; und immer häufiger kam es vor, daß sie sich im Land, das sie eroberten, auch ansiedelten.

Sie standen dem Unbekannten nicht gleichgültig gegenüber, diese bärtigen Riesen, die fremde Götter verehrten und denen ein ruhmreicher Tod lieber war als ein friedliches Leben. Während ihre Herrschaft sich ausbreitete, vervollkommneten sich auch ihre Schiffe und ihre Seemannskunst. Zu jener Zeit wußte jedermann, daß das graue Geheimnis des Nordatlantiks nur zu einem wilden Klüngel von Ungeheuern führte, die am Rand der flachen Erdscheibe lebten. Ein Seemann, der bei Sinnen war, behielt immer Land in Sicht. Und doch drängten Generationen von Wikingern unermüdlich immer weiter nach Westen. In dieser Meereswüste entdeckten und besiedelten sie die Orkney- und die

«Ein Zeitalter des Schwertes, des Windes und des Wolfs. Kein Erbarmen herrscht mehr unter den Menschen»

Aus den Sibyllenbüchern, *um 1000*

Diese Vision des Jüngsten Gerichts paßt genau auf das 9. bis 11. Jahrhundert, die ständig von Krieg und Überfällen heimgesucht waren und wo «Flammen bis zum Himmel loderten», während die Wikinger Europas Herrengüter, Städte und Kirchen plünderten. Ein eichengeschnitzter Wikingerkopf auf einem Leichenwagen (gegenüber) spiegelt das «tapfere, grimmige ... durch und durch heidnische Volk», von dessen Verheerungen in Irland ein Chronist erzählt.

Die Geschichte weiß nicht viel von ihren Vorfahren. Tacitus berichtet im 1. Jahrhundert von Sueones – Schweden – mit *«mächtigen Flotten» von Schiffen, «die an beiden Enden einen Bug aufweisen». Dem Ostgoten Joranes fiel im 6. Jahrhundert die Wildheit und die ungewöhnlich große Gestalt der Männer im kalten, felsigen Norden auf. Dort brachten Krieger in dünnbesiedelten Grafschaften schattenhaften Göttern spärliche Gaben dar; dafür sparten sie nicht an Gold, wenn es sich um ihre geliebten Schwerter handelte (links).*

Schwert aus Snartemo, Norwegen, 6. Jh.; Universitetets Oldsaksamling, Oslo. Kopf aus dem Oseberg-Schiffsgrab, 9. Jh.; Vikingskipshuset, Oslo; Ted Spiegel, Rapho Guillumette

Der Sieben-Schwestern-Fall versprüht einen 450 Meter hohen Schleier in den Geiranger-Fjord in Norwegen. Die Bauern fürchten sich nicht vor Erdrutschen, wenn sie vorspringende Bergterrassen bebauen, und binden ihre Kinder an, um sie vor dem Abstürzen zu bewahren. Ziegen knabbern an den Grasdächern, wie sie auf den Häusern der Wikinger zu finden waren. In diesen von Gletschern geschaffenen Klüften fischten die Wikinger, bebauten den Boden und fällten Bäume, je nach der Jahreszeit. Wenn das Land knapp wurde, fuhren sie auf die See hinaus auf der Suche nach gastlicheren Gestaden.

Andrew H. Brown, NGS

Shetlandinseln, die Färöer, die Hebriden, Island und Grönland. Und kurz vor dem Ende des ersten christlichen Jahrtausends trieben widrige Winde Bjarni Herjulfsson an seinem Ziel Grönland vorbei. Bevor er die Rückreise antrat, fuhr er die Küste eines neuen, «stark bewaldeten und hügeligen» Landes entlang – Amerika.

Meine eigene Reise durch die Welt der Wikinger führte mich von den Kiefernwäldern Neufundlands zu den windgepeitschten Ufern des Kaspischen Meers, aus den langen arktischen Nächten in Island zu den milden Lüften des Bosporus. Und überall fand ich ihre Spuren – eine Runeninschrift, ein eingefallenes Langhaus, ein in seiner ganzen Pracht auferstandenes Kriegsschiff. Auch ein geistiges Erbe fand ich, das natürlich der ganzen Menschheit gemeinsam ist, das aber bei den Wikingern seinen schönsten Ausdruck fand. Ein fränkischer Bote rief einst einer Schar von Wikingern zu, welche die Eure in Frankreich hinauffuhren: «Wer ist euer Herr?»

«Niemand», lautete die Antwort. «Wir sind alle ebenbürtig.»

Die Wikinger entstammten einer primitiven Gesellschaft, in der die Menschen von der Landwirtschaft, der Jagd und vom Fischfang lebten. Die unzähligen norwegischen Fjorde,

Die Rückkehr von einem Überfall bringt Leben in einen nebligen Morgen; die Bewohner einer Wikingersiedlung eilen herbei, um die Männer willkommen zu heißen, die Schiffe an Land zu ziehen und die Beute auszuladen. Schwere Ware wird von massigen Gäulen in einem hochrädrigen Karren über das holprige Gelände geschleppt; ein kunstvoll geschnitzter Wagen wie der unten links wurde wahrscheinlich bei Zeremonien gebraucht.

Eine Wikingerfrau genoß Rechte, von denen ihre Schwestern andernorts nur träumten; wenn ihr die Schlüssel des Haushalts vorenthalten wurden, hatte sie das Recht, ihren Mann zu verlassen. Viele besaßen Land und standen einem Bauerngut vor, wenn die Männer auf Beute auszogen. Die jungen Mädchen hatten bei der Wahl ihres Gatten ihr Wort mitzusprechen, sie behielten ihren Mädchennamen, schlossen die Verlobung – oder lösten sie auf – einfach indem sie es Zeugen mitteilten. Die Frauen spannen Wolle von einer unter dem Arm gehaltenen Kunkel, webten an aufrecht stehenden Webrahmen, kneteten Teig in Holzmulden, wie es ihre Töchter heute noch tun (unten).

Die rauhen, rücksichtslosen Männer konnten ihre Frau weggeben, unerwünschte Säuglinge aussetzen und Konkubinen und Sklavinnen halten.

Frau aus Bindalseidet, Norwegen; Ted Spiegel, Rapho Guillumette. Karren aus Birken- und Eichenholz aus dem Oseberg-Schiffsgrab, 9. Jh.; Vikingskipshuset, Oslo; Mittet Foto. Illustration für NGS von Tom Lovell

73

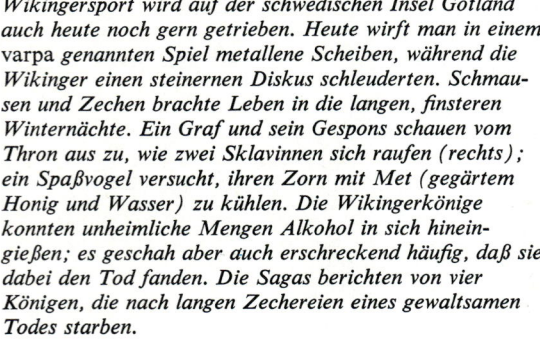

Ted Spiegel, Rapho Guillumette. Illustration für NGS von Tom Lovell

Wikingersport wird auf der schwedischen Insel Gotland auch heute noch gern getrieben. Heute wirft man in einem varpa *genannten Spiel metallene Scheiben, während die Wikinger einen steinernen Diskus schleuderten. Schmausen und Zechen brachte Leben in die langen, finsteren Winternächte. Ein Graf und sein Gespons schauen vom Thron aus zu, wie zwei Sklavinnen sich raufen (rechts); ein Spaßvogel versucht, ihren Zorn mit Met (gegärtem Honig und Wasser) zu kühlen. Die Wikingerkönige konnten unheimliche Mengen Alkohol in sich hineingießen; es geschah aber auch erschreckend häufig, daß sie dabei den Tod fanden. Die Sagas berichten von vier Königen, die nach langen Zechereien eines gewaltsamen Todes starben.*

74

das Netz der schwedischen Seen und Flüsse und die fünfhundert dänischen Inseln hatten schon sehr früh die Bewohner dieser Länder zur See getrieben. Jede Phase der Geschichte der skandinavischen Völker zeugt von ihrer Liebe zum Schiff. Wenn ein Wikinger starb, trug ihn ein Schiff in die finstere Ewigkeit des Grabhügels.

Drei Könige aus dem 6. Jahrhundert liegen in riesigen, von Menschen aufgeworfenen Erdwällen in Gamla (Alt-)Uppsala begraben, dem Königssitz des heidnischen Schwedens; dreihundert kleinere Grabhügel wölbten sich dem Horizont entgegen. Als ich sie besuchte, glitten Kinder auf roten und gelben Schlitten die schneebedeckten Hänge hinunter. Aber es war kein fröhliches Bild. Hier wurden einst Könige verbrannt, und der Rauch der Bestattungsfeuer schien noch in der Luft zu schweben. Weder Schnee noch sich tummelnde Kinder vermochten die rauhe heidnische Größe dieser Gräber zu mildern.

In der Nähe der königlichen Grabstätte wächst ein Hain rings um die Kirche von Alt-Uppsala, das Überbleibsel einer Kathedrale, die im 12. Jahrhundert auf den Ruinen eines heidnischen Heiligtums errichtet wurde. Hier hatte Thor, der König der Götter, geherrscht, Odin, der Kriegsgott, und Freia, die Göttin des «Friedens und der Sinnenfreude». Ein Chronist aus dem 11. Jahrhundert berichtet, daß alle neun Jahre die Leute nach Uppsala strömten, um «dem Schlachten von neun männlichen Kreaturen jeglicher Gattung» beizuwohnen, «mit deren Blut die Götter besänftigt werden. Die Kadaver werden in einem Hain beim Tempel aufgehängt.» Während ich unter den Bäumen herumspazierte, blickte ich immer wieder in die Höhe, und es hätte mich eigentlich nicht gewundert, wenn derartige gräßliche Gaben sich vom Himmel abgehoben hätten.

Die alte Religion des Nordens versprach keine Erlösung. Aber wenn man im Kampf

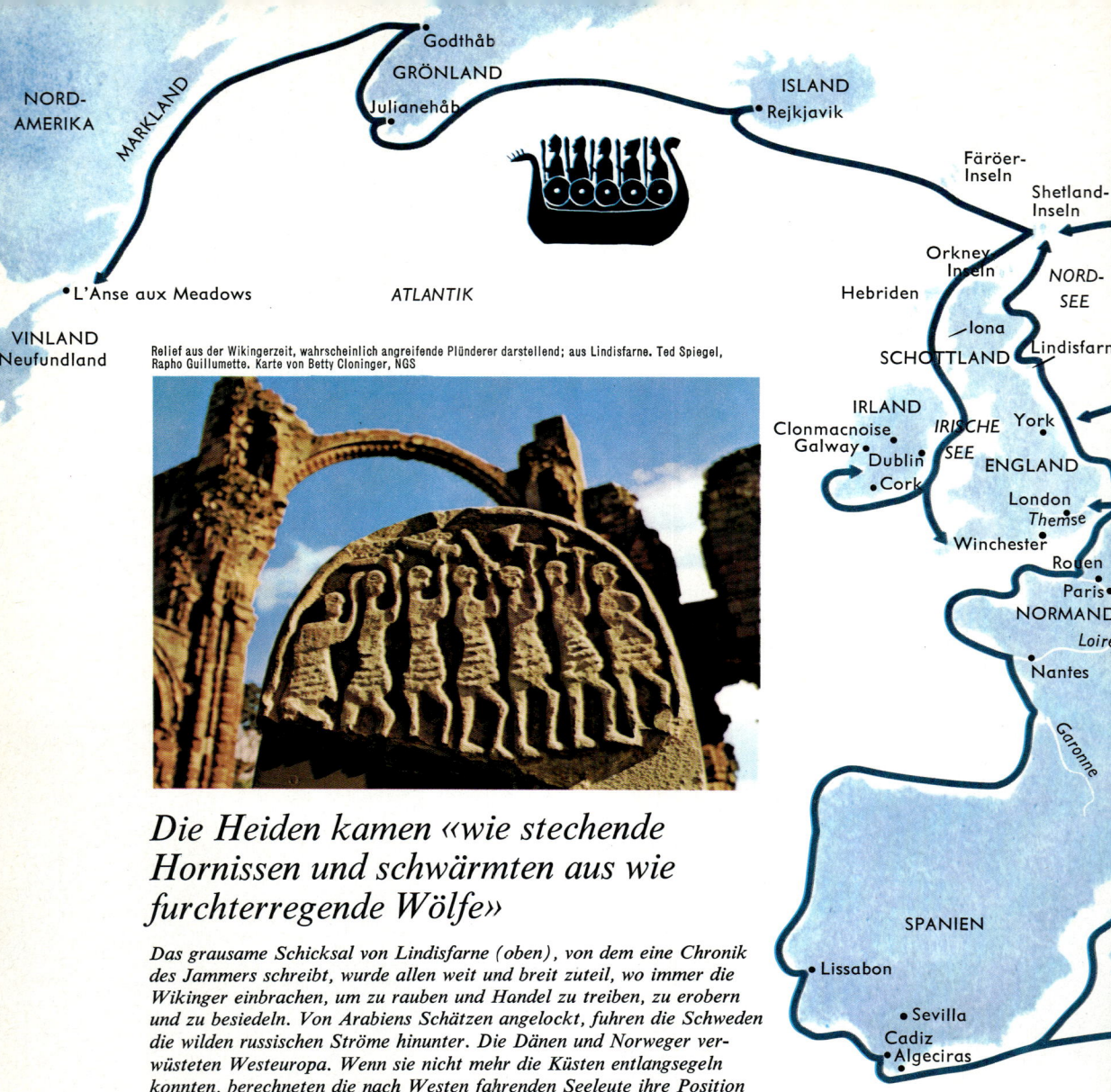

NORD-AMERIKA

GRÖNLAND
•Godthåb
•Julianehåb

MARKLAND

ISLAND
•Rejkjavik

Färöer-Inseln

Shetland-Inseln

Orkney-Inseln

NORD-SEE

Hebriden

•L'Anse aux Meadows

ATLANTIK

•Iona

Lindisfarn

VINLAND
Neufundland

SCHOTTLAND

IRLAND
Clonmacnoise
Galway•
•Dublin
•Cork

IRISCHE SEE

York

ENGLAND

London
Themse

Winchester

Rouen
•Paris
NORMAND

Loire

•Nantes

Garonne

Relief aus der Wikingerzeit, wahrscheinlich angreifende Plünderer darstellend; aus Lindisfarne. Ted Spiegel, Rapho Guillumette. Karte von Betty Cloninger, NGS

Die Heiden kamen «wie stechende Hornissen und schwärmten aus wie furchterregende Wölfe»

Das grausame Schicksal von Lindisfarne (oben), von dem eine Chronik des Jammers schreibt, wurde allen weit und breit zuteil, wo immer die Wikinger einbrachen, um zu rauben und Handel zu treiben, zu erobern und zu besiedeln. Von Arabiens Schätzen angelockt, fuhren die Schweden die wilden russischen Ströme hinunter. Die Dänen und Norweger verwüsteten Westeuropa. Wenn sie nicht mehr die Küsten entlangsegeln konnten, berechneten die nach Westen fahrenden Seeleute ihre Position nach der Sonne oder dem Polarstern; so fuhren sie von Insel zu Insel über den Nordatlantik, bis sie zufällig auf eine neue Welt stießen.

SPANIEN

•Lissabon

•Sevilla
Cadiz
•Algeciras

fiel, wurde man von den Walküren, den Kampfjungfrauen, nach Walhall geführt, wo man mit Met und Schweinefleisch bewirtet wurde, bis zu dem fernen Tag, da die Götter selber in der Schlacht gegen die Mächte der Dunkelheit unterlagen. Unter all den begehrenswerten Eigenschaften, die ein Mann besitzen konnte, stand Glück an oberster Stelle. Einige erwarben sich Ansehen, weil sie Glück bei den Frauen oder mit den Waffen hatten. Ein Wikinger, dem der Sinn nach Eroberung stand, suchte sich einen Anführer, der berühmt war für sein Kriegsglück. Priester waren berüchtigt, weil sie kein Glück mit dem Wetter hatten. Sogar nach der Einführung des Christentums warfen Schiffsbesatzungen manch einen schreienden Priester ins Meer, sobald sie eine gefahrverheißende Wolke zu Gesicht bekamen.

Das Gegengewicht zu dem düsteren Aberglauben bildete eine Leidenschaft für die Dichtung; kein König, der etwas auf sich hielt, unternahm einen Kriegszug ohne eine Schar von Hofdichtern (Skalden), die seine Taten festhalten mußten. Im bilderreichen,

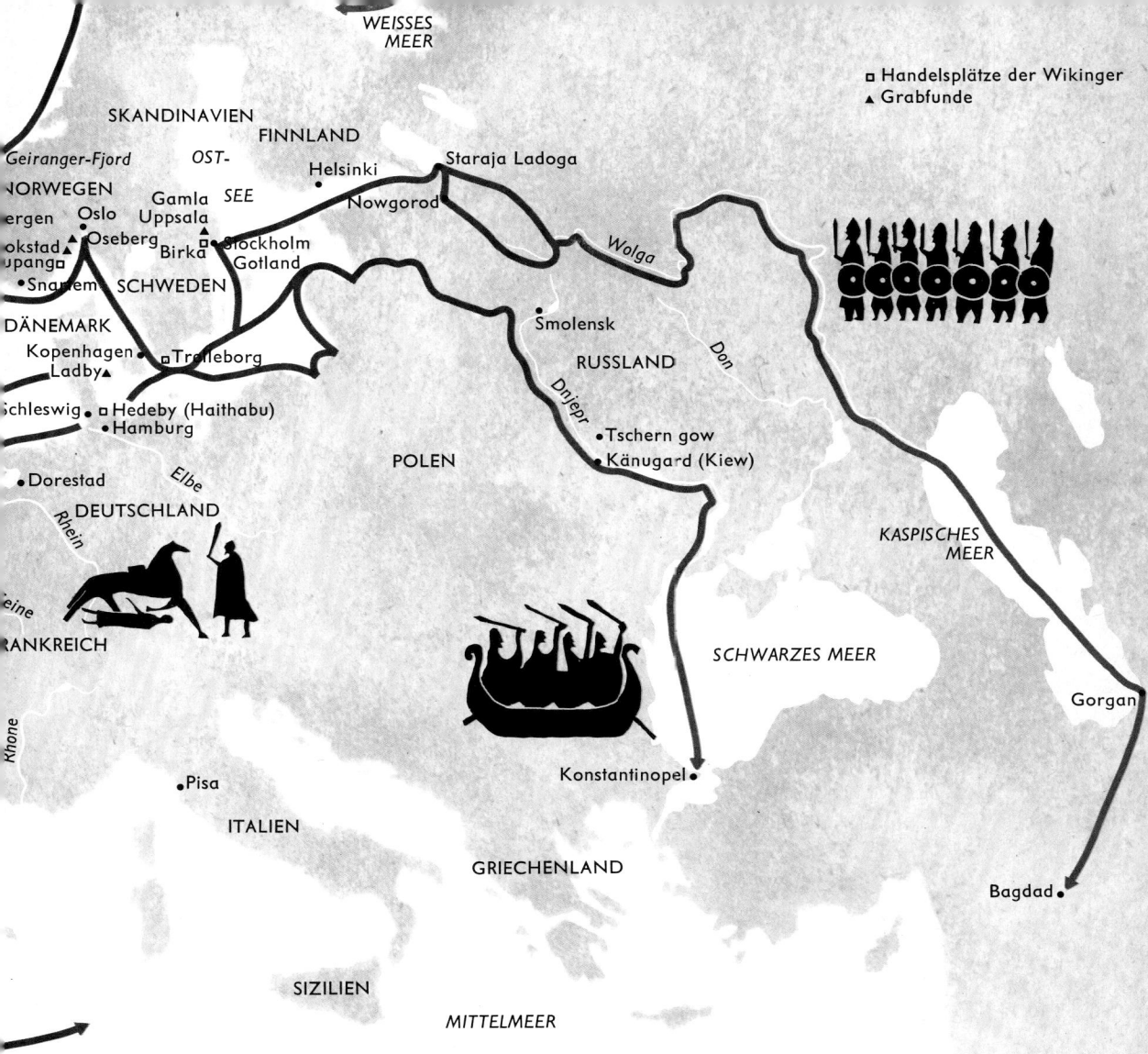

WEISSES MEER

SKANDINAVIEN

FINNLAND

□ Handelsplätze der Wikinger
▲ Grabfunde

Geiranger-Fjord   OST-

NORWEGEN   Gamla   SEE
ergen   Oslo   Uppsala
okstad▲   Oseberg   Birka   □ Stockholm
upang●   ●Sna   em   SCHWEDEN   Gotland

Helsinki
Nowgorod
Staraja Ladoga

Wolga

DÄNEMARK
Kopenhagen
●Ladby▲

Smolensk

RUSSLAND

Don

chleswig.   □ Hedeby (Haithabu)
●Hamburg

□ Tralleborg

Dnjepr

●Dorestad

DEUTSCHLAND

Elbe

Rhein

POLEN

●Tschern gow
●Känugard (Kiew)

KASPISCHES
MEER

ANKREICH

eine

Rhone

●Pisa

ITALIEN

SCHWARZES MEER

Konstantinopel●

GRIECHENLAND

Gorgan

Bagdad●

SIZILIEN

MITTELMEER

umständlichen Stil der Skalden wurde die Schlacht das «Röten der Speere» genannt, Blut war der «Tau der Wunden», und Feinde erschlagen hieß «die Raben füttern» oder «die Adler sättigen».

Klangvollen Epen und blutrünstigen Opfern nachsinnend, verließ ich den Hain der alten Götter. Von einem Fenster der Herberge in Odinsborg aus blickte ich über die unheimlichen Grabhügel von Gamla Uppsala und brachte stumm auf die dort begrabenen Könige einen Toast aus mit der Spezialität des Hauses – einem Trinkhorn schäumenden Mets.

«Die skandinavische Gesellschaft vor den Wikingern war autark», sagte Dr. Arne Emil Christensen, Direktor des Archäologischen Museums von Oslo. «Schweden, Norweger und Dänen hatten eine gemeinsame Sprache und Kultur und wußten wenig von der übrigen Welt. Kurz vor dem Zeitalter der Wikinger muß die Bevölkerung sehr stark zugenommen haben – wir finden mehr Gräber, mehr Ortsnamen. Aber das Land konnte nicht

77

Illustration für NGS von Tom Lovell

Plündernde Wikinger verwüsten Clonmacnoise, das berühmteste aller irischen Klöster. Das Kreuz verachtend, schlagen die Heiden die Mönche zu Tode, entweihen die heiligen Stätten, rauben die goldenen Kultgegenstände, welche die Kirchen zu den Schatzkammern des mittelalterlichen Europas machten. Der rasche Überfall läßt nur wenige den schützenden runden Turm erreichen, den man bloß mit Hilfe einer Leiter betreten kann.

Der heilige Patrick hatte das Christentum im 5. Jahrhundert nach Irland gebracht. Überall wurden Klöster gegründet; im 6. Jahrhundert ließen sich irische Mönche auf der Insel Iona an der schottischen Küste nieder, und von hier aus gründeten Missionare das Kloster Lindisfarne. Mit der Zeit erstreckten sich keltische Vorposten der Frömmigkeit und der Gelehrsamkeit von Island bis zur Donau.

mehr Menschen ernähren. So bestiegen sie ihre Schiffe – die besten der damaligen Zeit und auf Jahrhunderte hinaus – und lösten das Problem, in dem sie reichere, weiter im Süden gelegene Länder überfielen.»

Als wir das Gewölbe der Wikinger-Schiffshalle betraten, kam der Schlangenbug des Oseberg-Schiffs unaufhaltsam und wie durch ein Wunder aus der Vergangenheit auf uns zu. «Höchstwahrscheinlich waren es diese Art Schiffe, die 793 Lindisfarne überfielen», sagte Dr. Christensen. Nebenan stand das weniger verzierte Gokstad-Schiff; beide hatten am Oslofjord als Grabstätten gedient. «Das mehrere Generationen später erbaute Gokstad-Schiff war viel seetüchtiger», erklärte mein Begleiter. «Der Schiffsbauer verbesserte die Form des Rumpfs, den Mast und vergrößerte das Freibord um 60 cm. Der Plankengang besteht aus schwerem, von Natur aus gekrümmtem Eichenholz, und die Ader folgt der Rundung. Verschalung und Rippen sind mit Walfischborsten zusammengebunden, was dem Schiff bei schwerem Seegang eine ungeheure Biegsamkeit verlieh. Es ist ein Musterbeispiel.»

Unglaublich, aber die Kunst des Wikinger-Schiffsbaus lebt heute noch. Im norwegischen Dorf Lysekloster an einem Fjord bei Bergen führte mich Alfred Sovik in seine Werkstatt. Ein zierliches Schiff lag auf Stapel – praktisch ein Zwilling der kleinen, zusammen mit dem Gokstad-Schiff ausgegrabenen Fahrzeuge; sogar das *steor* oder Steuerruder rechts hinten fehlte nicht. Rittlings über einem Brett stehend, schwang der grauhaarige Zimmermann in regelmäßigem Rhythmus seine Axt und zeigte mir, wie er das von Natur aus gebogene Holz in seine endgültige, tadellose glatte Form bringt.

Der Wikinger-Tradition getreu, verwendet er keine Pläne, sondern verläßt sich auf Hand und Auge, um den prachtvollen Rumpf zu gestalten. Und seine Maßeinheit ist die sozusagen vergessene *alen* (ca. 53 cm), die von den Wikinger Schiffsbauern verwendet wurde. Die Kunst ist Meister Sovik von seinen Vorfahren überliefert worden. Aber er selber hat keinen Sohn und findet auch keinen Lehrling. Ich fragte ihn, was geschehen werde, wenn er die Arbeit aufgeben müsse. Er lächelte traurig. «Nach mir – Plastik!»

Die Britischen Inseln mit ihren zumeist fruchtbaren Feldern zogen die landhungrigen Wikinger an wie ein Magnet. Zuerst kamen die Norweger; sie umfuhren Schottland in ihren Lang-

schiffen und ließen sich die Irische See hinuntertreiben. Sie besiedelten die Orkney- und die Shetlandinseln und die Hebriden. Aber das Ziel der meisten war Irland, und dort wüteten sie erbarmungslos. «Die See spie Fluten von Fremden über Erin», berichten die Annalen von Ulster im Jahr 820.

Um 845 besaßen die Norweger befestigte Häfen von Galway bis Cork. Sie gründeten auch eine der ersten Städte in Irland – Dublin. Die gotische Pracht von Dublins Christ-Church-Kathedrale blickt herab auf die Überreste der ursprünglichen Siedlung, die unter beinahe fünf Meter Schutt entdeckt wurde.

Als ich die Ausgrabungen besuchte, fiel mir auf, daß die ersten Straßen aus Brettern bestanden, wie in jeder Wikingerstadt, die man entdeckt hat. Ich betrachtete den unregelmäßigen, von den Überresten einer Mauer aus geflochtenen Weiden und Lehm begrenzten Fußboden, das Heim eines Kammachers. Die Archäologen haben Kämme gefunden und die Geweihe, aus denen er sie schnitzte. Andere Handwerker verfertigten beinerne Schachfiguren, Würfel und Pfeifen. Lederfetzen in einem der dicht aneinandergedrängten Häuser verrieten, daß hier ein Schuhmacher gelebt hatte. Man hat auch Broschen und Spangen gefunden, sogar eine Form zum Gießen von silbernen Hämmern – Thors Attribut.

Man sucht indessen vergeblich nach einer Spur, die die Wikinger im Leben der Iren hinterlassen hätten. Ein paar Namen gehen vielleicht auf sie zurück, und zwei Überzeugungen, die fest im Volk verankert sind. Die eine, daß die Wikinger das beste Bier brauten, das man je in Irland getrunken habe, und die zweite, daß die Füchse Wikingerhunde seien, die diese böswillig zurückließen, als Brian Boru, der Großkönig von Irland, sie 1014 aus dem Land vertrieb.

In Island dagegen fand ich ein Volk, das als einziges unter den Skandinaviern heute noch die alte Sprache der Wikinger spricht. In seiner mittelalterlichen Abgeschiedenheit verewigte Island die

Die Zeit überdauernd, beherrscht das Oseberg-Schiff das Osloer Vikingskipshuset. Ein Schlangenkopf erhebt sich über dem Bug, der Schwanz ringelt sich über dem Heck – ein großartiges Kunstwerk, das einer Wikinger Edelfrau und ihrer geopferten Sklavin im 9. Jahrhundert als Grabstätte diente.

Die Gelehrten nehmen an, daß Schiffe wie dieses zu den ersten Überfällen verwendet wurden. Und doch besitzt das Oseberg-Schiff trotz all seiner Schönheit schwerwiegende Fehler. Zu wenig Freibord barg die Gefahr des Überflutetwerdens, zu große Höhe von Schnabel und Heck boten starkem Wind zu viel Angriffsfläche. Aber die Wikinger Schiffsbauer, die geschicktesten ihrer Zeit, bauten bald sicherere Fahrzeuge. Um das Jahr 1000 hatten sie eine ganze Anzahl von Formen geschaffen – lange, schnelle Kriegsschiffe, gedrungene Frachter, die sich auf die hohe See wagen konnten.

Pfadfinder aus Jütland (oben) rudern eine Nachbildung des kiellosen Schiffs von Ladby, des ersten in Dänemark entdeckten Wikingerschiffs. Begierig, ihr Erbe auszuprobieren, bauten sie das Schiff unter der Anleitung von Fachleuten, die die Bruchstücke des Ladby-Schiffs studiert hatten. Die jungen Leute bewiesen, daß das Fahrzeug Vieh und Pferde befördern und dem Ansturm von Wind und Wasser widerstehen konnte.

Wikingerzeit in den Sagas, einer der großen Literaturformen der
Welt. Hier lebt auch das unter den Wikingern gebräuchliche
Namenssystem weiter. Nehmen wir ein Beispiel: Wenn Halldora
Benediksdottir Eirik Jonssin heiratet, so nimmt sie nicht seinen
Namen an; der Knabe, der der Ehe entspringt, heißt Bjorn
Eiriksson, und das Mädchen Elin Eiriksdottir – vier «Familien-
namen» in einem einzigen Haushalt!

In pechschwarzer Nacht besuchte ich eines Morgens im Dezember den Präsidenten von Island in seinem Büro in Reykja-
vik. Die Isländer, sagte er mir, leben heute noch von der Landwirtschaft und vom Fischfang, genau wie seit der Zeit, da die
Wikinger um 875 herum sich auf der Insel ansiedelten. «Auch
die Strukturen unserer Gemeinschaft haben sich nicht wesentlich
verändert», sagte er. «Im Jahr 1000 nahm der Althing, die
gesetzgebende Behörde, den christlichen Glauben an. Es war
ein Heide, Thorgeir aus Ljosavatu, der bekanntgab, daß jedermann getauft werden müsse. Und so geschah es. Es gab kein
Blutvergießen, keine Verfolgungen. Und auch heute noch halten
die Isländer an diesem demokratischen System fest.»

835 tauchten Dänen zum erstenmal in großer Zahl auf und
überfielen die Länder zu beiden Seiten des Ärmelkanals. In
Frankreich fuhren sie die Loire hinauf und plünderten Nantes,
seineaufwärts, um Paris zu verheeren. Wie eine Litanei des
Schreckens tönen die Worte eines Chronisten durch die Jahrhunderte: «Überall wird das Volk Christi niedergemacht. . . . Sie
erobern Bordeaux, Périgueux, Limoges, Angoulême, Toulouse;
Angers, Tours und Orléans werden zur Wüste. . . . Rouen ist
eine Einöde geworden . . .»

859 segelte eine Flotte von zweiundsechzig Wikingerschiffen
von ihrem Winterquartier in der Loire aus nach Süden, plünderte

«Dies ist ein lieblicher Ort, und hier möchte ich mich niederlassen»

Die Grönländer Saga

*Der norwegische Archäologe Helge
Ingstad sticht Torf und studiert einen
vom Alter verformten Nagel in
L'Anse aux Meadows in Neufund-
land, der ersten nachgewiesenen
Wikingersiedlung in Amerika.*

*Die Sagas berichten, daß Bjarni
Herjulfsson 986 die Neue Welt zum
erstenmal sichtete. Leif Erikson er-
forschte sie um das Jahr 1000, war
entzückt über das fruchtbare Weideland und nannte den Ort Vinland.
Siedler kamen, aber «Skraelinge» –
Eskimos oder Indianer – bekämpften
sie mit Keulen und Pfeilen, die mit
steinernen Spitzen versehen waren
(rechts). Warum scheiterte die Besiedlung? «Einfach, weil die Waffen
der Wikinger denen der Eingeborenen
nicht überlegen waren», erklärte
Dr. Ingstad, «und weil die Einheimischen in der Überzahl waren.»*

Peter V. Bianchi, NGS. Gegenüber: Emory Kristof, NGS, und (links) Robert Madden

die spanische Küste und brandschatzte die maurische Stadt Algeciras im Schatten des Felsens von Gibraltar. Dann fanden die furchterregenden Drachenschiffe, vielleicht zum erstenmal, ihren Weg ins Mittelmeer und machten die Küste Nordafrikas unsicher. Dort sahen die Wikinger die ersten Neger – sie nannten sie «blaue Menschen» – und nahmen sie gefangen. In Italien legten sie Pisa in Asche, und eine arabische Quelle erwähnt, daß sie bis Alexandrien kamen. Als die Flotte 862 an die Loire zurückkehrte, hatte sie vierzig Schiffe verloren, aber die Überlebenden hatten Reichtum und Ruhm erworben.

Um das Jahr 900 blieb längs der französischen Flüsse nicht mehr viel zu rauben. Trotzdem verwüstete eine Schar Dänen unter der Führung eines Norwegers mit Namen Hrolf – der unter dem Namen Rollo in die Geschichte eingegangen ist – alles, was im unteren Seinetal übriggeblieben war. 911 überließ der Frankenkönig Karl der Einfältige Rollo und seinen Mannen alles Land, das sie damals besetzt hielten. Ihr Name, *Normanni,* ging auf das neugewonnene Gebiet über – die Normandie.

Den schlimmsten Sturm der Wikinger hatte England zu erdulden: London, Rochester, Canterbury und Winchester fielen. Obwohl König Alfred der Große England rettete, vermochte er die Dänen nicht aus dem Nordosten zu vertreiben, der von nun an Danelaw hieß. Die Erinnerung an diese Zeit lebt heute noch in gewissen Suffixen fort, wie -by (Stadt), -bec (Fluß) und -thorp (Dorf). Auf meiner Reise durch dieses Gebiet kam ich durch die Städte Skirpenbeck und Lumby. Am nächsten Tag besuchte ich in der Normandie Ortschaften mit den Namen Bolbec und Hambye. Ich hatte Land und Sprache gewechselt, aber da, wo sie ein gemeinsames Wikingererbe besaßen, waren die Namen sozusagen auswechselbar.

Als gegen Ende des 10. Jahrhunderts die Überfälle immer häufiger wurden, beging König Ethelred von England einen verhängnisvollen Fehler: er suchte die Eindringlinge mit dem Ertrag einer speziellen Steuer, dem *Danegeld,* zum Frieden zu bewegen. Daraufhin strömten die Wikinger, die leichte Beute witterten, nur so ins Land. 1009 zerstörte eine norwegische Flotte mit Enterhaken die Brücke von London und plünderte das liebliche Themsetal. 1012 war es soweit, daß die Engländer keinen Widerstand mehr leisten konnten. Ethelred ergriff die Flucht. Vier Jahre später wurde ein fähiger Däne, Knut, zum König geweiht. Er verschmolz England und den größten Teil von Skandinavien zu einem kurzlebigen Nordseereich.

Die Historiker stellten die Theorie auf, daß England nicht einer Reihe zufälliger Feldzüge zum Opfer fiel, sondern in einem sorgfältig geplanten Krieg erlag. Die Tatsache, daß es in Dänemark vier auf strategische Punkte verteilte Militärlager gab, die zusammen die wichtigsten Seewege beherrschten und ungefähr um das Jahr 1000 errichtet wurden, verleiht dieser Theorie Glaubwürdigkeit. Eines dieser Lager, das bei Trelleborg ausgegraben wurde, trifft den Besucher wie ein jähes Waffengeklirr. Primitiv und machtvoll erhebt sich in einem weiten Kreis ein mehr als sechzehn Meter breiter Erdwall über der Ebene, der sechzehn lange, schiffförmige Baracken umschließt.

In der nahen Bucht von Roskilde haben die Dänen fünf vom Meerwasser zerfressene Wikingerschiffe geborgen, darunter zum erstenmal einen *knarr,* einen Hochseefrachter. Die Archäologen nehmen an, daß das dickbäuchige, kaum mehr als fünfzehn Meter lange Schiff den «Wellentauchern» ähnlich sieht, welche die Neue Welt entdeckten. Als ich von Schleswig aus über den Schleifjord blickte, fragte ich mich, wie viele solcher *knarrs* wohl durch die Ostsee gesegelt waren, um am jenseitigen Ufer in Hedeby vor Anker zu

Das Glitzern einer heidnischen Zeit spiegelt sich in der Kunst der Wikingerschmiede und -schnitzer. Ausgrabungen brachten goldene, filigranumrandete Broschen zutage, die Achselstücke an knopflose Kleider hefteten, silberne Armspangen, eine zusammengerollte goldene Schlange, eine kleine silberne Walküre mit einem Trinkhorn. Wikingerphantasie gestaltete eine Vielzahl von «Klauentieren», wie diesen sich selbst umarmenden Bären aus Bernstein. Die Glasfigur mit den hervorstehenden Augen wurde auf einem Spielbrett hin und hergeschoben.

Kunstgegenstände, die in der Vergrößerung auserlesene Kunstfertigkeit erkennen lassen. Runde Brosche, Spielfigur und Walküre; Historisches Staatsmuseum, Stockholm. Schlange und Bär; Historisches Museum, Oslo. Armspange und Brosche unten; Nationalmuseum, Kopenhagen. Ted Spiegel, Rapho Guillumette

«*Schick mir einen Händler,
der kaufen will ... und nicht
widerspricht*» *Ibn Fadlan, 10. Jahrhundert*

Die Gebete der Wikinger vor einem geschnitzten Pfahl
wurden schnell erhört, als mongolische und persische
Karawanen auf einem Markt an der Wolga auftauch-
ten und um Felle und Sklavinnen feilschten. Rechts
hängt der Schädel eines Opferstiers. Die Orientalen

bezahlen mit farbigen Seidenstoffen aus China, einem kunstvoll verzierten Kohlenbecken aus Arabien und sorgfältig abgewogenen Silbermünzen – die so hoch geschätzt waren, daß die Wikinger sie in ihrer Heimat in Verstecken horteten. Dem arabischen Chronisten

Ibn Fadlan erschienen die Wikinger an der Wolga als die «dreckigsten aller Geschöpfe Gottes», und doch waren sie körperlich die vollkommensten Menschen, die er je gesehen hatte – «hochgewachsen wie Dattelpalmer, blond und rosig».

gehen. Ich sah die rund vierundzwanzig Hektar große, von einem Erdwall beschützte Stätte, die einst ein vielbesuchter Wikingermarkt war, wo Slawen, Franken, Sachsen, Kelten und sogar Araber sich einfanden, um Sklaven gegen Silber, Pelze gegen Seide, Schwerter gegen Bernstein zu tauschen.

Während die Dänen und Norweger die reiche und schlecht verteidigte Küste Westeuropas angriffen, stießen die Schweden über die Ostsee in die weiten Birkenwälder und Steppen Rußlands vor. Ihre Schiffe zogen südwärts die Wolga und den Dnjepr hinunter, den sagenhaften Märkten von Bagdad und Byzanz entgegen. Unterwegs gründeten sie Städte wie Smolensk und Tschernigow. Am begehrtesten waren hellhäutige Sklaven, die sie gegen Seide und das Silber des Orients eintauschten.

Die tatkräftigen Schweden schwangen sich rasch zu den Herrschern der Einheimischen auf, und in ihrem wichtigsten nördlichen Handelszentrum, Nowgorod – das sie Holmgard nannten –, regierten ihre Anführer als Fürsten. Zeitgenössische Dokumente

Der heilige Wladimir, Großfürst von Kiew, wacht über dem ruhig fließenden Dnjepr und der Stadt, die er dem christlichen Glauben zuführte. Mit Hilfe der Wikinger gewann der Heide Wladimir 980 das russische Reich, das schwedische Siedler errichtet hatten; er metzelte seine Feinde nieder und hielt sich etwa achthundert Konkubinen. Als er sich von Menschenopfern abwandte, studierte er den Glauben seiner Nachbarn. Inmitten der Pracht von Konstantinopels Kirchen «wußten» seine Abgesandten «nicht mehr, ob wir im Himmel oder auf Erden waren». Wladimir wählte den Glauben von Byzanz und gewann die Hand der Prinzessin Anna.

Das byzantinische Vermächtnis schillert in der Sophien-Kathedrale in Kiew (links), gegründet von Wladimirs Sohn, Jaroslaw dem Weisen.

nennen diese Kaufleute *Rus,* wahrscheinlich abgeleitet vom finnischen *Ruotsi* für die Schweden. Und schließlich wurde das ganze Land nach ihnen benannt – Rußland.

Allmählich wurde Kiew am Dnjepr der Mittelpunkt der skandinavischen Macht. Von hier aus überquerten Drachenflotten das Schwarze Meer im vergeblichen Versuch, Konstantinopel zu erobern. Beeindruckt von ihrer Tapferkeit, warben die byzantinischen Kaiser eine Truppe dieser Nordmänner für ihr Heer an, die Waräger. Manch ein Runenstein trauert um einen Krieger, der *vard daudr i Grikkium* – unter den Griechen starb.

Ich sprach mit Professor Wassili Dowschenock über die frühe Geschichte der Stadt. «Die ersten Herrscher in Kiew hatten allerdings nordische Namen», sagte er, «aber es ist doch bemerkenswert, daß die letzten und wahrscheinlich größten Fürsten, Wladimir und Jaroslaw, slawische Namen trugen. Meiner Meinung nach passierte den Wikingern überall das gleiche: sie gingen schließlich in der einheimischen Bevölkerung auf. Indessen hat Wladimir, der 980 an die Macht kam, ganz zweifellos den zukünftigen Verlauf der russischen Geschichte entscheidend beeinflußt.»

Wladimir machte das Christentum zur Staatsreligion. Eine Chronik berichtet, daß er die ganze Bevölkerung von Kiew zu einer Massentaufe in den Dnjepr trieb; eine Nachhut von Soldaten erschlug die Widerspenstigen. Die *Kreschatik*(Tauf)-Straße erinnert an den Tag, da ganz Kiew zum Strom marschierte, um getauft zu werden.

Ein Drachenschiff segelt über ein Flammenmeer, wenn auf den Shetlandinseln die Wintersonnenwende mit Bräuchen gefeiert wird, die auf die Wikinger zurückgehen.

Auf einem solchen Scheiterhaufen fuhr manch ein Wikinger nach Walhall; viele glaubten, ein Mann werde desto höher erhoben, je höher der Rauch stiege, und erlange um so mehr Reichtum, je mehr Habe mit ihm verbrannt werde. Der Chronist Ibn Fadlan sah einen in Brokat und Pelze gekleideten toten Wikinger mit Nahrung, Waffen und geopferten Tieren in einem Langschiff. Während Krieger auf ihre Schilde trommelten, um die Schreie zu übertönen, erstach eine alte Frau – «der Todesengel» – eine Sklavin, die ihren Herrn auf seine letzte Reise begleiten mußte. Eine Fackel entzündete den Scheiterhaufen, ein fürchterlicher Wind blies, und alles verbrannte zu Asche.

In Walhall bietet eine Walküre (rechts) einem Neuankömmling, der an Ragnarok, *dem letzten Tag, an Odins Seite kämpfen wird, einen Trunk an.*

Unter Jaroslaw dem Weisen erlebte der Hof der Rurik im 11. Jahrhundert seine höchste Blüte. Jaroslaw füllte die Kassen mit dem Erlös des lebhaften Nord-Süd-Handels. Er nahm eine schwedische Prinzessin zur Frau, und seine Töchter waren begehrte Gemahlinnen für die europäischen Fürsten. Das ging so weit, daß die Kiewer sich über den Mangel an Bräuten beklagten. «Jeder europäische König heiratet eine Prinzessin von Kiew.»

Gegen Ende des Wikingerzeitalters warf auch der wildeste, kultivierteste und lebhafteste der Seekönige sein Auge auf eine Tochter von Jaroslaw: Harald Sigurdsson, genannt Hardrade, der Harte Herrscher. Harald war das Kind einer Zeit, da in der nördlichen Welt Chaos herrschte. Unaufhörlich tobte Krieg zwischen den skandinavischen Staaten. In Irland hatten die Kelten der Wikingerherrschaft in Dublin ein blutiges Ende bereitet. Nach dem Zusammenbruch von Knuts Nordseereich bestiegen wieder angelsächsische Monarchen Englands Thron. Westeuropa hatte tüchtigere Armeen geschaffen; eine Flotte konnte nicht mehr hoffen, schutzlose Küsten zu plündern.

Mit fünfzehn Jahren wurde Harald in einer Schlacht an der Seite seines Halbbruders König Olaf, der versuchte, den norwegischen Thron zurückzuerobern, schwer verwundet. Es gelang ihm, trotz seiner Verletzungen nach Rußland zu entkommen, wo er am prachtliebenden Hof seines Verwandten Jaroslaw Zuflucht fand. Dort lernte er auch Prinzessin Jelisaweta kennen. Harald kämpfte tapfer für Jaroslaw. Aber Heldentum und Liebe genügten nicht, um die Hand einer Prinzessin zu gewinnen; Jaroslaw wies den thronlosen Norweger ab. So fuhr Harald den Dnjepr hinab nach dem legendenumwobenen Konstantinopel, trat der Waränger-Garde bei und wurde bald ihr Kommandant. Elf Jahre lang kämpfte er im Dienst des Reichs, von Sizilien bis Kleinasien, vom Kaukasus bis nach Palästina. Er war beinahe zwei Meter zehn groß, und es wird berichtet, sein Haar und sein Bart seien blond gewesen, aber «eine Augenbraue war etwas höher als die andere». Er erwarb ungeheure Beute und gewann damit Jelisawetas Hand. Sie fuhren zusammen nach Norwegen, wo Haralds Gold und Persönlichkeit ihm 1047 die Krone eintrugen.

Unbarmherzig zwang König Harald seine Rivalen, «die dünnen Lippen der Axt zu küssen». Auf seinem Langschiff «Drachen» trug er sein Banner durch ganz Skandinavien, rötete die Speere, vergoß den «Tau der Wunden» und fütterte die Raben.

Dann, im Jahr 1066, warf der «Donnerkeil des Nordens» sein Auge auf den größten aller Preise – England, wo nach dem Tod Eduards des Bekenners Graf Harold Godwinson die Krone an sich gerissen hatte. Wilhelm der Normanne erhob Anspruch auf den Thron, aber Harald von Norwegen ließ sich nicht abschrecken. Und im Herbst jenes Jahres schlugen innerhalb dreier Wochen Harald Hardrade, der archetypische Wikinger, Harold Godwinson, ebenfalls ein Wikingerabkömmling, und Wilhelm, der auch Wikingerblut in sich trug, zwei Schlachten, die nicht nur das Schicksal von England, sondern das von ganz Europa entscheidend beeinflußten.

Adam Woolfitt. Oben: Behauener Stein aus Gotland, Schweden, 8. Jh.; Ted Spiegel, Rapho Guillumette

AUF DEN SPUREN WILHELMS DES EROBERERS

Um eine Krone zu erringen, zwingt ein Abkömmling der Wikinger England in die Knie und damit zur Teilnahme an der europäischen Geschichte. Kenneth M. Setton läßt die blutigen Ereignisse des Jahres 1066 wiederaufleben.

Wilhelms Anblick spornt die Normannen bei Hastings zum Sieg an. Ausschnitt aus dem Teppich von Bayeux. Mit Erlaubnis der Stadt Bayeux

chaut mich gut an! Ich lebe und werde mit Gottes Hilfe den Sieg davontragen!»
Seine rauhe Stimme erhebt sich über das Getöse der Schlacht. Wilhelm schiebt
seinen Helm zurück und zeigt sein Gesicht den zurückweichenden Truppen, die ihn
tot wähnten. «Von seinem Feuer angesteckt», berichtet jubelnd der Chronist Wilhelm
von Poitiers, «umzingelten die Normannen ... ihre Verfolger und schlugen sie nieder,
so daß nicht einer entkam.»

Diese Episode bedeutete den Wendepunkt eines blutigen Oktobertags vor mehr als
neunhundert Jahren – eines Tags, der den Verlauf der Ereignisse so entscheidend beeinflußte, daß diese paar Stunden eines wütenden Kampfs aus unserer Geschichte nicht wegzudenken sind. Denn als die Nacht hereinbrach über Senlac Hill in der Nähe der Stadt
Hastings an der englischen Südostküste, hatte Wilhelm auf immer den Beinamen «der
Eroberer» errungen. Und was damals seinen Anfang nahm, sollte auf Jahrhunderte
hinaus das Leben der Menschen beeinflussen. Wilhelms Sieg bei Hastings machte England wieder zu einem Teil Europas, was seit der Hochblüte des Römischen Reiches nicht
mehr der Fall gewesen war. Der skandinavische Einfluß auf England begann den politischen und kulturellen Ideen der romanischen Welt zu weichen. Außer dem Feudalwesen und einer neuen Aristokratie brachten die Normannen auch einen großen Teil ihrer
Gesetze, Baukunst und sozialen Gebräuche nach England. Und auch der Sprache
drückte sie ihren unauslöschlichen Stempel auf.

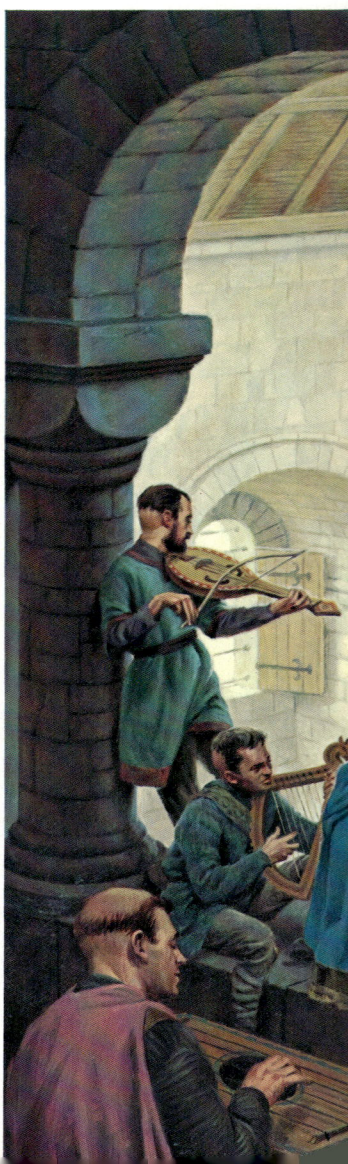

George F. Mobley, NGS. Münze, 11. Jh.; Archäologisches Museum Sussex. Illustration für NGS von Birney Lettick

Um die Ereignisse dieses Jahres 1066 nachzuerleben und die dahinterstehenden Kräfte und Persönlichkeiten zu erkennen, fuhr ich in jene Gegend Frankreichs, wo Wilhelm zur Welt kam. Meine Reise über den Atlantik war kürzer und selbstverständlich gefahrloser als die Überquerung des Ärmelkanals durch Wilhelm. Aber er machte Geschichte, während ich sie bloß aufschreibe.

Zuerst begab ich mich nach Bayeux, wo der unvergleichliche Bildteppich die Eroberung der Nachwelt überliefert. Er wurde kurz nach Wilhelms Sieg bei Hastings geschaffen und hängt heute im ehemaligen Bischofspalast gegenüber der Kathedrale. Auf der 70 m langen Leinenstickerei lebt das ganze Drama der Eroberung fort. Zentimeter um Zentimeter betrachtend, schritt ich seine ganze Länge ab und hörte nichts vom Lärmen der Schulkinder um mich herum. Ihnen erschien der Teppich vielleicht wie ein übergroßer Bildstreifen – was er für die einfachen Leute des 11. Jahrhunderts auch tatsächlich war. Ich sah darin ein Meisterwerk mittelalterlicher Kunst, ein episches Gedicht auf Leinen. Die gestickten Bilder kamen mir immer wieder in den Sinn, während ich den Fußstapfen des Eroberers folgte.

Hofnarr, Gaukler und Spielmann unterhalten Wilhelm beim Mahl im Herzogspalast zu Caen. Herzogin Mathilde erfreut sich von der Frauengalerie aus an den Possen, während die Esser sich an Schweinebraten und Schafskeulen, gebratenem Fisch, schmackhaftem Fasan und knusprigem Brot gütlich tun. Messer und Finger dienen als Werkzeug – Gabeln tauchten erst gegen Ende des Mittelalters auf.

Das Schloß von Falaise (links) erinnert an Wilhelms romantische Abstammung. Von einer älteren Festung aus sah Herzog Robert die anmutige Arlette am Bach. Sie gebar ihm ein Kind – den zukünftigen Eroberer Englands, dessen Abbild ein silberner, in seiner Münze von Pevensey geprägter Penny zeigt.

Die bronzene Reiterstatue des Helden begrüßte mich in Falaise, seinem Geburtsort. Eine beflaggte Lanze vorstreckend, steht sie auf der Place Guillaume-le-Conquérant und bewacht den Zugang zum restaurierten Herzogspalast.

Hier vermischt sich die Geschichte mit der Legende. Der Fremdenführer zeigt einem das Fenster, von dem aus der junge Herzog von der Normandie, Robert I., zum erstenmal die schöne Arlette (oder Herlève) erblickte, die Tochter eines Gerbers, die eben dabei war, im Fluß ihre Wäsche zu waschen. Nach einer anderen Fassung soll Robert ihr begegnet sein, als er von der Jagd heimkehrte. Aber über das, was nachher geschah, besteht kein Zweifel. Man zeigt uns das Gemach, wo das Mädchen seine erste Nacht mit Robert verbrachte. Wilhelm war das Kind dieser Liebe.

Später wurde die Mutter mit einem Vizegraf verheiratet, dem sie zwei berühmte Söhne gebar: Bischof Odo von Bayeux, der an Wilhelms Seite bei Hastings kämpfte, und Graf Robert de Mortain, der einer der reichsten Grundeigentümer in England wurde.

Clio, die Muse der Geschichte, liebt zweifellos die Glücksspiele. Wie anders könnte man es erklären, daß der uneheliche Sohn einer Gerberstochter England und einem großen Teil von Europa einen Stempel aufdrückte, der heute noch sichtbar ist.

Von Wilhelms ersten Jahren wissen wir nichts, wahrscheinlich verbrachte er sie bei seiner Mutter in Falaise. Er begann seine Herrschaft 1035, ungefähr sieben Jahre alt, als Robert auf dem Rückweg von einer Wallfahrt nach Jerusalem starb. Er hatte vor seinem Tod vorsichtigerweise Wilhelms Nachfolge gesichert.

Die Schönheit der Apfelblüte verschleiert die kriegerische Vergangenheit der Normandie, so benannt nach den Normannen, die das Land verwüsteten, es besiedelten und die Dynastie gründeten, aus der Wilhelm hervorging. Fette Kühe und üppige Obstgärten bringen einen Reichtum hervor, den die Normandie in schmelzenden Camembert und in Calvados, den kräftigen Apfelschnaps, verwandelt. Auf den Hügeln des Perche werden die gedrungenen Percheron-Pferde gezüchtet, deren Vorfahren die normannischen Ritter trugen.

Gotische Turmspitzen (rechts) krönen die romanische Abbaye aux Hommes in Caen, die Wilhelm erbaute, um sich vom Kirchenbann zu befreien, den der Papst über seine Ehe verhängt hatte, wahrscheinlich weil er und Mathilde entfernt verwandt waren. Hier ruhte seine Leiche, bis 1562 die Hugenotten seine Gebeine verstreuten. Mathildes Grab befindet sich in der Abbaye aux Dames. Ihre 1961 exhumierten Gebeine lassen erkennen, daß sie kaum ein Meter dreißig groß war. Wilhelm dagegen war «groß an Gestalt . . . aber nicht plump».

Aber anerkannt werden und wirklich regieren ist zweierlei. Sogar in Friedenszeiten war ein Knabe der Unberechenbarkeit seiner Vormünder ausgeliefert.

1046, als Wilhelm bald volljährig wurde, zettelte sein Vetter Guy von Burgund einen großen Aufstand gegen ihn an. In seiner Verzweiflung rief Wilhelm seinen Lehensherrn zu Hilfe, König Heinrich I. von Frankreich, das damals nur gerade das Gebiet rings um Paris umfaßte. Heinrich folgte im Jahr darauf dem Ruf seines Vasallen. In dem südöstlich von Caen gelegenen Val-des-Dunes bewies Wilhelm zum erstenmal, daß er einer der tapfersten Krieger des Jahrhunderts war. «Er warf sich auf seine Feinde», schreibt Wilhelm von Poitiers, «und metzelte sie nieder . . .» So viele wurden in die Orne geworfen, daß «die Leichen die Mühlen von Borbillon verstopften».

Kreuz und quer durch die grünen Wiesen und blühenden Obstgärten der Normandie folgte ich den Spuren von Wilhelms Kämpfen: Alençon, das er eines Nachts in einem mörderischen Angriff eroberte; Domfront, mit den Ruinen der Festung, die er belagerte, und der kleinen Kirche, wo er zur Messe ging; Mortemer, wo die Normannen eine königliche Armee besiegten, nachdem Wilhelm und Heinrich I. sich entzweit hatten; Gerberoy, wo Wilhelm im Kampf gegen Rebellen, die von seinem eigenen Sohn Robert Courteheuse (Kurzhose) angeführt wurden, beinahe sein Leben verlor.

Um 1051 heiratete Wilhelm Mathilde von Flandern, und seine Macht wuchs schnell. 1063/1064 eroberte er die reiche Grafschaft Maine, die ihm seine Grenzen gegen Südwesten sicherte. Aber nicht nur seine Macht war neuen Ursprungs, sondern auch der Reichtum und die Stellung der Männer seiner Umgebung, welche die in den Kämpfen um Wilhelms Vorherrschaft gefallenen Aufständischen ersetzten.

Es waren kaum einhundertfünfzig Jahre vergangen, seit Wilhelms Vorfahre Rollo und seine Wikinger das Land am Unterlauf der Seine erobert hatten. Als ein schwacher König der Franken Rollo als Graf von Rouen anerkannte, erhielt der Eindringling auch die Legitimität, die ihn in das grobgefügte Feudalsystem einordnete, so wie es langsam aus den Überresten des Reichs Karls des Großen hervorwuchs.

Rollo ließ sich taufen und übernahm die Verpflichtungen und Rechte eines königlichen Vasallen. Seine Erben vergrößerten seinen Besitz, erwarben den Herzogstitel und versuchten, die kriegerischen Banden geringerer Edelleute zu vernichten. Sie bauten die von ihren Vätern zerstörten Abteien wieder auf, und dankbare Geistliche halfen ihnen, das Herzogtum zu einigen und zu verwalten.

George F. Mobley, NGS

Alain Perceval. Gegenüber: Illustration für NGS von Birney Lettick. Karte von NGS

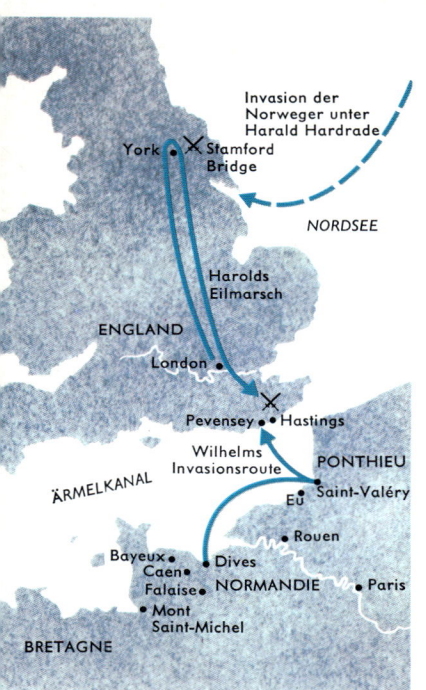

Invasion der
Norweger unter
Harald Hardrade

York ● ╳ Stamford
Bridge

NORDSEE

Harolds
Eilmarsch

ENGLAND

London ●

Pevensey ● ╳ ● Hastings

Wilhelms
Invasionsroute   PONTHIEU

ÄRMELKANAL

Eu ● ● Saint-Valéry

● Rouen

Bayeux ●
Caen ● ● Dives
Falaise ●   NORMANDIE   ● Paris

● Mont
Saint-Michel

BRETAGNE

Rollos Wikingernachkommen wurden Normannen, die französisch sprachen, Latein schrieben und die karolingischen Rechtsbegriffe annahmen. Indessen behielten sie ihre Wikingerkraft und geistige Unabhängigkeit. Ihre Gesellschaftsordnung blieb flüssig, beweglich und unternehmungslustig. Erst als Wilhelm nach 1066 England eine feudalistische Struktur aufgezwungen hatte, getraute er sich, das gleiche auch in der Normandie zu tun.

In England trieben unterdessen die Ereignisse dem Höhepunkt von Hastings entgegen. König Eduard der Bekenner, der aus königlichem, westsächsischem Geschlecht stammte, war ein Freund des Herzogs von der Normandie, mit dem er mütterlicherseits verwandt war. Eduard gegenüber stand der mächtige sächsische Graf Godwin von Wessex, der fast ganz Südengland beherrschte.

Als 1051 Godwin und seine Söhne sich, allerdings ohne Erfolg, gegen den König erhoben, wurden sie von Eduard verbannt. Da er kinderlos war, ernannte er Wilhelm von der Normandie zu seinem Erben.

Aber die Rebellen kehrten zurück und vertrieben Eduards normannische Anhänger. Godwins Sohn Harold, dessen Schwester den Bekenner geheiratet hatte, gewann immer mehr Einfluß.

Chronisten zufolge schickte Eduard, wahrscheinlich 1064, Harold Godwinson über den Kanal, damit er Wilhelms Anrecht auf den Thron bestätige. Heftige Winde trieben ihn an die Küste von Ponthieu, wo der dortige Graf ihn gefangennahm.

Zwei Anwärter auf die gleiche Krone tauschen bei einer friedlichen Unterredung mißtrauische Blicke.

Harold von Wessex mit seinem Frieden verkündenden Falken und Wilhelm mit dem nach Normannenart geschorenen Kopf treffen sich in Ponthieu. Harold schwor, Wilhelms Anspruch auf England zu unterstützen, und kämpfte sogar an seiner Seite vor dem Mont-Saint-Michel (links). Aber als König Eduard starb, brach Harold sein Wort und forderte damit gleich zwei Rivalen, Wilhelm und den König von Norwegen, zum Kampf heraus. Harold begab sich in aller Eile nach Norden, wo er die Norweger bei York besiegte, was die Armee, die er Wilhelm entgegenstellen mußte, jedoch entscheidend schwächte.

Der Mont-Saint-Michel, einst ein Heiligtum der Druiden, war ein Wallfahrtsort der Christen geworden, seit auf Geheiß des Erzengels Michael hier eine Kapelle erbaut worden war. 966 gründete ein Vorfahre Wilhelms eine Abtei auf dem meerumspülten Eiland; die ungeheuer schnell vordringende Flut brachte manchem Pilger den Tod. Heute führt ein Damm die Touristenmassen zu einem Zusammenklang von Spitzen und Türmen, der neun Jahrhunderte französischer Architektur umspannt.

Wilhelm sorgte für seine Freilassung und «erquickte ihn in großer Pracht», was Harold verpflichtete, Wilhelms Anspruch zu unterstützen. Der Bildteppich von Bayeux zeigt, wie Harold dem Herzog den Treueeid schwört, was seinen eigenen Interessen direkt zuwiderlief. Man sieht auch Harold und Wilhelm zusammen zu Feld ziehen und normannische Soldaten aus dem Treibsand beim Mont-Saint-Michel erretten.

Ich selber rettete zwar niemand, doch konnte ich wenigstens meinen Wagen in Sicherheit bringen. Touristenbusse standen dicht hintereinander auf dem Damm, der das Inselheiligtum mit dem Festland verbindet, und ich mußte meinen Wagen unterhalb davon auf dem Strand parken. Ich hatte eben mit dem Abendessen begonnen, als die Flut rasch zu steigen begann. Der Wind blies so heftig, daß ich mich kaum auf den Füßen halten konnte. Aber von Harolds Heldentat beflügelt, fuhr ich den gischtnassen kleinen Renault durch dreißig Zentimeter hohes Wasser auf den Damm hinauf. Es war höchste Zeit. Zwanzig Minuten später sah ich vier Wagen von der Flut überschwemmt.

Eduard der Bekenner starb am 5. Januar 1066. Drei Anwärter begehrten seine Krone: Wilhelm, Harold Godwinson und König Harald Hardrade von Norwegen, dessen Anspruch die Bande symbolisierte, die generationenlang die Normandie, England und Skandinavien verbunden hatten. Welcher von den dreien würde regieren? Welcher Englands Zukunft gestalten?

Das waren schicksalsschwere Fragen, und die Menschen taten gut daran, über die himmlische Bedeutung des «Sterns mit Schweif» nachzusinnen, der plötzlich am 24. April 1066 auftauchte und «sieben Tage lang einen ausnehmend hellen Schein verbreitete». Es handelte sich um den Halley-Kometen, der alle fünfundsiebzig Jahre erscheint und das nächste Mal 1986 fällig ist. Einem Chronisten zufolge «dachten viele, daß dies eine große Veränderung in einem Königreich voraussage». Sie hatten recht. Am selben Tag, da Eduard begraben wurde, ließ sich Harold Godwinson in der neuen Westminster-Abtei zum König krönen. Die *Angelsächsische Chronik* berichtet, daß Eduard kurz vor seinem Ende Harold zu seinem Nachfolger bestimmte, niemand weiß, ob er seinen Sinn änderte oder dazu gezwungen wurde.

Harolds schnelles Handeln muß Wilhelm überrascht haben, aber bald versprachen die Vasallen der Normandie, ihm bei der Eroberung Englands zu helfen. Wilhelm brachte den Papst dazu, daß er Harold wegen seines Bruchs des Treueschwurs verurteilte. Er bot seine Truppen in der Normandie auf und warb Söldner in ganz Frankreich, in Flandern und in den süditalienischen Normannenstaaten. Er baute eine Flotte und rüstete sie aus. Ende August waren alle Schiffe in der Mündung der Dives besammelt. Anfangs September fuhren sie nach Saint-Valéry an der Somme, von wo aus der Ostwind sie an die englische Südküste treiben konnte.

Wie in so vielen europäischen Städten erinnern auch in Saint-Valéry die Straßennamen von heute an ein längst vergangenes Gestern. Der Quai du Romerel hat seinen Namen von Rome-Relais, das heißt «dem Ort, wo die Pilger auf dem Weg nach Rom haltmachten». Mein in dieser Straße gelegenes Hotel, das «Relais Guillaume-de-Normandie», steht an dem Platz, wo Wilhelms Schiffe vor Anker lagen. Hätte ich wie Wilhelm die Absicht gehabt, den Kanal zu Schiff zu überqueren, hätte auch ich warten müssen. Als mein Flugzeug von Le Touquet aufstieg, peitschte eine wütende See das Ufer.

Während nördliche Winde Wilhelm in Saint-Valéry festhielten und Harold Godwinson von London aus die Lage verfolgte, traf die überraschende Nachricht ein, daß der norwegische König Harald Hardrade in Nordengland eingefallen sei. Er folgte dem Humber und dem Ouse und brachte am 20. September 1066 in Fulford den Grafen der Gegend eine Niederlage bei und besetzte das nahe York. In aller Eile marschierte Harold Godwinson nach Norden, um diese letzte Wikingerinvasion in England zurückzuschlagen. Am 25. September überraschte und besiegte er die Norweger in der Schlacht von Stamford Bridge am Derwent.

Fortsetzung S. 121

Bald nach der Schlacht von Hastings erzählten geschickte Hände in farbiger Stickerei die dramatischen Ereignisse, die zu Wilhelms Sieg führten.

Der Wandteppich von Bayeux

Seit neunhundert Jahren berichtet der Wandteppich von Bayeux vom Ruhm der Eroberung Englands durch die Normannen und von den Heldentaten des Harold von Wessex und des Herzogs Wilhelm von der Normandie.

Dieses für ein ungebildetes Publikum bestimmte Bilderbuch drückt die Ansicht der Normannen aus, wonach Harold Godwinson, der geschworen hatte, Wilhelm bei der Erringung der englischen Krone zu helfen, kein Recht hatte, den Thron selber zu besteigen. Seine Niederlage war die Strafe für diesen Eidbruch. Die «Angelsächsische Chronik» dagegen versichert, König Eduard habe «das Reich . . . Harold anvertraut», und darum glaubten die Engländer, daß der sächsische Graf bei der Verteidigung seines Landes gegen den «Eindringling» sein Leben ließ.

Wie sahen sie aus, diese zwei großen Völker, die der Teppich einander gegenüberstellt? Der Chronist Wilhelm von Malmesbury, der rund sechzig Jahre nach der Eroberung schrieb, zeichnete rückblickend folgende Porträts:

«Die Normannen . . . waren damals wie heute ungemein wählerisch in der Kleidung und im Essen, aber nicht im Übermaß. Sie sind ein kriegsgewöhntes Geschlecht und können beinahe nicht in Frieden leben; sie greifen ihre Feinde mit Ungestüm an, und wenn sie mit Gewalt nicht ans Ziel kommen, sind sie bereit, List oder Bestechung anzuwenden . . . Sie beurteilen Ver-

rat nach der Aussicht auf Erfolg und ändern ihre Meinung um Geld . . .

Die Engländer trugen zu jener Zeit kurze Kleider, die bis zur Mitte des Knies reichten; ihr Haar war kurz geschnitten, der Bart rasiert, ihre Arme waren mit Spangen behängt und ihre Haut mit eingeritzten Zeichnungen verziert; sie pflegten zu essen, bis sie übersättigt waren, und zu trinken, bis ihnen schlecht wurde. Diese letzteren Eigenschaften übertrugen sie auf ihre Eroberer . . .»

Die altenglische oder angelsächsische Gesellschaft zu Harolds Zeit war aus den Einwanderungen der germanischen Stämme entstanden, die von der Nordseeküste her eingefallen waren, nachdem sich Rom im 5. Jahrhundert aus Britannien zurückgezogen hatte. Nach ihrem kurzen Schwert «seax» Sachsen genannte Söldner und Räuber siedelten sich an und rodeten die Wälder in den Niederungen. Während kurzer Zeit wurden sie im Westen aufgehalten durch einen keltischen Anführer, der später als König Artus in die Legende einging. Aber bald war ganz Südbritannien aufgeteilt zwischen Westsachsen (Wessex), Südsachsen (Sussex) und Ostsachsen (Essex).

Die Waldgeister, denen diese Sachsen untertan waren, wichen einem doppelten Ansturm des Christentums; der eine ging von den keltischen Klöstern auf den nördlichen Inseln Iona und Lindisfarne aus, der andere von römischen Mis-

Während sie einen auf Band gesprochenen Kommentar anhören, betrachten die Besucher in Bayeux Wilhelms Flotte auf der Fahrt nach England. George F. Mobley, NGS

sionaren, die nach Kent City – Canterbury – kamen. Diese zwiefache Befruchtung brachte eine geistige Blüte in den northumbrischen Abteien hervor, deren berühmtester Vertreter der Ehrwürdige Beda war, der Vater der englischen Geschichtsschreibung.

Indessen leben die germanischen Götter heute noch in den Namen der Wochentage fort. Und wenn kleine sächsische Fürstentümer um die Vorherrschaft kämpften, hören wir, wie die Männer «ihre glänzenden Schwerter, ihre blutigen, vom Hammer geschmiedeten Klingen gegen Eberköpfe tragende Helme krachen ließen und mit den nadelscharfen Spitzen einander zerfetzten und durchbohrten». Denn das ist die Krieger-Gesellschaft des «Beowulf», für die Kampf, Kühnheit und Treue zu Anführer und Stammesgenossen das Höchste bedeuteten.

Alfred von Wessex, der größte der angel-

sächsischen Könige, liebte es, wenn ein Spielmann von solchen Taten sang, während ein Holzfeuer zuckende Schatten in den großen Saal warf, wo er und seine Mannen aus Trinkhörnern Met schlürften.

Nur Alfred gelang es, die Sturzflut der Dänen einzudämmen, die im 9. Jahrhundert England zu überschwemmen drohte. Aber er konnte sie nicht weit zurückdrängen. Die Fremden ließen sich hinter einer Linie nieder, die ungefähr zwischen der Themsemündung und dem heutigen Liverpool verlief. Da dänisches Gesetz und dänischer Brauch dort vorherrschten, hieß das ganze Gebiet nördlich dieser Linie Danelaw.

Verschiedene Könige von Wessex eroberten das Danelaw, aber neue Einfälle brachten 1016 Knut, einen Dänen, auf den Thron eines vereinten Königreichs. England schien endgültig der skandinavischen Sphäre anzugehören, denn

Das folgenschwere Ereignis, das die normannische Eroberung auslöste: der in Westminster gekrönte und auf den Thro... Edelleute, der Erzbischof und Volk dem neuen König huldigen.

bald herrschte Knut auch über Dänemark und Norwegen. Aber als sein Geschlecht 1042 ausstarb, fiel die Krone an die westsächsische Dynastie zurück, und zwar an Eduard den Bekenner, mit dessen Sorge um die Nachfolge die Geschichte, die der Teppich erzählt, anfängt.

Eduard erbte ein Reich, das Züge des dänischen Nordens und des sächsischen Südens in sich vereinte. Er behielt die Hausmacht, Knuts Leibgarde, als stehende Armee bei, deren Sold mit einer besonderen Steuer bezahlt wurde. Auf dem Teppich erscheinen diese dem König treu ergebenen Berufssoldaten als das Rückgrat von Harolds Armee. Der dänische «jarl» wurde ein «earl», ein Graf, dem eine größere Gegend unterstand, wie zum Beispiel Godwins Grafschaft Wessex. Sein Abgeordneter in jeder Grafschaft war ein «sheriff», ein hoher Beamter. Ihm untergeordnet waren die Lehensmänner,

Inmitten der Schlacht wird den Gefallenen der Panzer ausgezogen.

«thane», adelige Krieger, von denen jeder ein Gut von fünf Hufen (Höfen) besaß, vielleicht mit einer Kirche, einer Küche, einem Glockenturm und einem Tor. Im Gegensatz zum normannischen Ritter war dem sächsischen Lehensmann gewöhnlich sein Land zu eigen.

Die Bauern in diesen Höfen wohnten in Hütten aus Flechtwerk und Lehm, wo die Familie in einem einzigen Raum kochte und schlief. Die drei Hauptklassen waren der Freie (der in der Miliz diente und einen höheren Rang erreichen konnte, wenn er ein Fünf-Hufen-Gut erstand), der Hörige, der das Land seines Herrn bebauen mußte, und der Sklave. Mißernten konnten einen Freien zwingen, seine Angehörigen als Sklaven zu verkaufen.

Die führenden Lehensherren saßen im Witan, einer Versammlung der Bischöfe und Adligen, die den König berieten und ihn traditionsgemäß «wählten». Praktisch anerkannten sie den Mann, der offensichtlich ein erbliches Recht auf die Krone besaß – oder Macht, wie im Fall Harolds.

Die englische Überlieferung, wonach die Herrschaft auf Besprechung und Zustimmung beruht, wurzelte in den örtlichen Versammlungen, die das «Gewohnheitsrecht» für die «Hundertschaft» verwalteten, ursprünglich ein Bezirk, der hundert Krieger ernähren konnte. Alle vier Wochen traten Männer, die den Brauch des Ortes kannten, mit dem Abgesandten des Königs im Freien zusammen, um Steuerstreitigkeiten beizulegen, Gesuche anzuhören und Anklage zu erheben gegen Diebe – und diejenigen, die sie nicht eifrig genug verfolgt hatten. Verwandte, die den Angeklagten nicht beibrachten, bezahlten eine Geldstrafe.

Mord konnte mit Wergeld oder «Mannespreis» bezahlt werden, das die Familie oder der Lehensherr als Entschädigung erhielt. Ein Lehensherr war sechsmal mehr wert als ein Freier. Für

...rhobene Harold Godwinson hält Kugel und Zepter, während

einen Sklaven wurde nichts bezahlt. Ein entlaufener Sklave konnte gesteinigt werden.

Gerichte im Danelaw (und vergleichbare karolingische Untersuchungen) sind Vorläufer unseres modernen Geschworenengerichts. In jedem Distrikt stellten zwölf führende Lehensherren, die bei heiligen Reliquien schworen, daß sie weder den Unschuldigen anklagen noch den Schuldigen schützen würden, des Rechtsbruchs Verdächtige vor Gottes Gericht. Eideshelfer konnten die beschworene Unschuld eines Angeklagten bekräftigen; oft entschied die Feuer- oder Wasserprobe über die Schuld. Wenn der Angeklagte ein glühend rotes Eisen halten konnte, ohne verbrannt zu werden, war er unschuldig. Wenn er in einen Teich geworfen wurde und obenauf trieb, war er schuldig – das Wasser hatte ihn verstoßen. Wenn er untersank, war er unschuldig.

Erst im 12. und 13. Jahrhundert machte das örtliche Gesetz in all seinen Spielarten dem einheitlichen königlichen Recht Platz, dem «Gewohnheitsrecht», das für alle Engländer gleich ist. Ebenso wurde die Rechtsprechung mit Reinigung durch Eid, Gottesurteil oder Kampf durch den von den Nachbarn gefällten Spruch ersetzt.

Das Leben auf dem Land folgte dem Rhythmus der Jahreszeiten und änderte sich wenig im Verlauf der angelsächsischen Jahrhunderte. Die Bauern bebauten schmale Streifen in den Feldern rings um das Dorf und bezahlten von ihrer gemeinsamen Arbeit dem König oder dem Lehensherr eine Pacht in Naturalien. Eine typische Abgabe von einem Gut in Wessex bestand zum Beispiel aus: 10 Bottichen Honig, 300 Laib Brot, 42 Faß Bier, 10 Schafen, 10 Gänsen, 20 Hennen, 10 Laib Käse, 1 Faß Butter, 5 Salmen, 20 Pfund Futter und 100 Aalen.

Der Wandteppich spiegelt dieses Wirtschaftssystem wider. Als einziges derartiges Werk seiner Zeit bietet er ein lebendiges Bild mittelalterlichen Lebens; oft beendet ein Baum oder ein Turm eine Episode, gleichsam als ein Schlußpunkt, der auf die Antike oder auf karolingische Zeiten zurückgeht. Männer pflügen und eggen, säen Korn, erlegen Vögel mit einer Schleuder, schwingen Hammer; Axt und Beil. Normannische Schiffe durchpflügen die See; mit ihrem einen Mast und dem hohen Bug erinnern sie an die Drachenschiffe der Wikinger.

Rund dreitausend Pferde über den Ärmelkanal zu befördern war eine ungeheure Leistung – aber eine Notwendigkeit, denn Wilhelms Macht beruhte auf der Reiterei. Der mit einem Kettenpanzer ausgerüstete Reiter gewann seine ausschlaggebende Bedeutung in karolingischer Zeit,

nachdem das schwere Schlachtroß und der Steigbügel aus dem Orient eingeführt worden waren. Aber es war kostspielig, einen berittenen Krieger auszurüsten. Die Gesellschaft mußte so gestaltet werden, daß sie eine Truppe von berittenen Edelleuten zu unterhalten vermochte. Das Leben des Ritters verband die persönliche Beziehung des militärischen Feudalwesens mit der wirtschaftlichen Grundlage des Herrenguts.

Harolds Haustruppe dagegen ritt zwar nach Hastings, stieg jedoch ab, um zu Fuß zu kämpfen, wie auf dem Teppich zu sehen ist. Ihre Lieblingswaffe war die von den Dänen eingeführte Streitaxt, während Wilhelm Lanze, Schwert und Bogenschützen an jenem «für England verhängnisvollen Tag» mit Erfolg einsetzte. Später unterwarf er sein erobertes Königreich dank der normannischen Begabung für Burgenbau.

Während die alte englische Befestigung aus einer von Wällen umgebenen Stadt oder Ortschaft bestanden hatte, erlaubte es die normannische, auf einem Erdhügel errichtete und mit einer Außenmauer umgebene Burg einem Befehlshaber, ein ausgedehntes Stück Land mit einer kleinen Anzahl von Reitern zu beherrschen. Der Teppich zeigt mehrere Holzfestungen, jede auf ihrem Erdhügel, während eine Zugbrücke den Wassergraben überbrückt und zum äußeren, von einer Palisade umgebenen Hof führt (der auf dem Bild nicht gezeigt wird). Eine dieser Burgen steht in Bayeux.

Der Teppich von Bayeux wurde lange Zeit Mathilde zugeschrieben, aber wahrscheinlich wurde er von Wilhelms Halbbruder, Bischof Odo von Bayeux, in Auftrag gegeben, damit er in der bloß elf Jahre nach Hastings geweihten Kathedrale der Stadt ausgestellt werden konnte. Obwohl er ein normannisches Dokument ist, veranlaßt der Stil der in farbiger Wolle gestickten Figuren einige Gelehrte zu der Annahme, daß er von Stickerinnen in Canterbury geschaffen wurde. Odo war auch Graf von Kent.

Zum erstenmal wird der Teppich in einem 1476 aufgenommenen Inventar der Kathedrale von Bayeux namentlich erwähnt. 1792 brauchten ihn französische Revolutionäre als Wagenplane, bis ein Rechtsanwalt von Bayeux ihn retten konnte. Zwei Jahre später wurde er beinahe zerschnitten, um einen Festwagen in einem Umzug zu dekorieren. Fachleute sind der Meinung, daß zwei fehlende Stücke am Ende wohl Wilhelm auf dem englischen Thron darstellten.

Hier entfaltet sich nun der Teppich in seiner ganzen Länge vor den Augen des Lesers – ein Zauberteppich, der uns in die bewegte Zeit der Eroberung Englands zurückträgt.

Aber das Treffen schwächte die Engländer, und nun nahte ein mächtigerer Feind.

Zwei Tage nach Harolds Sieg drehte der Wind über dem Ärmelkanal, und die Normannen hißten die Segel. «So erreichten sie alle mit einem günstigen Wind Pevensey», sagt Wilhelm von Poitiers, «und landeten dort ungehindert.»

Wilhelm errichtete eine Befestigung in Pevensey, zweifellos innerhalb der römischen Wälle, die damals viel näher am Wasser standen. Dann zog er weiter nach Hastings, das einen sicheren Hafen besaß, und baute dort wieder eine Burg.

Auf einem Felsvorsprung, von dem aus man den hübschen Badeort Hastings überblickt, streifte ich in der steinernen Festung umher, die Wilhelms hölzerne ersetzte. Dann fuhr ich kreuz und quer durch das Land, das er plünderte, um Harold zum Kampf herauszufordern. Da es ihm an Nachschub fehlte, konnte Wilhelm es sich nicht leisten, wochenlang auf eine Schlacht zu warten.

Harold stürmte nach Süden, kam wahrscheinlich am 6. Oktober nach London und machte sich am 11. wieder auf den Weg. Er hätte wohl daran getan, das Treffen möglichst lange hinauszuschieben. Aber vom Erfolg seiner Taktik in Stamford Bridge angespornt, wollte er Wilhelm überraschen und ihn von seiner Flotte in Hastings abschneiden. In drei Tagen hetzte er seine müde Armee über die hundert Kilometer von London nach den Downs von Sussex und erreichte die elf Kilometer von Hastings entfernte Hügelkette von Senlac am Freitagabend, dem 13. Oktober. Wilhelm von Poitiers bemerkt, daß die Engländer damit die Höhen besetzt hielten, aber Harolds Leute waren erschöpft und Wilhelms Krieger zu sehr auf der Hut, als daß man sie hätte überrumpeln können.

Samstag, den 14. Oktober, verließ Wilhelm in den frühen Morgenstunden mit etwa siebentausend Mann Hastings und ritt nach Telham Hill. Auf der andern Seite des Tales stand der ungefähr gleich starke Feind. Englands Schicksal lag auf der Waagschale.

Begleitet von «dröhnendem Trompetenklang», rückte Wilhelm vor, Bogenschützen voran, gefolgt vom gepanzerten Fußvolk, während die Ritter zu Pferd die Nachhut bildeten. Harolds Soldaten bildeten eine sechshundert Meter lange, zehn bis zwölf Mann tiefe Mauer von Schilden. Zuerst griff Wilhelms linker Flügel mit Speer- und Steinwürfen die Linie der Sachsen an. Dann traten die Ritter mit ihren Schwertern in Aktion. Die Schildmauer hielt stand. Jetzt barst die normannische Linke und entblößte damit eine Flanke. Ein Gerücht lief um: Wilhelm sei gefallen.

Als er seine Streitkräfte auseinanderbrechen sah, ritt Wilhelm mitten ins Getümmel, schob seinen Helm zurück und scharte seine Männer um sich. Wilhelm von Poitiers berichtet, daß die normannischen Ritter zweimal einen Rückzug vortäuschten und sich dann umwandten, um die Verfolger niederzumachen. Schließlich erlahmte die englische Linie. Wilhelm wies seine Bogenschützen an, hoch zu schießen, so daß die Pfeile auf die Köpfe der Engländer niederprasselten. Um diese Zeit fiel offenbar Harold. Es war vier Uhr nachmittags. «Das blutgetränkte Schlachtfeld war übersät mit der Blüte ... von England.» Wilhelm hatte gesiegt.

Auf der Stätte seines Triumphs erbaute Wilhelm Battle Abbey. Die Kirche steht längst nicht mehr, und Kinderlachen drang an mein Ohr, als ich über die friedlichen Wiesen blickte, wo das Gemetzel stattgefunden hatte. Aber der Ort ist geheiligt durch eines der größten Ereignisse der Geschichte, und ich war zutiefst bewegt.

In den folgenden Wochen unterwarfen sich Sussex, Kent und Süd-Hampshire dem Sieger von Hastings. Er umzingelte London und zog dann in die Stadt ein. Am Weihnachtstag des Jahres 1066 setzte in der St.-Peters-Kirche – der Abtei von Westminster – Erzbischof Aldred von York «die Königskrone auf das Haupt des Herzogs».

Meine Gedanken weilten bei dieser Krönung, als ich die Abtei betrat. Die damalige Kirche ist durch den prächtigen Bau ersetzt worden, den wir heute kennen, die letzte Ruhestätte der Könige und genialen Geister. Im Innern bewachten strenge Hirten die Herden der englischen und ausländischen Touristen. Ich dachte an die Szene vor neunhundert Jahren, als dem Brauch gemäß die bei der Krönung Anwesenden gefragt wurden, ob sie Wilhelm als ihren König annehmen wollten.

Illustration für NGS von Tom Lovell. Oben: George F. Mobley, NGS

«Steht fest!... Fürchtet euch nicht... so Gott will, werden wir siegen»

Mit Wort und Tat spornt Wilhelms Halbbruder, Bischof Odo, seine Ritter an, den Schildwall der Sachsen zu durchbrechen. Auf einem Schimmel reitend, schwingt er eine Keule, die wohl fähig ist, eine Rüstung zusammenzuhauen. Als Geistlicher wählte er eine Waffe, die «kein Blut vergoß». Wenig andere verspürten derartige Hemmungen. Blut tränkte das Feld bei Hastings am 14. Oktober 1066, einem Tag, den England nie vergessen wird.

Beinahe den ganzen Tag leistete Harolds Armee – kräftige, von ungeübter Miliz flankierte Krieger – «bei dem altersgrauen Apfelbaum» auf dem Hügel von Senlac Widerstand. Normannische Pfeile prallten von den sächsischen Schilden ab; zurück flogen Äxte, Wurfspieße, «an Holzstücken befestigte Steine». Wilhelm ließ sich jedoch nicht beirren. «Dreimal», erzählt ein Chronist, «fiel sein Roß ... und dreimal übte er schnelle Rache für den Verlust seines Pferdes.» Durch vorgetäuschte Rückzüge in die Irre geführt, von in hohem Bogen geschossenen Pfeilen aufs Haupt getroffen, immer und immer wieder von der Reiterei angegriffen, konnten die Engländer die Niederlage schließlich nicht mehr aufhalten.

Auf dem Schlachtfeld erhebt sich heute das Städtchen Battle (oben). Bei der Eisenbahnunterführung befand sich Wilhelms Befehlsposten; die Schule Battle Abbey oben rechts steht in der Nähe des Orts, wo Harold fiel – «unbesiegbar», schrieb Churchill, «außer vom Tod, und der zählt nicht, wenn es um die Ehre geht».

122

Ein solches Geschrei von «yeas» auf englisch und französisch brach los, daß die draußen stehenden normannischen Reiter glaubten, die Engländer bedrohten Wilhelm. In unbedachter Loyalität versuchten sie, die vermeintlichen Angreifer abzulenken, indem sie die nächsten Häuser in Brand steckten. In dem darauffolgenden Durcheinander empfing der arme Wilhelm zwar seine Krone, verlor aber sein Publikum.

Wilhelm verbrachte den größten Teil des Jahres 1067 in der Normandie und kehrte erst im Dezember nach England zurück, um die Unterwerfung seines Reichs fortzusetzen. Er belagerte Exeter, gewann Gloucester und Bristol. 1068 fielen ihm Warwick, Nottingham und York zu, dann wandte er sich nach Süden und besetzte Lincoln, Huntingdon und Cambridge. Als dänische Eindringlinge und aufsässige Bewohner von Yorkshire 1069 versuchten, das normannische Joch nördlich des Humber abzuschütteln, ließ die schreckliche «Züchtigung des Nordens» nicht lange auf sich warten.

Die Eroberung vernichtete den alten angelsächsischen Adel beinahe zur Gänze. So war Wilhelm imstande, in England einen Feudalstaat nach seinem Willen aufzubauen. Grund und Boden war die wichtigste Form von Reichtum, und damit belohnte er seine Gefolgsleute. Ein Fünftel des Reichs unterstand Wilhelm direkt, ein Viertel gehörte der Kirche, und unter weniger als zweihundert normannische Barone verteilte er die Lehensgüter, die er mehr als viertausend angelsächsischen Grundbesitzern wegnahm. Als Gegenleistung für ihr Land mußten die Barone Wilhelm eine bestimmte Anzahl berittener Soldaten stellen. Das verschaffte ihm eine Armee von rund fünftausend Rittern. Zu jener Zeit war jeder ein Ritter, der zu Pferd kämpfte, ob er Grundbesitzer oder Söldner war.

James P. Blair, NGS

Anfänglich unterhielten die Barone ihre Ritter aus ihren Gütern, aber das war teuer und umständlich. So begannen sie, ihnen ihrerseits Lehen zu verteilen, aus denen sie ihren Lebensunterhalt bestreiten mußten. Ein Vasall schuldete seinem Herrn Waffendienst, Dienst bei Hof und Geldabgaben bei besonderen Gelegenheiten; er mußte auch seine Bewilligung einholen, wenn er oder seine Kinder heiraten wollten.

So wuchs die feudalistische Pyramide, wie sie beinahe in ganz Europa bestand – außer daß sie in England einen starken König an der Spitze hatte, der von seinen Baronen so viel Ritterdienst verlangte, daß er Herr war über das Armeewesen. Um seine Vasallen unter Kontrolle zu halten, durften sie nur mit seiner Erlaubnis Burgen bauen, und Privatfehden waren verboten.

Jahr um Jahr überquerte Wilhelm mehrmals den Ärmelkanal, um schwierige Situationen zu klären. Er versuchte, das Herzogtum und das Königreich zu einem einzigen anglonormannischen Staat zu verschmelzen. Aber er war von Feinden umringt: Schotten, Flamen, Angeviner, Bretonen, und vor allem Franzosen. Das Unglück verfolgte ihn. Sein Sohn Robert Courteheuse erhob sich gegen ihn. Er entzweite sich mit seinem arroganten Halb-

Wilhelms viereckiger Weißer Turm an der Themse (links Mitte) ist aus der Hauptstadt, die er eroberte, nicht wegzudenken. Als er drei Monate nach Hastings in London einzog, erbaute er an der Ostecke der Innenstadt eine hölzerne Festung. Hier begann 1078 Bischof Gundolf von Rochester, ein erfahrener Kirchenbauer, den typischen normannischen Hauptturm aus weißem Stein von Caen, mit fünf Meter dicken Mauern. Im Verlauf der Jahrhunderte kam das zinnenbewehrte Labyrinth der königlichen Gemächer, der Rüstkammer, der Verliese und der Folterkammern dazu – das Ganze heißt heute der Tower.

Inmitten der Schatten der Könige und der Scharfrichter betrachten die Besucher heute die Kronjuwelen, Waffen und die wunderschöne St.-John-Kapelle – die Wilhelm augenblicklich erkennen würde.

bruder, Bischof Odo, der nun auch Graf von Kent war. Seine Mathilde starb. 1085 brauchte Wilhelm verzweifelt Geld und die Treueversicherung seiner Untertanen. Die Dänen planten einen neuen großen Überfall auf England (der nie zustande kam).

Gewöhnlich trug Wilhelm seine Krone dreimal im Jahr: zu Ostern in Winchester, wenn er mit den Großen seines Reichs feierte, zu Pfingsten in Westminster und zu Weihnachten in Gloucester. Jenes Jahr beschloß er in Gloucester, nach «eingehender Besprechung mit seinen Ratgebern», zu Steuerzwecken eine genaue Untersuchung über das Grundeinkommen im ganzen Land anzustellen. Das Ergebnis war das berühmte *Domesday Book*, das Reichsgrundbuch, die außergewöhnlichste Statistik, die ein mittelalterlicher Staat je hervorbrachte.

Während die königlichen Bevollmächtigten in allen Grafschaften die nötigen Auskünfte sammelten, reiste Wilhelm durch Südengland. Im August 1086 hielt er in Salisbury großen Hof ab. Die *Angelsächsische Chronik* berichtet, daß «alle Leute ... von Bedeutung aus ganz England» zu ihm kamen, «wessen Vasall sie immer waren; und sie unterwarfen sich ihm alle und wurden seine Vasallen und schworen ihm den Treueeid ...». Dieses Vorgehen war genauso ungewöhnlich wie die Anfertigung des Reichsgrundbuchs, und beides stärkte die englische Monarchie.

Am glücklichsten war Wilhelm auf der Jagd, und nichts im heutigen England erinnert schöner an die Eroberung als New Forest. In Hampshire, südlich von Salisbury, fand er Tausende von Hektaren dünn besiedelten Lands, die er als sein persönliches Reservat beanspruchte. Nicht zufrieden damit, forstete er umliegendes Gebiet auf, wobei er über zweitausend Männer, Frauen und Kinder aussiedelte. Die *Angelsächsische Chronik* stellt fest: «Er schützte und hegte die Hirsche und Eber und liebte die fünfjährigen Hirsche, als wäre er ihr Vater.»

1087 griff der jetzt sechzigjährige, dick gewordene Wilhelm in einem Feldzug gegen die Franzosen die Stadt Mantes an und steckte sie in Brand. Als er durch die Trümmer ritt, stolperte sein Pferd; er fiel aus dem Sattel und erlitt tödliche Verletzungen.

Ein halbes Jahrhundert später erzählte ein Chronist, der sterbende König habe gesagt: «Ich zittere, meine Freunde, wenn ich an meine schweren Sünden denke... Ich... bin mit Strömen von Blut befleckt... Ich ordne an, daß meine Schätze an die Kirchen und die Armen verteilt werden... Ich ernenne niemand zu meinem Erben der englischen Krone, sondern überlasse es dem ewigen Schöpfer, darüber zu verfügen... Denn ich erwarb diese hohe Würde nicht durch erbliches Recht, sondern errang sie... in einer verzweifelten Schlacht.» Wilhelm starb am 9. September 1087 bei Rouen, nachdem die große Glocke der Kathedrale Sainte-Marie bei Sonnenaufgang zur ersten Gebetsstunde gerufen hatte. Die Mühsal seines Lebens war vorbei, und meine Reise zu Ende.

Trotz seines Verzichts hatte Wilhelm seine Krone, sein Zepter und sein Schwert einem Sohn vermacht, Wilhelm Rufus. Ihm folgte auf dem Thron sein jüngerer Bruder Heinrich. Unter der langen Herrschaft dieses ersten Heinrichs und seines Enkels, Heinrichs II., entwickelte sich das Gewohnheitsrecht, unter dem England heute noch lebt.

Man kann sich in bezug auf Wilhelm viele Fragen stellen, wie ich es tat, aber seine Größe steht außer Zweifel. Große Männer und große Nationen liefern die Themen für die große Geschichte. Aber Geschichte ist die schöpferische Konstruktion der Historiker, sie passiert nicht einfach. Der Eroberer hatte sich der Kirche gegenüber großzügig erwie-

«Wie ein wütender Löwe» stürzte sich Wilhelm auf das aufständische York, wo das ehemalige Viertel der Fleischer, Shambles (rechts), ein mittelalterliches Aussehen bewahrt. Er erschlug Tausende, verwüstete das Land. Am Straßenrand verfaulten die Leichen. «Barbarischer Mord», fanden selbst die Normannen – aber Yorkshire gab Ruhe.

Wilhelm zahlte eindringenden Dänen Abfindungsgeld, schlug Überfälle der Waliser zurück, brachte König Malcolm von Schottland in Abernethy am Tay (rechts) zum Gehorsam. Er übersäte das Reich mit meist aus Holz erbauten Burgen und bemannte sie mit lehenstreuen Vasallen.

1086 schickte der auf Steuern erpichte Wilhelm «seine Leute über ganz England aus», um die Einkünfte nachzuprüfen. Später hieß es, das Resultat stehe in seiner Vollständigkeit den für das Jüngste Gericht zusammengetragenen Tatsachen in nichts nach, daher der Name Domesday (Doomsday) Book. *Der Dekan der Kathedrale von Exeter blättert im Reichsgrundbuch der südwestlichen Grafschaften (oben rechts).*

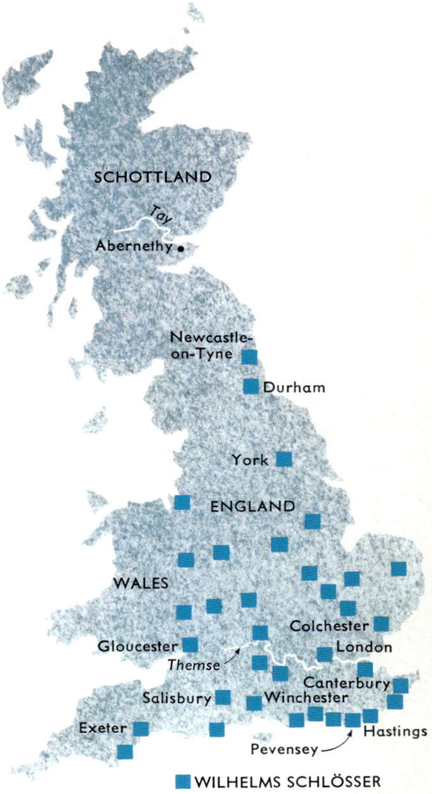

George F. Mobley, NGS. Unten: Adam Woolfitt. Karte von NGS

SCHOTTLAND

Tay

Abernethy

Newcastle-on-Tyne

Durham

York

ENGLAND

WALES

Gloucester

Themse

Colchester

London

Canterbury

Salisbury

Winchester

Hastings

Exeter

Pevensey

■ WILHELMS SCHLÖSSER

sen, und ihre Geistlichen zeigten sich erkenntlich. Sie priesen seine Leistungen und halfen damit, sein Gedächtnis lebendig zu erhalten. Meister Wace sagt in seiner Chronik der normannischen Herzöge:

Alles Ding ins Nichts versinkt, wird alt,
Stirbt und geht zu End, der Mensch ins Grab,
Eisen wird zu Rost, und Holz verfault,
Turm und Mauer fallen, Rose welkt.

Und nicht lange lebt ein Name fort,
Übers Grab hinaus, wenn nicht er steht
Schwarz auf weiß im Buch; die Feder ist's,
Die Unsterblichkeit verleiht dem Mann.

Wenden wir uns nun den Geistlichen zu, die große Taten aufzeichneten – und sie gleichzeitig gestalteten.

Abrechnungstag in einer englischen Stadt: Eine Pergamentrolle in der Hand haltend, zählt ein hoher Verwaltungsbeamter der Krone den Besitz seiner Grafschaft auf. Während ein Mönch alles aufschreibt und ein Ritter zu Pferd den Königsfrieden wahrt, stehen die Grundbuch-Abgesandten im Schatten. Geschworene bekräftigten die Angaben mit ihrem Eid. Am Schluß, sagt eine Chronik, «gab es keine Hufe bebaubares Land mehr (ca. 3 ha) und nicht einmal ... einen Ochsen, eine Kuh oder ein Schwein, das nicht schriftlich eingetragen war». Nun besaß Wilhelm die Grundlage für eine Steuer, die das Danegeld ersetzen mußte, jene Abgabe, die zuerst als Tribut für die dänischen Eindringlinge erhoben wurde. Die im Staatsarchiv in London aufbewahrten zwei Pergamentbände des Domesday Book geben uns ein unschätzbares Bild vom England des 11. Jahrhunderts, als es von den normannischen Edelleuten und Geistlichen umgestaltet wurde. Der sächsische Adel war vernichtet, aber für den Freien und den Hörigen änderte sich nicht viel. Wenn im großen Speisesaal des Herrenguts französisch gesprochen wurde, so herrschte in Küche und Hütte die englische Sprache. Und mit der Zeit eroberte sie die Sieger.

Urban T. Holmes

BERNHARD VON CLAIRVAUX UND SEINE WELT

Kurz vor Ostern des Jahres 1112 zog eine Schar junger Edelleute durch die finsteren Wälder Burgunds. Ihr Anführer war ein gutaussehender, schlanker, mittelgroßer junger Mann mit blondem Haar und großen Augen, in denen eine besondere Leidenschaft zu glühen schien. Als die Männer nach Cîteaux kamen, «einem neuen Kloster in einer großen, hauptsächlich von wilden Tieren bewohnten Abgeschiedenheit», wurden sie des langen und breiten ausgefragt und dann zum Abt Etienne Harding geführt.

«Was sucht Ihr?» fragte er, wie das Ritual es erforderte.

Der junge Mann mit dem blonden Haar warf sich zu Boden.

«Gottes Barmherzigkeit und die Eure . . .»

Der Bittsteller hieß Bernhard. Später kannte ihn ganz Europa unter dem Namen Bernhard von Clairvaux, dann als den heiligen Bernhard. Von der Liebe zu Christus getrieben, sollte er, der eine überragende Intelligenz und eine ruhelose Seele besaß, die Welt des Mittelalters mit seiner moralischen Kraft aufrütteln, einen Papst wählen und Könige vermahnen, mit einer Predigt Geschichte machen und das gewöhnliche Volk mit seinem Glauben an einen liebevollen, barmherzigen Gott begeistern.

Seine Zisterzienser in der weißen Kutte verbreiteten sich über ganz Europa, rodeten die Wälder, schufen Mustergüter, reformierten eine durch Ketzerei und Laxheit geschwächte Kirche und hauchten ihr neues Leben ein. Wie Franziskus von Assisi, ein anderer großer Mystiker, lebte Bernhard einer Zeit, die im Umbruch stand und von neuen Ideen erschüttert wurde, die Kraft des Glaubens vor. In den beiden so verschiedenen Gestalten – dem strengen Reformator und dem sanftmütigen Bettler – spiegelt sich das religiöse Klima, in dem der Mensch des Mittelalters schicksalsbedingt lebte. Im 12. Jahrhundert war das Leben

Der Abt mit Kirche und Stab in La Bussière-sur-Ouche in Bernhards Heimat Burgund symbolisiert den Heiligen, den Klostergründer, den Hirten der Gläubigen, die «Seele seines Jahrhunderts». Jonathan S. Blair

kurz und oft grausam – eine kurze Spanne zwischen den dunklen Geheimnissen der Geburt und des Todes. Himmel und Hölle waren Wirklichkeit, und die Menschen bangten um ihr Seelenheil.

Vom Schloßhügel über dem burgundischen Dorf Fontaine-lès-Dijon blickte ich auf die paar Häuser hinab. Vielleicht vierhundert Einwohner. Wahrscheinlich war der Ort kaum größer, als in der von einer Pfahlpalisade umgebenen Burg mit ihrer großen Halle und dem anschließenden Wohnraum dem Edelmann Tescelin und seiner Frau Alette das dritte ihrer sieben Kinder geboren wurde.

Der junge Bernhard mag zugesehen haben, wie sein Vater als getreuer Vasall des Herzogs von Burgund in den Kampf zog und wie seine Brüder sich als Vorbereitung auf ein kriegerisches Leben im Reiten, Jagen und Austeilen harter Schläge übten. Ihn hatte seine Mutter für die Kirche bestimmt und zu den Domherren in das etwa sechzig Kilometer entfernte Châtillon-sur-Seine zur Schule geschickt. Dort studierte er das *trivium* (Grammatik, Rhetorik und Logik) und begann vielleicht das *quadrivium* (Arithmetik,

Geometrie, Musiktheorie und Astronomie). Er las viel, vor allem die Bibel.

Als er ungefähr sechzehn war, fiel seine geliebte Mutter einem tödlichen Fieber zum Opfer. Die Erinnerung an ihre letzten Stunden – die um das Bett gescharte Familie, die Gebete der Priester, die immer schwächer werdenden Responsorien der Sterbenden – muß sich seinem Geist tief eingegraben haben. Später hieß es, die fromme Alette sei ihrem Sohn in Visionen erschienen und habe ihm immer wieder gesagt: «Sei ein Mann . . .»

Die nächsten paar Jahre studierte Bernhard; er fühlte sich wohl in der Gesellschaft Gleichgesinnter, und als er mit einundzwanzig Jahren erklärte, Mönch werden zu wollen, war die Überraschung nicht groß. Nur die Kirche bot einem kontemplativ Veranlagten die Möglichkeit, sich zu entfalten.

Wie zur Messe schreitende Mönche überdauern die Säulenpaare von Sénanque schweigend die Jahrhunderte. Von Zisterziensern, die Gott in der Einsamkeit suchten, im 12. Jahrhundert gegründet, steht die Abtei in einem engen Tal der Provence.

Im Kreuzgang verbrachten die Mönche Stunden mit stillem Studieren und Meditieren. Sie suchten Verbindung mit Gott durch ein Leben der Entsagung und legten Fürsprache ein für die Menschheit, indem sie den Herrn anbeteten und lobten. Und im grünen Innenhof wurden sie zur Ruhe gebettet, im Tod wie im Leben vor der sündhaften Welt bewahrt.

Walter Meayers Edwards, NGS

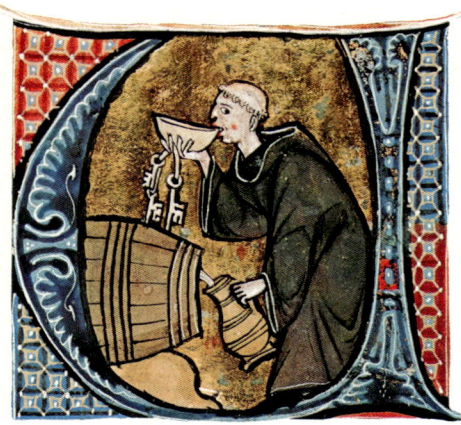

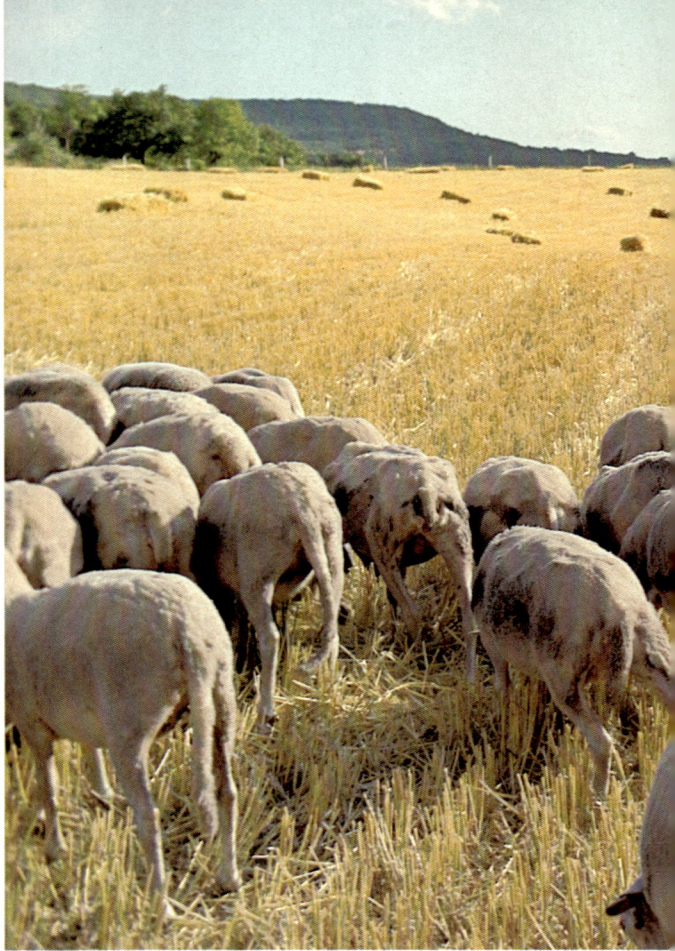

«Wer arbeitet, wie er betet, erhebt mit seinen Händen sein Herz zu Gott.» Bernhards Weisheit bestimmt das Leben eines Laienbruders, der in Aiguebelle (Dauphiné) seine Herde hütet. Seinen Brüdern im Chor schärfte Bernhard ein: «Laßt den Gesang durchdrungen sein von Ernst.» Die Zisterzienser beteten und arbeiteten unermüdlich, denn sie glaubten, Nichtstun sei ein Feind der Seele. Ihre Landwirtschaft setzte die mittelalterliche Welt in Erstaunen; Reichtum floß den Abteien zu, die ihm abgeschworen hatten.

Der heilige Benedikt, der als erster Regeln für das Klosterleben aufstellte, auferlegte den Mönchen, welche die Vorräte unter sich hatten, eine schwere Last: sie mußten Reife, Vorsicht und Enthaltsamkeit an den Tag legen. Der zechende Kellermeister (oben) ist offenbar die Ausnahme, die die Regel bestätigt.

Walter Meayers Edwards, NGS
Initial aus einem französischen Manuskript, 14. Jh.; British Museum, London

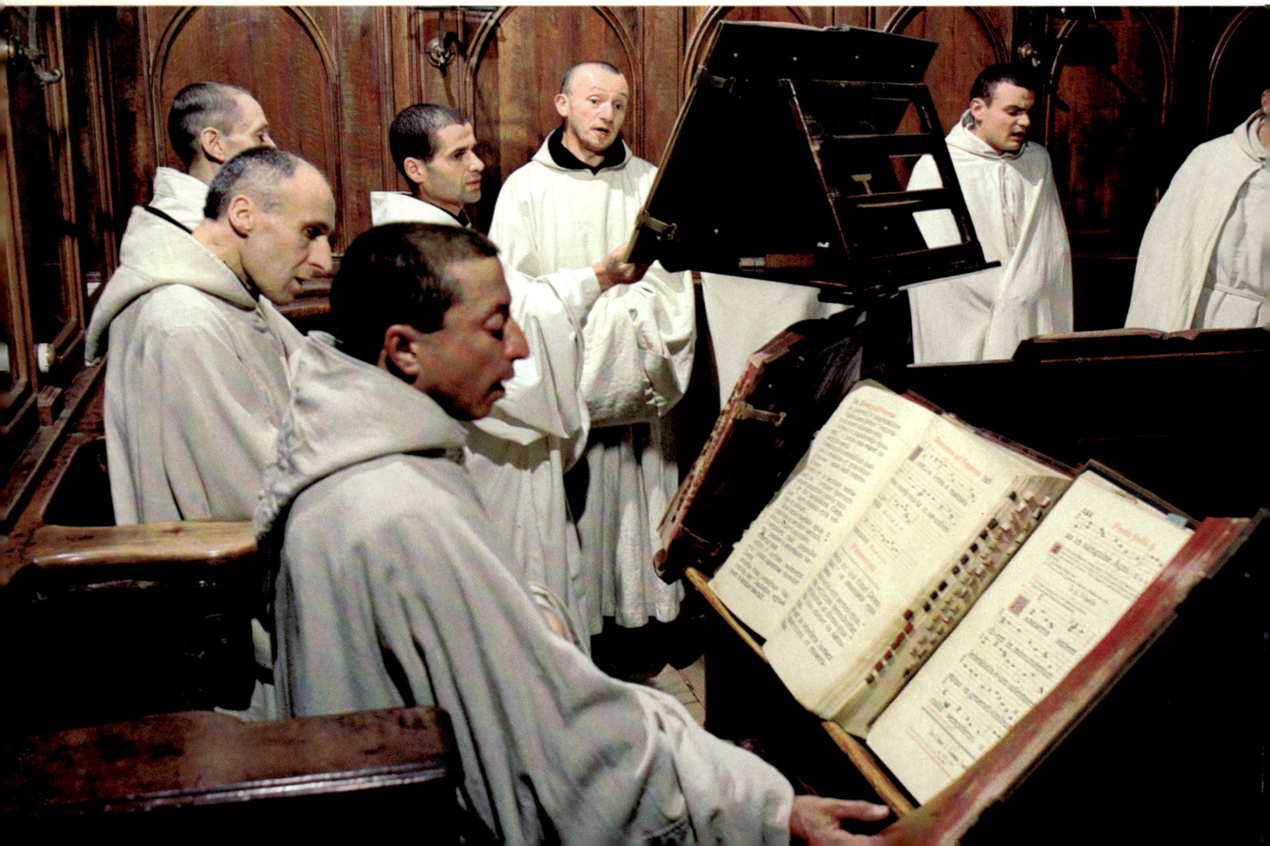

In nicht zu großer Entfernung befand sich das berühmte Kloster von Cluny, das in der Klosterreform eine führende Rolle gespielt hatte. Seine großartige Abteikirche, deren Schönheit noch heute tief beeindruckt, obwohl sie in Trümmern liegt, seine wunderbare Musik und seine zahlreichen Gottesdienste, seine in ganz Europa aufblühenden Tochterhäuser – alles zeugte von seinem Ruhm und Einfluß.

Bernhard wählte jedoch das bescheidene Kloster von Cîteaux, das vor nicht langer Zeit inmitten des Schilfrohrs – cistels – an der Saône gegründet worden war. In dieser Wildnis bemühten sich halb verhungerte Zisterzienser, gemäß der strengen Zucht der im 6. Jahrhundert vom heiligen Benedikt aufgestellten Regel zu leben und Gott anzubeten. «Ich war mir bewußt», schrieb Bernhard, «daß mein schwacher Charakter einer starken Arznei bedurfte.»

Als Freunde und Familienangehörige versuchten, ihn von seinem Vorhaben abzubringen, wurden sie im Gegenteil von seinem Eifer, seiner magnetischen Persönlichkeit und seiner Beredsamkeit angesteckt: Dreißig junge Männer, darunter vier seiner Brüder, begleiteten ihn nach Cîteaux. Ein paar verließen ihre Frauen. Sein Vater und sein jüngster Bruder folgten später nach.

Bei den «Weißen Mönchen» fand Bernhard die Arznei, die er suchte. «Sie tragen nichts, das aus Pelz oder Leinen verfertigt ist», schrieb der Chronist Wilhelm von Malmesbury, «und auch keine Hosen, außer wenn sie auf Reisen geschickt werden; bei ihrer Rückkehr waschen sie sie und geben sie zurück. Sie haben zwei Kutten mit Kapuzen, aber kein zusätzliches Gewand für den Winter ... Sie schlafen angekleidet und gegürtet, und nach der Matutin gehen sie nicht wieder zu Bett.» Die Mahlzeiten bestanden aus zwei Gerichten, und nur die Kranken bekamen Fleisch. «Sie verlassen das

Kloster nur, um zur Arbeit zu gehen, und sie sprechen auch nie . . . außer mit dem Abt oder Prior.» Diese harte Zucht entsprach Bernhards Wesen. 1115 wurde er dazu auserwählt, mit einem Dutzend Brüdern in Clairvaux in der Champagne ein neues Kloster zu gründen. Sie bauten einen Schuppen und schliefen auf dem Boden – der Abt genoß keinerlei Vorrechte.

Die Mönche aßen, was sie fanden: Buchenblätter, Wicken, Wurzeln. Bernhard war dieses rauhe Leben lieb, aber die fürchterliche Kost brachte ihn beinahe um. Er bekam ein schmerzhaftes Magenleiden, vielleicht ein Geschwür. Es wird erzählt, er habe neben seinem Stuhl ein Loch gegraben, weil er so oft erbrechen mußte. Einmal sei er so versunken gewesen in die Anbetung Christi und der Gottesmutter, daß er, in der Meinung, es sei Wasser, einen Becher voll Lampenöl ausgetrunken habe – ohne den Unterschied zu merken.

Aber Bernhards drängender Eifer konnte nicht in einem Kloster eingeschlossen bleiben. «Nichts, was Gottes Ruhm betrifft, ist mir gleichgültig.» Er begann, die Hunderte von Briefen zu schreiben, die ihn mitten auf die Bühne des europäischen Geschehens bringen sollten.

Die schwarzgekleideten Mönche von Cluny erregten sein tiefes Mißfallen. Seine Abneigung äußert sich in einem Brief, den er schrieb, nachdem die Kluniazenser seinen jungen Vetter Robert von Clairvaux weggelockt hatten. «Jedermann ergötzte sich, als wären sie Sieger, welche die Beute teilen. Lieber Herr Jesus, wieviel Mühe gaben sie sich, um eine einzige arme Seele zu verderben!» Er mißbilligte das üppige Leben, das in Cluny geführt wurde. «Findet sich die Erlösung eher in weichem Gewand und schwelgerischem Leben als in anspruchslosem Essen und bescheidener Kleidung? Wenn warme, bequeme Pelze, feines, kostbares Tuch, lange Ärmel und weite Kapuzen, elegante Bettdecken und weiche wollene Hemden einen Heiligen aus einem machen, warum zögere ich dann und folge euch nicht sofort nach? Aber diese Dinge sind ein Trost für die Schwachen. . . . Wein und Weißbrot . . . kommen dem Leib zugute, nicht der Seele. Die Seele ernährt sich nicht von dem, was aus der Bratpfanne kommt!» In einem anderen Angriff auf seine Benediktiner Rivalen tönt eine Stelle beinahe sehnsüchtig, wenn der von Schmerzen gefolterte Abt die kluniazensische Küche aufs Korn nimmt: «Wer kann

In Stein gehauene Predigten prägten den Ungebildeten die Lehren der Bibel ein, die sie nicht lesen konnten. In Autun wurde ihnen Judas' Schicksal vorgeführt (rechts). Teufel ziehen am Strang, während der Verräter seinen letzten Schrei ausstößt; der Preis seines Verrats baumelt in einer runden Börse.

Die Herzen gingen auf beim Anblick der gegenüberliegenden Szene: Maria mit dem Jesuskind auf der Flucht nach Ägypten. Die schweren Herzens waren, sahen in ihr eine sanftmütige Vermittlerin, die den Zugang zu einem furchterregenden Gott ermöglichte. Von Bernhard gefördert, breitete sich der Marienkult aus. In Frankreich wurde beinahe jede Kirche Notre Dame geweiht. Herumziehende Bildhauer schmückten manche dieser Kirchen aus, meistens anonym. Nicht so in Autun, wo eine Inschrift besagt: «Dies ist das Werk des Gislebertus.»

Bernhard verurteilte kostbaren Schmuck als Eitelkeit. «Die Kirche kleidet ihre Steine in Gold und läßt ihre Söhne nackt gehen.»

Skulpturen von Gislebertus auf Kapitellen der Kathedrale Saint-Lazare in Autun (Burgund), 12. Jh. Yan und (gegenüber) Zodiaque

Miniatur, 11. Jh.; Biblioteca Vaticana. Rechts: James P. Blair, NGS

In seiner Regel suchte der heilige Benedikt «einen gewissen Grad an Güte im Leben und einen Anfang von Heiligkeit»

Als Reichtum die Klöster zum Luxus verführte, sehnten sich Reformatoren wie Bernhard von Clairvaux nach der Strenge und Einfachheit der Regel des heiligen Benedikt, die im 6. Jahrhundert aufgestellt wurde und heute noch als Vorbild dient.

Der in Nursia, dem heutigen Nurcia, in Mittelitalien geborene Benedikt lebte in einer Welt, in der barbarische Brutalität herrschte und die Christenheit durch das Schisma entzweit war. Nur ihren Launen gehorchende Mönche zogen durchs Land. Als Zwanzigjähriger gab Benedikt seine Studien auf und floh aus Rom in eine Felsgrotte in der Nähe einer in Trümmern liegenden Villa, wo Nero einst gepraßt hatte. Drei Jahre lang betete und meditierte er, in ein härenes Hemd gekleidet, während ein Freund ihn ernährte, indem er ihm in einem Korb Brot herunterreichte.

Die Zeit ließ Benedikt andern Sinnes werden. Er verzichtete auf sein Eremitendasein und faßte seine Schüler zu einer Gemeinschaft zusammen, wo sie miteinander lernen konnten, «wie gegen den Teufel zu kämpfen ist». Sie ließen sich auf dem Monte Cassino nieder (rechts), und dort verfaßte er die Regel. Kriege verdunkeln die Geschichte des Berges; 1944 ließen die Bombenangriffe der Alliierten einen Trümmerhaufen zurück. Aber ein neues Kloster beherbergt heute den Muttersitz des Benediktinerordens.

In einer mittelalterlichen Miniatur (oben) erhebt sich das Kloster hinter Benedikt und Abt Desiderius (der zu jener Zeit noch lebte und deshalb einen viereckigen Heiligenschein trägt).

Benedikts Buch symbolisiert die Regel, die half, eine gewalttätige Zeit zu befrieden, die der Arbeit Würde verlieh und die Gelehrsamkeit achtete. Ein paar Beispiele daraus lassen einen strengen, doch barmherzigen Hirten erkennen, der nur wünscht, «jetzt zu tun, was uns in der Ewigkeit zugute kommen mag»:

Laßt niemand sich anmaßen... etwas als sein eigen zu besitzen ... denn Mönche sollten nicht einmal über ihren Leib und ihren Willen verfügen.

Mönche sollen zu allen Zeiten Schweigen üben.

[Ein Mönch] soll seinen Kopf und seine Augen immer gesenkt halten und stets über die Schuld seiner Sünden nachdenken.

Mönche sollen ... mit der größten Geduld jeder des andern Gebrechen ertragen, seien sie körperlicher oder geistiger Natur.

Wein ist kein Getränk für Mönche; aber da die Mönche heutzutage davon nicht zu überzeugen sind, so wollen wir wenigstens übereinkommen, mäßig und nicht bis zur Völlerei zu trinken.

Laßt die Kranken in den Genuß von Bädern kommen ... aber den Gesunden ... sollen sie selten zugestanden werden.

Wenn er züchtigt, soll (der Abt) mit Vorsicht und Mäßigung vorgehen, damit er in seinem Übereifer nicht das Gefäß zerbricht, wenn er den Rost entfernt.

Und der Abt soll sich klar sein, daß der Hirte verantwortlich gemacht werden wird, wenn der Vater entdeckt, daß seine Herde keinen Nutzen abwirft.

schon nur von den Eiern sagen, auf wie viele Arten sie zubereitet und schmackhaft gemacht, wie eifrig sie gerührt und verquirlt, zu Schaum geschlagen oder hart gekocht oder zerhackt, gebacken oder gebraten, gefüllt oder vermischt werden können . . . ?»

Er wandte sich voll Zorn gegen die «gewaltige Höhe eurer Kirchen, ihre unmäßige Länge, ihre überflüssige Breite, den teuren Putz, die seltsamen Schnitzereien und Bilder, die den Blick der Andächtigen auf sich ziehen und ihre Aufmerksamkeit ablenken». Und was die romanischen Skulpturen betraf: «Wozu dienen diese schmutzigen Affen, diese grimmigen Löwen . . . diese kämpfenden Ritter, diese in ihr Horn blasenden Jäger? . . . Wenn die Menschen sich schon nicht solcher Torheiten schämen, warum, um Gottes willen, schrecken sie nicht wenigstens vor den Kosten zurück?» Obwohl es in späteren Jahrhunderten anders wurde, mieden zu Bernhards Zeiten die Zisterzienser sogar steinerne Glockentürme und farbige Fenster.

Bernhards beredte Inbrunst rührte auch das Herz des berühmten Abts Suger, der der königlichen Abtei von Saint-Denis bei Paris vorstand. Obwohl er fortfuhr, seine Kirche mit prunkvollen Glasfenstern und kostbaren Gegenständen zu schmücken, gab er doch seine zahlreichen edlen Pferde und die großartigen Ställe auf, vertauschte sein geräumiges Haus gegen eine Zelle, die so klein war, daß «die Leute staunten», und verlangte von seinen Mönchen, daß sie es ihm gleichtaten. Die strenge Lebensweise der Zisterzienser blieb nicht ohne Wirkung. Marie de France, die Balladen und Fabeln verfaßte, schrieb von ihnen, sie ständen «dem Himmel am nächsten». Begeisterte junge Männer begehrten Einlaß in ihre Klöster. Mönche aus anderen Orden flüchteten nach Clairvaux. Bernhard schrieb ihren Äbten, nahm die Mönche in Schutz oder schickte sie zurück mit einem Appell «an Euer liebendes Herz für dieses Schäflein, das Eurer Herde entlaufen ist».

Bernhard, der «römische Falke», zögerte nie, sich an die Großen und Mächtigen zu wenden, um Gottes Kirche zu verteidigen. Als sich die Kardinäle 1130 zerwarfen und in regelwidrigen Wahlen zwei Päpste ernannten, bedeutete dies offensichtlich eine Gefahr für die Einheit der christlichen Welt. Empört stürzte Bernhard sich in den Streit und ergriff Partei für Innozenz II., den er als frommen und moralisch würdigen Mann schätzte, während er den Gegenpapst Anaklet II., einen schlauen Politiker, in Grund und Boden verdammte.

«Wir erwarten alle Eure Unterstützung», schrieb er dem Erzbischof von Tours, «auch wenn sie spät kommt ... Wir tadeln Euren Mangel an Eile nicht, denn er zeugt von Ernst ... Aber ich ... der ich Euer Freund bin, sage Euch: ‹Versucht nicht weiser zu sein, als es Euch geziemt.›» Frankreich stellte sich rasch hinter Innozenz II., aber Heinrich I. von England zögerte. Als er ihm auf dem Kontinent gegenübertrat, fragte Bernhard: «Habt Ihr Angst, zu sündigen, wenn Ihr Euch Innozenz unterwerft? Denkt nur an Eure anderen Sünden und überlaßt diese eine ruhig mir.» Heinrich erkannte Innozenz in Chartres an.

Der Streit endete mit Anaklets Tod im Jahr 1138. Aber der asketische Abt mit der spitzen Feder sollte die Einsamkeit, nach der er sich so sehnte, nie mehr finden. «Ich bin gezwungen, mich um Dinge zu kümmern, die meinem Seelenfrieden abträglich sind», schrieb er seinen Gefährten in Clairvaux, «und die sich vielleicht mit meiner Berufung schlecht vertragen.» Er unternahm nun ausgedehnte Reisen, schlichtete Zwistigkeiten zwischen Ludwig VII. von Frankreich und seinen Vasallen oder zwischen den Hafenstädten Genua und Pisa. Er entwarf eine Regel für die Tempelritter nach dem vom heiligen Benedikt aufgestellten Muster; sie sollten leben wie Mönche, aber mit dem Schwert die im Ersten Kreuzzug errichteten christlichen Staaten verteidigen.

Das Volk sah in ihm schon zu seinen Lebzeiten einen Heiligen, der Wunder wirken konnte, und zog scharenweise nach Clairvaux, um durch seine Berührung geheilt zu werden. Sein Gesicht erschien jetzt «blaß, ausgemergelt ... beinahe ätherisch ... so eindrucksvoll, daß sein bloßer Anblick seine Hörer überzeugte, bevor er noch ein Wort gesprochen hatte».

Bernhard lehrte, daß die der menschlichen Natur angeborene körperliche Liebe in eine erlösende Liebe, eine Leidenschaft für Christus, umgewandelt werden könne. Zuerst müßten die Menschen sich selbst kennen, dann voll Demut und Nächstenliebe zur Kenntnis Gottes fortschreiten und schließlich, wenn ihre physische Natur gebändigt sei, zur Einheit mit Gottes Geist gelangen. Von der Inbrunst seines Glaubens mitgerissen, warfen sich die Menschen auf die Knie und frohlockten mit ihm: «Mein Gott, meine Liebe, wie liebst du mich!»

Bernhard duldete keine Anfechtung dieses Glaubens, auch nicht, wenn sie vom schärfsten Verstand jener Zeit ausging. «Lest bitte das Buch von Peter Abälard, das er ein Werk der Theologie nennt ... Schaut, was er darin über die Heilige Dreieinigkeit sagt.»

Abälard wühlte seine Zeit auf, indem er alteingesessene Ideen in Frage stellte. Als Student hatte er sich in Paris in den Universalienstreit gestürzt, einen Disput, der auf Plato und Aristoteles zurückging. Sind die Dinge, die wir jeden Tag sehen, ein Stuhl oder ein Hund zum Beispiel, nur unvollkommene Abbilder vollkommener, universaler Modelle, die in Gottes Geist existieren? Die «Realisten» waren der Meinung, daß die individuellen Dinge zugrunde gingen und die Realität deshalb in den universalen Modellen zu suchen sei. Die «Nominalisten» behaupteten, ein universales Modell sei nur ein *nomen*, eine Name; die Wirklichkeit bestehe im Stuhl selber. Abälard griff mit seiner geschliffenen Rhetorik beide Parteien an. Das Allgemeine und das Einzelne bestehen beide, sagte er; unser Begriff «Stuhl» leitet sich von unserer Untersuchung einzelner Stühle ab.

In Bernhards Augen bestand Abälards große Sünde darin, dieses grelle Licht des Verstandes auch auf Glaubensdinge zu richten. «Er betrachtet den Glauben als ein privates Urteil», wetterte Bernhard, «als ob ... die Geheimnisse unseres Glaubens ungewiß mitten ... unter verschiedenen Meinungen schwebten. Ist nicht unsere Hoffnung grundlos, wenn unser Glaube in Frage gestellt werden kann?» Der stolze, ehrgeizige, selbstsichere Abälard verlangte eine öffentliche Debatte. *Fortsetzung S. 149*

Jenseits des Lärms der Welt vernehmen Männer immer noch, wie Bernhard es tat, die geheiligte Harmonie, das Versprechen des inneren Friedens im

Ruf des Klosters

Das Leben der Zisterzienser ist «ein Vorbild für alle Mönche, ein Spiegel für die Fleißigen, ein Ansporn für die Trägen»

Wilhelm von Malmesbury

In Aiguebelle, einer Abtei im Südosten Frankreichs, die einst den Besuch des heiligen Bernhard erhielt, rufen die Glocken zu den Gebetszeiten. Drei Stunden vor Tagesanbruch scheint das Läuten zur Matutin ein Echo der Worte des heiligen Benedikt: «Aufgestanden . . . denn die Schrift weckt uns.»

In den Jahrhunderten seit Bernhards Tod haben die Zisterzienser Niedergang, Verfolgung und die Versuchungen des Reichtums gekannt. Aber heute würde sich der Abt von Clairvaux wieder daheim fühlen inmitten seiner geistigen Nachkommen, die seit der Wiedererweckung des Ordens in La Trappe (Normandie) im 17. Jahrhundert Trappisten genannt werden. Schwere Arbeit, Gebet und Buße füllen ihr Leben aus.

In tiefster Nacht verlassen sie ihre harten Pritschen, eingedenk der heiligen Regel Benedikts: «Wenn sie aufstehen zum Werke Gottes, laßt sie einander sanft ermuntern, in Anbetracht der Entschuldigungen, zu denen die Schläfrigen geneigt sind.» Vom nüchternen Schlafsaal aus begeben sie sich in die Kirche zum Stundengebet.

Den ganzen Tag hindurch rufen die Glocken die schweigenden Brüder zum Gebet – bei Tagesanbruch und drei, sechs, neun Stunden später: Laudes, Tertie, Sexte, None. Gegen Abend kommt die Vesper. Und bei Einbruch der Nacht beendet die Komplet den Tag. Ehe die majestätischen Töne des gregorianischen Gesangs verklungen sind, haben die Mönche für die sechs vor ihnen liegenden Stunden Schlaf gebetet: «Vor allen bösen Träumen bewahre unsere Augen . . .»

Zum Frühstück gibt es ein Stück Brot und Kaffee. Mittags wird ein fleischloses Mahl aufgetischt (rechts), wozu die Regel bemerkt: «Das Lesen der Schrift darf nicht fehlen . . . Und laßt tiefe Stille herrschen, so daß . . . keine andere Stimme als die des Vorlesers vernommen werde.»

Die Köche wechseln nicht mehr länger ab. Thomas Merton, ein moderner Zisterzienser Autor, schreibt, es sei praktischer «und auch barmherziger gewesen, diesem wichtigen Amt . . . größere Dauerhaftigkeit zu verleihen».

Oft versammeln sich die Mönche im Kapitelhaus (folgende Seiten), um ein Kapitel aus der

Walter Meayers Edwards, NGS (S. 141–148)

«Der fünfte Grad der Demut besteht darin, daß er demütig bekenne...»

Regel des hl. Benedikt

Regel anzuhören, so daß niemand «sich auf Grund von Unwissenheit entschuldigen kann». Der Abt, auf seinem Stuhl in der Mitte sitzend, hört sich Geständnisse von Verstößen gegen die Regel an und bespricht die Angelegenheiten der Gemeinschaft.

Bei der Beichte (links) teilt ein Mönch die Bürde, die seine Seele belastet, mit einem Priester. Gewiß haben die Trappisten wenig zu beichten, denn in einem derart reinen Boden kann keine Sünde gedeihen.

Morgens und nachmittags arbeiten die Mönche auf dem Feld und in der Werkstatt, denn Benedikt betrachtete die Faulheit als Sünde. Die Früchte der frommen Arbeit sind über die Klöster hinausgedrungen. Einem Benediktiner des 16. Jahrhunderts, der mit heilkräftigen Elixiren experimentierte, verdanken wir den Bénédictine-Likör. Jede Flasche trägt die Initialen D. O. M. – «Deo Optimo Maximo» –, für Gott, den besten und größten.

Der Tag eines Zisterziensers enthält auch Stunden einsamen Studierens und Meditierens, oft im Schreibzimmer oder in der Bibliothek (unten). In solchen Räumen kopierten die Mönche des Mittelalters heilige Texte. Bernhard ermunterte sie dazu, denn «jedes Wort, das ihr schreibt, ist ein Schlag, der den Teufel trifft». Heute nehmen auch Schreibmaschinen am Kampf teil.

Jeden Tag versammeln sich diese stillen Männer, die ihr Leben Gott geweiht haben, zur Messe (rechts), um das Opfer Christi, der sich der Menschheit hingab, nachzuvollziehen.

An einem Maitag des Jahres 1140 drängte sich eine neugierige Menge in Sens, wo eine große Kathedrale langsam in gotischer Pracht gen Himmel wuchs, um dem Treffen zwischen dem römischen Falken und dem Pariser Aristoteles beizuwohnen. Auf der einen Seite saßen die Bischöfe und Äbte, ihnen gegenüber Ludwig VII. mit den Großen seines Reichs. Bernhard erhob sich, eine hagere Gestalt in einer einfachen weißen Kutte, und las in aller Hast die Stellen herunter, die er als verdammenswert erachtete. Sein heftiger Angriff ließ den Gedanken an ein Gespräch gar nicht aufkommen.

Derart überrumpelt, protestierte der Gelehrte: «Ich lehne es ab, wie ein schuldiger Schreiber verurteilt zu werden. Ich appelliere an Rom.» Auf dem Weg dorthin erfuhr er, daß der Papst seine Lehren verurteilt und ihn in ein Kloster verbannt hatte. Ein Jahr später wurde er krank, aber Bernhard soll ihn vor seinem Tod besucht und den Versöhnungskuß mit ihm getauscht haben.

Bernhards Briefe hetzten auch Abälards Schüler, Arnold von Brescia, von Land zu Land. «Der Feind Christi . . . Seine Zunge ist ein scharfes Schwert, seine Worte sind milder als Öl, aber in Wirklichkeit sind sie tödlich.» Auch Arnold wurde verurteilt und später gehängt und verbrannt. Für Bernhard und andere führende Männer der Kirche stellten ketzerische Lehren eine Gefahr dar für die unsterbliche Seele des Menschen und mußten darum schonungslos bekämpft werden.

Wenn ich Bernhard fragen könnte, was er als die Krönung seines Lebens betrachtete, würde er mir (wahrscheinlich mit einer gewissen Barschheit angesichts einer so törichten Frage) wohl von dem Tag im Jahr 1146 sprechen, als er auf dem Hügel von Vézelay zu Füßen der großartigen romanischen Basilika, in Anwesenheit Ludwigs VII., die feurige Predigt hielt, die den Anstoß zum Zweiten Kreuzzug gab. Ich kann mir die Menge vorstellen, die wie gebannt seinen Worten lauscht und dann nach vorne drängt, um mit lauten Rufen das Kreuz, das Abzeichen des Kreuzfahrers, zu fordern. Es kamen ihrer so viele, daß nicht genug Stoff da war und Bernhard seine eigene Kutte zerschnitt, um allen gerecht zu werden.

Ein Jahr lang reiste er herum, predigte und schrieb Briefe, um die nötige Unterstützung aufzutreiben. Als ein abtrünniger Zisterziensermönch den Kreuzzug zum Vorwand nahm, um im Rheinland Judenverfolgungen anzuzetteln, brandmarkte Bernhard seine «teuflische Klugheit», machte ihn ausfindig und zwang ihn, ins Kloster zurückzukehren. 1147 führten Ludwig VII. und Konrad III. von Deutschland Tausende ins Heilige Land. Die Kreuzfahrer wurden von einer Katastrophe nach der andern heimgesucht; viele wurden gefangengenommen, andere gezwungen, zum Islam überzutreten. Was für eine fürchterliche Ironie, wenn man bedenkt, daß die muselmanischen Söhne der Kreuzfahrer des Zweiten Kreuzzugs wahrscheinlich eine Generation später im Dritten Kreuzzug gegen ihre eigenen Vetter gekämpft haben.

In einem Brief Bernhards kommt die Stimmung dieser Zeit der Niederlagen deutlich zum Ausdruck. Er beklagt sich darüber, daß zurückkehrende Kreuzfahrer wieder «diese verfluchten Turniere» planen und daß zwei Adlige «übereingekommen sind, ohne jede Rücksicht auf das Gesetz einander anzugreifen und umzubringen. Man kann sich vorstellen, in welcher Geistesverfassung sie sich auf den Weg nach Jerusalem gemacht haben, wenn sie mit einer derartigen Gesinnung heimkehren!»

Bernhard versuchte, nochmals einen Kreuzzug zu organisieren, aber diesmal fand er weder beim Volk noch beim Adel ein Echo. «Schau lieber mal, ob du Kraniche melken kannst», riet ihm ein Spaßvogel.

Nachdem sein Ansehen eine solche Einbuße erlitten hatte, zog Bernhard sich ins Kloster zurück, um die letzten Monate seines Lebens als einfacher Mönch zu verbringen. «Meine einzige Freude ist, nichts zu essen», schrieb er. «Damit ich nie frei von Schmerz sei, hat mich nun sogar der Schlaf verlassen.» Der Sitte gemäß wurde in Clairvaux eine Matte auf den Boden gelegt, auf welcher der Abt seine letzte Stunde erwartete. Im August 1153 erlosch die Stimme des «honigsüßen Kirchenlehrers».

Heute steht ein Zuchthaus an der Stätte, wo sich einst Bernhards geliebtes Clairvaux erhob. Bäume zeigen an, wo die alte Abteikirche stand, Gefängniszellen ersetzen das Kloster. Aber im Mutterhaus von Cîteaux beten und arbeiten heute noch etwa siebzig Mönche. Es war ein bewegendes Erlebnis für mich, zu sehen, daß dieses große Kloster heute noch bewohnt ist und seinem ursprünglichen Zweck dient. Ich dachte an den jungen Mann, der vor so langer Zeit hierherkam. Als Bernhard hier eintrat, gab es nur ein Zisterzienserkloster. Bei seinem Tod waren es deren 343. Er hat den Weißen Mönchen zu Größe verholfen und die Kirche für die kommenden Kämpfe gefestigt. Bald sollte ein ganz verschieden gearteter Heiliger auf eine andere, subtilere Weise zu ihrer Stärkung beitragen.

1210 wurde ein junger Mann aus Assisi, Giovanni Francesco Bernardone, der Sohn eines Wollhändlers, von Papst Innozenz III. empfangen. Er war «mehr als mittelgroß» und besaß «ein zartes, gütiges Gesicht, dunkle Augen, eine weiche, wohlklingende Stim-

Der Papstpalast in Avignon erinnert an die «babylonische Gefangenschaft» der Kirche. Mit den Kaisern in den Kampf um die Vorherrschaft verstrickt, war die Kirche des Mittelalters überaus weltlich. Sie war der mächtigste Grundbesitzer der Zeit. Ihre Bischöfe waren nicht nur geistige Herrscher, sondern auch weltliche Fürsten. Der Investiturstreit ging darum, ob sie vom König oder vom Papst eingesetzt werden sollten. Die auf jedem Haushalt lastende Kirchensteuer, der Peterspfennig, entzog dem weltlichen Reich gemünztes Geld. Die Macht des Papsttums erreichte ihren Höhepunkt unter den Reformpäpsten Gregor VII. (1073–1085) und Innozenz III.

(1198–1216), die die größten Fürsten der Christenheit exkommunizierten und demütigten.

Der Tiefpunkt wurde erreicht, als die Päpste bloße Marionetten in der Hand der aufstrebenden französischen Monarchie wurden. Clemens V., ein gebürtiger Franzose, zog 1309 nach Avignon. Clemens VI. (der die Schlüssel zu St. Peter in der Hand hält, während ihm die Tiara aufgesetzt wird, links) griff tief in die päpstliche Kasse, um die Festung in einen Palast zu verwandeln. Die Rückkehr nach Rom war 1378 der Grund für das große Schisma. Gegenpäpste verfluchten sich gegenseitig, und ein dritter Anwärter trug zu dem Chaos bei. 1417 stellte ein Konzil die Einheit wieder her.

Jede Gefahr, die die «Sache Gottes» bedrohte – Häresie oder Schisma –, trieb Bernhard aus seinem Kloster heraus. «Es gibt nur eine einzige Kirche», versicherte er, «die Arche, die die Erlösung der Welt birgt.»

Walter Meayers Edwards, NGS. Ausschnitt aus einer italienischen Miniatur, 14. Jh.; Biblioteca Vaticana

me». Was er dem Papst vorschlug, war etwas umwälzend Neues: eine Bruderschaft von Mönchen, die in völliger Armut leben und ihr Heil nicht im Kloster suchen wollten, sondern in den Gassen der Städte und auf den Landstraßen, wo sie zu predigen und die Kranken zu pflegen gedachten. Papst Innozenz, der mächtigste aller Päpste des Mittelalters, war ein frommer Mann, aber er stand auch mit beiden Füßen in der Wirklichkeit. Er hatte schon viel von Franziskus gehört, und vieles davon machte ihm Sorgen . . .

Franziskus kam im Haus seines Vaters in der Nähe der Piazza del Comune zur Welt. Er lernte etwas Latein, aber die Lieder der französischen Troubadoure waren ihm bald vertrauter. Die Handelsverbindungen seines Vaters reichten über die Alpen, und zweifellos empfing er viele Besucher aus Frankreich. Die Erzählungen von Rittern und schönen

«Der heilige Franziskus entsagt der Welt» und (gegenüber) «Der heilige Franziskus predigt den Vögeln» aus der Werkstatt von Giotto, ca. 1298–1300; Basilica San Francesco, Assisi; Scala

Der sanftmütige Franziskus von Assisi verzichtet auf allen irdischen Reichtum und legt sogar seine Kleider ab (oben), um sich mit « Frau Armut » zu vermählen. Ein Freund beschwichtigt Franziskus' Vater, der in Zorn gerät, weil sein Sohn Tuch aus seinem Stofflager verkauft, um mit dem Erlös die Kirche San Damiano wieder instand zu stellen.

Nach seiner sorglosen Jugend gründete Franziskus eine Bruderschaft, die ein Leben nach dem Evangelium führen wollte. Aber seine Bettelmönche (Franziskus hoffte, seine Brüder würden « immer geringer sein als alle andern ») schlugen einen Weg ein, der von dem eines Bernhard von Clairvaux völlig abwich.

Während die Zisterzienser in stillen, wohlgeordneten Abteien zusammen lebten, zogen Franziskus und seine Bettelbrüder singend und Almosen sammelnd durchs Land und legten überall dort Hand an, wo man sie gebrauchen konnte.

Bernhard debattierte mit Königen und Kirchenfürsten; Franziskus predigte den einfachen Leuten und forderte sogar « meine kleinen Brüder, die Vögel » (links) auf, Gott zu lieben, denn « ihr säet nicht und erntet nicht, und doch erhält und ernährt er euch ».

Seine Demut, seine unschuldige Liebe zu aller Kreatur zündete ein Licht an, dessen Strahlen die Menschheit heute, Jahrhunderte später, immer noch erwärmen.

Edelfräulein machten einen tiefen Eindruck auf den Jüngling. Als 1202 die Männer von Assisi auszogen, um einen alten Streit mit den Bewohnern von Perugia auszutragen, ritt Franziskus mit, ein eleganter junger Mann « mit ritterlichen Manieren ». Assisi wurde vernichtend geschlagen; ein Dichter berichtete:

Gefallen sind die Herren von Assisi, verstümmelt ihre Glieder,
Zerstückelt und entstellt, unkenntlich selbst den Ihren,
Kein Haupt gehört mehr zu den Füßen, zerstreut sind alle
Eingeweide,
Nicht länger blickt das Auge aus der Höhle, die einst sein
Fenster war.

Franziskus überlebte das Gemetzel und verbrachte ein Jahr im Gefängnis. Noch viel später pflegte er zu sagen, «wieviel Unrecht die Männer von Perugia denen von Assisi zufügten».

Aber er faßte neuen Mut und zog wieder in den Krieg, diesmal nach Apulien. Indessen schenkte er gerade vor dem Auszug seinen kostbaren Kettenpanzer einem armen Soldaten. In der ersten Nacht darauf hatte er eine Vision, und als ein anderer Mensch kehrte er nach Assisi zurück. Er machte eine Pilgerfahrt nach Rom, und später begann er sich um die Aussätzigen zu kümmern. Als ihm eine Stimme befahl, «mein einstürzendes Haus» auszubessern, gehorchte er den Worten buchstäblich. Mit Geld, das aus dem Geschäft seines Vaters stammte, begann er drei Kirchen in Assisi instand zu setzen: San Damiano, wo er die Stimme gehört hatte, San Pietro und das Kirchlein Santa Maria della Portiuncula. Diese Aufgabe beschäftigte ihn drei Jahre.

Sein Vater war so verzweifelt, daß er seinen Sohn eine Zeitlang in Ketten legte. Schließlich wandte Franziskus sich an den Bischof, klagte seinen Vater an und berief sich statt seiner auf den «Vater im Himmel». Er gab alles auf, was er besaß, sogar

die Kleider, die er auf dem Leib trug. Und nun wanderte er umher, betete, meditierte, ohne zu wissen, was für eine Aufgabe seiner harrte.

Eines Tages hörte er in der Portiuncula einen Priester aus Matthäus 10 lesen: «Geht aber und predigt und sprecht: Das Himmelreich ist nahe herbeigekommen . . . Ihr sollt nicht Gold noch Silber, noch Erz in euren Gürteln haben, auch keine Tasche zur Wegfahrt, auch nicht zwei Röcke, keine Schuhe, auch keinen Stecken . . .» In diesen Worten fand Franziskus seine Berufung. Er zog seine Sandalen aus, warf Geldbeutel und Stock weg und begann zu predigen. Bald gesellten sich andere zu ihm; ihr Gewand war das einfache Kleid der Bauern, eine lose, ungefärbte wollene Kutte mit einer Kapuze und einem Strick als Gürtel.

Als Franziskus Roms Segen für seine Brüderschaft erbat, zögerte Papst Innozenz. Da riet der weise Kardinal von St. Sabina: «Wenn wir die Bitte dieses armen Mannes ablehnen, weil sie neu und ungewöhnlich ist, . . . nachdem er nur verlangt, daß ihm das im Evangelium vorgeschriebene Leben erlaubt werde, müssen wir uns in acht nehmen, nicht

Von dem in Gläubigkeit gehüllten Assisi aus schweift der Blick in die umbrische Hügellandschaft. Hier kam Franziskus zur Welt, und hier befindet sich sein Grab in der massiven Grab- und Klosterkirche (links vorne). Die Basilika Santa Maria degli Angeli (unten) enthält die Portiuncula-Kapelle, wo er die edle Clara willkommen hieß. Er half ihr bei der Gründung ihres Ordens der Klarissinnen in der Kirche San Damiano, wo er einst die Stimme Gottes vernommen hatte. Ihr grünender Garten (unten) erhält die Erinnerung an die Liebe lebendig, die Franziskus der Natur entgegenbrachte.

Jonathan S. Blair

Albert Moldvay, NGS

Assisi, Heimat des Franziskus

Das zeitlose Assisi bewahrt sein ruhevolles Antlitz auch hinter einer Fassade von Modernität. Straßenlaternen beleuchten Mauern, die zu der unauffälligen Kleidung der Bettelmönche passen. Autoscheinwerfer spiegeln sich in den krummen Gassen, durch die il santo vielleicht gewandert ist. Souvenirläden und Snackbars werden überflutet von den Pilgern, die seine unsterbliche Botschaft in den Heiligtümern lesen.

Wie die wilden Tiere, die sich ihm furchtlos näherten, fliegt in einem Flur der Basilika Santa Maria degli Angeli eine weiße Taube in die Arme des Heiligen. Die Legende grünt weiter in den Rosen, die aus einer nahen Laube stammen. Dort stürzte er sich nackt in die dornigen Rosenbüsche, als Satan ihn mit den Gelüsten des Fleisches in Versuchung führte.

Jetzt wachsen die Rosen ohne Dornen, und in den rot gesprenkelten Blättern sehen die Gläubigen die Spuren des Blutes eines der geliebtesten Heiligen.

gegen das Evangelium Christi zu verstoßen.» Innozenz gab nach, und Franziskus kehrte nach Assisi zurück. Es wurde ihm und seinen Mönchen erlaubt, die Portiuncula als Hauptquartier zu benutzen.

Er war ein fröhlicher Anführer. «Die Brüder sollen sich Mühe geben, nicht traurig oder verdrießlich zu wirken», schrieb er. Die Bauern nannten ihn Gottes Troubadour, denn «trunken von der Liebe und dem Erbarmen Christi» nahm er oft zwei Stöcke und gab vor, «mit einem Bogen über eine Geige zu streichen, und dazu sang er mit den entsprechenden Gebärden auf französisch von unserem Herrn Jesus Christus».

Seine Predigten machten einen tiefen Eindruck auf ein Edelfräulein, Clara Favarone. Sie sprach oft mit ihm, und schließlich legte sie gegen den Willen ihres Vaters die Gelübde ab und gründete einen Nonnenorden, die Armen Klarissinnen. Franziskus erhielt für sie die Kirche San Damiano. Sie lebten von Almosen, nähten, spannen, pflegten die Kranken. In seiner ritterlichen Art nannte Franziskus sie stets «Damen», nicht «Schwestern». Clara nannte er einfach «Christiana».

Sein Ruhm wuchs, und zahlreiche Geschichten waren über ihn im Umlauf. Die *Fioretti* erzählen, wie er den Vögeln predigte und einen großen menschenfressenden Wolf so freundlich stimmte, daß er ein zahmes Haustier der Dorfbewohner wurde.

1219 tauchte Franziskus unter den Rittern des Fünften Kreuzzugs auf, die damals nahe der Nilmündung vor Damietta lagen. Im Versuch, den Frieden herbeizuführen, durchschritt er die feindlichen Linien und wurde vor den Sultan von Ägypten, Malik al-Kamil, gebracht. Dieser, ein milder und toleranter Mann, hörte sich Franziskus' Predigten geduldig ein paar Tage lang an und schickte ihn dann zurück. Als Geschenk gab er ihm ein aus Elfenbein geschnitztes Horn mit, das heute noch in Assisi aufbewahrt wird. Franziskus hatte seine Achtung errungen, aber weder die Kreuzfahrer noch die Sarazenen waren bereit, Frieden zu schließen.

Als Franziskus nach Assisi zurückkehrte, fand er, daß unter seinen Brüdern große Unruhe herrschte. Sein Orden war zu groß, zu vielschichtig geworden. Der sanfte Mystiker verzichtete darauf, ihm weiterhin vorzustehen.

Ich fuhr von Pavia nach dem Monte La Verna, hoch oben im Apennin, wohin Franziskus sich zurückzog. Die Straße wand sich zwischen den Bergen dahin. Wie andere Pilger legte ich die letzten paar hundert Meter zur Fuß zurück. Die lang nach dem Tod des Heiligen errichteten Klostergebäude schienen beinahe verlassen; ein paar Mönche, ein paar Nonnen eilten umher. Beinahe instinktiv fand ich den Weg zu einer Kapelle, wo die Messe gelesen wurde. Eine kleine Platte bezeichnet den Ort, wo Franziskus an Händen, Füßen und in der Flanke die Wunden empfangen haben soll, die Jesus am Kreuz zugefügt wurden. Niemand vermag die Stigmatisation zufriedenstellend zu erklären. Und doch versicherten glaubwürdige Zeugen, die dabei waren, als der Leib des Heiligen nach seinem Tod untersucht wurde, sie hätten die Wundmale gesehen – schwarz, geschwollen, wie «Nagelköpfe im Fleisch».

Von Schmerzen gefoltert, verließ Franziskus seinen Berg, ritt auf einem Esel durch Umbrien, wo das Volk zusammenströmte, um ihn zu sehen und zu hören. Von Schmerzen betäubt oder tief in Meditation versunken, gewahrte er die Leute oft nicht einmal. Als seine Tage gezählt schienen, brachten ihn Gefährten nach San Damiano. Dort pflegte ihn Clara. Als er wieder etwas zu Kräften kam, baute sie ihm eine Hütte im Garten. Und jetzt, da er Erde, Sonne und Himmel nur noch wie durch einen Schleier sah, verfaßte er seinen großartigen *Sonnengesang*. Er schrieb nicht lateinisch, sondern italienisch, so wie es tagtäglich in Umbrien gesprochen wird.

Guter Herr, der Du auf Deiner Allmacht Höhe thronst,
Laß mit frommen, klaren Worten
Lob Dir, Ruhm und Ehre künden!
Eigen sind sie Dir allein, Du Allerhöchster,
Und es ist kein Mensch so würdig,
Deinen Namen nur zu nennen!

Sei gepriesen und gelobt, mein Herr,
Mit der ganzen Kreatur, die Du erschaffen,
Und vor allem mit der edlen Herrin Schwester Sonne,
Denn im Zeichen ihrer Schönheit
Steigt der volle Tag empor,
Lichterfüllt durch ihren Strahlenglanz:
Dein Symbol und Sinnbild, allerhöchster Herr!

Nicht lange danach, von Wassersucht und Leberentzündung geschwächt, ließ sich Franziskus in die Portiuncula tragen und bloß auf den Boden legen. Er wollte sterben, wie er gelebt hatte, in vollkommener Armut. Als er den Geist aufgab, schwirrten Lerchen um die kleine Kirche, erzählten die Anwesenden. Alle wußten, daß ein Heiliger sie verlassen hatte.

Bernhard von Clairvaux und Franziskus von Assisi ließen, jeder auf seine Art, die Flamme des Glaubens hell leuchten, und ihr Geist lebt fort in der Stille der Klöster und im Glockengeläute der franziskanischen Missionen auf der ganzen Welt. Ihre Orden, so wie die Benediktiner, Dominikaner, Karmeliter und andere, schickten ihre Gelehrten an die neu gegründeten Universitäten, pflegten die Kranken und begruben die Toten, und durch ihr bloßes Dasein erinnerten sie die Menschen ständig an die Liebe Gottes.

Kaum etwas drückt den inbrünstigen Glauben der Zeit besser aus als die gotischen Kathedralen, die damals in Europa errichtet wurden; ihre sich in die Höhe schwingenden Linien führen das Auge von Bogen zu Bogen, so wie die Seele stets himmelwärts strebt. Im 12. Jahrhundert begannen die Steinmetzen mit ihren Händen zu bauen, was die großen Mystiker mit ihren Worten lehrten.

Rechts: Ein mittelalterlicher Bildhauer aus Stein stützt das Tabernakel von St. Lorenz in Nürnberg; aus « The Flowering of the Middle Ages », © Thames & Hudson, London

Seine Kunst mit dem in die Höhe strebenden gotischen Geist verbindend, errichtete der Mensch des Mittelalters die steinernen Hymnen, die Gott verherrlichen und die Menschheit preisen. Ein Zeitalter der Gläubigkeit findet seinen edelsten Ausdruck im

Bau der großen Kathedralen

«Sich vor dem Auge empor-schwingend... eine gewaltige Symphonie aus Stein» *Victor Hugo*

Sie steht auf einer Insel, wo die Seine mitten durch das pulsierende Herz von Paris fließt: Notre-Dame. In Licht gebadete Spitztürme und Strebepfeiler drücken den inbrünstigen Glauben aus, der sie vor 800 Jahren schuf.

In jedem Stein spiegelte sich in dem «erhabenen und majestätischen Bau» das Erstarken der Dynastie der Kapetinger (Nachfolger der Karolinger), die im Zeitalter der Kreuzzüge, des Aufblühens der Städte und des Handels das Gebiet rings um Paris längst überschritten hatte und die französische Nation schuf.

Um die Jahrtausendwende erfuhr Nordwesteuropa ein Neuerwachen des Geistes und der Architektur. Ein Mönch, der das Jahr 1000 erlebte, schrieb: «Es war, als ob die ganze Erde das alte Kleid abgeworfen hätte . . . und sich nun überall in das weiße Gewand der Kirche hüllte.»

Die Gesellschaft drückte diesen Eifer in einem «morbus aedificandi» aus, einem Baufieber – zuerst im erdgebundenen romanischen Stil,

dann in einer kühnen Architektur, die, wie Henry Adams sagt, «den Anschein erweckt, als schleudere sie ihre Leidenschaft dem Himmel entgegen». Zwischen 1170 und 1270 wurden allein in Frankreich achtzig Kathedralen in dem neuen Stil gebaut, den die Renaissancearchitekten später als «gotisch» abtaten, d. h. als grob und barbarisch.

Grob? Säulen erheben sich zu atemberaubender Höhe und entfalten sich dann, um schwingende Gewölbe zu stützen.

Barbarisch? Spitzbögen, die an gefaltete Hände gemahnen, scheinen den Himmel anzuflehen.

Jede Kathedrale zog als Sitz des Bischofs («cathedra») das wogende Leben der Gemeinschaft an. Ihre bronzenen Glocken riefen das Volk zur Andacht, zu Hochzeiten, zu Festen, die Abwechslung brachten in den mühevollen Alltag. Als ordnender Mittelpunkt in einer chaotischen Zeit hieß die Kirche die Vereinbarungen zwischen Kaufleuten gut und prüfte die Edikte der Könige. Als Lehrer, Kindermädchen und Vormund des mittelalterlichen Menschen wachte sie von der Wiege bis zum Grab über ihn und verhieß ihm das ewige Leben.

Bruce Dale, NGS

Gott ist das Licht,

sagt die Heilige Schrift, und die gotischen Baumeister verschmolzen beides in einer neuen,
dem Glauben entsprungenen Kunstform. Ihren
hochragenden Gewölben und ihren Spitzbögen
genügten schlanke Säulen und äußere Strebepfeiler, sie brauchten die dicken Mauern nicht,
auf die sich die romanischen Bögen stützten. So
erhellten große Fenster die gotischen Kathedralen; sie wurden ausgefüllt von strahlenden
Szenen, die den Betrachter in Ehrfurcht versetzten und ihn zugleich belehrten. Wenn er
den Blick hob, sah er wohlbekannte biblische
Geschichten und sogar Einzelheiten aus seinem
Leben wie die Ernteszene über dem West-
portal von Notre-Dame.

Abt Suger von Saint-Denis, der dem gotischen
Stil zum Durchbruch verhalf, als er 1140 den
Chor seiner Königskirche neu baute, hält fest,
daß «in unserem Auftrag eine prächtige Vielzahl neuer Fenster von den äußerst geschickten
Händen vieler Meister aus verschiedenen Lan-
desteilen gemalt wurden». Die Kunst nahm in
den Kirchenschiffen des 12. und 13. Jahrhunderts
ihren Anfang und erblühte zu ihrer vollen
Pracht in den Fensterrosen; die im nördlichen
Querschiff von Notre-Dame (unten) ist seit 1255
unversehrt erhalten. Die Franzosen zerlegten
sie in ihre Einzelteile und brachten sie während
zweier Weltkriege in sichere Verwahrung. Im
Kelch dieses rund dreizehn Meter hohen steinernen Netzwerks leuchten Maria und das Jesuskind, während die Blütenblätter Gestalten aus
dem Alten Testament abbilden; darunter stehen
in einer Reihe achtzehn Könige Judäas, Vorfahren Marias.

Zu einer Zeit, da nur wenige sich Glasfenster
in ihren Privathäusern leisten konnten, wett-
eiferten die Zünfte der Schuhmacher, der Gerber
und der Kürschner miteinander, den Gotteshäusern prächtige Fenster zu stiften. Der Auftraggeber wählte ein Thema und hieß einen
Entwurf gut. Dann stellte der Glaser ein Muster
her, in dem angegeben war, in welchen Formen
die verschiedenen Farben auszuschneiden
waren. Große Glasscheiben wurden gefärbt,
indem man Metalloxyde in die geschmolzene
Masse mischte – Kobalt für Blau, Kupfer oder
Gold für Rot, Eisen für Gelb –, und daraus wurden dann mit einem heißen Eisen die benötigten
Teile herausgeschnitten. Handwerker malten die
Einzelheiten und die Schatten darauf und brann-
ten sie dann im Ofen. Darauf wurden die einzelnen Stücke mittels gekehlter Bleiruten zusam-
mengefügt. Ein Glasmaler in Reims (oben)
verwendet heute noch die gleiche Technik, um
ein Fenster zu restaurieren.

Bruce Dale, NGS, und (oben) Jonathan S. Blair

«Die Menschheit
hat nichts
Bedeutendes
gedacht, das sie
nicht in Stein
geschrieben hätte»

Victor Hugo

Böses brütend sitzen sie längs der Galerie auf
der Fassade von Notre-Dame – Dutzende von
grotesken Figuren, teils Tier, teils Vogel, teils
menschliches Scheusal. Sie wurden aus der
Kathedrale vertrieben, sagt die Legende, als die
Gottesmutter einzog. Kein Wunder, daß sie so
böse auf die Dächer von Paris blicken!

   Obwohl es sich um Kopien handelt, die die
verwitterten Originale ersetzen, zeigen sie das
Können und den Einfallsreichtum, mit dem die
Bildhauer die Kirchen ausschmückten. Sie verwandelten Regentraufen in gähnende Wasser-
speier (unten), die vor bösen Geistern behüten.
Und in den Gestalten, die aus den Portalsäulen
von Chartres (gegenüber) herauswachsen, ver-
körperten sie eine Anmut und einen Adel, die
uns über die Jahrhunderte hinweg ergreifen.

   In ihrem gemeißelten Katechismus gehorchten
die Bildhauer strengen Regeln. Gott, Engel und
die Apostel sind barfuß, andere Heilige tragen
Schuhe. Paulus muß eine Glatze und einen
langen Bart haben. Petrus ist immer mit einer
Tonsur, lockigem Haar und einem kurzen Bart
abgebildet. Das Jesuskind muß auf einem Altar
liegen. Die Heiligen Drei Könige stellen die

Jugend, die Reife und das Alter dar. In der
Kreuzigungsszene steht Maria rechts vom Kreuz,
Johannes links. Eine Auferstehung zeigt Jesus
immer mit dem Kreuz in der Hand vor einem
offenen Grab. Juden tragen unweigerlich einen
kegelförmigen Hut.

   Das Nordportal einer Kathedrale, das sich auf
Kälte und Düsternis öffnet, stellt gewöhnlich das
Alte Testament dar, während das von der Sonne
erwärmte Südportal dem Neuen Testament
gewidmet ist. Auf der Westfassade, der untergehenden Sonne gegenüber, findet sich oft das
Jüngste Gericht. Die Erlösten steigen triumphierend ins Paradies empor; die Verdammten
schrecken vor den folternden Teufeln, Kröten
und Schlangen zurück und stürzen sich windend
in den Schlund der Hölle.

   Von Geistlichen erdacht, waren diese stum-
men Dramen das Werk der Bildhauer. Sie
stammten aus den Reihen der Steinmetzen, der
Elite der Handwerker des Mittelalters. Alle
hatten sie eine siebenjährige Lehrzeit durchgemacht und gehörten einer Bauhütte an, wo sie
in einem Schuppen ihr Mittagsschläfchen hielten
und ihre Nachmittagspause verbrachten. Hier
bewahrten sie auch ihre Werkzeuge auf: Meißel,
Hammer, Zeichenbrett.

   Ein symbolisches Paar Handschuhe verriet,
daß der Baumeister – der Architekt des Mittelalters – selber ein Steinmetz war. Außer seinem
Lohn mochte er ein Haus, ein Stück Land und
eine Rente bekommen. Er genoß großes Ansehen.

   Seine Werke erwecken die Bewunderung des
Betrachters von heute, so wie sie die des Pilgers
von damals erregten.

*Seit tausend Jahren zieht das prachtvolle
Heiligtum des Apostels Jakobus in einem
entlegenen Winkel Spaniens die Gläubigen
an wie ein Magnet. Mit Michael Kuh
begeben wir uns auf eine*

WALLFAHRT
NACH
COMPOSTELA

Der Zug der Pilger, mit denen zusammen ich Schlange stehe, streckt sich siebzig Meter weit in das dunkle Gewölbe der großen Kathedrale von Santiago, während die Franzosen, Spanier, Deutschen, Portugiesen, Japaner und wer immer noch sich vor mir befindet, Zentimeter um Zentimeter gegen die Treppe hinter dem Altar vorrückt. Der Duft der Kerzen und des Weihrauchs erfüllt das achthundert Jahre alte Kirchenschiff. Heute ist der 25. Juli, Sankt Jakobi. Draußen auf dem großen Platz krachen die Raketen. Wir vernehmen ihr Gebummer nur schwach, als wären wir Fische in einem Aquarium.

Endlich betritt mein Fuß die erste der fünfzehn Stufen, und fünf Minuten später umarmt der französische Priester vor mir den silbernen Rücken des heiligen Jakobus, wie es der Brauch will. *« Merci, saint Jacques »*, flüstert er in ein Ohr aus Granit und bringt dann die Bitte vor, die ihn durch zwei Länder und zwanzig Jahrhunderte hierhergeführt hat. Nun ist die Reihe an mir. Ich habe kein besonderes Anliegen, aber mein Herz weitet sich seltsam, während ich den mit Edelsteinen besetzten Mantel des Heiligen berühre.

Wer bist du, heiliger Jakobus, und wie kamst du aus dem fernen Galiläa hierher? Wie hast du den Weg gefunden in diesen westlichen Zipfel Europas, wo nach der Auffassung

«Jakobus, dein dir eigenes Galizien,
berühmt für seinen Ruhmespfad,
auf dem mit müden Füßen die Menge wandert»

Codex Calixtinus

Tausend Jahre lang haben Pilger Spaniens Schutzheiligen besungen, dessen Heiligtum mit Rom und Jerusalem zu den bedeutendsten der Christenheit gehörte. Ihr Gesang lebt fort im Codex Calixtinus, *einem Reiseführer aus dem 12. Jahrhundert, der die herkömmliche Wallfahrt von Frankreich aus beschreibt. In Rocamadour zündet der Autor eine Kerze in einem sternförmigen Leuchter an. Der Gläubige erinnert sich an den Stern, der im 9. Jahrhundert die Grabsucher zu den Überresten des Apostels führte; seine Erscheinung führte christliche Armeen gegen die Mauren an. Mit der Zeit kamen jährlich eine halbe Million Pilger nach Compostela, unter ihnen El Cid, der spanische Held des 11. Jahrhunderts, und im 20. Jahrhundert der zukünftige Papst Johannes XXIII. Alter, Krankheiten, verseuchtes Wasser und Räuber forderten ihren Tribut. «Lieber pilgere ich fünfmal nach Rom», schrieb ein Wallfahrer, «als einmal nach Compostela.»*

Santiago de Compostela

Lugo

GALIZIEN

Vorhergehende Seite: Feuerwerk erfüllt den Himmel über der Kathedrale von Santiago de Compostela am Vorabend von Sankt Jakobi; Michael Kuh (auch oben). Karte von Betty Cloninger, NGS

der Menschen des Mittelalters die Erde aufhörte und ein unendlicher Ozean voller böswilliger Geister begann? Darauf gibt es keine sicheren Antworten; Überlieferung und Glaube nehmen den Faden der Geschichte dort auf, wo die Bibel verstummt.

Das Evangelium berichtet, daß Jakobus zu den galiläischen Fischern gehörte, die Christus zu «Menschenfischern» machte. Er war Zeuge von Christi Verklärung und seines Ringens in Gethsemane und der erste der zwölf Apostel, der den Märtyrertod erlitt. Laut der Überlieferung soll er weit herumgereist sein, im ganzen römischen Hispanien Gottes Wort gepredigt haben, um dann nach Jerusalem zurückzukehren, wo er hingerichtet wurde. Ein Wunder erlaubte seinen Jüngern, in einer siebentägigen Reise seinen Leichnam nach Galizien zu bringen, in die Nähe des heutigen Santiago de Compostela. Die Geschichte dieser Reise wird im *Codex Calixtinus* erzählt, einer seinem Kult geweihten Sammlung aus dem 12. Jahrhundert, die nach Papst Calixtus II. benannt ist. Sie enthält Hymnen, Anleitungen und Ratschläge für französische Pilger, die sich nach Compostela begeben wollten.

Im Café Avenida sitze ich bei Kaffee und *coñac* mit Abelardo Moralejo zusammen, einem Lateinprofessor und ehemaligem Vizerektor der Universität Santiago. Er hat den

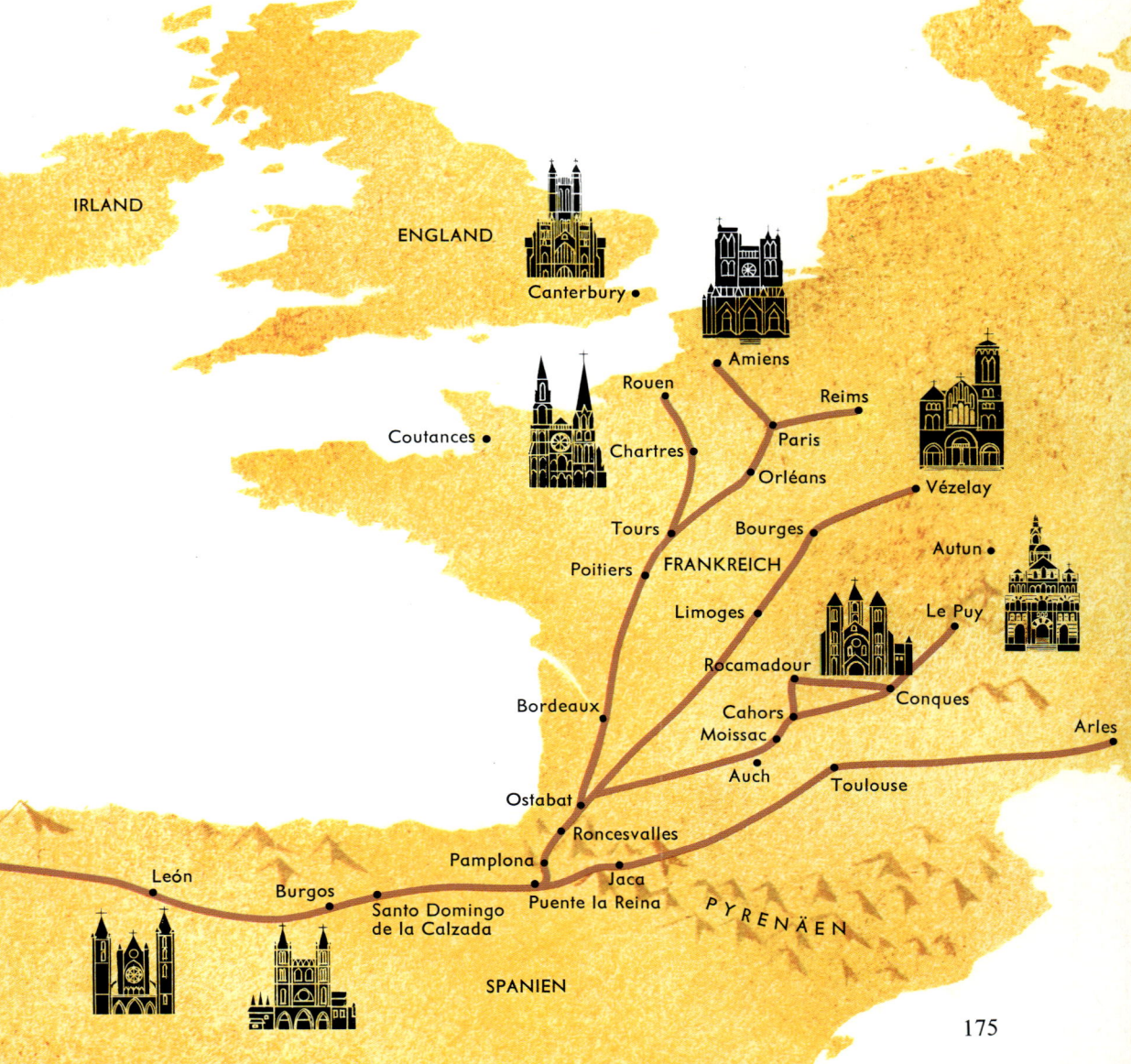

Codex auf spanisch übersetzt und ist daher wie kein zweiter berufen, Auskunft zu geben über die Rückkehr des Apostels nach Spanien. «Es geht hier nicht um gelehrte Fragen», sagt er, «aber die Geschichte ist ziemlich klar. Nach ihrer Landung wurden die Jünger hier, in der Nähe dieses Cafés, von einer Dame namens Lupa empfangen, einer Art Ortskönigin, die ihnen erlaubte, die Gebeine des Apostels zu beerdigen und sein Grab kenntlich zu machen. Dann weiß man achthundert Jahre lang nichts. Im 9. Jahrhundert wurde das Grab wieder entdeckt. Bevor dreihundert Jahre verstrichen waren, wurde mit dem Bau der heutigen Kathedrale begonnen. Aus allen Himmelsrichtungen fingen die Pilger an herbeizuströmen. Könige und Königinnen, Ritter und Heilige, Handwerker und Kaufleute – alle Gläubigen einer frommen Zeit drängten sich auf den Wegen, die nach Santiago führten. Und diese Straße wurde so bedeutsam, daß wir Spanier heute noch das, was Sie als Milchstraße bezeichnen, *El Camino de Santiago* nennen. Drei Ziele zogen die Wallfahrer des Mittelalters an: das Heilige Land, eine lange, beschwerliche, teure und gefährliche Reise; Rom, ein gewaltiger Magnet, aber vielleicht ein bißchen zu wenig von Geheimnis umwoben; und Santiago de Compostela, nicht so weit entfernt wie Jerusalem und doch romantischer als Rom, denn es lag am Rand von Europa. Dieser Hauch von

Romantik, diese Mischung von Glauben und Abenteuer vermag vielleicht am besten zu erklären, warum die Wallfahrt hierher im Mittelalter ein Muß war und selbst heute noch nicht bloß zum Vergnügen unternommen wird.»

Eine Wallfahrt nach Santiago verschaffte Universitätsprofessoren ein Freijahr, Sündern die Absolution, Schuldnern eine verlängerte Zahlungsfrist. Bei ihrer Rückkehr trugen sie auf dem Hut oder am Mantel eine Jakobsmuschel zum Zeichen einer erfolgreichen Wallfahrt und als Erinnerung an die wunderwirkende Macht des heiligen Jakobus. Es wird erzählt, daß ein hiesiger Reiter von den Fluten verschlungen wurde, als er den Strand entlang zu seiner Hochzeit ritt. Als die Braut den heiligen Jakobus um Hilfe anrief, tauchte der Bräutigam, geschmückt mit Jakobsmuscheln, wieder auf.

«Unser Muschelabzeichen», sagte Professor Moralejo, «machte die Menschen stolz auf sich selber, denn sie hatten ein geistiges Ziel körperlich erreicht. Diese Verbindung verlieh ihnen den psychologischen Antrieb, der uns heute leider meistens fehlt.»

«Wie recht Sie haben», sagte ich zu mir selber und dachte an die rastlose Sehnsucht, die mich siebzehn Jahre zuvor bewogen hatte, New York zu verlassen und die Stille und Schönheit Europas aufzusuchen. Auch ich hatte Augenblicke der Erfüllung, der geistigen

Vom Regen gewaschen, von einem Regenbogen gesegnet, reckt Le Puy (der Gipfel) seine vulkanischen und von Menschenhand geschaffenen Spitzen gen Himmel. Hier versammelten sich die Pilger, beteten in der Kathedrale Notre-Dame (rechte Bildhälfte) vor der «Schwarzen Madonna», einer Statue, die Ludwig IX. von einem Kreuzzug mitgebracht haben soll. In der Französischen Revolution wurde sie verbrannt und später durch eine Kopie ersetzt. Eine riesengroße Madonna (links), die aus dem Erz von im Krimkrieg erbeuteten Kanonen gegossen wurde, winkt heute von ferne.

Dean Conger, NGS

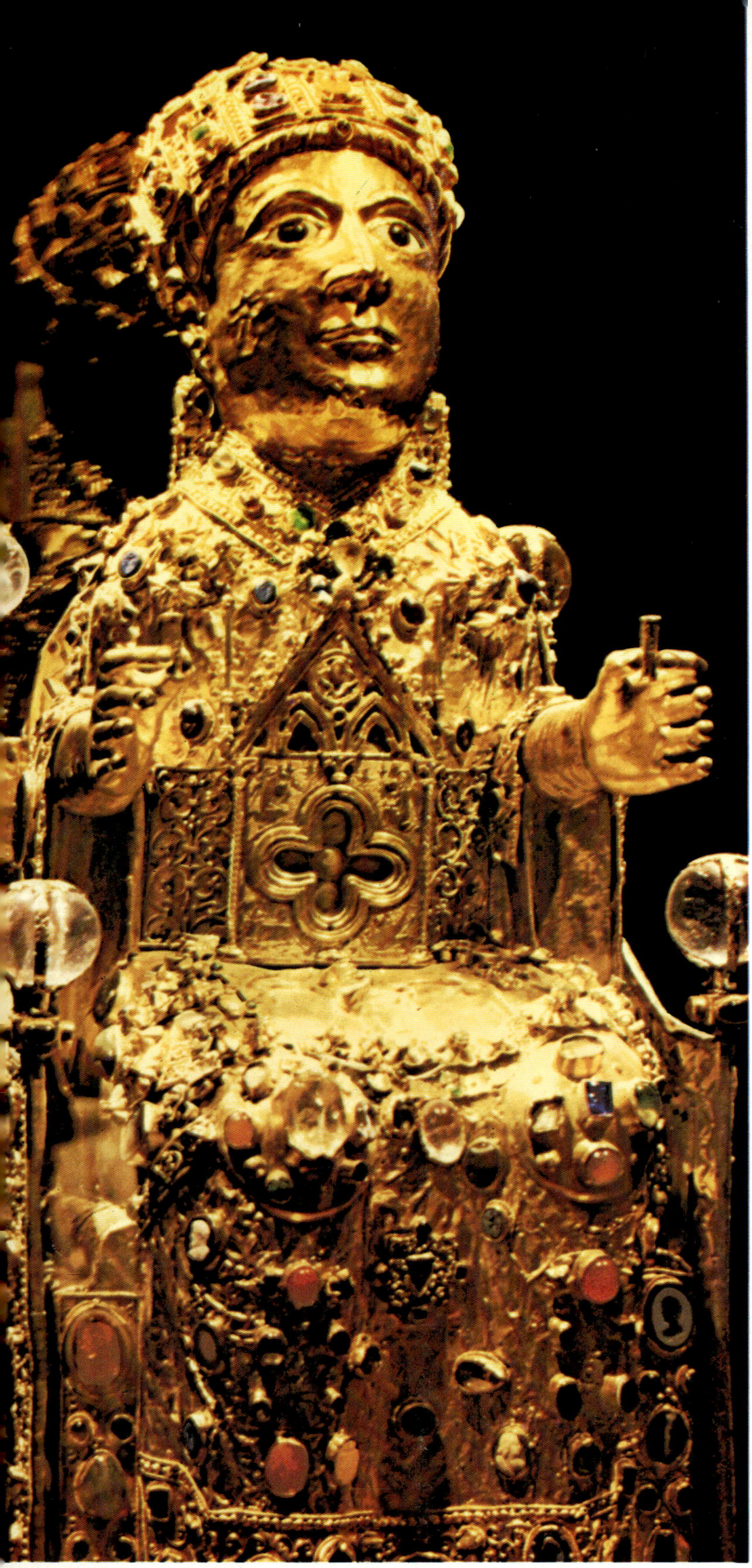

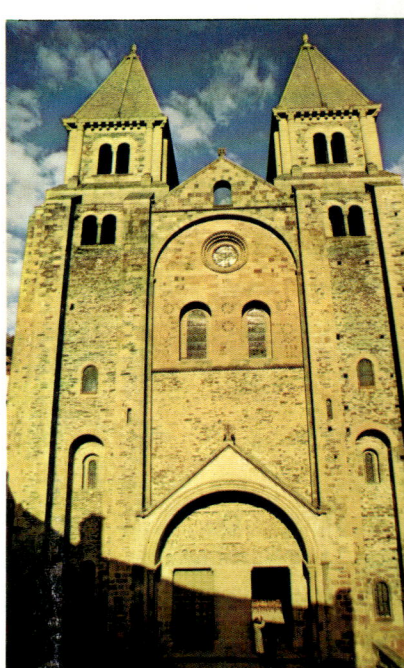

Sainte-Foy mit ihrem goldenen Antlitz lockte Pilger nach Conques und seiner prachtvollen Abtei.

Eine vergoldete, mit kostbaren Edelsteinen besetzte Statue enthält den Schädel der Patriziertochter, die während der letzten römischen Christenverfolgung in Gallien für ihren Glauben starb. Die Legende berichtet, daß sie auf einem leichtfüßigen Pferd herumritt, von Zimbeln und Flötenmusik begleitet, und die Wunder wirkte, um die die Pilger baten.

Reliquien stärkten den Glauben. Die Menschen legten Gelübde auf sie ab, suchten dank ihnen Krankheiten zu heilen, den bösen Blick abzuwenden, eine Seuche aufzuhalten, eine gute Ernte zu gewährleisten. Sie waren hoch geschätzt (venezianische Händler zahlten dem König von Jerusalem 20000 Goldmünzen für ein neu entdecktes Stück des Wahren Kreuzes) und wurden oft in kostbaren Schreinen aufbewahrt. Ludwig IX. baute eine ganze Kirche, die prachtvolle Sainte-Chapelle in Paris, um einen Dorn von Christi Krone würdig unterzubringen.

Die romanische Kirche Sainte-Foy (unten) wurde im 11. Jahrhundert erbaut. Ihre Stufen, auf die ein Geistlicher seinen Religionsunterricht verlegt hat, werden heute noch von Pilgern betreten, die nach Santiago wallfahren und hier haltmachen, um die «vielen Gnaden» der Heiligen zu erbitten.

Walter Meayers Edwards, NGS (oben) und Michael Kuh

Freude gekannt: die Nachtigall im mondbeglänzten Zitronenbaum, die mit ihrem Singen das Tosen des Bachs einer maurischen Mühle übertönte; die Brachvögel, die damals in Irland hinter den Regenbogen von Connemara in der nebelverhüllten Einsamkeit pfiffen; die Rebhühner, die ich in der Morgendämmerung in Andalusiens Bergen überraschte; das Klappern der Störche auf kastilischen Kirchtürmen.

Mein Beschluß, die Wallfahrt nach Compostela zu unternehmen, entsprang einem Augenblick der Selbsterkenntnis. Unter den herkömmlichen Wallfahrtsstraßen hatte ich die gewählt, die von den vulkanischen Felsen der Auvergne durch Südfrankreich zu den Pyrenäen führt. Als ich im abgelegenen Tal von Conques die steile, gepflasterte Rue Charlemagne erklomm und zum erstenmal die rötlich-goldenen romanischen Türme der Kathedrale Sainte-Foy erblickte, vermeinte ich die Pilger zu sehen, die durch die Jahrhunderte diesen Weg gegangen waren, in einen weiten Mantel gehüllt, Sandalen und einen vorn aufgeschlagenen breitkrempigen Hut tragend, einen Stab in der Hand, an dem die Kürbisflasche baumelte.

Wie kam es, daß Conques, das in der Geschichte nie eine Rolle gespielt hat, seit vor 1600 Jahren die ersten Einsiedler hierher kamen, um in frommer Einsamkeit zu meditieren, von keinem Pilger übergangen werden durfte, der im Mittelalter nach Spanien zog? Ich sprach mit Pater Camuls, einem der Priester, der die Kirche und den juwelengeschmückten Reliquienschrein von Sainte-Foy betreut. Nach einem guten, würdig begossenen Mahl berichtete mir Pater Camuls, der die Kunst des Erzählens vollendet beherrscht und das ist, was man sich unter einem gemütlichen Mönch vorstellt, daß Conques am Anfang nur eine unwichtige Etappe war – «évidemment, es war nichts da, was die Leute angezogen hätte».

Da dachte einer der Mönche in Conques an die Jungfrau, die den Märtyrertod für ihren christlichen Glauben – la foi – gestorben war und deren hohe Verehrung genießende Überreste sich in der nicht allzu fernen Stadt Agen befanden. «Gedacht, getan», fuhr Pater Camuls fort, «obwohl diese Tat zehn Jahre Geduld erforderte. Dieser Mönch trat der Gemeinschaft von Agen bei und betrug sich so vorbildlich, daß er nach zehn Jahren zum Hüter des Grabs von Sainte-Foy ernannt wurde. Und eines Nachts, als die Brüder schliefen, packte der schlaue Kumpan die heiligen Reliquien zusammen und machte sich

Wie im Mittelalter ist heute noch der Viehmarkt einer der Höhepunkte in dem einsamen Leben der Bauern.

Die Pilger wußten, was es auf den von den Römern in Gallien eingeführten und von Karl dem Großen zu neuem Leben erweckten Märkten zu sehen und zu hören gab. In dem in der Nähe von Conques gelegenen Saint-Christophe-Vallon treffen sich die Bauern am 21. jedes Monats zum Viehmarkt. Die Baskenmützen tragenden Männer tasten die Tiere prüfend ab, rechnen, schlagen einen Preis vor. «Bei allen Heiligen – kein anderer wird dir so viel dafür geben wie ich», pflegten die Betrüger des Mittelalters dem Verkäufer zu versichern. Wenn dann ein Spießgeselle ein niedrigeres Angebot machte, verkauften die naiven Bauern sofort dem Höherbietenden.

Ganz früher wurden Märkte zuweilen in Friedhöfen oder neben einer Kirche abgehalten in der Hoffnung, die Heiligkeit des Ortes werde die Händler am Raufen hindern. Heute feilschen Verkäufer und Käufer immer noch Auge in Auge (gegenüber), beschließen den Handel mit einem Kopfnicken und stärken sich dann bei einem Glas Wein, während Mutter schwatzt.

Michael Kuh

aus dem Staub. Natürlich gab's einen Riesenskandal, und die Leute von Agen durchsuchten die ganze Umgebung, aber der Mönch und seine heilige Beute gelangten sicher nach Conques. Und seither besitzen wir, Gott sei gelobt, die Reliquien.

Als es dann bekannt wurde, daß Sainte-Foy sich in Conques befand, strömten die Pilger in Scharen herbei und *tout le monde était enchanté,* außer den Bewohnern von Agen, die noch heute, nach mehr als tausend Jahren, etwas sauer sind.»

Darauf tranken wir ein Glas Rosé und betrachteten noch einmal die über dem Portal in Stein gemeißelte Darstellung von Himmel und Hölle, bis eine Schar Kinder auf den Platz stürmte und herumtollte, ehe sie sich endlich auf die Kirchenstufen setzte und eine Religionsstunde über sich ergehen ließ. Pater Camuls zeigte sich ihrem Unfug und ihren Fehlern gegenüber genauso nachsichtig wie gegenüber dem begehrlichen Mönch und seinem «frommen» Diebstahl der heiligen Gebeine.

In Saint-Christophe-Vallon fand gerade der monatliche Viehmarkt statt. Während ich durch das Gedränge der feilschenden Bauern spazierte, ihrem bedächtigen Dialekt zuhörte und sah, wie sie dabei brüllende Kälber betasteten und beklopften, schien mir, ich sei in das Frankreich des 12. Jahrhunderts zurückversetzt, so wie Aymery Picaud es beschrieb, der redegewandte Geistliche aus Poitiers, dem wir einen Großteil des *Codex Calixtinus* verdanken. Picaud spricht voll Stolz von seinem lieblichen Frankreich, wo Wein, Essen und Wasser vortrefflich und reichlich waren. Und ich sah die Bestätigung seiner Versicherungen in goldbraunen Kälbern, dem bernsteinfarbenen Wein der Auvergne und dem herzhaften Lachen der rotbackigen Dörfler in ihren dunkelblauen Baumwollkitteln.

Nach der Gemütlichkeit von Saint-Christophe scheint Rocamadour inmitten seiner strengen Felsen doppelt einschüchternd. Wohl erklimmen die Pilger heutzutage nicht mehr auf den Knien die beklemmend hohe Büßertreppe – aber Rocamadour ist ein Heiligtum, und überall auf der Welt sprechen die heiligen Stätten die gleiche Sprache. Sie sprechen von Opfer und Gläubigkeit, sie lassen einen die Stimme senken, während das Herz höher schlägt. Marmortafeln bilden ein ganzes Mosaik der Dankbarkeit jener, deren Hoffnungen erfüllt wurden. Als ich die Exvoten bei der Marienkapelle las, kam eine Schar englischer Pilger an. Ihr Reiseführer, ein Laie, erzählte mir, daß er vor ein paar Jahren hier Zeuge eines Wunders gewesen sei.

«Die ungefähr dreißigjährige Engländerin litt an vorgeschrittener Tuberkulose im linken Bein», erklärte er mir. «Sie konnte kaum noch humpeln. Kein Arzt vermochte ihr zu helfen. Sie kam hierher nach Rocamadour und betete um Heilung. Und als sie die Kapelle verließ, war sie so gesund wie Sie und ich. Die Frau kommt jedes Jahr, um zu danken.»

Auf einer lieblichen alten Straße längs des Lot nähere ich mich Cahors. Für die Pilger des Mittelalters waren die Flüsse, Ströme und Brunnen gleichsam, was heute die Tankstellen sind. Nichts war köstlicher, als nach einem Tagesmarsch von 15 oder

Michael Kuh

«Gascogne...
reich an Wäldern...
Flüssen und lauteren
Quellen» *Codex Calixtinus*

Die wehrhafte und doch anmutige Valentré-Brücke aus dem 14. Jahrhundert brachte die Pilger über den Lot, auf dem Weg von Cahors in die Gascogne. In der Abtei von Moissac ruhten sie sich wie der heutige Pilger (gegenüber) zwischen den Säulen des Kreuzgangs aus. Wenn sie die Garonne überschritten hatten, machten sie Bekanntschaft mit den Gascognen: «Geschwätzig, zynisch, geil, trinklustig, gefräßig und zerlumpt» – aber tapfere Kämpfer und «bemerkenswert gastfreundlich». Die Gläubigkeit der Gascognen lebt fort in der von Heiligen auf Renaissancefenstern bewachten Kathedrale von Auch.

25 Kilometern ein Bad zu nehmen und nach Herzenslust seinen Durst zu löschen.

Ein geradezu kitschiger Sonnenuntergang verklärt das schmale, menschenleere Sträßchen, das sich Cahors entgegenschlängelt. Und plötzlich tauchen Lichter auf und eine Brücke, unter der im Licht der Straßenlaternen ein paar Einwohner der Stadt auf den sandigen Wegen mit Begeisterung *boule* spielen. Ein kleiner, glatzköpfiger Mann ist unbesiegbar – er trifft kein einziges Mal daneben!

Im 13. Jahrhundert war Cahors, was Zürich heute ist – ein Finanzzentrum Europas. Päpste und Könige schickten Abgesandte in die Stadt, um Geld zu leihen. Der Niedergang setzte ein, als 1453 der Hundertjährige Krieg zu Ende ging und Frankreich bankrott war. Seither bestehen Cahors' Anziehungspunkte in seinem guten Rotwein und im Pont Valentré, der turmbewehrten Brücke über den Lot. Ich schlürfe den ersteren und photographiere die letztere. Beide sind herrlich, besonders die Brücke, die nachts einen goldenen Bogen mittelalterlicher Romantik über den Fluß spannt und sich in dessen trägem Wasser selber bewundert.

Das weiter südwestlich gelegene Moissac wartet heiß und

183

«Dieser Berg ist so hoch, daß er an den Himmel zu rühren scheint» *Codex Calixtinus*

Nebel verhüllt den Paß von Roncesvalles, das Tor zu Spanien, wo die Pilger über Rolands bitteres Schicksal und die ihnen selber drohenden Gefahren nachdachten. Schwache Fähren überquerten wilde Flüsse. «Verflucht seien ihre Schiffer!» schimpft der Codex, *denn die Einheimischen überlasteten die Boote und freuten sich, wenn sie die ertrunkenen Opfer fleddern konnten. Zöllner bestahlen manch einen Reisenden, «indem sie ihn bis auf die Unterhosen durchsuchten». Wie willkommen war da der Anblick der Abtei von Roncesvalles (unten). Dort «steht die Tür allen offen . . . und tugendhafte Damen betreuen die Pflegebedürftigen.»*

Michael Kuh

schwül in der Ebene, doch empfängt mich die Kühle seines neunhundert Jahre alten Kreuzgangs – ein Marmorwald von sechsundsiebzig Säulenpaaren, von denen keines gleich ist. Eine ganze Welt von Fabelwesen – Greifen, Phönixe und Einhörner – schmückt die stilisierten Kapitele. Zwischen zwei Säulen zeigt sich der rostrote Bart von Jacques Joos, einem jungen Maler aus Toulouse, der ebenfalls nach Santiago will, es aber gemütlich nimmt. «Es gibt unterwegs so vieles zu bewundern», erklärt er, «daß ich langsam zweifle, ob ich es je schaffen werde. Ich sollte bereits in den Pyrenäen sein, nicht erst hier in Moissac. Aber warum immer den kürzesten Weg nehmen? Schließlich ist der Mensch kein Roboter.»

Ich allerdings verlasse Moissac auf dem kürzesten Weg und übernachte in Auch. Obwohl ich Frankreichs Nebenstraßen gut kenne, war Auch bisher für mich nur ein Name auf der Landkarte. Aber hier findet der Reisende die schönste Belohnung seiner Mühsal, so wie Aymery Picaud und seine Freunde sie gekannt haben mögen, wenn sie bei Einbruch der Nacht zufällig genau an den richtigen Ort gerieten: eine ehrbare Herberge, ein warmer Willkomm, gutes Essen und guter Wein und schöne Mädchen an einem plätschernden Brunnen.

Nach Auch begann die Straße langsam durch grünes Land die Pyrenäen zu erklimmen. Rechts und links weideten fette Kühe auf saftigen Wiesen. In Oloron befand ich mich innerhalb der Grenzen des ehemaligen Königreichs Navarra, der Karte nach immer noch in Frankreich, aber Spanien war in Sicht-, ja beinahe in Hörweite.

In der Kirche wurde gerade ein drei Tage altes Knäblein getauft. «Er heißt Jean-Pierre», sagte mir seine Großmutter. *«Comme il est beau, n'est-ce pas, monsieur?»* Dann stellte sie sich unter dem Portal in Positur für das Familienphoto.

Dieses Portal aus Pyrenäenmarmor läßt in seinen im 12. Jahrhundert entstandenen Figuren den ganzen mittelalterlichen Kosmos erstrahlen. Hier bilden 24 freundliche alte Männer ein Streichorchester; Landleute jagen Hirsche, fangen Lachs und räuchern ihn, bereiten Käse zu und beschneiden die Reben. Kobolde und Teufel grinsen voll komischer Schrecklichkeit, wie Karnevalsmasken. Der Bildhauer, der sie schuf, war ein gemütlicher Mann mit einer guten Verdauung, wie Pater Camuls.

Ich habe es eilig. Die Straße schlängelt sich auf und ab durch steile grüne Täler, wo sich auch ein Dorf befindet, das nur vom Schmuggel lebt. Dann stehe ich plötzlich an der Grenze. Auf das *«Bonsoir, monsieur»* des einen Zöllners folgt das *«Buenas tardes. Vaya con Dios»* des andern. Und so betrete ich Spanien und wandle mit Gott.

Nachdem Valcarlos hinter mir liegt, fängt das Steigen richtig an, und ich gelange in eine rauhere Zeit und ein rauheres Land. Die Straße verrät mit knapper Not, daß wir uns im 20. Jahrhundert befinden, während sie sich den steilen, von Schafen übersäten Hängen des Passes von Roncesvalles entlangwindet, wo Roland 778 in einen Hinterhalt geriet und fiel, als Karl der Große von seinem ersten Einfall nach Spanien zurückkehrte. Über diesen Paß führten auch die späteren Kriegszüge der lan-

Michael Kuh

gen, immer wieder unterbrochenen Reconquista, die schließlich 1492 die Mauren bei Granada entscheidend schlug.

Die Nacht bricht herein und mit ihr ein dichter Nebelvorhang. Während ich mich einem sich nähernden Gipfel entgegentaste, wünsche ich die laute Glocke von Ibañeta herbei, die nebelblinde Pilger wie auf dem Meer verirrte Schiffe nach San Salvador zu geleiten pflegte, dem Kloster, das Karl der Große gegründet haben soll. Aber jetzt steht kein Kloster mehr, keine Glocke ruft, es bleiben nur die Trümmer einer Kirche. Plötzlich bin ich von Gespenstern und bimmelnden Schellen umgeben. Hart trete ich auf die Bremse.

Ein Schäfer streckt grinsend sein Räubergesicht durchs Fenster. Ich bin auf das Messer gefaßt, denn ich habe nicht vergessen, daß Aymery Picaud die wilden Bergler verfluchte, die den Pilgern auflauerten. «Haben Sie Tabak?» ruft der Hirte. So rauchen wir zusammen auf der Straße, umgeben von den blökenden Schafen.

«Carlomagno war auch hier», sage ich im Gedanken an Karl den Großen, um Konversation zu machen. «Carlos wer?» fragt er. «Ich kenne keinen Carlos.»

Im kleinen Dorf Roncesvalles, wo Millionen von Pilgern haltmachten, um auszuruhen und zu beten, singen Domherren die Messe in ihrer Abtei aus dem 13. Jahrhundert, und Friede erfüllt

186

«Ein barbarisches Volk ... niemand mag die Navarresen»

Codex Calixtinus

Während des San-Fermin-Festes ist in Pamplona die Hölle los, wenn die Stiere durch die Straßen zur Arena stürmen. Die jungen Männer trotzen Hörnern und Hufen. Mitten durch die Menge drängen sich die gigantes, Riesenfiguren von Mauren, Indianern und Königen. Den Pilgern fiel die Frömmigkeit der Navarresen auf – sie warnten aber vor verseuchtem Wasser (wie der Brunnen links); die Einheimischen forderten sie auf, ihre Pferde dort zu tränken, und häuteten dann die verendeten Tiere.

die Luft. Aber Pamplona, meine nächste Etappe, steht unter dem Zeichen der roten Baskenmützen und knallender Raketen. Am nächsten Tag wird der heilige Firmin gefeiert, das hektischste Fest Spaniens, ein Schwelgen in Stierkämpfen und blutrotem Wein. Sieben Tage und Nächte schläft niemand mehr.

Jeden Morgen stürmen die Stiere durch die Straßen, ihre mörderischen Hörner immer einen Schritt hinter den Männern von Pamplona. Nicht immer dahinter. Ein Horn durchsticht den Schenkel eines jungen Burschen, wie ein heißes Messer durch Butter fährt. «Warum macht ihr das?» frage ich einen der Teilnehmer, der die zusammengerollte Zeitung in der Hand hält, mit der er den Stier ablenkt.

«Hombre. Darum. Weil mein Vater und mein Großvater es machten. Wir in Pamplona leben für dieses Stierrennen. Warum spielt ihr Amerikaner Golf und Baseball?»

Vom Lärm betäubt, mit Schmerzen in allen Gliedern vom *Jota*-Tanzen, nehme ich mein nächstes Ziel in Angriff, Estella,

Michael Kuh

«Wir hörten den Hahn krähen,
wir fanden Erquickung»

Pilgerlied

*Der Trost einer reichen Landschaft hei-
terte die Pilger auf, die den* Camino
Francés, *den Weg durch Frankreich,
eingeschlagen hatten. Vor ihnen lag
Santo Domingo de la Calzada, nach
seinem Gründer, dem heiligen Dominikus,
benannt, der Straßen baute, um den
Wallfahrern die Reise zu erleichtern.
Hier knien Schulmädchen an seinem
Grab in einer Kathedrale, wo Hühner in
einem kunstvoll gewirkten Käfig an ein
Wunder erinnern: ein zu Unrecht ge-
hängter Jüngling überlebte, und zwei gebratene Hähnchen flogen vom Tisch auf.
Die Pilger pflegten den Tieren Futter zu
streuen. Wenn sie es annahmen, bedeutete es, daß der Spender heil nach
Santiago gelangen würde.*

und bin froh, zum *Codex Calixtinus* zurückkehren zu dürfen, Hemingways diesseitige Welt gegen die jenseitsbezogene des Aymery Picaud einzutauschen. Aber vor Estella kommt Puente la Reina, «wo alle Straßen nach Santiago eins werden». Von diesem Sammelpunkt aus wanderten die Pilger ungeduldig nach «Estella *la belle*», die von Bäumen beschattete Stadt am Fluß Ega, «voll von jeder Art von Glückseligkeit». Picaud hat nicht gelogen. Die Ega ist schattig und voll von süßen Düften und schwimmenden Kindern. Wie wenig zählen doch achthundert Jahre in Spanien!

Nach Estella sehe ich die ersten Anzeichen der dürren kastilischen Hochebene. Die grünen Hügel von Navarra flachen ab, werden ocker und golden. In Logroño mischen sich Reben unter den Weizen. Nájera besteht aus rotem Sandstein, und Santo Domingo de la Calzada ist der Wunschtraum jedes Reisenden. In der freundlichen Behaglichkeit des Regierungshotels sagt mir der unübertreffliche Gastwirt Carlos Gomez: «Gastfreundschaft ist hier Tradition, seit der heilige Dominikus selber Straßen und Brücken baute, um den Pilgern behilflich zu sein.»

In der traulichen Kathedrale an der Straße erzählen mir die drei kleinen Töchter des Don Carlos die Geschichte des berühmten Wunders, das hier geschah. Eine Magd verliebte sich in den hübschen Sohn eines durchziehenden Pilgerpaars, aber er schenkte ihr keine Beachtung. Da versteckte sie einen silbernen Becher in seinem Ranzen und bezich-

Michael Kuh

Das gewaltige Tor Santa Maria, geschmückt mit den Gestalten der Madonna, verschiedener Helden und des Kaisers Karls V., empfängt den Besucher von Burgos im Herzen von Altkastilien. Im 9. Jahrhundert als Bollwerk gegen die Mauren gegründet, erlebte die Stadt ihre Hochblüte als Sammelpunkt der Wallfahrer und als Hauptstadt der Könige von Kastilien und León. In der Nähe liegt der Geburtsort des spanischen Nationalhelden Rodrigo Diaz de Vivar – El Cid, vom arabischen Sidi – Herr. Sein Grab befindet sich in der Kathedrale, neben einem so naturgetreuen Kruzifix, daß ehrfürchtig staunende Pilger berichteten, es schwitze und blute.

tigte ihn des Diebstahls. Die Behörden ergriffen den Jüngling, fanden den Becher und hängten den vermeintlichen Dieb. Die Eltern weinten, zogen aber weiter nach Santiago. Auf der Rückreise fanden sie ihren Sohn immer noch am Galgen hängen und weinten wieder. Aber der Bursche sagte: «Weint nicht, liebe Eltern, denn mir geht's gut.»

Die Eltern stürzten zum Richter von Santo Domingo, aber er hatte nur Spott für sie und ihre Geschichte übrig. Da glaube er gerade so gern, daß das gebratene Huhn und das Hähnchen, die er sich eben zu verspeisen anschickte, vom Teller auffliegen und krähen würden. «Und was glauben Sie?» sagte eine von Don Carlos' Töchtern. «Kaum hatte er das gesagt, flogen die beiden gebratenen Hühnchen auf. Die Henne gackerte, und der Hahn krähte. Da rannte jedermann zum Galgen, und der Jüngling wurde losgebunden ... Schauen Sie dort – dort oben in dem Hühnerkäfig leben eine weiße Henne und ein Hahn, um uns an das Wunder zu erinnern.» Ich schaute hin, und richtig, da waren sie. Der Hahn streckte selbstbewußt den Hals, und Kikeriki tönte es durch die ganze Kathedrale.

Der Weg nach Burgos führt mich durch ein Stück Altkastilien, das Picaud mit gemischten Gefühlen beschrieb: «Dieses Land ist voll von Schätzen, reich an Gold und Silber ... Furage und kräftigen Pferden. Brot, Wein, Fleisch, Fisch, Milch und Honig sind im Überfluß vorhanden. Aber es gibt keine Bäume hier und viele schlechte, lasterhafte Menschen.»

Zum Beweis, daß achthundert Jahre doch einen Unterschied ausmachen können, besitzt diese Gegend heute wenig Schätze, weder Gold noch Silber, noch Pferde, die viel wert wären. Kein Fleisch außer Lamm, wenig Milch und noch weniger Honig. Picaud hatte recht, Bäume wachsen keine hier. Aber vielleicht gibt es nirgendwo sonst in Spanien weniger «schlechte, lasterhafte Menschen».

Burgos besitzt eine hübsche Promenade längs des Flusses Arlanzón, wo die meisten Bewohner nach Sonnenuntergang spazierengehen, um, wie sie sagen, «die Kühle zu genießen». An einem Ende erhebt sich der Arco de Santa Maria, durch dessen Tor ich auf die gewaltige gotische Kathedrale zufahre, die ein bißchen an einen Hochzeitskuchen erinnert. Man ist unwillkürlich beeindruckt, wenn man an die unendlich vielen Stunden Arbeit denkt, die an ihre Ausschmückung gewandt wurden, aber ich gehe einig mit

«Die Galizier ... stehen ... uns Franzosen am nächsten»

Codex Calixtinus

Die Aussicht auf eine geistesverwandte Bevölkerung verlieh den französischen Pilgern während der letzten Meilen vor Compostela neue Kraft. Außerhalb der Stadt nahmen sie gewöhnlich ein Bad «aus Liebe zum Apostel». Heute noch heißen die Galizier ihre Besucher mit Stückchen von Tintenfisch willkommen, mit Pfefferschoten, die handvollweise verkauft werden, mit Schalen voll Wein und der Musik der gaita gallega, *des galizischen Dudelsacks.*

Michael Kuh

Francisco, dem einarmigen Wächter des Parkplatzes, der erklärt: «Eine großartige Kathedrale. Vielleicht nur zu großartig. Vernachlässigt. Die Glühbirnen sind ausgebrannt, die Holztäfelung vermodert, Ratten so groß wie Katzen tummeln sich im Kreuzgang.» Mit diesen Worten überläßt er die seiner Obhut anvertrauten Wagen sich selber und führt mich herum, wobei er überall etwas auszusetzen hat.

«Wo wollen wir essen?» frage ich ihn.

«In dem Gasthaus unten in der Straße, wo die Priester hingehen. Priester und Lastwagenfahrer wissen, wo man gut ißt.» Es scheint zu stimmen. Das Lamm, das aus dem Ofen eines Bäckers kommt, ist köstlich knusprig.

Kastilien im Juli gleicht Kansas im August – Weizen und nochmals Weizen. In Castrillo Matajudíos sind die Männer beim Dreschen; es geht noch nach alter Väter Sitte vor sich: Maultiere drehen sich im Kreis und schleppen schwere Walzen über das ausgebreitete Korn. Ein Mann singt, während er sein Tier rund herumführt; ein anderer schläft im Schatten eines hochrädrigen Karrens. Mit dem rund fünfzig Kilometer entfernten Burgos ist das Dorf mit seinen Häusern aus ungebrannten Ziegelsteinen durch ein Telefon und einen Fernsehapparat verbunden.

Für Aymery Picaud war die Strecke zwischen Burgos und León eine ausgedehnte Ebene, in die Herbergen und Klöster, darunter das von Sahagún, das zum spanischen Cluny wurde, Abwechslung brachten. Heute, da die großen Zeiten vorbei sind, ist das Stück Weg bloß lang und flach.

León war eine der ersten Städte, die der Herrschaft der Mauren entrissen wurden; 914 wurde es die wichtigste Stadt des christlichen Spaniens. Heute spiegelt sich die mittelalterliche Pracht der Stadt in ihrer goldgelben gotischen Kathedrale. Sie ist kein so übermächtiger Brocken wie die von Burgos, die das Auge nicht zu überblicken vermag. Die Kathedrale von León ist in Stein gehauene Musik von Bach. *Tiene gracia*, eines der größten spanischen Komplimente – sie besitzt Anmut. Ein paar der schönsten farbigen Kirchenfenster Spaniens spielen juwelenfunkelnde Fugen in dem dämmrigen Gewölbe.

Eine kurvenreiche Bergstraße führt mich nach Ponferrada, so benannt nach der eisenstarken Brücke, die vor neun Jahrhunderten für die Pilger gebaut wurde. Die Überreste einer mächtigen Burg – Zugbrücke, Wassergraben, Wälle – erinnern an die stolzen Tempelritter, die einst die Stadt beherrschten. Während ich so im Schatten der überheblichen Masse der Zitadelle stehe, spüre ich geradezu, wie die Rittertugenden der Templer in die Anmaßung umschlugen, die schließlich den Orden vernichtete. Es handelt sich hier nicht um eine jener Burgen, die Sehnsucht erwecken nach einer vergangenen Zeit. Die Landschaft ist nicht dazu angetan, das Bild all der gerüsteten Krieger heraufzubeschwören, die über frisch angepflanzte Felder galoppierten, um einander zum Kampf herauszufordern. Wir befinden uns in einem Bergbaugebiet, wie es düsterer in Spanien nicht zu sehen ist – eine Palette von steil umrissenen braunen, grauen und schwarzen Tönen, wo am Horizont schwarzbraune Esel ihre Kohlenfuhren ziehen.

Nach dem finsteren Ponferrada gelange ich auf eine grüne Hochebene, belebt von Bäumen und Forellenbächen; dann führt die Straße an von Stechginster überwachsenen Schluchten vorbei, hinauf zum Weiler Cebrero, wo acht Familien hausen. Das graue Durcheinander von Hütten und Scheunen liegt auf einer Terrasse, die aus etwa über tausend Meter Höhe auf das verheißene Land Galizien hinunterblickt.

Auf der ganzen langen Reise hat noch keine Etappe so deutlich den Dankseufzer ausgedrückt, den die Wallfahrer so nahe am Ziel wohl ausgestoßen haben. Unterhalb des Felsennestes Cebrero entfaltet sich die ganz grün und golden wallende Provinz Lugo, kreuz und quer durchzogen von staubigen Straßen, die wie die Fäden eines Spinnennetzes alle nach Santiago zu führen scheinen. Dies ist der zweite der drei Höhepunkte in der Symphonie, die nach Compostela führt; die Pyrenäen bilden die Ouvertüre, dann kommt diese galizische Krönung des langen ersten Satzes und schließlich das Crescendo zum Hügel von San Marcos, von dem aus die Pilger zum erstenmal die Türme von Santiago erblicken.

Während ich in der Provinzhauptstadt Lugo auf dem römischen Wall spaziere, schwirren Schwärme von Schwalben durch einen scharlachroten Sonnenuntergang. Filigranfeine Umrisse von Türmchen ragen in die Dämmerung. Und in einem Torbogen steht eine steinerne Statue des heiligen Jakobus – und erinnert daran, daß Santiago nur noch ein paar Stunden entfernt ist.

Ich fahre durch Kiefernwälder, über Flüsse, kreuze Bauern in Holzschuhen und ächzende Ochsenkarren, die geduldig durch weite Getreidefelder schaukeln. Je näher ich Compostela komme, desto mehr habe ich das Gefühl, mich in Irland zu befinden. Ich sehe es in den Gesichtern, den Häusern, dem Grün der Landschaft – überall wird deutlich, daß dies eine keltische Bastion ist, die von den Mauren nie angetastet wurde. In Arzúa ist die Sonne zu grell für Irland, aber das Aussehen und der Gang, der verschmitzte Humor der Galizier könnte sich in Cork oder Connemara nicht reiner finden.

In Lavacolla, beim letzten granitenen Kruzifix längs der Pilgerstraße nach Santiago, befinde ich mich plötzlich in einem anderen keltischen Land. Solche Kreuze stehen unbeugsam am Horizont der Bretagne. Während ich mir das überlege und an Frankreich denke, fahre ich zusammen, als plötzlich an meiner Seite französisch gesprochen wird. Ich kehre mich um und sehe Pater Georges, der vor dem Kreuz kniet – ein Priester aus Picauds Heimatstadt Poitiers!

«Davon habe ich mein Leben lang geträumt», sagt Pater Georges mit einem ernsten Lächeln. «In neunundzwanzig Tagen bin ich von Poitiers aus bis hierher gewandert, immer auf den Spuren meines Vorgängers Picaud. Ich kann Ihnen nicht sagen, Monsieur, wieviel Freude mir diese dem Glauben und der Tradition zuliebe unternommene Reise

«Compostela ... die erhabenste aller Städte Spaniens»

Codex Calixtinus

Das Ende der Reise entlockte den Pilgern Freudenrufe – «Mon Joie!» – sobald sie die Kathedrale von Santiago mit ihren drei Türmen erblickten. Weinend vor Freude warfen sie sich zu Boden und zogen auf den Knien weiter. Reiter stiegen ab und setzten den Weg zu Fuß fort.

An Sankt-Jakobi, dem 25. Juli, jubeln die Pilgerscharen von heute den gigantes und den Dudelsackpfeifern zu; eine Prozession, in der das Bild des Heiligen mitgetragen wird (gegenüber), zieht durch die krummen Gassen. Darauf folgt für die Masse der Pilger das Hochamt in der Kathedrale aus dem 12. Jahrhundert. Hier erhoffen die Andächtigen «Vergebung und viel holde Gnade».

Nicht alle Wallfahrer gelangten ans Ziel. Manche zogen über die Pyrenäen, kauften falsche «Diplome» und kehrten wieder um. Andere kamen ums Leben. Einer berichtet, daß neun Gefährten starben, weil sie verdorbenes Obst und zum Trinken ungeeignetes Wasser zu sich nahmen – «dessen ich mich stets enthielt».

Albert Moldvay, NGS. Gegenüber: Michael Kuh

gebracht hat. Ich habe gefroren und geschwitzt, war erschöpft und hungrig – ich habe all die Extreme erlebt, vor denen wir heutzutage gewöhnlich bewahrt bleiben. Überall habe ich Freundlichkeit und Gastfreundschaft erfahren. Für mich waren diese neunundzwanzig Tage eine Wanderung durch die Geschichte und die Brüderlichkeit, die ich nie vergessen werde. Aber verzeihen Sie, Monsieur, ich predige Ihnen, als gehörten Sie zu meiner Gemeinde.»

Es wunderte mich nicht, daß Pater Georges die letzten paar Kilometer nicht mit mir fahren will. Nachdem er so weit zu Fuß gepilgert ist, will er selbstverständlich den Weg zu Ende gehen. So fahre ich allein auf den Hügel von San Marcos. Und da liegt es mir plötzlich zu Füßen, das Ziel: die balustradenumzogenen Türme der Kathedrale von Santiago, ätherisch, himmelstrebend, eine reiche Belohnung für all die Kilometer und all die Tage. Natürlich bin ich bewegt, aber ich wünsche doch, Pater Georges wäre mit mir gekommen. Sein Entzücken hätte mein eigenes verdoppelt.

Während ich in die Altstadt hinunterfahre, an den mit Heiligen und Jakobsmuscheln verzierten Granitfassaden der Kirchen und Paläste vorbei, in das große graue Gewirr der Häuser, wo kaum etwas neu ist und kein Zusatz die Harmonie des Ganzen stört, vergesse ich vor lauter Bewundern Pater Georges. Und ich bin auch nicht allein. Die Pilger von heute drängen sich auf den Steinfliesen der Straßen und gesellen sich zu den Gefährten von Aymery Picaud, die ich seit Conques im Herzen getragen habe.

Am Burgo de las Naciónes, dem riesigen weißen Gebäude, das viertausend Pilger beherbergen kann, fahre ich vorbei. Ich möchte näher bei meinem Ziel, der Kathedrale, schlafen. Darum schlängle ich mich jetzt durch das großartige alte Labyrinth der

Gassen und gelange auf den edelsten Platz Spaniens. Zu meiner Linken erhebt sich ein Berg aus rosa-goldenem Stein – endlich die Kathedrale! Zu meiner Rechten steht das frühere königliche Hospital, und auf den ersten Blick weiß ich, daß ich hier übernachten muß, im ebenso rosa-goldenen Hostal de los Reyes Católicos.

«Ich frage mich, ob Sie das verstehen», sage ich zum Empfangschef, «aber ich möchte ein Zimmer, wo man die Glocken der Kathedrale hört.»

«Natürlich», sagt er lächelnd, *muy simpatico*. «Sie sind nicht der erste Pilger hier.»

Während ich meinen Koffer auspacke und mit einem Auge die Baldrianpflanze bewundere, die in der bemoosten Mauer meinem Fenster gegenüber Wurzel geschlagen hat und deren violette Blüte den letzten Sonnenstrahl auffängt, vernehme ich zu meinem Entzücken ein ehernes Gedröhne: die Glocken des heiligen Jakobus widerhallen rings um mein Himmelbett. Heute nacht werden die Kirchenmäuse nicht viel näher beim Heiligen schlafen als ich!

Dudelsackmusik weckt mich am 24. Juli, dem Vortag des Festes des Apostels. Ich eile ans Fenster und sehe, wie galizische Dudelsackpfeifer in scharlachrotem Wams die Treppe zum Kardinalspalast emporsteigen. Ich stelle mir vor, daß es bei einem solchen Aufwand von hell quietschenden und dumpfen Tönen selbst den großen Jakobus gelüsten möchte, die hier übliche *muñeira* zu tanzen. Kinder stehen rings um den Palast und

Traditionsgemäß wird der silberne Mantel des heiligen Jakobus auf die Schulter geküßt (gegenüber), Höhepunkt einer frommen Wallfahrt. Die Statue ist mit kostbaren Steinen besetzt; sie sitzt seit 1672 in einer Altarnische aus Alabaster, Jaspis und Silber. Darunter liegt das «schöne, gewölbte Grab», wo, wie der Codex sagt, «göttliche Düfte die Luft stets süß erhalten».

Kerzen werfen flackernd ihren Segen auf einen Altar (oben), der dem heiligen Jakobus in seiner Eigenschaft als Matamoros (Maurentöter) geweiht ist; als Erscheinung führte der Apostel die christlichen Armeen gegen die Mauren an.

Ein bärtiger Gläubiger in mittelalterlichem Gewand trägt stolz die Jakobsmuschel (links) zum Zeichen einer beendeten Wallfahrt. Man wird an die Zeilen von Sir Walter Raleigh erinnert, die besagen: «Gebt mir meine Jakobsmuschel der Ruhe . . . mein Gewand des Ruhms . . .»

kreischen entzückt und ängstlich, während Riesen aus Papiermaché zu dem Gedudel herumwirbeln, so schnell die Männer, die darinstecken, es nur vermögen. Seine Eminenz der Kardinal hinter seinem Fenster sieht aus wie ein Porträt von Velazquez.

Nachdem ich den Musikanten unter vielen Arkaden hindurch gefolgt bin – die steinernen Regenschirme der Stadt, die die schwersten Regenfälle Spaniens aufweist –, wende ich mich zum Markt. Hausfrauen, die ihren Einkaufskorb auf dem Kopf tragen, betasten prüfend die flachen goldenen Käse. Pralle silberne Sardinen, frisch aus der See, ziehen lange Käuferschlangen an. Mir indessen sind die *pimientos de Herbón* lieber, die hier in der Nähe wachsen. Sie sind grün, daumengroß und werden unzerschnitten gebraten und gegessen. Köstlich, aber hie und da verbrennt man sich den Gaumen an einer scharfen Schote. Dann kann nur ein Stück Brot und ein Schluck Ribeiro-Wein – dickflüssig, rot und nach galizischer Art in einem weißen Porzellanbecher kredenzt – das Feuer löschen.

Im Laden eines Jett-Schnitzers habe ich plötzlich Lust, nicht die Jakobsmuschel des Pilgers zu kaufen, sondern eine heidnische *higa*. Diese kleinen Hände aus Jett, die den Daumen zwischen Zeige- und Mittelfinger klemmen, sind älter als das Christentum und werden als Amulett gegen den bösen Blick getragen. Galizien und Asturien besitzen den Aberglauben der Kelten, und manchen *espiritu malo* hat die *higa* schon gebannt.

Um Mitternacht wird die Plaza vom Feuerwerk taghell erleuchtet. Durch die Wolken von Pulverdampf, das Sprühen der Räder und das Regenbogennetz allzu vieler Raketen ragen die Türme der Kathedrale in die Nacht – so nahe dem Himmel, wie mittelalterliches Handwerk sie bauen konnte. Die Uhr schlägt Mitternacht: der 25. Juli ist angebrochen.

Ich gönne mir ein paar Stunden Schlaf, bevor die morgendlichen Dudelsäcke mich zum Viehmarkt locken. Die Bevölkerung des halben Landes besucht diesen uralten Markt, wo Handel und Glauben sich verbinden. Die Leute sehen aus wie Bruegel-Gestalten; die meisten tragen Schwarz. Aber rot ist der Wein, mit dem die Geschäfte begossen werden, und purpurn der Tintenfisch mit seiner von Saugnäpfen übersäten Haut, den wir von hölzernen Tellern schmausen. Rauchend heiß aus eisernen Kesseln geschöpft, in Scheiben weißen Fleisches geschnitten, mit Öl begossen, mit Salz und rotem *pimiento* bestreut, schmeckt dieser *pulpo* beinahe wie Hummer. Das ist die galizische Dreifaltigkeit von Land, See und Glauben, vereint vor dem Hintergrund der Kathedrale, auf der an diesem Fest des Nationalheiligen die rot-und-goldene Fahne Spaniens flattert.

Tief dröhnen die großen bronzenen Glocken. Es ist Zeit für das Hochamt, dessentwegen wir aus der ganzen Welt nach Compostela gepilgert sind, diesem Stück Mittelalter, an dem die Zeit spurlos vorbeigeht. Ich knie am Rand des Hochaltars. Tausende von Pilgern befinden sich mit mir in der Kathedrale, und Millionen mehr über die Zeiten hinweg – und alle traten sie in die Fußstapfen der Wallfahrer des Mittelalters, die als erste die Jakobsmuschel empfingen, in einem Geist, der jenem nicht unähnlich war, in dem die Kreuzfahrer das Kreuz empfingen.

Während draußen das Feuerwerk knallt, schwingt das *botafumeiro,* das mannsgroße Weihrauchfaß, schwindelerregend von seiner Deckenrolle, höher und höher, bis es die ganze Länge des Querschiffs durchfliegt. Sein Rauchbogen hypnotisiert mich beinahe. Nun bin ich sicher am Ende meiner Reise angelangt.

Und dann höre ich neben mir inbrünstiges Französisch. Ich erkenne die Stimme und die Dankbarkeit, die sie erfüllt, und erinnere mich, wie sie an jenem Tag vor dem letzten Steinkreuz geklungen hat. Sie gehört dem Amtsbruder von Aymery Picaud, dem Priester aus Poitiers. Wie schön, ihn in diesem Augenblick der Vollkommenheit wiederzufinden.

Der andächtig betende Pater Georges nickt mir mit einem abwesenden Lächeln zu. «*Merci*», wiederholt er mehrmals still, «*. . . merci, saint Jacques.*»

Glühend wie die Inbrunst eines Pilgers verbreitet der Weihrauch einen duftenden Segen, während das botafumeiro, *das silberne Räucherfaß, in schreckeinflößenden Schwingungen im hohen Gewölbe der Kathedrale hin- und herpendelt. Seit Jahrhunderten staunen die Pilger bei diesem Anblick, sinnverwirrender Augenblick einer unvergeßlichen Odyssee.*

Michael Kuh

T. S. R. Boase

DIE WELT DES RICHARD LÖWENHERZ

Die Junihitze und das Summen der aufdringlichen Fliegen lasteten drückend schwer auf dem Lager, das sich in der Ebene vor den Stadtmauern von Akkon breitmachte. Europäische Krieger hatten hier an Palästinas Küste einen zweiten Winter der Entbehrungen und «unaufhörlichen Regens» durchgestanden. Nun schmachteten sie in ihren Zelten und suchten den Horizont ab nach verbündeten Schiffen.

Es waren Kreuzfahrer, darunter viele, die das erste Königreich Jerusalem überlebt hatten. Ein unvergleichlicher Sarazenenführer, Saladin, hatte sich mit Ägypten, Damaskus und Aleppo gegen sie verbündet. Er hatte ihr Königreich erobert und die Heilige Stadt besetzt. Als die Christen im August 1189 versuchten, den lebenswichtigen Hafen von Akkon zurückzugewinnen, ließ Saladin seine Truppen in den dahinterliegenden Hügeln Aufstellung nehmen und drängte die Belagerer gegen die Stadtmauern.

Um das Maß des Unglücks vollzumachen, erreichten verheerende Nachrichten das Lager der Kreuzfahrer. Friedrich Barbarossa, der Kaiser des Heiligen Römischen Reiches, der ihnen durch Kleinasien zu Hilfe eilte, war in Kilikien in einem Fluß ertrunken. Nur ein kleiner Überrest seiner Armee gelangte weiter südwärts bis Akkon.

Aber im Frühling 1191 kamen unter der Führung von Philipp II. von Frankreich, genannt Philipp August, neue Truppen an. Der König war erst fünfundzwanzigjährig, doch hatte er bereits seit zehn Jahren den französischen Thron inne. Er war ein kalter, berechnender Mann mit einem zottigen Haarschopf, blind auf einem Auge, ein Herrscher, der sich von niemand zum Narren halten ließ, aber auch nur wenige Freunde besaß.

Und nun kamen endlich im Juni englische Galeeren in Sicht und begannen Truppen auszuladen. Ihr dreiunddreißigjähriger

Von einem Land, das er kaum kannte, als Held gefeiert, gibt der Kreuzfahrer Richard Löwenherz, «von stattlicher Gestalt» und mit Gesichtszügen, die «den Herrscher verraten», vor dem ehrwürdigen englischen Parlamentsgebäude einem bronzenen Schlachtroß die Sporen; Adam Woolfitt

König stand in voller Manneskraft. Er war groß und stattlich, furchtlos und unermüdlich, rasch aufbrausend, aber von Natur aus großzügig, ein Anführer, der von seinen Mannen geachtet wurde. Schon nannten ihn seine Troubadoure *Richard Cœur-de-Lion* – Löwenherz.

Seit einem Jahrhundert beseelte der Geist der Kreuzzüge die Ritter Europas. Die Kreuzzüge machten den unablässigen Fehden zwischen den Baronen ein Ende und lenkten den Kampfgeist in edlere Bahnen. Die Krieger suchten ihr Seelenheil zu verdienen, indem sie Rache übten an den Ungläubigen, die Christi Anhänger verfolgten und seine Heilige Stadt schändeten. Opfergeist und selbstlose Hingabe an eine Sache waren neue Tugenden in einer ungehobelten Gesellschaft und schufen den Begriff einer Ritterpflicht, die Ritterlichkeit genannt wurde.

Der beiläufige Ritterschlag, den ein Lehensherr erteilte, machte einer feierlichen Zeremonie Platz: der zukünftige Ritter mußte ein rituelles Reinigungsbad nehmen, eine ganze

Nacht in der Kirche wachen, ein Kleid aus weißem Leinen und einen scharlachroten Überwurf anziehen und geloben, sein Schwert für Christus zu gebrauchen.

Niemand verkörperte das ritterliche Ideal kühner, im Dienst des Kreuzes unternommener Taten besser als Richard Löwenherz, der Held des Dritten Kreuzzugs.

Obwohl er in Oxford zur Welt kam, war Richard ein Sohn Aquitaniens, jenes weiten Gebiets im Südwesten Frankreichs, das sich zwischen der Loire und den Pyrenäen erstreckt. Nicht in der englischen Sprache fühlte er sich heimisch, sondern in jener der *chevalerie* und des *Chanson de Roland*, seines Herzens Reich war nicht der frostige, neblige Norden, sondern ein südliches Land voll Sonne und Romantik, wo das Leben abwechselnd stürmisch und träge verlief, wo die Menschen, wie ein englischer Chronist bemerkte, «nicht spaßen, wenn es darum geht, den Übermut ihrer Feinde zu züchtigen; aber wenn die Beschwernis der Schlacht vorbei ist . . ., geben sie sich voll und ganz der Lebensfreude hin».

«Friede macht mir keine Freud
Krieg – sei du mein Los
Gesetz – das ist mir unbekannt
Es sei denn Hieb und Stoß!»

Die Lieder Bertran de Borns übertönen den Kriegslärm einer Zeit, da «König Richard Burgen und Städte belagerte und zerstörte und sich des Landes bemächtigte und es verbrannte und verwüstete . . .». Dröhnend wie ein Amboß durchdringen Breitschwert und Axt Kettenpanzer und Helm, während links ein Mann mit aller Kraft an einer Steinwurfmaschine zieht; dank des mit einem Gegengewicht versehenen Arms dieses Geräts konnte man Felsbrocken, Fäßchen mit Brennmaterial oder sogar ein totes Pferd über die Mauern einer Festung schleudern.

Beim geringsten Anlaß wurde der Fehdehandschuh hingeworfen, und die Ritter, die einen «weibischen» Tod im Bett verachteten und nach Blut, Lorbeeren und Land dürsteten – oder genug hatten vom Einerlei des Lebens auf der Burg –, überfielen ihre Nachbarn. Es kam selten zu richtigen Schlachten, man begnügte sich mit Scharmützeln, kurzen Belagerungen, der Vernichtung der Ernte hilfloser Bauern. Ein Vasall schuldete seinem Lehensherrn nur vierzig Tage Kriegsdienst im Jahr; die Verteidiger einer Burg brauchten nicht lange auszuharren, bis das Heer der Feinde zerschmolz. Richard hielt durch, indem er Söldner in seinen Dienst nahm. Der Sold wurde vom Lehensdienstgeld bezahlt, mit dem sich Vasallen vom Kriegsdienst freikaufen konnten.

Der von der Kirche verordnete Gottesfriede verbot Kriegführen übers Wochenende und suchte Frauen, Kinder und Geistliche zu schützen.

Ein Maler des 13. Jh. kleidete eine biblische Schlacht in das Gewand seiner Zeit; Pierpont Morgan Library, New York

203

«Und wenn seine Mauern aus starkem Eisen wären»,
höhnte der König von Frankreich,
«würde ich sie trotzdem einnehmen»

«Bei Gott!» brüllte Richard. «Und wenn seine Mauern
aus Butter wären, würde ich sie trotzdem halten»

Ted Spiegel, Rapho Guillumette

Die Prahlereien der königlichen Rivalen scheinen jetzt noch von Château-Gaillard auf die Seine herab zu hallen. «Wie schön sie ist, meine einjährige Tochter», frohlockte Richard Löwenherz 1197, als das von drei Gräben umgebene Wunderwerk seiner Zeit Gestalt anzunehmen begann. Der Bau leerte zwar seine Börse, vereitelte jedoch Philipps Absichten auf die Normandie.

Der durchtriebene Kapetinger und der eigenwillige Plantagenet, Zechkumpane und Todfeinde, schoben ihr Leben lang auf dem Schachbrett des feudalistischen Frankreich ihre Figuren hin und her. Philipp spielte Richard, den Sohn, gegen seinen Vater aus und den jüngeren Bruder Johann gegen Richard. Als dieser seine wehrhaften Burgen errichtete, versuchte Philipp es ihm gleichzutun. Es gelang ihm indessen nicht, ihm zu seinen Lebzeiten die begehrte Normandie abzunehmen, doch entriß er sie 1204 dem Schwächling Johann. Die Schlüsselstellung, das «uneinnehmbare» Château-Gaillard, wurde hinterrücks erobert – auf dem Weg über die Latrinen!

Richards Wurzeln steckten tief im sonnenwarmen Erdreich Südwestfrankreichs, in Aquitanien, dem Besitztum seiner Mutter, der lebenslustigen, eigenwilligen Eleonore. Ihre Scheidung von Ludwig VII. hatte den französischen König um das ausgedehnteste und reichste Gebiet seines Reichs gebracht; dank ihrer Heirat mit Heinrich II. war es England zugefallen, was den Anlaß zu dreihundert Jahren Krieg bilden sollte.

Heinrich von Anjou und Eleonore von Aquitanien (rechts) waren beide überragende Gestalten ihrer Zeit. Ebenso gelehrt im Gespräch wie verwegen in der Schlacht, gab Heinrich England Gesetze, ein gewisses Maß von Stabilität und Frieden, obwohl seine Höflinge seine schlechten Tischmanieren, seine Launenhaftigkeit, seine ungestüme Energie und seine tagelangen Ausritte verfluchten, die sie mitten in unwegsame Wälder führten, wo sie dann im Dunkeln einen Ort zum Schlafen suchen mußten.

Dieses Benehmen ärgerte Eleonore, die feingesittete Tochter eines kultivierten Hofes, wo ihre Damen in «Liebeshöfen» über die Klagen wunder Herzen debattierten, während Schreiber ihre Urteile schwarz auf weiß festhielten. Obwohl sie Heinrich acht Kinder schenkte – Richard ist als der «Adler des dritten Nests» und Johann als der König, dem die Barone die Magna Charta mit ihren Freiheiten abrangen, in die Geschichte eingegangen –, lebte das königliche Paar in Unfrieden. Manche behaupteten, Eleonore habe Heinrichs Geliebte vergiftet, aber er hatte seine Königin bereits eingesperrt. Als er seinen Söhnen Land abgetreten hatte, stachelte Eleonore sie zum Aufstand an. Aquitaniens Flüsse, deren Zahl Caesar aufgefallen war, führten viel Blut mit sich, während die «Teufelsbrut» des Angeviners sich gegenseitig bekämpfte. Heute fließen hier Cognac und ein Rotwein, der des Kenners Herz erfreut.

Weinlese in Cognac. Gjon Mili. Rebberge bei Bordeaux (rechts). Pierre Belzeaux, Rapho Guillumette. Gekrönte Häupter auf einem Kapitell des 12. Jh. aus Langon; Cloisters Collection, Metropolitan Museum of Art, New York

Aquitanien umfaßt sowohl die Heide (die Landes) an der Küste wie die üppigen Weinberge rund um Bordeaux und das rauhe Hochland des Limousin. Im Herbst spiegeln Eichenwälder ihre rostroten Blätter in zahllosen Flüssen. Es ist ein Land der Kirchen – der byzantinischen Kuppeln in Périgueux und Angoulême, der flachen, breiten Gewölbe über den weiten, einschiffigen Gotteshäusern des Poitou, wo romanische Skulpturen jede Nische an der Fassade füllen. Es ist auch ein Land der Burgen und Schlösser – in Niort, Loches und Chinon sind die von Heinrich II. erbauten Türme und Wälle heute noch zu sehen. Es fehlte dem jungen Richard nicht an Gelegenheit, das Interesse, das er sein Leben lang dem Befestigungswesen entgegenbrachte, an den Bauten seines Vaters zu nähren.

Aber den entscheidenden Einfluß auf ihn übte seine Mutter aus. Eleonore, Herzogin von Aquitanien und Königin von Frankreich und England, war noch mit über achtzig Jahren eine der Schlüsselfiguren des Mittelalters. Sie und Richard hatten ihre Liebe zu den Gesängen der Troubadoure von ihrem Großvater geerbt, einem Kreuzfahrer, dessen zügelloses Leben, zahlreiche Geliebten und von herumziehenden Spielleuten an Festmahlen vorgetragenen Gedichte legendär wurden. Zynisch, liederlich, respektlos, verfaßte er Lieder über Krieg, Buhlerei und zuweilen die Sinnlosigkeit des Lebens.

Ich weiß nicht, unter welchem Stern ich zur Welt kam,
Ich, der ich weder froh noch traurig bin.
Eines Nachts, auf dem Gipfel eines Bergs,
Machte ein Elf mich zu dem, der ich bin.

Eleonore trug auf ihre Weise zu der Kultur der Zeit bei. Während sie Richard in Poitiers aufzog, versammelte sie eine Gruppe junger Männer um sich, die sich alle für die neue Dichtung und die neue Redefreiheit begeisterten. Ihre «Liebeshöfe» traten in der großen Halle des Schlosses zusammen, dessen eine Mauer heute noch steht und wo Eleonores Name weiterlebt. Manchmal präsidierte ihre älteste Tochter Marie, «die fröhliche, lebenslustige Gräfin» von der Champagne. Die Galanterie der Liebeshöfe verschaffte den Frauen ein neues Ansehen und verfeinerte die Sitten des rauhen Mittelalters. Nun waren Frauen Gegenstand von Gedichten und führten den Vorsitz bei höfischen Debatten – so wie auch bei den Turnieren, einer anderen Erfindung, die dazu diente, kriegerische Leidenschaften in andere Bahnen zu lenken, ein Kampfspiel daraus zu machen anstatt einer Auseinandersetzung auf Leben und Tod.

Eines Tages wurde an einem solchen «Hof» darüber gesprochen, ob die Liebe in der Ehe weiterbestehen könne, und die Antwort fiel verneinend aus. In der Tat war wenig Raum für Liebe in einer feudalistischen Ehe. Die Troubadoure besangen ihre Liebe zu verheirateten oder (bereits als Kind) verlobten Frauen, für die gewöhnlich ein außereheliches Abenteuer nicht in Frage kam. Da Landbesitz auf dem Spiel stand, wurden die Edelfrauen streng überwacht.

Auf jeden Fall hatte Eleonores erste Ehe, die sie mit fünfzehn Jahren einging, nicht viel mit Liebe zu schaffen. Als sie nach dem Tod ihres Vaters, der auf einer Wallfahrt nach Compostela gestorben war, Aquitanien geerbt hatte, war Ludwig, der französische Thronerbe, mit einer stattlichen Schar Ritter nach Süden geeilt, um dem Kapetinger-Reich dieses kostbare Lehen zu sichern.

Er heiratete die Erbin in der Kathedrale Saint-André in Bordeaux. Ehe das Paar nach Paris gelangte, starb der alte König, und Eleonores Gemahl bestieg den Thron als Ludwig VII.

Reibereien zwischen dem schönen, temperamentvollen Mädchen und dem im Kloster erzogenen Mann, den sie «mehr Mönch als König» nannte, waren unvermeidlich. Es wurde sogar geklatscht, sie habe ein Verhältnis mit ihrem Onkel, Raymond von Poitiers, Fürst von Antiochia, als sie sich 1147 Ludwig auf dem Zweiten Kreuzzug anschloß. Enttäuscht, daß Eleonore ihm zwei Töchter gebar anstatt des Sohnes, den er als Erben

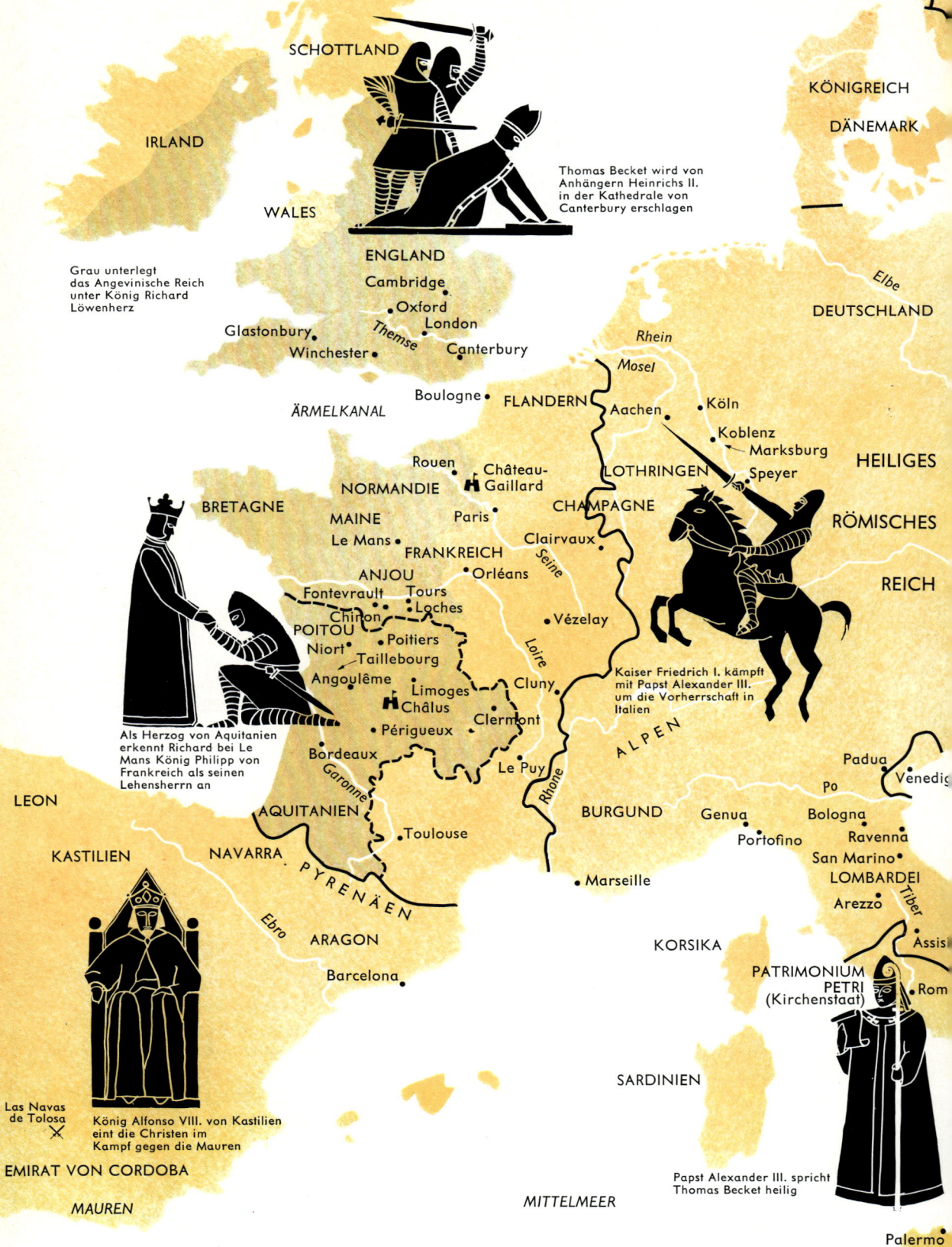

SCHOTTLAND

IRLAND

WALES

Thomas Becket wird von
Anhängern Heinrichs II.
in der Kathedrale von
Canterbury erschlagen

KÖNIGREICH
DÄNEMARK

Grau unterlegt
das Angevinische Reich
unter König Richard
Löwenherz

ENGLAND

Cambridge

Oxford

Glastonbury

London

Winchester

Canterbury

Boulogne

FLANDERN

Elbe

DEUTSCHLAND

Rhein

Mosel

Aachen

Köln

Koblenz

Marksburg

Speyer

ÄRMELKANAL

Rouen

Château-
Gaillard

LOTHRINGEN

HEILIGES

NORMANDIE

BRETAGNE

MAINE

Le Mans

Paris

CHAMPAGNE

RÖMISCHES

FRANKREICH

Clairvaux

Seine

REICH

ANJOU

Orléans

Fontevrault

Tours

Chinon

Loches

POITOU

Poitiers

Vézelay

Niort

Taillebourg

Loire

Angoulême

Cluny

Kaiser Friedrich I. kämpft
mit Papst Alexander III.
um die Vorherrschaft in
Italien

Limoges

Clermont

Châlus

Périgueux

ALPEN

Als Herzog von Aquitanien
erkennt Richard bei Le
Mans König Philipp von
Frankreich als seinen
Lehensherrn an

Bordeaux

Garonne

Le Puy

Rhone

BURGUND

Padua

Po

Venedig

LEON

AQUITANIEN

Toulouse

NAVARRA

Genua

Portofino

Bologna

Ravenna

San Marino

KASTILIEN

PYRENÄEN

Ebro

ARAGON

Marseille

LOMBARDEI

Arezzo

Tiber

Assisi

KORSIKA

Barcelona

PATRIMONIUM
PETRI
(Kirchenstaat)

Rom

Las Navas
de Tolosa

König Alfonso VIII. von Kastilien
eint die Christen im
Kampf gegen die Mauren

EMIRAT VON CORDOBA

MAUREN

SARDINIEN

MITTELMEER

Papst Alexander III. spricht
Thomas Becket heilig

Palermo

208

MAUREN

Der Machtkampf zwischen König und Prälat erschütterte Richards Welt

Richard war dreizehn, als seines Vaters Mannen Thomas Becket in der Kathedrale von Canterbury niedermachten. «Ist denn keiner da, der mich an diesem Parvenü-Pfaffen rächt?» hatte Heinrich II. gerufen, als der Erzbischof, sein ehemaliger Kanzler und Gefährte, seine Bemühungen, die Macht der Kirche zu schmälern, zunichte machte. Vier Ritter verstanden den Wink. «Und das Blut, weiß von Gehirnmasse, und das Gehirn, nicht weniger rot von Blut, färbten die Fliesen der Kathedrale.» Die Tat rief in ganz Europa Entsetzen hervor. Mönche peitschten den büßenden Heinrich. Becket wurde heiliggesprochen und «herrschte vom Grab aus», zu dem Tausende wallfahrteten.

Philipp II., Lehensherr des englischen Königs und seiner Söhne in ihren französischen Besitztümern, schloß sich Richard auf dem Kreuzzug an. Als der listenreiche Kapetinger nach Frankreich zurückeilte und versuchte, Richard die Normandie wegzunehmen, verweigerten ihm seine Vasallen die Gefolgschaft – die Eroberung von Land, das einem Kreuzfahrer gehörte, zog Exkommunikation nach sich. Aber als König Johann einem Vasallen die Braut stahl, einer Aufforderung, an Philipps Hof zu erscheinen, nicht nachkam und des Verrats angeklagt wurde, konnten seine französischen Besitztümer als verwirkt erklärt werden, und Philipp durfte dem Feudalrecht gemäß alle Ländereien des Angeviners nördlich der Loire in Besitz nehmen.

Der dritte Monarch, der am Dritten Kreuzzug teilnahm, Friedrich Barbarossa, hatte sechsmal die Alpen überschritten, um die reichen Städte der Lombardei gegen die päpstlichen Ansprüche zu verteidigen. Später zogen die Mächtigen seines Reiches, denen die kreuztragenden Deutschritter den Weg bahnten, nach Osten und gründeten christliche Niederlassungen auf slawischem Boden.

Andere Kreuzfahrer erwarben Ruhm und Ablaß bei der Wiedereroberung Spaniens und Portugals. Alfons VIII., Gemahl von Richards Schwester Eleonore, errang 1212 bei Las Navas de Tolosa einen großen Sieg über die Mauren, die bald nur noch Granada besaßen und 1492 schließlich endgültig aus dem Land vertrieben wurden.

Karte von Virginia L. Baza, NGS

CHWEDEN

Weichsel

POLEN

Krakau

Dürnstein

Wien

Buda • • Pest

UNGARN

Donau

Save

KROATIEN

Zara

Spalato

Ragusa

ADRIA

Belgrad

Nisch

SERBIEN

BULGARIEN

KOMANEN (FALBEN)

SCHWARZES MEER

Der byzantinische Kaiser Manuel I. Komnenos öffnet sein Reich für Siedler aus dem Westen

• Konstantinopel

Nicaea

SELDSCHUKEN-TÜRKEN

BYZANTINISCHES

eapel
Salerno

KÖNIGREICH

REICH

ÄGÄIS

GRIECHENLAND

IONISCHES
MEER

Athen

Messina

SIZILIEN
Catania

RHODOS

ZYPERN

KRETA

benötigte, ließ Ludwig die Ehe schließlich als nichtig erklären. Die zu nahe Blutsverwandtschaft kam ihm als Grund gelegen.

Weniger als zwei Monate später brachte Eleonore die Feudalwelt in Aufruhr, indem sie den etwa zehn Jahre jüngeren Heinrich von Anjou heiratete, den kräftigen, entschlossenen Herzog von der Normandie und Erben der englischen Krone. Ihre Mitgift war Aquitanien. So kam es zur Gründung des angevinischen Reiches, das England und den größeren Teil von Frankreich umfaßte. Und zu Ludwigs großem Ärger gebar Eleonore Heinrich II. fünf Söhne und drei Töchter. Richard, der am 8. September 1157 zur Welt kam, war der dritte Sohn.

Wilhelm, der älteste, starb jung. Der zweite Sohn, Heinrich, wurde zum Nachfolger seines Vaters bestimmt. Richard sollte von seiner Mutter Aquitanien erben; Geoffrey bekam die Bretagne, und Johann erhielt den Zunamen «ohne Land», weil für ihn nichts übrigblieb.

Als er noch nicht zwölf war, erkannte Richard den französischen König als seinen Lehensherrn über die Grafschaft Poitou und das Herzogtum Aquitanien an. Obwohl sie

leidenschaftlich an ihrer Unabhängigkeit festhielten, gehörten diese angevinischen Gebiete zur Oberhoheit der französischen Krone. Drei Jahre später wurde Richard, der eine geweihte Lanze und ein Banner in der Hand hielt, in der Kirche Saint-Hilaire in Poitiers feierlich zum Herzog von Aquitanien eingesetzt. Heute blickt diese Kirche, eines der schönsten romanischen Gotteshäuser Frankreichs, traurig auf Eisenbahnschienen herab.

Aquitanien bäumte sich auf, als Heinrich, der Angeviner, es an die Zügel nahm und versuchte, es mit seiner strengen Ordnungsliebe zu regieren. Sogar Eleonore entkam nur mit knapper Not verschiedenen Hinterhalten. Einmal wurde der junge Ritter William Marshal bei ihrer Verteidigung vom Pferd gezerrt; «wie ein von Hunden angegriffener wilder Eber» focht er allein gegen eine Übermacht von sechzig Wegelagerern, wurde verwundet und gefangengenommen. Eleonore bezahlte das Lösegeld und belohnte ihn fürstlich.

Inmitten solcher Gewalttaten wuchs Richard zum Mann heran. Als er einundzwanzig war, begründete er seinen Ruhm durch das strategische Geschick und den Schneid, die er bei der Eroberung von Taillebourg an den Tag legte. Als die Verteidiger, aus den Mauern gelockt, weil er ihre Felder verwüstete, einen Ausfall gegen ihn machten, trieb Richard sie in wilder Unordnung durch das Tor in die Stadt zurück und steckte diese in Brand. Zwei Tage später ergab sich die Festung auf der Felsenklippe oberhalb der Stadt. Ein Chronist berichtet: «Nie zuvor hatte ein Feind die Burg auch nur anzuschauen gewagt.»

Jonathan S. Blair. Links: Flämische Miniatur aus dem «Roman de la Rose», 15. Jh.; British Museum

Die Kunst der höfischen Liebe befreite Eva aus der Hölle und stellte sie auf ein Piedestal. Sie wurde eine Rose in einem Garten der Lüste – einer Welt der Phantasie, die nichts zu tun hatte mit der Feudalgesellschaft, in der die Stellung der Frau von ihrem Landbesitz abhing. Königin Eleonore war für die Dichter in Poitiers, «was die Morgendämmerung für die Vögel». Sie sangen für sie von Höfen, wo die Dame die Herrin ist und der Mann ihr Vasall, der in ihrem Dienst kämpft und schmachtet. Ritter hätten ihre Lanzen gebrochen für diese Maid aus Arezzo mit den goldenen Flechten (rechts), die für ein Turnier gekleidet ist.

Gestählte Männer in eisernen Rüstungen schufen zeitlose Legenden von Tapferkeit

Richard kämpfte in einem Kettenpanzer, genau wie seine edlen Ritter und die niedrigeren Reiter. Ein solcher Panzer bestand aus ungefähr vierzigtausend handgeschmiedeten Gliedern. Über einem Lederwams getragen, ließ die Rüstung Schwerthiebe abgleiten. Dann setzten

Richard und Philipp August die Armbrust ein. Die Chronisten bezeichnen diese Waffe empört als unritterlich; die Kirche verbot ihren Gebrauch außer gegen die Ungläubigen. Aber als die Armbrust ihr tödliches Werk fortsetzte, begannen Eisenplatten die Ritter vor den schweren Bolzen zu schützen. Um das Jahr 1400 waren aus den Reitern dröhnende Panzer geworden.

Die Waffenschmiede hämmerten kalte Eisenstücke zu Platten, formten sie dann und verbanden etwa zweihundert davon zu einem glänzenden «weißen Harnisch», der bis zu den Fingerspitzen seinem Träger angepaßt war. Dünne

Rüstungen aus verschiedenen Epochen zeigt die Rüstkammer von John Woodman Higgins in Worcester, Massachusetts; B. Anthony Stewart, NGS

Platten bildeten geschmeidige Glieder, gleitende Nieten erlaubten das Biegen der Gelenke; an den Stellen, wo im Krieg oder im Turnier die Hiebe zu treffen pflegten, ließen speziell geformte Platten die Waffen abgleiten. Manche dieser Rüstungen wogen bis zu 60 Kilogramm, erforderten drei Jahre zu ihrer Anfertigung und kosteten ein Vermögen. Ohne Pferd war ein Ritter seinem Feind restlos ausgeliefert. Aber eine Rüstung für Mann und Knappen, Pferd und auf Eber abgerichteten Jagdhund konnte sich nur ein Adliger leisten.

Während die gepanzerten Reiter in die Schlacht galoppierten, kämpften die ausgehobenen, nur mit einem Wams bekleideten Bauerntruppen mit Dreschflegeln, Jagdspießen und Keulen – in den Augen der Ritter nicht mehr als Pöbel, der, keines Lösegelds würdig, hingeschlachtet wurde. Aber die Infanterie streifte ihre Kinderschuhe ab, als die Schweizer die Schlacht von Laupen mit ihren Morgensternen gewannen und die englischen Armbrustschützen bei Crécy den Sieg davontrugen. In der oben abgebildeten Rüstkammer hat eine Rüstung eine von einer Musketenkugel durchlöcherte Brustplatte, ein Zeichen, daß ihre letzte Stunde geschlagen hatte.

Diese Jahre wurden verdüstert durch die Kämpfe, die die Söhne gegen den Vater und die Brüder unter sich führten. Heinrich II. verlieh seinen Söhnen Titel, gab aber seine eigene Herrschaft über ihre Territorien nicht auf. Zuerst ließ er die Prinzen gewähren, dann griff er ein. Der Groll seiner heißblütigen Söhne wuchs. Seine Königin sah ihn immer seltener, und er ließ sich mit anderen Frauen ein, insbesondere mit Rosamond Clifford. Die Tatsache, daß die Überlieferung steif und fest behauptet, Eleonore habe die «schöne Rosamond» gezwungen, Gift zu nehmen, ist nur ein Beweis für die ungemein starke Wirkung von Eleonores Persönlichkeit. Ihre Feinde trauten ihr große Verbrechen zu.

Heinrich selber entsetzte die Christenheit, als sein langer, bitterer Streit mit Thomas Becket mit dem Märtyrertod des Erzbischofs endete. Als die Prinzen sahen, daß ihr Vater Schande über sich gebracht hatte und dazu noch ihre Mutter demütigte, erhoben sie sich gegen ihn. Aber Heinrich spielte meisterhaft und erreichte innerhalb eines Jahres, daß sie sich ergaben. Mit Tränen in den Augen baten sie um Verzeihung, und er gewährte sie ihnen. Eleonore, die während der Erhebung versucht hatte, als Mann verkleidet zu ihren Söhnen zu stoßen, wurde von Heinrichs Rittern bei Chinon festgenommen. Sie jedoch verzichtete auf Tränen und Bitten. Die nächsten fünfzehn Jahre wurde sie in England gefangengehalten und durfte nur gelegentlich zu Weihnachten ihre Familie besuchen.

1180 starb Ludwig von Frankreich. Sein Nachfolger war sein unzugänglicher Sohn Philipp. Er war erst fünfzehn, aber nie jung gewesen. Drei Jahre später starb auch der junge Heinrich von England.

Richard, der jetzt Kronprinz war, geriet in einen neuen Konflikt mit seinem Vater, der der Ansicht war, nun, da Richard über Anjou, die Normandie und England herrschen würde, solle Johann Aquitanien bekommen. Richards Aquitanien? Das Land seiner Mutter? Niemals!

Während der Streit hin und her tobte, traf im Herbst 1187 die Nachricht ein, daß Saladin Jerusalem eingenommen hatte. Richard vernahm sie eines Abends in Tours. Ohne lange zu überlegen, nahm er am nächsten Morgen das Kreuz. «Du hättest unter keinen Umständen eine so wichtige Entscheidung treffen dürfen, ohne mich vorher zu befragen»,

Die wuchtige Marksburg verkörpert die Welt der Burgen, wie Richard sie gekannt hat. Im 12. Jahrhundert über dem Rhein erbaut und in späteren Jahrhunderten erweitert, wurde sie oft angegriffen, aber nie erobert, repariert, aber nie «restauriert» wie die meisten der heutigen Burgen, die damit ihre mittelalterliche Echtheit eingebüßt haben.

Vom Beispiel der Sarazenen und der Byzantiner angespornt, errichteten die Burgenbauer der Kreuzfahrerzeit ihre Festungen auf schroffen Felsen, umgaben sie mit Mauern und Wassergräben und schufen ein ganzes Netzwerk von Verteidigungsanlagen. Türme, unabhängige Befestigungen, wie der vieleckige Bau der Marksburg, waren an den Ecken ausgebuchtet, damit die Schützen den Fuß der Mauern mit ihren Pfeilen erreichen konnten. Im innersten Hof (rechts) erhob sich der Burgfried, die letzte Zuflucht. Die Verteidiger betraten ihn durch eine hochgelegene Öffnung und zogen die Leitern nachher ein; dann konnten

Fortsetzung S. 216

sie es hier wochenlang aushalten und
von den Vorräten an gepökeltem
Rind, Brot und Bier leben. Die Flagge,
die vom höchsten Turm flatterte,
hielt am längsten stand; sie wurde
erst zum Zeichen der Ergebung ein-
gezogen.

In Akkon hatte Richard die Flagge
des Herzogs Leopold von Österreich
beleidigt, was seine Gefangennahme
und Einkerkerung in Dürnstein an
der Donau zur Folge hatte, einer der
zehntausend Burgen, die sich allein in
deutschen Landen erhoben.

Die Marksburg zeigt das grimmige
Gesicht einer stets zum Krieg bereiten
feudalistischen Festung. In einer düsteren Kammer sind Morgensterne,
Kriegsflegel und ein Keuschheits-
gürtel zu sehen, mit dessen Hilfe sich
ein Kreuzfahrer der Tugendhaftigkeit
seiner Frau während seiner Abwesenheit versicherte. Wehe einem Verräter: die Kerkermeister setzten ihm
eine rot glühende Kupfermaske auf
(rechts) und warfen ihn in das unter
dem Burgfried gelegene Verlies, wo
er elendiglich umkam.

wütete der Vater. Aber der Schimpf, der Christi Namen angetan wurde, ließ sogar Heinrich nicht gleichgültig. Er nahm selber das Kreuz, genau wie der greise deutsche Kaiser Friedrich Barbarossa und der vorsichtige Philipp von Frankreich. Der Verlust von Jerusalem schien in Europa Frieden zu stiften.

Aber nicht sofort. Ein neuer Streit brach aus, und als der alte König aus seiner brennenden Geburtsstadt Le Mans floh, war ihm Richard hart auf den Fersen. Er hätte seinen Vater gefangennehmen können, hätte sich ihm nicht der seinem Herrscher treu ergebene William Marshal in den Weg gestellt und Richards Pferd niedergemacht. «Euch will ich nicht erschlagen», sagte er, «aber ich hoffe, der Teufel besorgt es.»

Bald darauf starb Heinrich in Chinon, Heinrich, der große Gesetzgeber und Herrscher über Nordwesteuropa, der leidenschaftliche, rastlose Mann, der in den menschlichen Beziehungen so viele Ungeschicklichkeiten beging, wie er in Staatsgeschäften Geschick bewies.

Nun war Richard König von England. Und jetzt, so berichtet ein Chronist, «zog Königin Eleonore mit ihrem königlichen Hof von Stadt zu Stadt und von Schloß zu Schloß . . . Sie schickte Anweisungen durch ganz England, daß alle Gefangenen dem Seelenheil ihres Gemahls Heinrich zuliebe freigelassen werden sollten, denn sie habe am eigenen Leib erfahren, daß Einge-

Die Turmtreppe (unten links) windet sich wie vielerorts rechts hoch, um den Schwertarm emporstürmender Feinde zu behindern. In dunklen Ecken verbargen sich oft Fallgruben. Im Kamin der Küche (unten Mitte) konnte ein ganzes Schaf gebraten werden, das im Rittersaal (unten) verzehrt wurde. Schränke und Büfetts waren kaum bekannt, Kleider und Wertgegenstände wurden in Truhen verwahrt. Die Aufforderung zur Plünderung lautete: «Brecht die Truhen auf!»

Nächste Doppelseite:

Einer in Hermelin gekleideten Dame würdige Fasane werden bei einem Festmahl im 15. Jahrhundert aufgetragen. Verschwunden ist der düstere Rittersaal, wo Waffen, Trophäen, die Lager der Dienstleute in wüstem Durcheinander lagen, während sich die Mannen auf Bänken räkelten und auf Eber abgerichtete Jagdhunde auf den binsenbelegten Steinböden an ihren Knochen nagten. Ein schlanker Windhund spa-

Bruce Dale, NGS. Gegenüber: David F. Cupp

ziert auf den vom maurischen Spanien inspirierten Fliesen. Knappen in Puff-ärmeln und Schnabelschuhen tragen das Essen auf zu den Klängen der Schalmeien, der Vorläufer der Oboen, zu deren Musik die Sarazenen sich in den Kampf stürzten.

Die Kreuzzüge weckten die Geschmacksnerven der Europäer. Edelleute, die früher mit faden Gerichten zufrieden gewesen waren, griffen jetzt tief in den Säckel, um sich Leckerbissen zu verschaffen, die sie in der Levante kennengelernt hatten: Pfeffer, Gewürznelken, Rosinen, Datteln und eine Süßigkeit, die die Heiden Zucker nannten. In den kühlen Kellern des 12. Jahrhunderts lagerte Bier, Met, Apfelwein, Nektar und «nelkengewürzter Wein für Schlemmer, deren Durst unstillbar ist». Die Ärzte bevorzugten das kostbare «Goldwasser», das die Jugend erhalten und alle möglichen Krankheiten heilen sollte; wir nennen es heute Branntwein.

Die Menschen des Mittelalters, die mit der Sonne aufstanden, nahmen zum Frühstück Wein und Brot. Ein reiches Mittagessen wurde bereits um 9 Uhr morgens aufgetragen; das Abendessen bestand oft aus Gebäck, Obst und Wein.

Aus der Küche trugen Pagen eilends Gerichte auf, die nicht stark gekaut werden mußten, denn zu jener Zeit, da die Zahnheilkunst sich auf das Zahnziehen beschränkte, besaßen nur wenige ein gutes Gebiß. Beinahe alles, was überhaupt gegessen werden konnte, wurde verspeist. Geschickte Köche kochten die Köpfe und Füße von Hühnern mit den Innereien zusammen zu einem «Abfall» genannten Leckerbissen. Oder sie nähten ein halbes Schwein mit einem halben Kapaun zusammen, woraus ein heraldischer «Basilisk» entstand. Unter den 31 Gängen eines Festmahls können wir zum Beispiel erwähnen: in Wein gekochten umgestülpten Aal, Lerchenpasteten, gebratene Karpfen, Schmalzmilch. Nur wenige Vogelarten entgingen dem Kochtopf; die Ritter aßen Krähen mit Genuß und priesen den Pfauen als «Nahrung für den Tapferen».

Die Esser teilten sich zu zweit in Becher und Tranchierbrett. Nach der Mahlzeit tanzte man, lauschte den Spielleuten oder schaute zu, wie Falken den aus einer riesigen Pastete befreiten Singvögeln nachsetzten. Der Majordomus zählte das Silber, und draußen standen die Bauern Schlange, um die Reste in Empfang zu nehmen.

Französische Miniatur aus «Renaud de Montauban», 15. Jh.; Bibliothèque de l'Arsenal, Paris

sperrtsein einem Menschen nicht gut bekomme und daß es für den Geist eine höchst willkommene Erleichterung bedeute, davon befreit zu werden.»

Richard begab sich bald nach England, um die Regierung während seiner Abwesenheit zu organisieren und um Geld für den Kreuzzug aufzutreiben. Einigen schien es, daß «der König alles zu verkaufen suchte, was er besaß». Er soll gesagt haben: «Ich würde selbst London verkaufen, wenn ich einen Abnehmer dafür fände.»

In dieses selbe London, von einem Chronisten als «eine der edelsten und berühmtesten Städte der Welt» gepriesen, zogen Richard und Eleonore hoch zu Roß ein, und hier fand die prunkvollste Krönung statt, die man je gesehen hatte. Sie sollte den kommenden Jahrhunderten als Vorbild dienen.

Aber die Feier in der großen, von Wilhelm Rufus, dem Sohn des Eroberers, erbauten

Halle von Westminster, wurde durch ein tragisches Ereignis überschattet. Als eine Abordnung der jüdischen Gemeinschaft dem König ihre Geschenke überreichen wollte, wurde sie von der Menge überfallen. Daraus entwickelte sich ein allgemeiner Angriff auf das jüdische Viertel, der zahlreiche Tote forderte. In ganz England fanden ähnliche Massaker statt. Richard bestrafte die Rädelsführer, aber der Geist der Kreuzzüge weckte und schürte Judenhaß. «Sein Blut komme auf uns und unsere Kinder» – dieser schreckliche Ruf des Pöbels bei der Kreuzigung war nicht vergessen. Man nahm den Juden auch den Wohlstand übel, den sie zum Teil dem für Christen verbotenen Wucher zu verdanken hatten.

Nachdem Richard vier Monate in seinem Königreich verbracht hatte, machte er sich im Dezember 1189 auf den Weg nach Osten. In Tours empfing er den Pilgerstab, «und als er sich darauf stützte, brach er». Ein schlechtes Vorzeichen.

Er schiffte sich in Marseille ein, und Roger von Hoveden, der die am Weg liegenden Häfen an der italienischen Küste aufzählt, berichtet, daß der König in Ostia an Land ging, und erzählt von Räuberburgen und römischen Landstraßen, von der Insel Ponza, «wo Pilatus zur Welt kam», vom rauchenden Stromboli, von Aufenthalten in Neapel und Salerno, wo sich eine berühmte medizinische Fakultät befand.

Nun folgte auch die englische Flotte nach, und Richard fuhr an der Spitze von 114 Schiffen in den Hafen von Messina ein. «So laut war der Klang der Trompeten, daß die Stadt erzitterte und großes Staunen herrschte...»

Die sizilianische Kultur, in der maurischer und byzantinischer Einfluß sich stark bemerkbar machte, muß diesen Besuchern aus dem Norden fremd vorgekommen sein. Und doch existierten viele Bande zwischen England und Sizilien, dessen normannische

Luis Marden und (gegenüber oben) Winfield Parks, NGS
Unten: Miniatur aus der Manessischen Liederhandschrift, ca. 1300; Universitätsbibliothek Heidelberg; Lossen Foto

An Kleinodien wie Portofino vorbei (links) segelte Richard 1190 die Italienische Halbinsel hinunter bis in ein normannisches Königreich, das mächtiger war als das seine. Hierher waren seit Generationen die jüngeren Söhne des normannischen Adels gekommen. Das Erstgeburtsrecht ließ sie ohne Land, und ihr Wikingerblut fand sich schlecht damit ab. Sie verdingten sich an Päpste und Seeräuber; und die in der Normandie Habenichtse gewesen waren, eroberten sich einen Platz an der Sonne Italiens und wurden die Herrscher von Sizilien. Sie plünderten Rom, besiegten byzantinische Kaiser, eroberten afrikanisches Küstenland. 1059 war ganz Süditalien dem ehemaligen Raubritter Robert Guiscard untertan. Sein Bruder Roger eroberte Sizilien; 1130 herrschte sein Neffe Roger II. als König über beide Gebiete.

Wie die zukünftigen Kreuzfahrer eroberten die Normannen in Sizilien sarazenischen Boden. Es waren ihrer höchstens ein paar tausend, die über ein Völkergemisch von Römern, Griechen, Muselmanen und Juden herrschten; sie behielten die lokalen Gebräuche bei, förderten den Handel, den Anbau von Zucker, die Seidenindustrie und die öffentlichen Bäder, die im Norden kaum bekannt waren. Ihre Technik, die Reiterei mit Schiffen zu transportieren, wurde von Wilhelm bei der Eroberung Englands nachgeahmt. Die von ihrer douane (vom arabischen diwan) angestellten Steuerschätzungen nahmen das Domesday Book vorweg. Ihre Übersetzer schenkten Europa die Werke von Plato, Aristoteles, Euklid und Ptolemäus.

Richards Schwager Wilhelm stiftete Monreale eine Kathedrale und einen mit einem Springbrunnen geschmückten Kreuzgang (links), in denen östlicher und westlicher Stil sich vermählen. In ihrem Palast in Palermo – einer Hauptstadt, deren königliche Einkünfte höher waren als die von ganz England – hielten normannische Herrscher sich Harems und Eunuchen und erregten die staunende Bewunderung der Gäste angesichts dieser «überwältigenden Stadt ... die wie eine Verführerin vor einem ersteht».

Ihr Geschlecht starb aus mit Friedrich II., dem Kaiser des Heiligen Römischen Reiches, der ein halber Deutscher war; stupor mundi, «Weltwunder», nannten ihn seine

Fortsetzung S. 222

Dynastie aus dem muselmanischen Mittelmeer ein christliches Meer gemacht hatte. Diese Bande hatten sich noch verstärkt, als Richards jüngste Schwester Johanna, mit einer reichen Mitgift ausgestattet, Wilhelm II. von Sizilien geheiratet hatte.

Zur Zeit von Richards Ankunft war sie Witwe und ohne Erben. Tankred von Lecce, ein unehelicher Enkel von Roger II., dem Begründer der normannischen Herrschaft in Sizilien, hatte sich des Throns bemächtigt. Er hatte Johannas Mitgift an sich gerissen und sie in Palermo gefangengesetzt, während er mit Philipp, der mit den französischen Kreuzfahrern bereits eingetroffen war, gegen Richard Intrigen spann.

Das war die Lage, die das Löwenherz höher schlagen ließ. Er «eroberte Messina schneller, als ein Priester seine Matutin beten kann», und Schwester und Mitgift wurden ihm übergeben.

Nun kam auch Eleonore, die die Alpen im Winter überquert hatte, in Messina an. In ihrem Gefolge befand sich Berengaria von Navarra, eine Prinzessin, die Richards Gefallen erregt hatte. Eleonore fand es an der Zeit, daß Richard seine Nachfolge sicherte. Er war lange mit Alice verlobt gewesen, Philipps Halbschwester, die am englischen Hof aufgewachsen war. Aber die Hochzeit war immer wieder hinausgeschoben worden. Als Philipp schließlich darauf drängte, erklärte ihm Richard ohne Umschweife, seine Schwester sei von Heinrich II. verführt worden, und er habe nicht die Absicht, die Geliebte seines Vaters zu heiraten.

Berengaria und Johanna schifften sich zusammen ein, um ins Heilige Land zu fahren. Ihr Schiff wurde aber von einem Sturm gezwungen, in Limassol auf Zypern Zuflucht zu suchen. Dort stieß später Richard zu den beiden Frauen.

Zypern war alles, was Richard von der byzantinischen Welt zu sehen bekommen sollte, deren Pracht seine Mutter am Hof von Konstantinopel erlebt hatte. Als er landete, trat ihm Isaak Komnenus entgegen, ein Tyrann, der auf das Plündern der Flotte aus war. Richard nahm die zahllosen Burgen eine nach der anderen ein, bis er die ganze Insel erobert hatte. Als Isaak sich ergab, bat er, nicht in eiserne Ketten gelegt zu werden, worauf Richard eigens silberne anfertigen ließ – das war die Art grimmigen Spaßes, an dem der König seine Freude hatte. Zu der Beute gehörte auch Isaaks prachtvolles Pferd Fauvel, das Richard während des ganzen Kreuzzugs begleitete.

Inmitten all dieser Wirren vermählte Richard sich mit Berengaria. Eine Kapelle im Schloß wird manchmal als Ort der Trauung gezeigt, aber in Limassol zeugt heute nichts mehr von Richards Aufenthalt.

Akkon liegt auf einer Landzunge, die einen der wenigen natürlichen Häfen Palästinas bildet. Richard prüfte mit erfahrenem Blick den Hafen, der gegen das offene Meer hin durch eine große eiserne Kette abgesperrt und landeinwärts durch mächtige Mauern und einen Graben geschützt war. Philipp, der schon früher eingetroffen war, begrüßte ihn, und «die beiden Könige geleiteten sich gegenseitig aus dem Hafen und bezeigten einander die unterwürfigste Aufmerksamkeit», berichtet ein Chronist. «Dann

Anhänger, einen «getauften Sultan» seine Feinde. Er war Dichter, Philosoph und Wissenschaftler und hielt sich einen großen Zoo, den er sogar mit auf Reisen nahm. Er schrieb eine heute noch gültige Abhandlung über die Kunst der Falknerei (Mitte). Nur Edelleute hatten das Recht, sich einen Falken zu halten. Richard nahm einem italienischen Bauern seinen Vogel weg – und verfehlte beinahe seinen Kreuzzug, als wütende Dorfbewohner sich gegen ihn zusammenrotteten!

Liebe und Vermögen hingen oft von einer Lanzenspitze ab, wenn die Ritter ihrem Sport huldigten.
Wenn die Kämpfer im ärmellosen Wams mit wappengeschmücktem Schild in die Schranken traten, riefen Herolde Namen und Ehrentitel aus. Paarweise oder in ganzen Scharen zeigten die Ritter ihre Kampfkünste, während die Edelfräulein sich auf den Schaugerüsten drängten, um «gut und deutlich zu sehen, wer am besten für die Dame seines Herzens focht». Dem Ritter, der ihre Gunst besaß, warfen sie Schärpen, ein Stück Beinkleid oder einen Streifen ihres Rocks zu. Berengaria, Richards spätere Gemahlin, fiel ihm zuerst bei einem Turnier in Navarra auf, dem Königreich ihres Vaters. Die Sieger forderten Lösegeld von den bestürzten Verlierern; einige wurden reich dabei, insbesondere William Marshal, der in seiner erfolgreichen Laufbahn fünfhundert Ritter gefangennahm.

Der deutsche Ritter Walther von Klingen, mit Helmbusch, bricht seine Lanze, während er einen Gegner aus dem Sattel hebt; Manessische Liederhandschrift, ca. 1300; Universitätsbibliothek Heidelberg; Lossen Foto

zog König Richard sich in sein Zelt zurück ... und traf Anordnungen in bezug auf die Belagerung, denn es war sein dringendstes Anliegen, herauszufinden, mit welchen Mitteln, Listen und Maschinen sie die Stadt ohne Zeitverlust einnehmen konnten.»

Ein Angriff wurde geplant, aber der Typhus, der während der zweijährigen Belagerung schon viele Opfer gefordert hatte, warf beide Könige aufs Krankenlager. Richard, der bereits an Wechselfieber litt, erholte sich weniger schnell als Philipp. Aber er ließ sich, in seidene Decken gehüllt, von seinen Mannen in ein Obdach tragen, das sich in Reichweite des mächtigsten Turms befand – des «Verfluchten Turms», so daß er mit den Armbrustschützen zusammen auf die Verteidiger schießen konnte.

«Seine Sappeure schaufelten auch einen Graben unter dem Turm», fährt der Chronist fort, «und nachdem sie eine Bresche geschlagen hatten, füllten sie den Tunnel mit Holzklötzen, die sie anzündeten; dazu kamen die häufigen Schläge der *petraria* (eine Steinschleuder), und plötzlich stürzte der Turm mit lautem Krachen zu Boden.» In der Bresche kam es zu heftigen Kämpfen. Am nächsten Tag, dem 12. Juli 1191, ergab sich Akkon.

«Und als der Tag kam, da die Türken, berühmt für ihren Mut und ihre Tapferkeit ... und wohlbekannt für ihren Prunk, auf den Mauern erschienen, bereit, die Stadt zu verlassen, traten die Christen vor, um sie zu betrachten, und sie wurden von Bewunderung ergriffen, als sie der Taten gedachten, die sie vollbracht hatten.»

Die Begegnung zwischen Ost und West während der Kreuzzüge ließ gegenseitige Hochachtung entstehen. Die Araber bewunderten die Tapferkeit der Franken (wie alle Kreuzfahrer genannt wurden) und ihre Entschlossenheit in der Kriegführung. Aber die Freiheiten, die die Fremden ihren Frauen gewährten, erregten ihr Ärgernis, und sie waren entsetzt über die primitive Heilkunst der Europäer. Franken, die sich nach dem Ersten Kreuzzug in Syrien niedergelassen hatten, lernten die arabische Kultur bald schätzen, und manche sprachen Arabisch. In lokalen feudalistischen Fehden wurden Christen und

Ein Sarazenenturnier führt die italienische Stadt Arezzo in die Vergangenheit zurück. Ein Herold (S. 6)
fordert ein Stadtviertel gegen ein
anderes zum Kampf heraus; jedes
besitzt seine Bannerträger (unten),
Signalbläser, Armbrustschützen,
Fußsoldaten und zwei Ritter, begleitet von Knappen mit Helmbüschen
(rechts). Auf der Piazza steht
Buratto, der Sarazene (links, im
Vordergrund). Die Ritter gewinnen
Gutpunkte, wenn sie den Schild der
beweglichen Figur mit ihrer Lanze
treffen, verlieren aber Punkte und
bekommen Beulen ab, wenn die an
den Armen des Sarazenen hängenden
Hartholzkugeln sie erwischen.

Die ersten Turniere kannten wenig
Regeln und viel Blut. Eines kostete
sechzig Rittern das Leben, in einem
andern erschlug ein Kämpfer den
eigenen Sohn. Richards Bruder
Geoffrey, der 1186 in Paris an Philipps Hof turnierte, wurde aus dem
Sattel geworfen und von den Pferden
zu Tode getrampelt.

Die Päpste verboten diese Kurz-
weil. «Wer in einem Turnier fällt,
kommt in die Hölle», drohte ein
Mönch. Das machte wenig Eindruck.
Um bereit zu sein für den Krieg,
lehrte ein Text, «muß ein Ritter . . .
sein eigenes Blut gesehen und gehört
haben, wie seine Zähne unter den
Hieben seines Gegners krachen».

Schwerere Rüstung, stumpfe Waffen und strenge Regeln machten
spätere Turniere harmloser.

Jonathan S. Blair

Mohammedaner sogar Verbündete. Eine solche Toleranz empörte die Kreuzfahrer des Dritten Kreuzzugs, die von heiligem Feuer erfüllt ankamen.

Genau wie diese Kreuzfahrer um das Grab Christi kämpften, führten die Muselmanen nun einen heiligen Krieg, den Dschihad, den der Koran ihnen vorschrieb. In Wahrheit besaß Saladin einen tieferen Sinn für das Heilige als Richard. Während dieser sich an den Liedern der Troubadoure und an rauhen Lagerspäßen erfreute, war Saladin glücklich, wenn er mit gelehrten Männern über Theologie diskutieren konnte. Saladin war tapfer, besonnen, fähig, eine komplizierte Lage zu überblicken, aber auch sensibel, zu Depressionen geneigt und leicht zu Tränen gerührt. Eine mutige oder edle Tat, ob von Freund oder Feind vollbracht, erweckte seine Hochachtung.

Er bewunderte Richards Mut, und eine Zeitlang wurde gemunkelt, es solle ein Friede zustande kommen dank der Heirat zwischen Richards Schwester Johanna und Saladins Bruder al-Adil. Richard soll einen Sohn des letzteren zum Ritter geschlagen haben. Sogar im offenen Krieg konnten ritterliche Höflichkeiten getauscht werden. Als Richard krank vor Akkon lag, schickte ihm Saladin frisches Obst und Schnee aus den Bergen.

Diese Ritterlichkeit wurde nun auf eine schwere Probe gestellt. Sobald Akkon eingenommen war, erklärte Philipp, seine Aufgabe sei erfüllt, und machte sich auf den Heimweg. Richard,

Gegen den Sarazenen anrennend, versucht ein Ritter von Arezzo seine Lanze so hart aufzustoßen, daß sie bricht, was seine Gutpunkte verdoppelt. «Redlich gebrochen!» wurde gerufen, wenn ein Held seine über vier Meter lange Lanze zersplitterte. Ein Ritter hatte sein Kampfroß ebenso lieb wie sein Schwert. Man hoffte, in den Himmel zu kommen, aber auch «Blanchart, mein gutes Pferd» wiederzufinden.

der so viele Ländereien in Frankreich besaß, fühlte sich nicht wohl beim Gedanken, Philipp zu Hause zu wissen, während er selber gegen Jerusalem marschierte. Darum wollte er den Kreuzzug so schnell wie möglich beenden.

Aber es gab Verzögerungen bei der Ausführung der Übergabebestimmungen. Saladin hatte noch nicht alle Gefangenen freigelassen, nicht alles Geld bezahlt und auch das echte Kreuz nicht herausgegeben. Richard lehnte es ab, weiter zu warten. Er besaß zweitausendsiebenhundert Geiseln aus Akkon, die er weder ernähren noch mitführen wollte.

Auf der Ebene vor der Stadt, vor den Augen der sarazenischen Soldaten, die vergeblich einzugreifen versuchten, wurden diese gefesselten Gefangenen niedergemetzelt – die Christen «stürzten voll Eifer vorwärts, dankbar, daß sie mit göttlicher Zustimmung Rache nehmen konnten an denen, die so viele Christen mit Bolzen und Pfeilen umgebracht hatten».

Armbrustschießen an einem Fest in San Marino. Im Mittelalter fanden die Knaben: «Ein Feigling war er, der erste Bogenschütze, er . . . wagte sich nicht an den Feind heran.»

Page mit sieben Jahren, Knappe mit vierzehn, übte ein Jüngling, der danach strebte, ein Ritter zu werden, sich im Zweikampf. Er lernte, sich in ein Kettenhemd zu zwängen (rechts), den fürchterlichen Flegel zu schwingen, der Streitaxt auszuweichen, die seinen Helm spalten konnte, und das Schwert zu führen – und auch Gelübde abzulegen auf die heiligen Reliquien, die sich in dessen Knauf befanden. Mit einundzwanzig wurde er zum Ritter geschlagen und bekam seine Sporen.

Gemetzel waren nichts Neues in den Kreuzzügen. Aber dieses Blutbad von Akkon ist ganz besonders abstoßend, denn Saladin hatte manches Mal Milde walten lassen. In Jerusalem hatte er sogar das Lösegeld für ein paar gefangene Christen aus eigener Tasche bezahlt. Aber von nun an wurde kaum noch Pardon gegeben.

In der Augusthitze marschierten die Kreuzfahrer nach Süden, am Karmel und an Caesarea vorbei, ständig verfolgt von Saladins Armee, die nun eine dreifache Übermacht besaß. In Arsuf führte Richard auf seinem Pferd Fauvel einen Sturmangriff auf die Stadt an, der den Franken den Sieg einbrachte. Er eroberte Joppe und drängte landeinwärts. Es kam zu Kämpfen, wie er sie liebte – ein Dreinhauen nach rechts und links, «von Pfeilen übersät, die wie die Stacheln eines Igels an ihm hingen», oder ein Aufspringen von seinem Lager, um nacktbeinig auf seinem Pferd einen Überraschungsangriff zurückzuschlagen.

In Regen und Hagel rückte eine zerlumpte Armee im Winter durch die Hügel Judäas vor und gelangte bis ein paar Meilen vor Jerusalem. Aber nun hielt Saladin die Stadt fest in seiner Hand, und eine lange Belagerung war unmöglich. Ein Chronist erzählt, daß Richard seine Augen bedeckte und ausrief: «Mein lieber Herr und Gott, erlaube mir bitte, deine Heilige Stadt nicht zu schauen, da ich sie doch nicht aus den Händen deiner Feinde befreien kann.»

Dieser Ausruf bitterer Enttäuschung spricht Bände für die Wichtigkeit, die diese rauhen, grausamen Krieger ihrem Glauben beimaßen.

Die Rückkehr aus Palästina brachte unvorhergesehene Abenteuer mit sich. Während Berengaria und Johanna heil in Marseille landeten, wurde Richard zweimal von einem Sturm in der Adria an Land getrieben. Er verkleidete sich und setzte seinen Weg zu Land fort – ein tollkühnes Unternehmen, selbst für ihn. Denn er befand sich im Land Leopolds von Österreich, den er in Akkon schwer beleidigt hatte, als er sein herzogliches Banner von einem Palast herunterriß, den er für sich beanspruchte. Die Entdeckung war unvermeidlich, und Leopold setzte ihn in Dürnstein bei Wien gefangen, einer Burg, die sich noch heute als romantische Silhouette über der mittelalterlichen Stadt erhebt.

In England gingen wilde Gerüchte um: der König, der Held des Kreuzzugs, war verschwunden. Zwei Äbte begaben sich ins Reich, um dank dem kirchlichen Nachrichtensystem nach ihm zu suchen, denn die Neuigkeiten wurden von Reisenden von Kloster zu Kloster verbreitet. Die Legende berichtet, daß der Troubadour Blondel Richard in Dürnstein singen hörte und ihm mit einem ihnen beiden vertrauten Lied antwortete. Aber nun hatte Kaiser Heinrich VI., Leopolds Lehensherr und Richards Feind, ihn in sicherem Gewahrsam in Deutschland.

Richards Mutter tat ihr Bestes, um ihn freizubekommen. Sie bat den Papst um Hilfe und unterschrieb ihren Brief mit

«Eleonore, dank Gottes Zorn Königin von England». Schließlich wurde die ungeheure Summe von 100000 Silbermark als Lösegeld festgesetzt – mehr, als die königlichen Einnahmen aus England und der Normandie in einem Jahr betrugen. Als es endlich beisammen war, reiste Eleonore, die nun über siebzig war und «immer noch vor keinem Wagnis zurückschreckte», selber damit an den Kaiserhof nach Speyer, den Schatz mit ihrem Prestige schützend.

Richard wurde als Held in England willkommen geheißen. Als erstes mußte er sich mit dem Verrat seines Bruders Johann auseinandersetzen, der sich mit Philipp gegen ihn verbündet hatte. Richard verzieh ihm nur allzu schnell. In seinem Roman *Ivanhoe* machte Walter Scott bei der Legende Anleihen, wonach Richard sich mit Robin Hoods fröhlichen Gesellen im Wald von Sherwood getroffen habe. Die Phantasie des Volks, die in mancher Beziehung klüger ist als die Geschichte, erfaßte die Verwegenheit, die beiden Gestalten innewohnt und einer solchen Begegnung zwischen Robin und Richard eine innere Glaubwürdigkeit verleiht.

Es ist bezeichnend, daß Richard in England die Turniere einführte, die unter seinem Vater verboten gewesen waren. Allerdings verlangte er eine hohe Gebühr dafür. Geldknappheit plagte ihn während des ganzen Rests seiner Herrschaft. Auch die ständige Bedrohung der Normandie durch Frankreich machte ihm zu schaffen. Sein innigster Wunsch war, Philipp gefangenzunehmen, um ein hohes Lösegeld zu erpressen und gleichzeitig eine alte Zeche zu begleichen. Aber tollkühne Ausfälle und Geplänkel hatten keinen Erfolg. Einst galoppierte Philipp über die Brücke bei Gisors, während Richard ihm dicht auf den Fersen war. Die Brücke brach zusammen, und der König von Frankreich stürzte in den Fluß. «Er schluckte ein bißchen Wasser», konnte aber entkommen.

Philipp befestigte die Straße durch das Seinetal zwischen Paris und Rouen, der Hauptstadt der Normandie. Um ihn davon abzuhalten, baute Richard kurzentschlossen hoch über einer Flußschlinge bei Les Andelys sein großartiges Château-Gaillard, in dem er alles zur Anwendung brachte, was er von den Burgen seines Vaters und den in Palästina gesehenen Befestigungen gelernt hatte. Und von hier aus schleuderte er Philipp seine Herausforderungen entgegen.

Den Tod fand Richard auf beinahe banale Weise. Ein Bauer, der bei Châlus in Aquitanien sein Feld pflügte, fand eine goldene «Tafel», wahrscheinlich einen römischen Schild, und ein paar Goldmünzen. Nach dem Feudalgesetz hatte der Lehensherr Anrecht auf einen solchen Schatzfund, aber der Vasall von Châlus weigerte sich, ihn herauszugeben, und ergriff die Flucht, als Richard erschien.

Das inmitten von Eichen- und Kastanienwäldern gelegene Städtchen Châlus hat sich wenig verändert. Die enge Rue Cœur-de-Lion windet sich zum Schloß hinauf, und die Einwohner zeigen dem Besucher heute noch die niedrigen Hügel jenseits des Tals, wo Richard sein letztes Lager aufschlug. Die Einnahme dieser kleinen Burg konnte nur Tage dauern.

«Der gute König Artus von England, dessen Ritterlichkeit uns anspornt, tapfer und höflich zu sein, hielt einen edlen Hof… Sein Name wird fortleben in alle Zeit»

Chrétien de Troyes, 12. Jh.

Miniatur aus einem Manuskript des 14. Jh.; Bibliothèque nationale, Paris

König Artus und seine Ritter schauen zu, wie Galahad gelobt, den heiligen Gral zu suchen, den Kelch des Abendmahls. Die in feierlichen Zeremonien zum Ritter geschlagenen Knappen verehrten solche Helden, wenn sie auszogen, um den Idealen des Rittertums zu dienen.

Die Aufgabe war gewaltig: es galt, zugleich Gott, dem Lehensherrn und der Dame seines Herzens zu dienen. Denn Eleonores Hof hatte den ritterlichen Tugenden der Frömmigkeit und der Tapferkeit eine dritte hinzugefügt: das romantische Abenteuer, bei dem «die Frauen keusch sind und die Ritter um ihrer Liebe willen an Adel gewinnen».

Dieses dreifache Ideal besingend, verherrlichte Chrétien de Troyes einen Helden, den es nie gegeben hat: König Artus. Die Historiker vermuten Arturius in ihm, einen Krieger aus dem 6. Jahrhundert, dessen Briten das Eindringen der Sachsen eine Zeitlang aufhielten. In Wales und sogar in der Bretagne, wohin sich einige seiner Gefährten nach seinem Tod flüchteten, rankten sich keltische Mythen um sein Andenken. Zu Richards Zeit sangen die Troubadoure von einem ritterlichen

Artus, der mit seinen zwölf Kämpen an einem runden Tisch saß, damit keiner den Vorrang beanspruchen konnte. Von einem Verwandten erschlagen – seinem Neffen Modred, der ihm die Huldigung verweigerte –, würde Artus eines Tages auferstehen und die Unterdrücker verjagen.

Von Merlin hergezaubert, erschienen diese Briten aus dem 6. Jahrhundert in der schimmernden Rüstung des 12. Jahrhunderts an Eleonores Hof, höflich, gerecht, treu, mitleidig, freigebig, unbesiegbar, eifrig darauf bedacht, jeden Drachen zu erschlagen zu Ehren der Damen, die sie von ferne verehrten. Denn Nähe brachte Verdruß. Wenn die Leidenschaft über die feudalistische Treue siegte, wie bei Tristan und Isolde oder Lanzelot und Ginevra, waren Verderben und Reue das Ergebnis, während Galahad, der nie vom berauschenden Wein der Frauenliebe kostete, den Gral gewann.

Um an Artus' Ruhm teilzuhaben, eilte Heinrich II. nach Glastonbury und grub, der Legende getreu, Gebeine aus, die, wie einige behaupteten, Artus gehörten, neben dem sein Zauberschwert Excalibur ruhte.

231

Als Richard ohne seine volle Rüstung tollkühn die Mauern entlangritt, schoß ein Schütze, der eine Bratpfanne als Schild gebraucht haben soll, seinen Bolzen ab. Der König hielt inne, um dem Schuß Beifall zu zollen, ehe er seinen Schild hob. Der Pfeil traf ihn in die Schulter, gerade unterhalb des Nackens. Als Richard ihn herauszog, zerbrach er, und der Widerhaken blieb in der Wunde stecken. Die Operation führte zu einer Eiterung.

Das Schloß wurde erstürmt und all seine Verteidiger gehängt – mit Ausnahme von Bertran von Gourdon, der den tödlichen Pfeil abgeschossen hatte.

Am 6. April 1199 starb der König in den Armen seiner Mutter.

Eine nach der andern verschwanden die großen Gestalten des Mittelalters. Eleonore überlebte die meisten. Richards Ruhm lebte fort und wuchs: er war der unerschrockne Kreuzfahrer, der auf seinem Pferd Fauvel gegen die Sarazenen ritt, der Krieger, dessen Namen die arabischen Mütter nur zu erwähnen brauchten, um ihre schreienden Kinder zum Schweigen zu bringen, der königliche Gefangene, der seine Kerkermeister für sich einnahm.

Es stimmt: in Aquitanien herrschte Richard mit brutaler Gewalt. Als König von England war ihm sein Land nur als Einnahmequelle wichtig. Aber die Legende bemächtigte sich des Königs, der ein Troubadour war, des Ritters, der die Ungläubigen – und den König von Frankreich – zum Zweikampf herausforderte und keinen Gegner fand, des Inbegriffs von Ritterlichkeit, der dem Mann, der ihn tödlich verwundete, verzieh und ihn sogar noch mit hundert Schilling belohnte.

Kein anderer verkörperte besser als er die bewunderten Züge seines Zeitalters, in dem seit hundert Jahren die Menschen ihr Antlitz Jerusalem zugewendet hatten.

Der heilige Ludwig von Frankreich schifft sich 1248 in Aigues-Mortes zum Siebten Kreuzzug ein. Miniatur aus «Voyages d'outre-mer», 15. Jh.; Bibliothèque nationale, Paris. Richards Siegel; mit Erlaubnis von Dekan und Kapitel der Kathedrale von Canterbury. Gegenüber: Thomas Nebbia

Aus dem Herzen Europas bis zu den Mauern von Jerusalem folgt Franc Shor der Geschichte

IN DEN FUSS-STAPFEN DER KREUZFAHRER

Schlachtenmüde, von Hunger und Durst geplagt, trieben die Krieger des Ersten Kreuzzugs schwer beladene Kamele, Ochsen und Pferde an der Moschee des Propheten Samuel vorbei, dem Gipfel des Montjoie genannten Hügels entgegen. Vor ihnen stand hell in der erbarmungslosen Sonne Judäas das Ziel, dem sie sich drei Jahre lang entgegengekämpft hatten: Jerusalem, die Heilige Stadt, ein Preis, den Eroberer seit Nebukadnezars Zeiten zu erringen gesucht hatten.

Was die Kreuzfahrer an jenem Tag des Jahres 1099 erblickten, waren Festungsmauern, die während der Herrschaft des römischen Kaisers Hadrian im 2. Jahrhundert angelegt und von den aufeinanderfolgenden Verteidigern verstärkt worden waren und die nun eine überwältigende Überzahl gut ausgebildeter arabischer und sudanesischer Truppen bemannte. Erregung durchlief die Reihen der Kreuzfahrer. Würden sie die Stadt einnehmen?

Der lange Marsch hatte einen fürchterlichen Tribut gefordert. «Im besten Fall hatten wir nicht mehr als zwölftausend waffenfähige Männer», berichtet der Chronist Raymond d'Aguilers, ein Kaplan, «denn viele waren arm und viele krank.» Er schätzte, daß die

Barfuß wandert die christliche Armee um das belagerte Jerusalem; Illustration für NGS von Tom Lovell

Muselmanen in fünffacher Überzahl waren. Habgier und Mißtrauen säte Zwietracht unter den Führern des Kreuzzugs. Einzig der Glaube hielt sie aufrecht: «Nichts, sei es groß oder gering», sagte Raymond, «das im Namen des Herrn unternommen wird, kann fehlgehen ...»

Einem verächtlichen Mohammedaner erschien das zerlumpte Heer vor den Mauern als «Hundebrut». Aber Tausende von Meilen entfernt, im Herzen des feudalistischen Europa, waren Ritter und Bischöfe stolz mit Bauern und Kaufleuten ausgezogen, Königssöhne mit Hörigen und Freien. Banner flatterten. Trompeten dröhnten. Und diese *cruce signati,* die Kreuzträger, die das Zeichen des Erlösers auf ihrem Wams aufgeheftet trugen, marschierten nach Osten – die Ritter in Kettenpanzern, das Schwert am Gürtel tragend.

Der Ruf zu den Waffen war an einem Novembertag des Jahres 1095 von Papst Urban II. ausgegangen. Außerhalb des Ortes Clermont (dem heutigen Clermont-Ferrand) berichtete er einer andächtig lauschenden Menge von den türkischen Plünderern, die heilige Stätten schändeten und die Pilger drangsalierten, wenn sie in der Heiligen Stadt auf Christi Pfaden wandelten. Byzanz, Hüterin der östlichen Christenheit, hatte um Hilfe gebeten. Die Chroniken geben die Worte des Papstes in verschiedenen Fassungen wieder, aber der Antwortruf der Tausenden, die dort versammelt waren, steht außer Zweifel: «Deus lo volt!» schrien sie. «Gott will es!»

Die seltsam magnetische Kraft eines frommen Papstes fand ein größeres Echo, als er selbst erhofft hatte. Die Männer stürzten herbei, bereit, das Kreuz zu nehmen und den Gefahren des Unbekannten zu trotzen, um einen der stolzesten Träume der Menschheit zu verwirklichen.

Ein solcher Traum ist ansteckend. Als ich neun Jahrhunderte später davon las, ergriff auch mich der alte Wunsch, und ich machte mich auf, um den Weg dieser Kreuzfahrer zu gehen und zu sehen, was sie gesehen hatten. Ich verließ Clermont-Ferrand an einem Aprilmorgen, als die Ginsterblüte die Hügel der Auvergne in einen goldenen Schimmer hüllte. Hinter mir stand mit erhobenem Arm die Statue des hageren Urban II., der die Gläubigen vorwärtsdrängte. Vor mir erstreckte sich ihr weiter Weg.

Obwohl viele Kreuzfahrer die Strecke zu Fuß zurücklegten, hatte ich dafür weder die Zeit noch die körperliche Kraft. Ein paar Wanderungen frühmorgens ließen mich jedoch einen Blick erhaschen von einigen der schönsten Landschaften Europas, während ich nordwärts zog, über die Loire, den Rhein hinauf und dann die Donau hinunter.

In Köln, damals bereits ein wichtiges Handelszentrum des Rheinlands, schlug ich den Weg ein, den der Eremit Peter von Amiens gewählt hatte, der dunkelhäutige Eiferer in der Mönchskutte, der, auf einem mageren Esel reitend, mit seiner betörenden Rednerkunst eine Armee von Bauern versammelt hatte. In jenen wirren Zeiten hatten die Armen das Gefühl, sie hätten wenig zu verlieren, und darum gehörten sie zu den ersten, die auszogen.

Die Kreuzfahrer vergossen Blut, lange bevor sie ins Heilige Land kamen – zuerst jüdisches, dann christliches. Im Rheinland töteten und beraubten sie trotz der Einsprache der Bischöfe

«Gott will es!»

Miniatur aus «L'Histoire de Guillaume de Tyr», 13. Jh.; Bibliothèque nationale, Paris. Links: Thomas Nebbia

SCHWARZES MEER

BOSPORUS

Konstantinopel

MARMARAMEER

Civetot

Nicaea

ÄGÄIS

Dorylaeum

GRIECHENLAND

Am 6. Mai 1097 erreichten die Kreuzfahrer Nicaea, das Tor zu der alten byzantinischen Hauptstraße durch Kleinasien. Sechs Wochen später übergaben die Seldschuken die Stadt den Byzantinern.

Am 1. Juli überfallen die Türken das Kreuzfahrerheer, das als erstes nach Dorylaeum gelangte. Die Ankunft des zweiten Heeres überrascht den Feind, während eine dritte christliche Streitkraft die drohende Niederlage in einen Sieg verwandelt.

TÜRKEI

ANATOLIEN

Iconium

Um ein zweites Dorylaeum zu vermeiden, zieht das Kreuzfahrerheer zusammen über die dürre anatolische Hochebene bis nach Heraclea, dem heutigen Eregli. Dort trennen sie sich: Das Hauptheer durchquert Kappadokien, während zwei Abteilungen sich auf den kürzeren, aber gefährlicheren Weg durch die Kilikischen Tore wagen.

RHODOS

TAURUS

Anamur

KRETA

Fürsten und arme Schlucker, Ritter und Schurken strömten über Jahrhunderte nach Osten, um die Heilige Stadt zu befreien

Kyrenia

ZYPERN   Nikosia

Famagus

Kolossi

Limassol

MITTELMEER

ENGLAND   DEUTSCHLAND

Köln

HEILIGES RÖMISCHES

Metz   REICH

RUSSLAND

FRANKREICH

Clermont   ERSTER   ZWEITER   ERSTER

KREUZZUG KREUZZUG KREUZZUG

Lyon

SCHWARZES MEER

Venedig

Aigues-Mortes

Semlin

Marseille   Zara   Belgrad

ITALIEN   Spalato

Nisch

Rom   Ragusa

ACHTER

KREUZZUG   Brindisi   Konstantinopel

Danischmend-Dynastie
(1075–1177)

SIEBTER

KREUZZUG   DRITTER   BYZANTINISCHES   SELDSCHUKEN

KREUZZUG   REICH

Messina   VIERTER   Antiochia   Grafschaft
Edessa

Tunis   KREUZZUG   ZYPERN   Fürstentum
Antiochia

MALTA   Grafschaft
Tripolis

MITTELMEER   Akkon   Königreich
Jerusalem

Damiette   Jerusalem

ÄGYPTEN

0   800

Kilometer

ÄGYPTEN

Kreuzfahrerburgen

0 ————— 160
Kilometer
Karte von Leo B. Zebarth
und Munro Kinsey, NGS

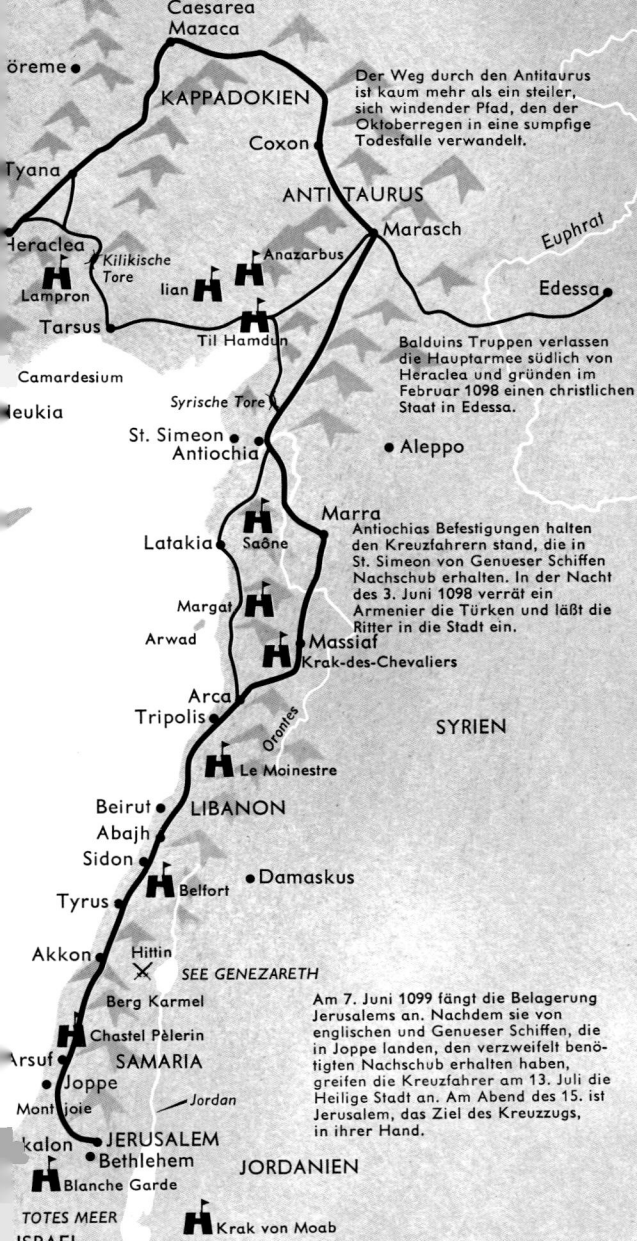

KLEINASIEN

Caesarea
Mazaca

öreme

KAPPADOKIEN

Tyana

Coxon

Der Weg durch den Antitaurus
ist kaum mehr als ein steiler,
sich windender Pfad, den der
Oktoberregen in eine sumpfige
Todesfalle verwandelt.

ANTITAURUS

Marasch

Euphrat

Heraclea
Kilikische
Tore
Lampron   Ilian   Anazarbus
Tarsus
Til Hamdun

Edessa

Camardesium

leukia

Syrische Tore

St. Simeon
Antiochia

Aleppo

Balduins Truppen verlassen
die Hauptarmee südlich von
Heraclea und gründen im
Februar 1098 einen christlichen
Staat in Edessa.

Marra

Latakia   Saône

Antiochias Befestigungen halten
den Kreuzfahrern stand, die in
St. Simeon von Genueser Schiffen
Nachschub erhalten. In der Nacht
des 3. Juni 1098 verrät ein
Armenier die Türken und läßt die
Ritter in die Stadt ein.

Margat

Arwad

Massiaf
Krak-des-Chevaliers

Arca
Tripolis

Orontes

SYRIEN

Le Moinestre

Beirut   LIBANON
Abajh
Sidon

Belfort   Damaskus

Tyrus

Akkon   Hittin
SEE GENEZARETH

Berg Karmel

Chastel Pèlerin

Arsuf   SAMARIA
Joppe
Montjoie   Jordan

kalon   JERUSALEM
Bethlehem   JORDANIEN
Blanche Garde

TOTES MEER
ISRAEL   Krak von Moab

Am 7. Juni 1099 fängt die Belagerung
Jerusalems an. Nachdem sie von
englischen und Genueser Schiffen, die
in Joppe landen, den verzweifelt benötigten Nachschub erhalten haben,
greifen die Kreuzfahrer am 13. Juli die
Heilige Stadt an. Am Abend des 15. ist
Jerusalem, das Ziel des Kreuzzugs,
in ihrer Hand.

Der Erste Kreuzzug (1095–1099) besammelte sich in Konstantinopel und kämpfte sich dann durch Kleinasien bis nach Jerusalem durch, das 1099 erobert wurde. Die Christen gründeten das Königreich Jerusalem und die kleineren Lehensstaaten Edessa, Antiochia und Tripolis, die sie mit Burgen umgaben, deren Reste heute noch stehen. Das Wiedererstarken des Islams, dem 1144 Edessa zum Opfer fiel, hatte neue Kreuzzüge zur Folge (siehe kleine Karte). Aber keinem gelang die großartige Leistung des ersten.

Von Bernhard von Clairvaux gepredigt, von Ludwig VII. von Frankreich und Konrad III. von Deutschland angeführt, erlitt der Zweite Kreuzzug (1147–1149) entscheidende Niederlagen in Kleinasien und belagerte vergeblich Damaskus.

Aufgerüttelt durch die Wiedereroberung Jerusalems durch Saladin, unternahmen die mächtigsten Herrscher Europas – Richard Löwenherz von England, Philipp August von Frankreich und Friedrich Barbarossa, Kaiser des Heiligen Römischen Reiches – den Dritten Kreuzzug (1189–1192). Friedrich ertrank bei Seleucia in der Türkei; Richard und Philipp eroberten nach einer heldenhaften Belagerung Akkon zurück. Richard allein nahm andere Küstenstädte ein und schloß einen Vertrag ab, der den Christen das Recht zum Besuch der heiligen Stätten in Jerusalem einräumte.

Im Vierten Kreuzzug (1202–1204) brachten die Christen sich gegenseitig um. Als Preis für die Überfahrt versprachen französische Ritter, Venedig bei der Eroberung der Stadt Zara an der dalmatischen Küste behilflich zu sein. Dann eroberten und plünderten die Kreuzfahrer Konstantinopel und versetzten damit dem prachtvollen byzantinischen Reich Wunden, von denen es sich nicht mehr erholte. Venedig gewann ein Handelsimperium; die Ritter gelangten nie bis ins Heilige Land.

In dem katastrophalen Kinderkreuzzug (1212), der von einem schwärmerischen französischen Burschen, Stephan von Cloyes, angeführt wurde, schifften sich Tausende in Marseille ein – um von den Kapitänen auf afrikanischen Märkten als Sklaven verkauft zu werden. Deutsche Kinder zogen über Land, wobei die meisten von Hunger und Krankheit dahingerafft wurden.

Die Krieger des Fünften Kreuzzugs (1218–1221) eroberten Damiette in Ägypten, um es gegen Jerusalem einzutauschen, doch die Nilflut erzwang den Rückzug.

Friedrich II., Kaiser des Heiligen Römischen Reiches und König von Sizilien, zögerte so lange mit dem Beginn des Sechsten Kreuzzugs (1228–1229), daß der Papst ihn mit dem Bann belegte. Ohne sich darum zu kümmern, gewann er Jerusalem durch Verhandlungen zurück. Aber sowohl die Franken wie die Sarazenen verachteten den Frieden. 1244 fiel Jerusalem wieder in die Hand der Mohammedaner.

Ludwig IX. von Frankreich eroberte im Siebten Kreuzzug (1248–1254) Damiette, wurde gefangengenommen und gegen Lösegeld wieder freigelassen. Nachdem er sich zum Achten Kreuzzug eingeschifft hatte, starb er 1270 in Tunesien. Die Armeen zogen weiter nach Osten, aber die Festungen der Kreuzfahrer fielen eine nach der anderen, bis 1303 die Tempelritter ihren letzten Stützpunkt in der Levante – Arwad vor der syrischen Küste – aufgeben mußten. Die Johanniter hielten sich bis 1522 auf Rhodos und zogen dann nach Malta. Die Kreuzfahreridee lebte weiter, aber ihr Geist und ihre Kraft waren tot.

239

Juden, die sie als alte Feinde ihres Glaubens und als leichte Beute betrachteten. In Kroatien brachten Peters Scharen byzantinische Verbündete um. Von Hunger gequält und von Gerüchten über die Mißhandlung einer Vorhut in Wut versetzt, erschlugen seine lärmenden Horden in Semlin (dem heutigen Zemun) viertausend Mann. Dann steckten sie auf höchst unchristliche Art das nahe Belgrad in Brand. Weiter südöstlich, bei Nisch, schlugen byzantinische Truppen die zusammengewürfelte Armee so gründlich, daß sie sich nicht wieder erholte. Peter entkam, aber er verlor seine Geldtruhe und ein Viertel seiner Leute.

Papst Urban hatte die Kreuzfahrer aufgefordert, sich in Konstantinopel, der byzantinischen Hauptstadt, zu besammeln. Anfangs 1097 waren zur Bestürzung des Kaisers Alexius Komnenus mehr als sechzigtausend eingetroffen. Er hatte allerdings den Papst um Hilfe gegen die Überfälle verübenden Seldschuken gebeten, aber er hatte Söldnertruppen gewünscht. Ganze Armeen waren etwas anderes! «Ihr Kommen machte ihm Angst», schrieb seine Tochter, die Prinzessin Anna, «denn er kannte ihre unwiderstehliche Art des Angriffs ... und er wußte auch, daß sie stets nach Geld gierten und was sie um des Geldes und Goldes willen zu tun bereit waren.»
Ein hartherziges Urteil vielleicht, aber Anna hatte Grund zur Skepsis. Aufrührerische Kreuzfahrer hatten die Umgebung von Konstantinopel geplündert, und ein Herzog hatte sogar kaiserliche Streitkräfte direkt angegriffen. Zum Teil waren die Schwierigkeiten auf den Umstand zurückzuführen, daß Urban keinen Oberfeldherrn ernannt hatte. Adhemar de Monteil, der gütige und tapfere Bischof von Le Puy, vertrat den Papst in religiösen Dingen. Aber ein paar der stolzesten Fürsten Europas stritten sich ständig um die militärische Führung: der große, blonde Gottfried von Bouillon, Herzog von Nieder-Lothrin-

«Oh, was für eine edle und schöne
Stadt!» Das wundersame, von einem
kreuzfahrenden Schreiber gepriesene
Konstantinopel lebt fort im türkischen Istanbul von heute. Das Goldene
Horn, ein Arm des Bosporus, trennt
das Geschäftsviertel von der Altstadt,
wo die Hagia Sophia und die Blaue
Moschee von hochragenden Mina-
retten umgeben sind (oben).

In der reichsten Stadt Europas,
dem damaligen Juwel der Christenheit, bestaunten die Kreuzfahrer
prächtige Teppiche an den Wänden
der Paläste, Scheiben aus Glas oder
Alabaster, Märkte, auf denen sich
Händler aus Spanien, Rußland und
Innerasien trafen. Als das Heer der
Kreuzfahrer am Besammlungsort
immer mehr anschwoll, verlangten die
beunruhigten Byzantiner den Lehenseid von ihren Verbündeten und drängten sie, möglichst bald die Ungläubigen zu bekämpfen. In ihrem Gefolge
kamen neue Armeen, die den zauber-
haften Hafen füllten.

Miniatur, 15. Jh.; Bibliothèque nationale, Paris. Oben: James P. Blair, NGS

241

gen, und sein jüngerer Bruder Balduin von Boulogne, die von Karl dem Großen abstammten; Hugo von Vermandois, der anmaßende jüngere Sohn König Heinrichs I. von Frankreich; Raimund von Toulouse, der streitsüchtige Graf von Saint-Gilles; Robert, Herzog von der Normandie, der zechfreudige älteste Sohn des Eroberers; der ehrgeizige Boëmund von Tarent (Sohn Robert Guiscards, der seinem Geschlecht Süditalien eroberte), der die süditalienischen Normannen anführte, und sein Neffe Tankred.

Alexius behandelte sie mit Diplomatie, Freigebigkeit und, wenn nötig, Festigkeit. Die Türken hatten den größten Teil Kleinasiens erobert, und das einst gewaltige byzantinische Kaiserreich umfaßte kaum mehr als die Balkanhalbinsel. Alexius wollte sichergehen, daß diese Kreuzfahrer nicht Gebiete in Besitz nahmen, die sie im Osten und Süden eroberten. Er gab ihnen Gold und Edelsteine gegen das Versprechen, ihm alle befreiten byzantinischen Städte zu überlassen. Alle außer Raimund von Toulouse leisteten den Eid, und selbst er verpflichtete sich in leicht abgeänderter Form. Keiner der Anführer des Kreuzzugs wurde aufgefordert, seinen Aufenthalt in Konstantinopel auszudehnen. Alexius beschaffte Führer und beförderte die Armeen so schnell wie möglich über den Bosporus.

Der Mann, der meine Reise beschleunigte, war der Direktor des Istanbuler Zollamts. «Wie schnell können Sie im besten Fall das Land verlassen?» fragte er mich. Als er mein Gesicht sah, lachte er. «Nicht daß Sie uns unerwünscht wären. Aber ein Fahrzeug, das sich technisch auf der Durchfahrt befindet, kann nur eine begrenzte Zeit in der Türkei bleiben. Außer Sie wollen ungefähr 1500 Dollar Zoll für Ihren Wagen bezahlen . . .»

«Halt, halt», sagte ich. «Wie lange geben Sie mir?» Er fragte, ob ich in zehn Tagen die syrische Grenze erreichen könne. «Die Kreuzfahrer brauchten zwei Jahre», lachte ich,

Joseph J. Scherschel und (links und gegenüber) James L. Stanfield, NGS

«Wären sie Christen, der Herr könnte nicht bessere Streiter finden»

Ein Lächeln des Willkomms und friedfertige Geschicklichkeit grüßen heute den Reisenden jenseits des Bosporus, wo einst grimmige Türken den Kreuzfahrern den Weg durch Kleinasien versperrten. Münzen, die Mitgift eines Mädchens, die so hell glänzen wie seine Augen, klingeln auf seiner Stirn; Fischer flicken ihre Netze mit Händen und Füßen (gegenüber). Eine Teppichweberin guckt durch die farbenfrohen Fäden ihres abgenutzten Webstuhls.

Vom Stamm der Seldschuken geführt, gründeten die Türken, deren Name sich von mongolischen, von ihren chinesischen Nachbarn Tu-kin genannten Nomaden ableitet, im 11. Jahrhundert ein Reich, das sich von Persien bis zum Ägäischen Meer erstreckte. Nach einem ersten Scharmützel vom Feind beeindruckt, bezeigte ihnen der anonyme Chronist der Gesta Francorum *(«Taten der Franken») seinen Respekt. Wenn die Türken bloß den christlichen Glauben angenommen hätten, schreibt er, «könnte man keine stärkeren, mutigeren oder geschickteren Soldaten finden».*

«aber ich habe die Türken auf *meiner* Seite, darin liegt der Unterschied. Ich danke Ihnen. Ich werde es schaffen.»

Die Straße nach Iznik, dem alten Nicäa, ließ Zweifel in mir aufkommen, ob ich nicht zu optimistisch gewesen sei. Südlich des Marmarameers verengte sich die Straße zu einer schmalen Piste, die sich hügelauf und hügelab windet. Und plötzlich verschwindet die moderne Türkei mit ihren Autos und den westlichen Läden und Kleidern. Ich befand mich in einer anderen Welt: winzige Bauernhäuser mit Lehmmauern und Strohdächern; kleine Gemüse- und Obstgärten; Männer in bauschigen Hosen, die einen von Ochsen gezogenen Pflug führten; Frauen, die an den Hausmauern Tabak zum Trocknen aufhängten. Abgesehen vom Tabak mögen die Kreuzfahrer das gleiche erblickt haben, als sie mühselig dieses Wegs zogen.

Es dämmerte, als ich an den See gelangte, an dessen Ufern Iznik döst. Hier in der Nähe lockte im Oktober 1096 eine türkische Armee die Überreste von Peters Truppen in einen Hinterhalt. Seine Leute, von Ungeduld gepackt, hatten die Befehle, auf die nachfolgenden Streitkräfte zu warten, mißachtet und das vom Feind besetzte Nicäa angegriffen. Ein Pfeilhagel warf die berittenen Anführer vom Pferd; kalter Stahl vollendete die wilde Flucht. Die Türken setzten der aufgelösten Armee nach bis nach Civetot, und dort endete der Kreuzzug des Volks mit einem blutigen Gemetzel, das die ganze Nacht dauerte. Peter von Amiens wartete währenddessen in Konstantinopel und schloß sich dem Hauptheer an.

«Gott trug den Sieg davon, und die... Stadt Nicäa ergab sich»

Stephan von Blois

1097 belagerten die Kreuzfahrer sechs Wochen lang die türkische Hauptstadt, vernichteten eine Entsatzarmee und mußten zusehen, wie die eigenen Leute fielen. Fulcher von Chartres war Zeuge, wie Türken von den heute zerfallenen Stadtmauern aus (oben) «eiserne Haken hinunterließen ... und sich irgendeines unserer Gefallenen bemächtigten ... Wenn sie den Toten ausgeraubt hatten, warfen sie die Leiche wieder hinaus.» In ihrer Verzweiflung ergaben sich die Verteidiger im geheimen dem byzantinischen Kaiser Alexius Komnenus und öffneten seinen Soldaten ein auf den See gehendes Tor. Die Kreuzfahrer verfluchten Alexius – «nicht nur ein Narr, sondern auch ein Schurke».

Der Name Nicäa ist den Christen heute noch bekannt. Hier setzte 325 das erste ökumenische Konzil das Dogma von der Göttlichkeit Christi fest.

Der leichte Sieg über Peters Horden mag den Seldschukensultan Kilij Arslan dazu verführt haben, der organisierten Armee des Ersten Kreuzzugs, die sich im Mai 1097 seiner Hauptstadt Nicäa näherte, zu wenig Beachtung zu schenken. Er war im Osten, in der heutigen mittleren Türkei, damit beschäftigt, die rivalisierende Dynastie der Damschmenditen zu bekämpfen; er war vom größten Teil seiner Armee begleitet und hatte seine Frau, seine Kinder und seine Schätze in Nicäa gelassen.

Anfangs Juni hatte das gesamte Heer der Kreuzfahrer vor der Hauptstadt der Seldschuken Aufstellung genommen. Gottfried und Tankred, Boëmund, Robert von der Normandie und Stephan von Blois waren da, und Raimund von Toulouse war gerade noch rechtzeitig gekommen, um die Südmauer abzusperren, ehe die ersten türkischen Verstärkungen erschienen. Kilij Arslan hatte seinen Fehler eingesehen, aber zu spät.

Der anonyme Autor der *Gesta Francorum*, einer der wichtigsten Quellen über den Kreuzzug, beschreibt, wie Raimund den Versuch eines Entsatzes durch die Türken zurückwarf. «Auf allen Seiten mit dem Zeichen des Kreuzes bewehrt, stürzte er sich mit aller Gewalt auf sie und überwältigte sie. Sie wandten sich zur Flucht, und die meisten wurden niedergemacht. Sie kamen wieder, verstärkt durch neue Truppen, voll Freude ... So viele auch erschienen, sie blieben mit abgehauenem Kopf liegen; mehr noch: unsere Leute schleuderten die Köpfe ... in die Stadt hinein.» Die Verluste unter den Kreuzfahrern waren schwer, aber die Ritter unternahmen voll Eifer den Versuch, die Stadtmauern zu untergraben und anzuzünden. Als sie entdeckten, daß die Türken durch das gegen den See gelegene Tor Nach-schub in die Stadt brachten, sandte Kaiser Alexius Schiffe zur Blockade.

Alexius fürchtete den «Wankelmut» seiner Verbündeten, wie seine Tochter schrieb, aber der byzantinische Hof bewies, daß auch er zu Unbestand, ja zu richtiger Intrige fähig war. Alexius wünschte keineswegs, daß Nicäa zerstört würde. Die meisten Einwohner waren Christen, und die unbeschädigte Stadt konnte einen nützlichen Bestandteil seines Reichs bilden. Darum ver-handelte er im geheimen um die Übergabe. Auf seinen Befehl schlich sich Manuel Butumites, der Befehlshaber der byzanti-nischen Seeflotte, in die Stadt und bot den Türken freien Abzug und reiche Geschenke an.

Die Kreuzfahrer durften natürlich nichts von diesen Unter-handlungen erfahren. Auf Anordnung von Butumites drängte der byzantinische Abgesandte im Lager der Kreuzfahrer auf einen Angriff. Wie abgemacht, griffen die Ritter bei Tagesan-bruch an. Aber als die Sonne aufging, beschien sie das byzanti-nische Banner, das über der Stadt wehte. Um die Kreuzfahrer im Glauben zu belassen, daß die Stadt ihrem Ansturm erlegen sei, hißten Alexius' Schiffe unter lautem Trompetenschall viele Flaggen.

Aber offenbar blieb der Verrat doch nicht geheim, und Ray-mond d'Aguilers, Kaplan und Chronist des Raimund von Tou-louse, schrieb, solange Alexius lebe, «wird das Volk ihn ver-fluchen und ihn einen Verräter nennen».

Durch diesen Sieg in dem ersten richtigen Treffen mit den Türken dennoch ermutigt, machten sich die Kreuzfahrer auf den Weg durch Kleinasien. Als sie die Ebene von Doryläum durch-querten, trennte sich die Armee in zwei Gruppen. Boëmund führte die erste an und Raimund von Toulouse die zweite, die einen Tagesmarsch hintendrein zog.

Kilij Arslan war noch nicht besiegt. Nachdem er sowohl vom Emir Hassan von Kappadokien wie von den Streitkräften der Damschmenditen Verstärkung erhalten hatte, überfiel er die Kreuzfahrer bei Doryläum, dem heutigen Eskisehir, aus dem Hinterhalt. Boëmunds Truppen, die in der Ebene ihr Lager auf-geschlagen hatten, mußten die Wucht des ersten Angriffs über sich ergehen lassen. Raymond d'Aguilers berichtet, daß die Zahl der Türken 150000 betrug.

«Wir waren alle zusammengedrängt», erzählt Fulcher von Chartres, ein anderer Chronist, «wahrlich wie Schafe in einem Pferch, zitternd und voll Schrecken, auf allen Seiten von Feinden umgeben, so daß wir in keine Richtung vorstoßen konnten. Es war uns allen klar, daß uns dies geschah zur Strafe für unsere Sünden.»

Von Hunger, Durst und der erbarmungslosen Sonne gepeinigt, warfen die Soldaten Christi in den Steppen Kleinasiens ihre Waffen und Rüstungen von sich. «Wir kamen kaum lebend davon», berichtet die Gesta Francorum. *Christliche Hügelbewohner linderten ihre Schmerzen, lehrten sie, Wasser in Tierhäuten mit sich zu tragen, und zeigten ihnen den Weg. Hitze, Dunst und Fata Morgana existieren heute noch; Mann und Esel (unten) durchwaten auf einer staubigen türkischen Straße die Luftspiegelung eines Sees.*

Thomas Nebbia, Oben: Illustration für NGS von Stanley Meltzoff

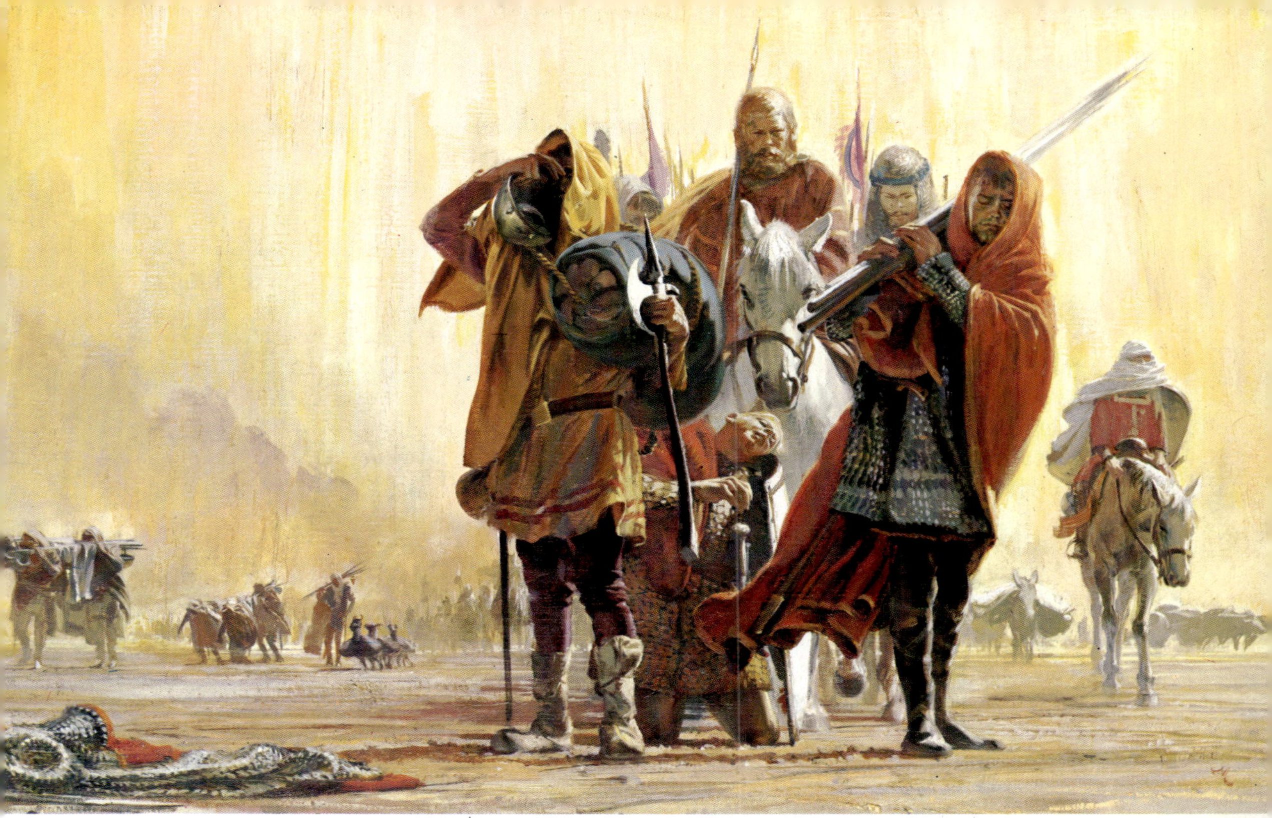

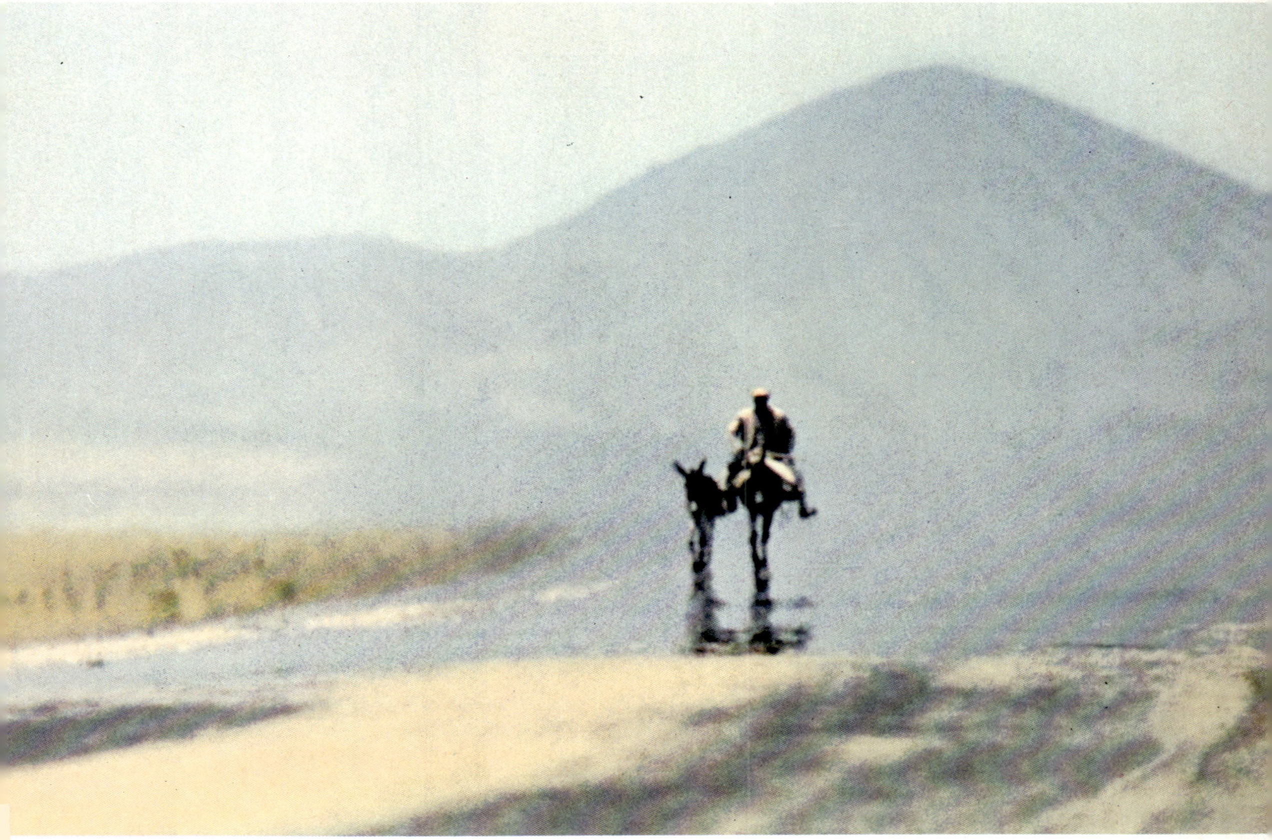

Sechs Stunden lang hielt diese erste Gruppe stand, während die Pfeile der Türken auf sie niederprasselten. Es gab keinen Fluchtweg, und Gefangennahme bedeutete Sklaverei. Dann tauchte gegen Mittag das zweite Kreuzfahrerheer auf. Die Türken, die geglaubt hatten, die ganze Armee in der Falle zu haben, zogen sich zurück, und die vereinten christlichen Truppen gingen zum Angriff über. Während der Entscheid der Schlacht noch ungewiß war, griff der Bischof von Le Puy, der eine Abteilung durch die Berge in den Rücken der Türken geführt hatte, von hinten an.

Zwischen den beiden Fronten gefangen, wandten sich die Türken zur Flucht. Ihre Zelte, den Schatz des Sultans und seine zwei Emire ließen sie zurück. Die Kreuzfahrer zahlten einen hohen Preis an Menschenleben, aber sie hatten den türkischen Widerstand in Kleinasien gebrochen.

Auf dem langen Weg nach Antiochia merkten die christlichen Armeen indessen, daß die Natur ein ebenso gefährlicher Feind war. Durst quälte die Kreuzfahrer, viele starben

« Wir eroberten für den Herrn ganz . . . Kappadokien», schrieb Stephan von Blois. Ein Weg, der die gefährliche Kilikische Pforte umging, führte die Kreuzfahrer durch dieses gespenstische Land, wo Wind und Regen aus weichem vulkanischem Tuff spitze Türme schufen. Christen der Frühzeit und byzantinische Mönche, die Einsamkeit und Sicherheit suchten, meißelten sich hier Einsiedlerhöhlen, Kirchen mit Bögen und Kuppeln, vielstöckige Klöster in die Klippen und Kegel. In vielen leuchten heute noch kostbare Fresken. Manche bieten eine behagliche Unterkunft für mohammedanische Bauern, deren Frauen, wie diese Mutter aus Van (unten) und Hausfrauen auf der ganzen Welt, oft mehr als zwei Hände nötig hätten.

Farrell Grehan, Photo Researchers. Rechts: Helen und Frank Schreider, NGS

248

elendiglich daran. Und die Türken hatten das Land verwüstet, um den Vormarsch der Kreuzritter aufzuhalten. «Es gab überhaupt nichts, das wir hätten essen können», berichtet der Verfasser der *Gesta Francorum,* «außer Körnern, die wir von den Halmen rissen und in den Händen zerrieben.»

Und doch war der Geist, der im Heer herrschte, wichtiger als Hunger und Durst. Wenn Pferde und Ochsen vor Hunger verendeten, luden die Kreuzfahrer ihre zerlumpte Habe auf die Rücken von Schafen, Ziegen, Hunden und sogar Schweinen. Und die Mühsal einte sie noch mehr. «Wer hat je ein solches Sprachengemisch in einer Armee gehört?» fragt Fulcher. «Da gab es Franzosen, Flamen, Friesen, Gallier, Allobroger, Lothringer, Deutsche, Bayern, Normannen, Engländer, Schotten, Aquitanier, Italiener, Dazier, Apulier, Iberer, Bretonen, Griechen und Armenier ... Aber», fügt der Chronist aus Chartres hinzu, «wir, die wir verschieden waren in unserer Sprache, schienen trotzdem ... Brüder in der Liebe zu Gott.»

«Wir müssen die Männer erwähnen, die es wagten, über das fremde Mittelmeer zu segeln... aus Liebe zum Kreuz»

Raymond d'Aguilers

Genueser Schiffe, die einen Seeweg von Europa nach Zypern und weiter bis zur Küste eröffneten, luden im November 1097 in St. Simeon für den Angriff auf Antiochia Soldaten und Vorräte aus. Aber der Proviant wurde knapp. Ein Chronist schrieb: «Vor dem Geburtstag des Herrn begann Korn und alle Nahrung ausnehmend teuer zu werden.» Die Festung Antiochia mit ihren vierhundert Türmen hielt aus bis im Juni, dann fiel sie durch Verrat. Bald darauf fingen die Türken die Kreuzfahrer in der Stadt wie in einer Falle.

Illustration für NGS von Robert Addison

Die mißliche Lage der Kreuzfahrer wurde mir am eigenen Leib bewußt, als ich an einem glühendheißen Tag durch Anatolien fuhr. Mein Wagen hatte eine Panne, die ich nicht beheben konnte. Hitzewellen flickerten am Horizont, und Fata Morganas von Wassertümpeln spotteten meiner auf der staubigen Straße. Ich legte die Hand auf ein Schutzblech – und zog sie mit einer Grimasse des Schmerzes schnell wieder zurück. Nach zwei Stunden ritt ein Türke auf einem Esel vorbei. Was ich im Augenblick am nötigsten brauchte, war Wasser. Fünfzehn Kilometer weiter, sagte er.

Während ich noch über die Aussicht nachdachte, wie ein Kreuzfahrer drei Stunden in dieser glühenden Sonne zu Fuß zu gehen, hielt ein Lastwagen in einer Staubwolke neben mir. Der Fahrer, ein geschmeidiger, hakennasiger Bursche mit einem strahlenden Lächeln unter seinem halbmondförmigen Schnurrbart, sprang heraus. «Brauchen Sie Hilfe?» fragte er auf englisch.

«Wenn Sie etwas von Mechanik verstehen, unbedingt», sagte ich. «Und haben Sie vielleicht etwas Wasser?» Er reichte mir einen Wassersack aus Leinwand, und ich nahm einen langen Schluck. «In der Türkei muß jeder Lastwagenfahrer etwas von Mechanik verstehen», lachte er. «In dieser Gegend sind Reparaturwerkstätten dünn gesät.» Eine halbe Stunde später schnurrte mein Wagen behaglich. Der Fahrer wollte kein Geld annehmen. Wir schüttelten uns die Hand und setzten unsere Reise fort.

Sechs Wochen Entbehrungen brachten die Kreuzfahrer nach Ikonium, dem heutigen geschäftigen Konja, das von den Türken aufgegeben worden war. Von üppigen Tälern und reichen Obstgärten umgeben, bot die Stadt den erschöpften Christen Zuflucht. Sie ruhten sich aus, dann durchquerten sie Anatolien. Dieses ausgedehnte Land, das die Kreuzfahrer so ungastlich fanden, ist heute noch trocken, aber beileibe nicht abschreckend. Von Horizont zu Horizont wogt der Weizen, hier und dort unterbrochen von Zuckerrüben.

Jenseits der anatolischen Ebene erheben sich drohend die beiden Gebirge des Taurus und des Antitaurus. Zwei Anführer des Kreuzzugs – Balduin von Boulogne mit einer Gruppe Flamen und Lothringer und Tankred mit einer Truppe süditalienischer Normannen – schlugen den direkten Weg ein: südlich und östlich durch die hochragenden, leicht zu verteidigenden Kilikischen Tore. Aber das Hauptheer, das in diesem Engpaß einen Hinterhalt fürchtete, zog nordwärts durch Kappadokien nach Caesarea Mazaca (Kayseri) und von dort aus südwärts nach Coxon (dem heutigen Goksun). Dort wurden sie von Armeniern, dem Volk, das im 3. Jahrhundert als erstes der Welt das Christentum angenommen hatte, willkommen geheißen und mit Nahrungsmitteln und Nachschub versorgt.

Zwischen Coxon und Marasch stießen die Kreuzfahrer auf furchterregende Pässe. «Wir . . . betraten ein teuflisches Gebirge», verzeichnet der Autor der *Gesta Francorum*, «das so hoch und steil war, daß keiner von uns wagte, einen Fuß vor den andern zu setzen . . . Die Pferde stürzten kopfvoran, und die Packtiere brachten sich gegenseitig zu Fall.» Wie Sir Steven Runciman in seinem Werk *History of the Crusades* bemerkt, verursachten in der Tat «die Berge mehr Verluste als die Türken». Die Reihen der Armee, die schließlich erschöpft vor Antiochia stand, waren bedenklich gelichtet.

Antiochia, einst die drittgrößte Stadt des Mittelmeerraums, wies im Oktober 1097 Mauern auf, die mit vierhundert Türmen gespickt waren. Die Stadt besaß eine Ausdehnung von fünf Kilometern in der Länge und anderthalb Kilometern in der Breite, und eine Festung krönte den Hügel, der sich dreihundert Meter hoch über der Siedlung erhob. Solange Antiochia in der Hand der Türken verblieb, war der Weg nach Jerusalem versperrt.

Die Belagerer fingen eine türkische Kolonne ab, die Nachschub brachte, und im November erhielten sie zusätzlich Hilfe von einem Genueser Geschwader, das im nahegelegenen Hafen

«Sie wurde von allen tief verehrt und glorreich behandelt»

Fulcher von Chartres

Die Kreuzfahrer staunen mit offenem Mund, als ein bescheidener Jüngling, Peter Bartholomäus, unter der St.-Peters-Kirche in Antiochia eine verwitterte Lanzenspitze ausgräbt. Eine Vision hatte ihm enthüllt, so erzählte er, wo die Lanze versteckt war, die Christi Leib bei der Kreuzigung durchbohrt hatte. Weinend vor Freude küßten die Männer die Reliquie; mit Windeseile verbreitete sich im Heer die Kunde, daß Gott ein wundersames Zeichen seiner Gunst gewährt habe. Mit neuer Hoffnung schickten sich die Ritter an, die türkische Belagerung zu durchbrechen.

Die Kreuzfahrer verehrten Antiochia wegen seiner frühen Bande mit dem Christentum. Die Überlieferung besagt, daß der heilige Petrus in dieser glänzenden Provinzhauptstadt des Römischen Reiches sein erstes Bistum gründete. Heute heißt das am Orontes gelegene Antiochia Antakja (unten). Von der Höhe des Silpius aus erblickt man eine Stadt, die nur noch ein Viertel so groß ist wie im Mittelalter.

James P. Blair, NGS. Gegenüber: Illustration für NGS von Birney Lettick

von St. Simeon auftauchte. Aber sie vermochten den Nachschub nicht aufrechtzuerhalten. Zu Weihnachten waren fast keine Lebensmittel mehr vorhanden, und im Januar 1098 fingen die vom Hunger gequälten Männer an zu desertieren. Anfangs März schlugen die Christen einen türkischen Entsatzversuch und einen Ausfall zurück. Das Frühjahr mit der neuen Ernte, dazu Nachschub aus Zypern und Konstantinopel erleichterten das Problem der Verpflegung.

Dann aber, als der Sommer kam, nahte eine neue Gefahr: Kerboga, der *atabeg* oder Statthalter von Mosul, marschierte mit Truppen aus Persien und Mesopotamien auf Antiochia, um es zu entsetzen. Und Stephan von Blois desertierte mit einer Schar Franzosen.

Er hatte den Augenblick schlecht gewählt. In der gleichen Nacht, da er sich davonmachte, am 2. Juni, verriet ein feindlicher Hauptmann, wahrscheinlich ein Armenier in türkischen Diensten, die Stadt. Er ließ eine Gruppe von Boëmunds Leuten bei dem Turm, den er bewachte, die Mauer erklettern.

«Ohne Verzug», erzählt Fulcher von Chartres, «wurde das Tor geöffnet ... Die Franken riefen: ‹Gott will es! Gott will es!› Denn das war unser Losungsruf ... Als die Türken sahen, daß die Franken mit blankem Schwert durch die Straßen rannten und links und rechts die Leute niedermachten ..., begannen sie zu fliehen.»

Der türkische Befehlshaber, Jagi-Sijan, flüchtete zu Pferd, stürzte aber und wurde von einem Armenier geköpft. Seinem Sohn, Schams ad-Daula, gelang es, mit einem kleinen Trupp die Festung auf dem Hügel zu erreichen, wo er Boëmunds Angriff abwehrte. In der Stadt unten halfen die griechischen und armenischen Einwohner den Kreuzfahrern, die Türken niederzumetzeln.

«Als die Nacht des 3. Juni anbrach», schreibt Sir Steven Runciman, «war in Antiochia kein Türke mehr am Leben ... Man konnte nicht durch die Straßen gehen, ohne auf Leichen zu treten ... Aber Antiochia war wieder christlich.»

Dann wurden aus den Belagerern plötzlich Belagerte. Schams ad-Daula hielt die Festung immer noch, und Kerbogas Streitkräfte bemächtigten sich der Stadtmauer. Die Lage der Christen wurde verzweifelt, als die Türken ihren Druck verstärkten. Die *Gesta Francorum* erzählt, daß viele Kreuzfahrer «Hungers starben ... Pferde- und Eselfleisch wurde verkauft und gegessen.»

Während der Hunger seinen Tribut forderte, berichtete ein Bauer von einer Reihe von Visionen, die den Gang der Geschichte ändern sollten. Peter Bartholomäus, der Diener eines provenzalischen Pilgers, trat vor die Anführer des Kreuzzugs und er-

«Und wenn die ganze heidnische Welt gegen sie anstürmte, sie würden nicht weichen», warnte ein türkischer Kundschafter, als die Christen 1098 aus dem belagerten Antiochia ausbrachen. Raymond d'Aguilers hält die heilige Lanze hoch, während die Türken das dürre Gras anzünden. Von der neu entdeckten Reliquie beflügelt, errangen die Ritter den Sieg. «Der Herr ließ uns unerwartete Hilfe angedeihen», schrieb Raymond.

Illustration für NGS von Birney Lettick

255

zählte, daß der heilige Andreas ihm erschienen sei. Er habe ihm gesagt, die Lanze, mit der Christi Leib durchbohrt wurde, als Er am Kreuz hing, sei unter der St.-Peters-Kirche in Antiochia vergraben. Die Anführer trauten der Echtheit der Vision nicht so recht, aber ein Durchsuchung der Kirche wurde doch angeordnet.

«Nachdem wir von morgens bis abends gegraben hatten», berichtet Raymond d'Aguilers, «zog der Bursche, der die Vision von der Lanze gehabt hatte, seinen Kittel und seine Schuhe aus und stieg im Hemd in die Grube hinunter ... Schließlich gefiel es unserem Herrn, uns Seine Lanze zu zeigen. Und ich, der ich dies schreibe, küßte sie, als erst die Spitze über den Erdboden hinausragte. Welches ... Frohlocken dann die Stadt erfüllte, vermag ich nicht zu beschreiben.»

Kurz danach hatte Peter eine neue Vision: Der heilige Andreas gebot den Christen, fünf Tage lang zu fasten und dann anzu-

Der mächtige Krak – «eine Gräte im Hals» der Muselmanen

Als Vermächtnis der vom Glauben beflügelten Ritter erhebt der Krak des Chevaliers – die Ritterburg – ihre wuchtigen Türme in der Nähe von Massiaf in Syrien.

An der Stelle einer mohammedanischen Festung begannen die Kreuzfahrer im Jahr 1100 mit dem Bau einer Zitadelle und erweiterten sie ein Jahrhundert später. Zweitausend Johanniter lebten dort – geistliche Ritter, die in der Kapelle auf latei-

nisch die Messe lasen, sich in der Wachtstube auf französisch unterhielten und sich zu Dutzenden in dampfend heißen römischen Bädern entspannten. Die Zisternen faßten genügend Wasser für fünf Jahre. Eine Windmühle mahlte das Korn, und in einem Stall waren vierhundert Streitrosse untergebracht. Die Ringmauer war 25 Meter dick, so daß die von Staunen und Schrecken ergriffenen Muselmanen sie «den Berg» nannten.

1271 verlor die auf zweihundert Ritter zusammengeschrumpfte Garnison das mächtige Gebäude, überlistet von einem Sultan, der einen Übergabebefehl fälschte.

greifen. Das Fasten wurde befohlen, und am Morgen des 28. Juni machten die Christen ihren Ausfall. Raymond d'Aguilers wurde die Ehre zuteil, die Heilige Lanze tragen zu dürfen.

Die Kreuzfahrer kämpften wie Besessene. Kerbogas Emire desertierten. Plötzlich ergriff die ganze türkische Armee, von Panik erfaßt, die Flucht. Für einmal hielten sich die Kreuzfahrer nicht mit Plündern auf, sondern verfolgten den Feind und erschlugen eine große Zahl. Dann kehrten sie zurück, um die von den Türken preisgegebenen Schätze einzusammeln. Viele hatten auch ihre Familien zurückgelassen. «Als ihre Frauen in den Zelten entdeckt wurden», berichtet Fulcher von Chartres mit seltsamem Stolz, «taten ihnen die Franken nichts zuleide, außer daß sie ihnen ihre Lanzen in den Leib stießen.»

Die Festung oberhalb der Stadt ergab sich, und die Anführer des Kreuzzugs beschlossen, bis November eine Ruhepause ein-

zulegen, um einen Sommermarsch durch die syrische Wüste zu vermeiden. Im Hochsommer suchte eine Epidemie Antiochia heim, die auch Adhemar, den Bischof von Le Puy, das Leben kostete. Nach seinem Tod kam die Zwietracht zwischen den Anführern unverhohlen an den Tag. Boëmund erhob Anspruch auf die eroberte Stadt. Raimund von Toulouse weigerte sich, sie ihm zu übergeben. Schließlich drohten die Kreuzfahrer mit Aufstand, wenn sie nicht jemand nach Jerusalem führe. Im Januar 1099 zog Raimund mit dem Heer südwärts, während Antiochia in Boëmunds Hände überging.

Zur Zeit des Kreuzzugs lagen zwischen Antiochia und Jerusalem wenig bedeutende Städte. Ich aber geriet in ein Gebiet, das in ungestümer Entwicklung begriffen ist. Latakia, Syriens wichtigster Hafen, war so belebt, daß ich mich bei der Durchfahrt dreimal verirrte. Schließlich mietete ich eine Taxe, die mir den Weg aus der Stadt wies. Tripolis, Libanons beliebter Badeort an der Küste, war auch vom Verkehr verstopft. In Beirut, dem modernen Wunder des Nahen Ostens, waren Wolkenkratzer aus Aluminium und Glas an die Stelle von Ziegenfellen, Zeltschnüren und grob behauenen Steinen getreten.

Nordöstlich von Tripolis hielt eine nutzlose Belagerung vom Arca die Armee auf. Dabei fand auch Peter Bartholomäus den Tod. Er hatte eine weitere Vision gehabt: Diesmal wurde ein sofortiger Angriff auf Arca dringend empfohlen. Als niemand auf ihn hörte, verlangte er ein Gottesurteil durch Feuer. Die Heilige Lanze in der Hand haltend, rannte er durch lodernde Scheiter; er starb an seinen Brandwunden.

«Wollen wir trödeln, bis wir alle umgebracht werden?»

Raymond d'Aguilers

Erschöpft von den schweren Kämpfen in Antiochia, zogen die überlebenden Kreuzfahrer südwärts durch Gegenden, durch die schon Nebukadnezar und Alexander marschiert waren, um zu erobern, durch die Propheten und Apostel gewandert waren, um Gottes Wort zu verkünden. Wenn einige Kreuzfahrer haltmachten, um einen Ort zu plündern, protestierten ihre Kameraden: «Warum sollen wir gegen die ganze Welt kämpfen?... Laßt uns nach Jerusalem ziehen.»

Der Druse mit seinem Söhnchen (rechte Seite) aus Abajh bei Beirut ist der Abkömmling eines Stamms, der den Durchmarsch der Christen miterlebte. Die Sekte der Drusen, eine Abart des Islams, entstand in jenen unruhigen Zeiten.

Die verwitterten Steine im Libanon sprechen von den Kreuzfahrern. Die Burg steht immer noch Wache vor Sidon (rechts), von wo aus die Phöniker in ihren Ruderschiffen dem Reichtum entgegenfuhren. In Tyros erinnern die Kreuze von Gräbern der Kreuzfahrer an den Ruf des Chronisten: «Oh, wie viele fanden den gesegneten Tod des Märtyrers...!»

Thomas Nebbia.   Gegenüber: Fred Maroon, Photo Researchers

Im Juni nahmen die Kreuzfahrer das ein paar Meilen landeinwärts vom heutigen Tel Aviv gelegene Ramla ein. Ein nächtlicher Überfall befreite Bethlehem. Obwohl Christi Geburtsort sich nun wieder in der Hand der Christen befand, blieb immer noch die letzte und größte Aufgabe übrig.

Eine Mondfinsternis, die als gutes Vorzeichen betrachtet wurde, schenkte den erschöpften Armeen neue Zuversicht, als sie in der Nacht des 6. Juni 1099 mühsam durch die unwirtlichen Hügel Judäas gegen Jerusalem marschierten. Begierig, Schlösser und Villen zu besetzen, bemühte sich ein jeder, seinem Nachbarn zuvorzukommen.

Am Morgen standen die Kreuzfahrer auf dem Gipfel von Montjoie. Von hier aus erblickten sie die Heilige Stadt, die sich im Besitz der ägyptischen Dynastie der Fatimiden befand, die im Jahr zuvor die Türken verjagt hatten. «Voll Freude», schreibt der Chronist der *Gesta Francorum*, «begannen wir . . . die Stadt auf wunderbare Weise zu belagern.» Aber der Sieg war keine leichte Sache. Allen tapferen Versuchen zum Trotz scheiterte der erste Angriff.

Als ich neun Jahrhunderte später auf dem Kamm stand und von der Straße aus auf Jerusalem hinunterblickte, war der Grund für dieses Scheitern leicht einzusehen. Täler boten natürliche Verteidigungsmöglichkeiten. Südwestlich der Stadt befindet sich das gefährliche Höllental. Das Kidrontal zieht sich zwischen der Stadt und dem Ölberg nach Osten hin. Eine andere Schlucht lag längs der Westmauer vor mir. Nur im Süden und längs der nördlichen Bastei war das Terrain für eine belagernde Armee günstig genug, daß ihre Anführer einen Angriffsbefehl verantworten konnten.

Die Aussichten waren trüb; lange schreckliche Wochen standen den Kreuzfahrern bevor. Der Statthalter von Jerusalem, Iftikhar ad-Daula, hatte die Viehherden aus den umgebenden Weiden entfernen lassen, die Quellen verstopft und die Brunnen vergiftet.

259

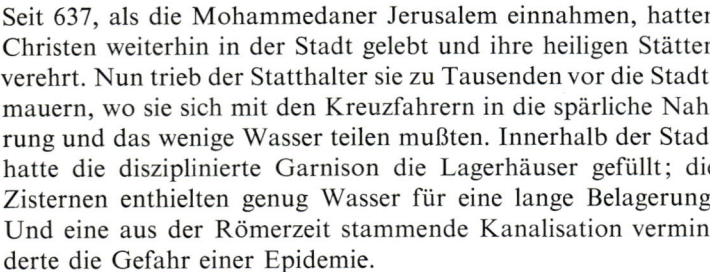

Charles Harbutt, Magnum

Seit 637, als die Mohammedaner Jerusalem einnahmen, hatten Christen weiterhin in der Stadt gelebt und ihre heiligen Stätten verehrt. Nun trieb der Statthalter sie zu Tausenden vor die Stadtmauern, wo sie sich mit den Kreuzfahrern in die spärliche Nahrung und das wenige Wasser teilen mußten. Innerhalb der Stadt hatte die disziplinierte Garnison die Lagerhäuser gefüllt; die Zisternen enthielten genug Wasser für eine lange Belagerung. Und eine aus der Römerzeit stammende Kanalisation verminderte die Gefahr einer Epidemie.

Iftikhars Vorbereitungen waren nur allzu wirksam. Die Belagerer fanden heraus, daß nur der Teich Siloah nicht vergiftet war, der Ort, wo – wie die Heilige Schrift berichtet – ein Blinder geheilt wurde, als Jesus ihm gebot, sich in dem Wasser zu waschen. Und dieser Teich, der heute noch unter der Südmauer der Stadt existiert, lag in Reichweite der Pfeile und Steine der Muselmanen.

Die Quelle im Teich, sagt Raymond d'Aguilers, floß nur jeden dritten Tag. Die halb verdursteten Kreuzfahrer tranken das

In Galiläa mit dem See Genezareth hat sich seit der biblischen Zeit wenig verändert. Die Fischer brauchen immer noch das Schleppnetz, die Schnitter ernten die Gerste mit der Sichel (links).

Als die Kreuzfahrer des Ersten Kreuzzugs das Heilige Land eroberten, nahm Tankred von Sizilien das Gebiet um den See Genezareth in Besitz und ernannte sich zum Fürsten von Galiläa. 1187 vernichtete Saladin bei Hittin eine Kreuzfahrer-Armee. Edelleute wurden des Lösegelds willen gefangengenommen, Ritter enthauptet, Fußsoldaten in die Sklaverei verkauft – einer war ein Paar Schuhe wert! Das christliche Königreich Jerusalem erholte sich nie mehr von diesem Schlag.

260

Wasser «mit einer solchen Gier und einer derartigen Hast, daß die Männer sich gegenseitig hineinstießen, und viel Packtier und Vieh ertrank darin... Die Stärkeren erzwangen sich unter Todesgefahr den Weg zu der Öffnung im Felsen, der das Wasser entsprang, während die Schwachen nur das Wasser bekamen, das bereits verschmutzt war.»

Während der Erste Kreuzzug offenbar an der Schwelle der Heiligen Stadt zum Stillstand kam, landete am 17. Juni eine christliche Flotte im alten Hafen von Joppe, das zum heutigen Tel Aviv gehört. Trotz eines Überraschungsangriffs von der See aus konnten die Seeleute die dringend benötigten Nahrungsmittel ausladen und, was noch wichtiger war, Stricke, Bolzen und Eisen- und Kurzwaren. Die Matrosen halfen eifrig mit, Belagerungsmaschinen und Sturmleitern zu bauen.

Indessen mangelte es immer noch an Holz. Robert von Flandern und Tankred lösten das Problem, indem sie Ausfälle in die 65 Kilometer entfernten Wälder rund um Samaria unternahmen und mit Holz zurückkehrten, das sie Kamelen und gefangenen Sarazenen aufgepackt hatten. Nun wurden hölzerne Türme auf Rädern gebaut, mit Schleudern versehen und bereitgestellt, so daß sie gegen die Stadtmauern geschoben werden konnten. Ganz oben besaßen sie eine Plattform, von der aus der Sturmangriff erfolgte.

Dann fing der gefürchtete Schirokko an zu wehen. Der heiße, staubige Wind blies tage-
lang und trieb die Männer zum Wahnsinn. Je heißer der Sommer wurde, desto leiden-
schaftlicher stritten sich die Anführer darüber, wer in Jerusalem herrschen solle. Anfangs
Juli traf die Nachricht ein, daß eine gewaltige ägyptische Armee im Anmarsch sei, um
Iftikhars belagerten Truppen Hilfe zu bringen. Die Fürsten des Kreuzzugs wußten, daß
ihre Armee einer solchen Streitkraft niemals gewachsen war.

Als alles verloren schien, berichtete ein Kreuzfahrer namens Peter Desiderius den Anführern von einer nächtlichen Vision, in der ihm der schmerzlich vermißte Adhemar, der
Bischof von Le Puy, erschienen war. Der Bischof bat Peter, schreibt Raymond d'Aguilers,
die folgenden Anweisungen weiterzuleiten: Jeder Kreuzfahrer muß «sich abkehren von
seinem bösen Tun. Dann marschiert barfuß rund um Jerusalem und ruft Gott an. Ihr
müßt auch fasten. Wenn ihr das tut und dann am neunten Tag einen großen Angriff auf
die Stadt unternehmt, wird sie eingenommen werden.»

Unverzüglich wurde Fasten angeordnet. Freitag, den 8. Juli, führten die Bischöfe und
die niedrigeren Geistlichen die Prozession an, wobei sie ihre Kreuze und heiligen Reli-

*«Frohlockend
und jubelnd
erreichten
wir Jerusalem, die
Heilige Stadt»*

Gesta Francorum

*Die Freude der Christen erlitt einen
Dämpfer beim Anblick der zinnenbewehrten Mauern der Heiligen
Stadt. In biblischen Zeiten gegründet
und geschleift, vom römischen Kaiser
Hadrian im 2. Jahrhundert unter dem
Namen Aelia Capitolina wieder aufgebaut, fiel Jerusalem im 7. Jahrhundert in die Hand der Araber. Eine
zerlumpte Kreuzfahrer-Armee stand
den erprobten Truppen des ägyptischen Kalifen gegenüber.*

*Eine moderne Brücke (links) über-
spannt einen Abgrund von Zeit, wo
Grabungen Überreste von Toren freigelegt haben, die von Kreuzfahrern,
Byzantinern, Römern und Juden errichtet worden waren, zum majestätischen Damaskustor, das im 16.
Jahrhundert unter der Herrschaft des
türkischen Sultans Suleiman des
Prächtigen erbaut wurde.*

*Unter Steinarkaden aus der Zeit
der Kreuzfahrer wägt eine Bauernfrau
(rechts) in der Altstadt kleine Äpfel
aus ihrem Garten ab. Durch stürmische Jahrtausende hindurch haben
sich jüdische Kolonien in diesem ge-
heiligten Mittelpunkt dreier Religio-
nen erhalten, der heute Israels
Hauptstadt bildet.*

Ted Spiegel, Rapho Guillumette

quien hoch in die Luft erhoben. Dann kamen die Ritter und die kampffähigen Männer, die zum Schall der Trompeten marschierten und ihre Banner und Waffen trugen. Barfuß umschritten sie die Stadt. Oben auf den Wällen marschierten die Muselmanen mit und sparten nicht mit Spott. Als die Kreuzfahrer zum Ölberg kamen – sagt Raymond d'Aguilers –, wurden sie ermahnt: «Nun wir uns genau an der Stelle befinden, von wo aus der Herr gen Himmel fuhr, und wir nicht mehr tun können, um uns zu reinigen, soll ein jeder von uns seinem Bruder vergeben, den er beleidigt hat, damit der Herr auch ihm vergebe.»

Nun bedeckten die Kreuzfahrer mit fiebrigem Eifer ihre Belagerungstürme mit Häuten, um sie vor dem «griechisches Feuer» genannten flüssigen Brennstoff zu schützen, der einst eine gefürchtete Geheimwaffe des Byzantinischen Reichs gewesen war. (Die Chroniken zählen eine Reihe von Bestandteilen auf: Naphtha, Pech, Schwefel und Harz. Das heutige Napalm beruht auf einem ähnlichen Prinzip.) Als die Sarazenen sahen, daß die hohen Türme in Position gerollt wurden, verstärkten und erhöhten sie die Mauern an diesen Stellen.

Im Schutze der Nacht unternahmen die Christen einen Gegenzug, indem sie die Türme verschoben, erklärt Raymond – und fügt hinzu: «Ihr, die Ihr das lest, müßt nicht denken, das sei eine leichte Sache gewesen, denn die Maschinen mußten stückweise beinahe eine Meile weit zu dem Ort getragen werden, wo sie aufgestellt werden sollten. Als der Morgen graute und die Sarazenen sahen, daß alle Maschinen und Zelte verschoben worden waren . . . trauten sie ihren Augen nicht. Nicht nur die Sarazenen staunten . . . sondern unsere Leute ebenfalls, denn sie erkannten, daß Gott seine Hand über uns hielt.»

Der Angriff begann in der Nacht des 13. Juli, und die Verteidiger ließen einen Hagel von Steinen und ganze Bäche von griechischem Feuer auf die Christen herunterregnen. Am Abend des 14. hatte Raimund von Toulouse seinen Turm an der Südmauer aufgestellt, aber die Verteidiger wehrten jeden Versuch, die Wälle zu erklettern, ab. Am nächsten Morgen wurde Gottfrieds Turm an die Nordmauer, in die Nähe der heutigen Herodespforte, gerollt. In den Morgenstunden des 15. Juli wogte die Schlacht hin und her. Die Schützen schossen Feuerbrände ab, um die Verteidiger von den Mauern zu vertreiben, aber die Belagerungstürme wurden zerstört und verbrannt. Gegen Ende des Vormittags schien der Angriff gescheitert.

«Als indessen die Stunde nahte, da unser Herr Jesus Christus sich dazu erniedrigte, für uns am Kreuz zu leiden», frohlockt die *Gesta Francorum,* «begannen unsere Ritter in einem der Türme tapfer zu kämpfen, und zwar die Gruppe unter Herzog Gottfried und seinem Bruder Graf Eustachius. Einer unserer Ritter, namens Lethold, erklomm die Stadtmauer, und kaum war er oben angelangt, ließen die Verteidiger die Mauern im Stich und flohen durch die Stadt.»

Gottfried selber folgte bald nach, und die Besten seiner Leute kletterten die Leitern hinauf und schwärmten in die Stadt aus. Sie öffneten die Säulenpforte (heute unter dem Damaskustor ausgegraben), und die Stoßtruppen der Kreuzfahrer strömten in die Gassen. Iftikhar flüchtete mit den Überlebenden seiner Leibwache in den Davidsturm, von wo aus er Unterhändler zu Raimund von Toulouse schickte, die ihm ein ungeheures Lösegeld für sein Leben und das seines Gefolges anboten. Raimund nahm an, und Iftikhar und seine Leibwache wurden außerhalb der Stadt in Sicherheit gebracht.

Wenige andere Verteidiger hatten soviel Glück. Männer, Frauen und Kinder kamen durch Schwert oder Feuer um. Die Mohammedaner waren übrigens nicht die einzigen

«O ihr, die ihr glaubt! Wenn ihr zum Gebet aufsteht, wascht euer Antlitz . . . und eure Füße.» Dem Koran gehorchend, umringen Muselmanen einen Brunnen, um sich vor dem Freitagsgebet dem Ritual gemäß zu reinigen. Dreizehn Jahrhunderte lang hat der Felsendom die heilige Platte beherbergt, auf der, wie die Mohammedaner behaupten, Abraham sich anschickte, seinen Sohn zu opfern, und wo Mohammed auf seiner Stute Boraq durch die sieben Himmel des Islams zu seinem Gott emporritt. Um solche heiligen Stätten zu bewahren, kämpften die Muselmanen um den Besitz von Jerusalem.

«*Das ganze höllische Gedröhn brach los ... Steine flogen ... und Pfeile prasselten wie Hagel*»

Mit diesen Worten beschreibt Raymond d'Aguilers den Angriff der Kreuzfahrer auf die nördliche Mauer Jerusalems in der Nähe des noch unvergoldeten Felsendoms. Katapulte schleudern Felsbrocken; als zwei Araberfrauen versuchen, eine Waffe zu verhexen, wirbelt der Stein «pfeifend durch die Luft» und macht «dem Leben der beiden Hexen den Garaus». Manche Geschosse prallen gegen Kissen von nassem Stroh; Bogenschützen zielen mit brennenden Pfeilen auf die Matten. Soldaten erklettern einen durch Häute geschützten Belagerungsturm, des griechischen Feuers nicht achtend, das die Verteidiger auf sie herabregnen lassen. Einzelne Trupps stellen Leitern auf, während Schützen hinter mit Schießscharten versehenen Bretterwänden sie decken. Die Niederlage ahnend, bricht die arabische Verteidigung zusammen, als die Kreuzfahrer auf der Mauer Fuß fassen. «Niemand», prahlt die Gesta Francorum, «hat je . . . ein solches Gemetzel von Heiden gesehen.»

Illustration von Robert W. Nicholson, NGS

Ted Spiegel, Rapho Guillumette. Illustration für NGS von Stanley Meltzoff

Opfer; die Juden von Jerusalem hatten in ihrer größten Synagoge Zuflucht gesucht. Sie wurden angeklagt, den Verteidigern geholfen zu haben, die Synagoge wurde in Brand gesteckt und kein Jude überlebte. Daimbert von Pisa, der an Stelle von Adhemar die religiöse Führung übernommen hatte, berichtete später dem Papst: «Wenn Ihr wissen wollt, was mit den Feinden geschah, die dort vorgefunden wurden, so wißt, daß (im Gebiet von Salomons Tempel) die Pferde unserer Leute bis zu den Knien im Blut der Sarazenen wateten.»

Und als das Gemetzel vorbei war, erzählt die *Gesta*, verstreute sich die Armee «durch die ganze Stadt und ergriff Besitz von dem Gold und Silber, den Pferden und Maultieren und den mit Habe aller Art gefüllten Häusern».

Gegen Abend pilgerten die Anführer des Kreuzzugs, die erst eine Woche zuvor barfuß die scheinbar uneinnehmbaren Mauern der Stadt zu den Hohnrufen der Mohammedaner umschritten hatten, in feierlichem Aufzug zur Grabeskirche. Dort statteten sie Gott Dank ab. «All unsere vorhergehende Mühsal und Anstrengung hatte sich gelohnt, wenn man nun die Andacht der Pilger sah», schrieb Raymond d'Aguilers.

Jetzt konnten die Christen wieder frei in Christi Fußstapfen wandern und an Seinem Grab beten. Papst Urbans großartiger Traum hatte sich verwirklicht. Aber der redegewandte Papst erlebte den Triumph nicht mehr. Er, der die Gläubigen aufgefordert hatte, sich das Kreuz anzuheften, starb in Rom zwei Wochen nach der Einnahme der Heiligen Stadt, ehe die Kunde davon ihn erreichte.

Obwohl die Muselmanen innerhalb eines Jahrhunderts Jerusalem zurückeroberten, lebte Urbans Vision noch lange weiter.

«Wie freuten sie sich ... und sangen dem Herrn ein neues Lied!»

Raymond d'Aguilers

Nachdem Jerusalem in ihrem Besitz ist, fallen die frohlockenden christlichen Krieger in der Grabeskirche auf die Knie. «Ihre Herzen sandten Lobgebete zu Gott, dem Siegreichen, dem Triumphierenden», schrieb Raymond über den großartigsten Augenblick im Kampf um die Befreiung der Wiege der Christenheit.

Der frohe Dank füllte die von den Byzantinern 1048 wieder aufgebaute Kirche, wo der Überlieferung gemäß Adams Schädel begraben war und Christi Kreuz sich erhob. Die Evangelien nennen den Ort Golgatha, aus dem Lateinischen kam der Name Kalvarienberg. Beide Namen besagen «die Schädelstätte».

Oben: Heute tragen Pilger schwere Holzkreuze den Kreuzweg hinan, in Erinnerung an Christi Leiden auf seinem Weg nach Golgatha.

Zweihundert Jahre lang nahmen Christen das Kreuz, ließen ihr Heim und ihren weltlichen Besitz hinter sich und wanderten nach Osten; manche fanden den Tod, manche Ruhm. Die Macht der Mohammedaner nahm zu. Das byzantinische Reich und seine großartige Kultur waren im Niedergang begriffen.

Aber die europäische Kultur machte dafür schnelle Fortschritte. Schiffe, die Korn und Holz nach Osten transportierten, kehrten mit Waren zurück, die dem Leben im Westen Eleganz und Luxus brachten: Schmuck, Teppiche, Parfüms, Glasspiegel,

Jerusalem, die Goldene Stadt, hat ihre Heiligtümer durch Jahrhunderte mit Blut geschriebener Geschichte hindurch bewahrt. Obwohl der Glaube verschieden ist, verflechten sich die Pilgerwege in einer Heiligen Stadt, wo Synagogen, Kirchen und Moscheen nebeneinander bestehen, jede Antwort auf die Aufforderung der anglikanischen Liturgie: «Betet für den Frieden Jerusalems.»

Gewürze, Rohrzucker. Romantische Lieder und Legenden priesen die Taten der Kreuzfahrer und erhielten die Ideale des christlichen Rittertums lebendig. Die drückenden
feudalistischen Bande lockerten sich, als kreuzfahrende Adlige Städten und Individuen
Freiheit verliehen im Tausch gegen Geld, mit dem das große Unternehmen finanziert
werden mußte. Der Austausch von Ideen und Techniken kam der Kunst des Regierens,
der Schiffahrt und der Architektur zugute. Alle Künste und Wissenschaften Europas
profitierten davon, und zusammen mit dem vorwärtsdrängenden Glauben der Kreuzfahrer wuchs die Lernbegierde, und aller Augen wandten sich neuen Horizonten zu.

Luftaufnahme; Blick nach Osten von der Jaffa-Pforte über die von Mauern umgebene Altstadt. Jenseits der glänzenden Kuppel des Felsendoms und der Klagemauer erhebt
sich rechts im Sonnenlicht der Ölberg. Die Grabeskirche mit der Doppelkuppel befindet sich links in der Mitte. Ted Spiegel, Rapho Guillumette

DER FRAGENDE
GEIST DER
SCHOLAREN

272

Die Sache begann wie gewohnt in einer Schenke; diesmal hieß sie Swyndlestock. Ein paar Oxforder Studenten bestellten Wein, den ihnen der Wirt John of Croydon auch brachte. Die Studenten behaupteten, der Wein tauge nichts, John versicherte das Gegenteil. Ein Streit brach aus. Als der Weinhändler auf seinem Standpunkt beharrte und kein Blatt vor den Mund nahm, schmissen sie ihm schließlich das Gebräu mitsamt dem Krug an den Kopf. Wütend zog sich der Wirt zurück und rief Freunde und Verwandte zu Hilfe. Sie läuteten die Glocke von St. Martin, der Kirche der Stadt, und streitlustige Bürger folgten unverzüglich ihrem Ruf, «einige mit Pfeil und Bogen, andere mit sonstigen Waffen ausgerüstet».

Nun erscholl die Glocke auch in St. Mary, der Kirche der Universität, und bot die hitzköpfigen Studenten auf. Den ganzen restlichen Tag hindurch – den 10. Februar 1355, Namenstag der heiligen Scholastika – schossen die Bogenschützen der Stadt und die der Universität aufeinander ein. Zum Glück war niemand so geschickt wie die berühmten englischen Langbogenschützen, und es gab keine Toten. Aber am nächsten Tag fielen

Aufmerksame Studenten schmücken das Grab eines Bologneser Rechtslehrers, 14. Jh.; Albert Moldway, NGS

Bürger auf dem Spielplatz von Beaumont über die Studenten her und brachten mehrere um. Wiederum läuteten die Kirchenglocken. Begierig, alte Zechen zu begleichen, strömten Landleute in die Stadt. Mit den Bürgern zusammen plünderten sie Studienhäuser und steckten sie in Brand, töteten oder verstümmelten Studenten – ja sie drangen sogar in die Kapellen ein und schleppten ihre Opfer ins Freie. Außer den Studenten von Merton College, die sich hinter dicken Mauern in Sicherheit befanden, flüchteten die meisten aus Oxford.

Nun griffen Kirche und Krone ein. Die Stadt wurde mit dem Interdikt belegt, die Bewohner von den Sakramenten ausgeschlossen. Die Universität ging als große Siegerin aus der königlichen Untersuchung hervor. Von nun an regierten ihr Kanzler und andere hohe Universitätsbeamte die Stadt über den Kopf des Bürgermeisters hinweg; sie bestimmten die Qualität von Bier, Wein und Brot, überprüften Maße und Gewichte, überwachten die Märkte, setzten die Mietpreise fest und sorgten dafür, daß die Straßen sauber waren.

Und beinahe fünfhundert Jahre lang, bis 1825, tat die Stadt am St.-Scholastika-Tag Buße. Anläßlich eines besonderen Gottesdienstes in der Universitätskirche mußten der Bürgermeister, die Amtsleute und sechzig Bürger einzeln vortreten, um am Hochaltar einen Penny abzugeben.

So bezeigten Krone und Kirche ihr Wohlwollen den jungen Leuten gegenüber, die später in ihren Dienst traten. Die Studenten wurden als zum Klerus gehörig betrachtet und mußten im Prinzip das geistliche Gewand tragen. Aber nicht alle waren tonsuriert oder Mitglied eines der kleineren Orden.

Die Schenke Swyndlestock hatte sich in Carfax befunden, wo die *quatre voies* (vier Wege) sich heute noch kreuzen. Hier begann ich in Begleitung meines alten Freundes Dr. T. S. R. Boase, seit rund zwanzig Jahren Rektor von Magdalen College und Mit-

Adam Woolfitt

Studenten im regennassen viereckigen Innenhof von Christ Church, dem größten der neununddreißig Colleges in Oxford. Die Thomas Becket geweihte Glocke des «Tom Tower» läßt jeden Abend 101 mal ihre Stimme ertönen, einen Schlag für jeden der ersten Scholaren des Colleges. Kluge Köpfe, Zeit und Überlieferung machten aus einer vielbegangenen Viehfurt (oxen-ford) über einen Nebenfluß der Themse eine weltberühmte Stätte des Wissens.

In Oxford hilft ein Studienleiter in einem wöchentlichen Privatgespräch den Studenten bei ihren Problemen (links). Die Pfeife spielt dabei eine wichtige Rolle. «Männer ... die vier Jahre angeraucht werden», spottete der Humorist Stephen Leacock, «werden zu reifen Gelehrten.»

arbeiter an diesem Buch, meine Wanderung durch das Universitätsviertel von Oxford. Wir besuchten in aller Muße die alte Divinity School, die Bodleian Library, New College, Magdalen, St. Edmund Hall, Merton und Christ Church.

Ich kannte Oxford seit Jahren, aber es war mir eine ganz besondere Freude, es mit den Augen des Rektors von Magdalen zu betrachten. Am nächsten Tag kehrte ich in die Kapelle von Christ Church zurück. Dort sann ich ungestört über die ungewöhnliche Geschichte der Hochschulen nach, die wie die Parlamente, das Gewohnheitsrecht und die Kathedralen ein bleibendes Vermächtnis des Mittelalters darstellen.

Im Altertum hatte es wohl Stätten der Gelehrsamkeit gegeben, wie Athen und Alexandrien, aber keine Universitäten mit offizieller Immatrikulation, Fakultäten, Prüfungen und Diplomen. Nach Roms Niedergang wurde in Klöstern und Kirchenschulen Unterricht erteilt, aber ihr Lehrplan war beschränkt, und viel altes Wissen ging verloren. In der Mitte des 11. Jahrhunderts konnte sich Salerno einer berühmten medizinischen Fakultät rühmen. Aber erst im 12. Jahrhundert, als der zunehmende

Das Streben nach Wissen und die Jagd nach Vergnügen füllten den Tag des Studenten aus. Er steht im Morgengrauen auf und räumt seine zellenähnliche Kammer auf (rechts). In der Vormittagsvorlesung lehrt der Professor ex cathedra (vom Lehrstuhl aus). Die Scholaren prägten sich das Gehörte ein oder machten Notizen auf Wachstafeln; nur wenige konnten sich das teure Pergament leisten. Mit zwölf Jahren konnte ein Junge anfangen, die Geisteswissenschaften zu studieren.

Der Spieltisch (rechts Mitte) lockte mit verheerendem Resultat die Studenten von den Nachmittagsvorlesungen weg. Nachts setzten sie sich über die Regeln hinweg, die weiblichen Besuch verboten (rechts außen), und machten so Fortschritte in Künsten, die nur die Erfahrung lehrt.

«Laßt das Studieren sein, süß ist die Narrheit. Hegt und pflegt die Freuden unserer Jugend.»

Anonymer lateinischer Dichter, 12. Jh.

Handel und das Wiederaufblühen der Städte Europa neues Leben einhauchte, entstand in Bologna eine wirkliche Universität.

Im Verlauf des Mittelalters wurden in Europa rund achtzig Hochschulen gegründet, und berühmte Namen zeugen von der erstaunlichen geistigen Blüte jener Zeit: Peter Abälard, Albertus Magnus, Thomas von Aquin, Robert Grosseteste, Roger Bacon . . .

Die jungen Männer strömten zu diesen neuen Brennpunkten der Gelehrsamkeit und vertieften sich in Philosophie und Theologie, Feudalrecht und römisches Rechtswesen, Naturwissenschaften und Medizin, die kürzlich wiederentdeckten Texte des Aristoteles und die Schriften der Kirchenväter. Ehrgeiz, Abenteuerlust, Streben nach Ruhm und Verlangen nach Reichtum spornten sie nicht weniger an als die Kreuzfahrer, die Boëmund und Richard Löwenherz ins Heilige Land folgten. Auf dem Weg über den Hörsaal konnte der erfolgreiche Student aus dem lehenspflichtigen Dorf oder aus dem väterlichen Krämerladen zu den höchsten Stellungen in Kirche und Staat aufsteigen.

Um diese erregende Zeit nachzuerleben, zog ich von England über die Alpen nach Italien – eine Reise, die manch ein englischer Scholar des Mittelalters unternommen hat.

Mein Besuch in Bologna wird mir stets in Erinnerung bleiben. Die hohen Türme, die prächtigen Kirchen, die Straßen mit ihren Arkaden und vortrefflichen Gaststätten beschwingten mich. Als ich die Piazza Maggiore, den Hauptplatz, betrat, stand ich plötzlich im Mittelalter. Meine Augen wanderten von der nüchternen Fassade der Basilica San Petronio zum zinnenbewehrten Palazzo del Podestà und dem majestätischen Palazzo Accursio; dieser letztere wurde auf Land erbaut, das Accursius gehört hatte, einem berühmten Professor, dessen Kommentare zum römischen Recht Allgemeingültigkeit errangen. Ich erfüllte mir einen jahrlangen Wunsch und besuchte das um 1360 gegründete Collegio di Spagna, das heute noch Studenten aufnimmt. Und den Gräbern der Rechtslehrer zollte ich ganz besondere Ehrfurcht, denn Bologna war vor allem eine Rechtsschule.

Die Wiedergeburt des römischen Rechts war ein Hauptmerkmal der «Renaissance des 12. Jahrhunderts». Obwohl es in Italien nie ganz untergegangen war, hatte offenbar während beinahe fünfhundert Jahren niemand den vollständigen Text von Justinians Kodex (kaiserliche Gesetzgebung vom 2. bis zum 6. Jahrhundert) und seinen Pandekten (mehr als neuntausend Auszüge aus den Werken neununddreißig kaiserlicher Juristen) studiert. Die wachsende Bedeutung der Stadtregierungen und die zunehmende Komplexität der italienischen Politik erforderten mehr und mehr im römischen Recht bewanderte Verwaltungsbeamte. Hunderte junger Leute reisten nach Bologna, um die Vorlesungen des berühmten Irnerius zu besuchen – eines der ersten «Professoren» römischen Rechts, den wir kennen. Bereits 1119 bezeichnet ein anonymer Dichter die Stadt als

Jonathan S. Blair. Links: Schlägerei in Erfurt, Holzschnitt, 16. Jh.; British Museum. Gegenüber: Adam Woolfitt

«Lebt in allen Dingen zusammen als Studenten ...» Mittelalterliche Regeln schufen Bande, die heute noch Collegestudenten zum Gemeinschaftsleben verpflichten. Sie essen im großen Saal des Wadham College in Oxford (gegenüber), das 1613 von Nicholas Wadham gestiftet wurde, da er «ein ansehnliches Vermögen besaß und keine Kinder, denen er es hätte vererben können». Halle, Kapelle und Wohnräume bilden eine harmonische Einheit rings um den traditionellen viereckigen Innenhof.

Kollegien entstanden zuerst Ende des 12. Jahrhunderts in Paris. Robert de Sorbon (dessen Name in der Pariser Universität Sorbonne weiterlebt) gründete eine Gemeinschaft mit strengen Regeln; wer sie brach, mußte zwei Liter Wein bezahlen! Ganz zu Anfang waren die Studenten auf sich allein gestellt und führten oft ein armseliges oder liederliches Leben. Beim Trinken entstandener Streit artete in Schlägereien aus wie in dem Holzschnitt oben, wo Pallas Athene zuschaut, wie Philister und Studenten mit Schwertern, Stöcken und Steinen übereinander herfallen. Heute wie damals kann jugendlicher Unfug in ernstere Auseinandersetzungen übergehen; 1968 besetzten Pariser Studenten (oben rechts) öffentliche Gebäude, um Änderungen im Hochschulwesen herbeizuführen und Reformen in einer «Bourgeois»-Gesellschaft zu erzwingen, die im Mittelalter wurzelt.

docta Bononia, das «gelehrte Bologna», und rund vierzig Jahre später gewährte Kaiser Friedrich Barbarossa, dem das Wiederaufleben eines die kaiserliche Gewalt verstärkenden Rechtssystems sehr gelegen kam, in einer Urkunde den Studenten in Norditalien besondere Rechte und Privilegien.

Um sich vor der Habgier der Philister zu schützen, teilten sich mit der Zeit die Bologneser Studenten in zwei Körperschaften: die cismontane Universität für italienische Studenten (unterteilt in römische, toskanische und lombardische «Nationen») und die ultramontane Universität für diejenigen, die von jenseits der Alpen kamen (französische, pikardische, burgundische, englische und andere «Nationen»).

Im Latein des Mittelalters bedeutete *universitas* eine Körperschaft oder Zunft, ob von Steinmetzen oder von Scholaren. Was wir unter Universität verstehen, war ein *studium generale* – ein Ort, wo die Studenten zusammenkamen, um zu lernen, und wo das Doktorat und das *ius ubique docendi,* das Recht, überall zu lehren, verliehen wurden. Im 15. Jahrhundert bedeuteten *universitas* und *studium generale* ohne Unterschied eine Hochschule.

Die Studentenkörperschaften von Bologna setzten in gemeinsamen Verhandlungen Miete und Lebenskosten fest. Für die Bürger waren die Studenten eine Einnahmequelle, und darum trugen diese in einem Streit meistens den Sieg davon, wenn sie drohten, die Stadt zu verlassen. Studenten zogen 1222 von Bologna nach Padua; 1209 vertauschten sie Oxford gegen Cambridge, 1408 trug Leipzig den Sieg über Prag davon. In all diesen Städten entstanden berühmte Universitäten.

Die unerbittlich auf ihren Vorteil bedachten Studenten machten sich auch die Professoren gefügig, wenn sie drohten, ihre Vorlesungen zu boykottieren. Da die Lehrer von den Studenten bezahlt wurden, waren sie ihnen auf Gnade und Ungnade ausgeliefert. Ein Professor mußte dem Rektor der Studenten Gehor-

Eine Photomontage zeigt die Türmchen der mittelalterlichen Kirche Saint-Séverin und die
Gesichter der heutigen Pariser Studenten in der spiegelnden Scheibe eines Cafés im
Quartier latin. In diesem Viertel der Lichterstadt, «wo die Philosophie von alters her ihren
Sitz hat», wo der heißblütige Abälard und die liebestrunkene Heloïse heute noch weiter-
leben, erstrahlt die Jugend in nie verblassender Frische. Aus der ganzen Welt strömen die
jungen Leute nach Paris – gescheit, leidenschaftlich, wißbegierig, trotzig –, um die Weis-
heit aller Zeiten in sich aufzunehmen und wie nirgends sonst den kostbaren Frühling des
Lebens zu genießen.

Jonathan S. Blair

sam schwören; er durfte in den Universitätsversammlungen nicht stimmen und war doch an ihre Beschlüsse gebunden. So brauchte ein Student nur drei Vorlesungen in der Woche zu besuchen, um sein «Scholarentum» zu bewahren, während ein Professor ohne die Erlaubnis der Studenten keinen einzigen Tag fernbleiben durfte. Wenn er die Stadt verlassen wollte, mußte er eine Summe Geld hinterlegen als Garantie für seine baldige Rückkehr. Er durfte nicht «nach seinem Belieben Ferien machen».

Nicht genug: Für jeden Tag, da nicht mindestens fünf Studenten seine Vormittags- oder Amtsvorlesung oder drei die weniger formale Nachmittags- oder Hilfsvorlesung besuchten, mußte er eine Strafe bezahlen, als wäre er abwesend. Er durfte kein Kapitel überspringen, und wenn er in seinen Kommentaren zu den juristischen Texten zurückblieb, wurde eine bestimmte Summe von den zehn Bologneser Pfunden abgezogen, die er zu Beginn des Jahres hinterlegen mußte. *Denunciatores doctorum* (Denunziatoren der Gelehrten) genannte Studenten meldeten die Verstöße. Die gefürchtetste Strafe, die *privatio*, untersagte dem Dozenten (und zuweilen seinen Nachkommen) das Unterrichten und brachte ihn damit um sein Brot. Der Professor, der erklärte: «Nächstes Jahr hoffe ich, meine Amtsvorlesungen getreulich und rechtmäßig abzuhalten, wie ich es immer getan habe, aber

keine Hilfsvorlesungen, denn die Studenten sind keine guten Zahler, sie wünschen zu lernen, aber nicht zu berappen ...», hat unser volles Verständnis.

Einer alten Redensart zufolge hatten die Italiener den Papst, die Deutschen das Reich, und die Franzosen – die Universität von Paris. Wenn in Bologna die Studenten Meister waren, so waren in Paris die Professoren die ersten, die eine wirksame Körperschaft bildeten. Die Pariser Universität entstand gegen Ende des 12. Jahrhunderts aus der Notre-Dame angegliederten Schule. 1200 erließ Philipp August eine Charta, wonach die Studenten von der Rechtsprechung durch Laiengerichtshöfe ausgenommen und ihr Besitz vor Beschlagnahme geschützt wurde.

Auf dem linken Seineufer bummelte ich durchs Quartier latin, so benannt nach der Sprache der Studenten, die hier wohnten. Bei strömendem Regen ging ich durch die Rue Galande, eine der ältesten Straßen von Paris, und suchte nach Spuren der mittelalterlichen Universität. Zuerst begab ich mich in die Kirche Saint-Julien-le-Pauvre im Schatten der Notre-Dame. Hier beteten Dante und Petrarca, hier suchten Villon und Rabelais Vergebung für ihre Sünden, hier wurden im 13. und 14. Jahr-

Lächelnde Leidtragende «begraben» einen neugebackenen Mediziner, der die Universität Bologna verläßt, und wünschen ihm pace – Frieden in seinem neuen Leben. Eine Studentin, ein seltener Anblick bis Ende des 19. Jahrhunderts, überquert den Hof des Archiginnasio (Mitte), das im 16. Jahrhundert erbaut wurde, um Europas älteste Universität zu beherbergen. Vorher kamen die Studenten in gemieteten Sälen zusammen, die über ganz Bologna verstreut waren, der Stadt, deren Türme (gegenüber) Dante zu seinen ersten Versen inspirierten.

Jonathan S. Blair

PACE

Stimmen des Mittelalters

Einen größeren Gegensatz, als es ihn zwischen Dantes feinen Liebesbeschreibungen und dem düsteren, blutdurchtränkten *Beowulf* gibt, kann man sich kaum vorstellen. Auch die feierlichen Töne des *Dies Irae* kontrastieren scharf mit den derben Porträts Chaucers und der schalkhaft-schwermütigen Poesie des François Villon. Mit vielen verschiedenen Stimmen sprechen die mittelalterlichen Dichter über Liebe und Haß, Hoffnung und Angst.

Göttliche Komödie

DANTE ALIGHIERI (1265–1321)

Seiner politischen Tätigkeit wegen wurde Dante, der größte und berühmteste italienische Dichter, aus Florenz verbannt und verbrachte den Rest seines Lebens im Exil. In seinen Sonetten verherrlicht er seine geliebte Beatrice, verheiratet mit einem anderen. In seinem Meisterwerk Divina Commedia *durchzieht er Hölle, Fegefeuer und Paradies und faßt die ganze damalige Welt in einem einzigen großartigen Bild zusammen. Der folgende Ausschnitt zeigt Dante und seinen Begleiter Vergil beim Eintritt in die Hölle:*

Durch mich geht man hinein zur Stadt der Trauer,
   Durch mich geht man hinein zum ewigen Schmerze,
   Durch mich geht man zu dem verlornen Volke.
Gerechtigkeit trieb meinen hohen Schöpfer,
   Geschaffen haben mich die Allmacht Gottes,
   Die höchste Weisheit und die erste Liebe.
Vor mir ist kein geschaffen Ding gewesen,
   Nur Ewiges, und ich muß ewig dauern.
   Laßt jede Hoffnung, wenn ihr eingetreten.
Die Worte sah ich dort in dunkler Farbe
   Zu Häupten eines Tores angeschrieben
   Und sprach: «Mein Meister, hart ist die Bedeutung.»
Und er zu mir, wie einer, der behutsam:
   «Hier muß man jeden Argwohn von sich lassen,
   Und jede Feigheit muß des Todes sterben.
Wir sind zum Ort gekommen, wo ich sagte,
   Daß du die schmerzenvollen Leute findest,
   Die der Erkenntnis Gut verloren haben.»
Dann hat er seine Hand gelegt in meine
   Mit froher Miene, dies war mir zum Troste,
   Und führte mich zu den geheimen Dingen.
Dort hört ich Seufzer, Klagen, Weherufe
   In einer sternenlosen Nacht ertönen,
   Weshalb ich erst in Tränen ausgebrochen.
Verschiedne Sprachen, wilde Schreckenslaute,
   Worte des Schmerzes und Geschrei des Zornes,
   Schrille und heisre Stimmen, Händeschlagen,
Vollführten ein Getümmel, das ohn' Ende
   In diesen zeitlos trüben Lüften kreiset,
   Wie Sand, gejagt in einem Wirbelsturme.
Und ich, dem schon das Haupt umwand das Grauen,
   Sprach: «Meister, was ist das, was ich dort höre,
   Was für ein Volk, von Schmerzen überwältigt?»
Und er zu mir: «Solch elend Leben müssen
   Die trüben Seelen jener Menschen führen,
   Die ohne Lob und ohne Schande lebten.

Vermischt sind sie mit jenem bösen Chore
   Der Engel, die einst, weder abgefallen
   Von Gott, noch ihm getreu, allein gestanden.
Der Himmel will sich nicht mit ihnen schänden,
   Und auch die tiefe Hölle schließt sich ihnen,
   Damit die Sünder sich nicht rühmen können.»

Sonett

DANTE ALIGHIERI

So adelig und voller Tugend schreitet
hold grüßend meine Herrin durch die Gassen,
daß alle rings verstummen und erblassen
und jeder Blick beschämt zu Boden gleitet.

Geht sie vorbei, von scheuem Lob geleitet,
kann niemand ihre zarte Demut fassen:
der Himmel hat sie niedersteigen lassen
als hohes Wunder, das die Herzen weitet.

So lieblich scheint sie allen, die sie sehen,
und so viel Süße weiß ihr Blick zu schenken,
daß nichts begreift, wer nie vor ihm verzagt.

Von ihren Lippen scheint ein Hauch zu wehen,
der, uns zum Quell der Liebe hinzulenken,
zu unsrer bangen Seele «Seufze!» sagt.

Dies Irae

13. JAHRHUNDERT

Das Gedicht wird Thomas von Celano zugeschrieben, dem Schüler von Franz von Assisi. Es spiegelt die Vorstellungen des Jüngsten Gerichts im mittelalterlichen Denken wider. Heute hört man seine düsteren Strophen vor allem in Totenmessen:

Tag des Zornes, Tag der Zähren,
Wird die Welt in Asche kehren,
Wie Sibyll' und David lehren.

Welch ein Graus wird sein und Zagen,
Wenn der Richter kommt, mit Fragen
Streng zu prüfen alle Klagen!

Laut wird die Posaune klingen,
Mächtig in die Gräber dringen,
Hin zum Throne alle zwingen.

Schaudernd sehen Tod und Leben
Sich die Kreatur erheben,
Rechenschaft dem Herrn zu geben.

Dante, mit Dichterlorbeer und seiner Göttlichen Komödie. *Links streben die Seelen durch das Fegefeuer himmelwärts. Golden glänzt Florenz in diesem Fresko von Domenico di Michelino, 15. Jh.; Dom, Florenz; Scala*

Chaucer reitet auf einer Wallfahrtsstraße; Ellesmere-Manuskript der Canterbury Tales, *ca. 1410; The Huntingdon Library, San Marino, Kalifornien*

Beowulf

8. JAHRHUNDERT

Dieses älteste englische Epos dokumentiert eindrücklich an einer altnordischen Sage die kriegerische Ruhmsucht. Hier enthauptet der Held die Mutter des Wasserdrachen Grendel und später das Ungeheuer selbst mit einem riesigen Ringschwert:

Er sah dann unter den waffen(?) ein sieghaftes schwert, eine alte von den riesen stammende schneidentüchtige klinge, eine kriegerzier: das war eine auserlesene waffe, nur daß sie eine größere war, als ein andrer mann zum kampfspiele tragen konnte, die gute und stattliche, die arbeit der riesen. Da ergriff der krieger der Scildinge die fesselhilze, der wilde und kampfgrimme, schwang das ringschwert am leben verzweifelnd, schlug zornig daß ihr das harte in den hals griff, die knochenwirbel brach, das schwert ganz durchfuhr den todgeweihten körper: sie sank auf den boden; das eisen war blutig; der mann freute sich seiner arbeit.

Der feuerschein strahlte, stand so leuchtend wie von oben hell scheint die kerze des himmels. Er schaute den saal entlang; dann ging er an der mauer hin, hielt die waffe, die harte, bei der hilze, der degen Hygelacs, zornig und entschlossen. Die waffe hatte nicht betrogen den kriegsmann; so wollte er geschwinde dem Grendel vergelten die vielen kampfstürme die er gegen die Westdänen ausfürte viel öfter als ein mal, wenn er Hrothgars herdgenoßen erschlug im schlummer und die schlafenden fraß, vom volke der Dänen fünfzehn

leute, und noch einmal so viele hinausschleppte als grause beute. Dafür zahlte er ihm lohn, der grimme kempfe, als er auf dem ruhebette den kampfmüden Grendel liegen sah, den entseelten, dem vorher verderblich geworden war der kampf in Heorot: das geronnene blut sprang weit, als er nach dem tode den streich erlitt, den harten schwertschlag der ihm das haupt abschnitt.

Das Rolandslied

11. JAHRHUNDERT

Das erste französische Epos beschwört feierlich die feudale Welt der ritterlichen Treue und Ehre. Der Held Roland erfährt von der blutigen Niederlage seiner Gefährten und bläst sein Horn, um Karl den Großen zu warnen. Damit aber der König nicht umkehrte, überzeugt ihn der Verräter Ganelon, daß Roland bloß auf der Jagd sei:

Mit Mühe und Pein, mit großem Schmerz bläst Graf Roland den Olifant. Das helle Blut bricht ihm aus dem Munde hervor, und sein Gehirn drohte ihm die Schläfe zu zersprengen. Der Schall seines Horns ist gewaltig: Karl, der durch die Engpässe zieht, vernimmt es. Herzog Naimes hört es, und auch die anderen Franken lauschen. Da sprach der König: «Ich höre Rolands Horn. Nie hätte er es geblasen, wenn er nicht im Kampfe stände.» Aber Ganelon antwortet: «Von einer Schlacht ist nicht die Rede. Ihr seid schon alt, und Euer Haupt ist schneeweiß: durch solche Worte gleicht Ihr einem Kind. Ihr kennt den großen Übermut Rolands genau. Es ist ein Wunder, daß Gott ihn so lange duldet. Einst nahm er Noples ein ohne Euren Befehl. Die Sarazenen, die in der Stadt waren, machten einen Ausfall und kämpften mit dem tapferen Ritter Roland.

Danach wusch er mit Wasser die Wiesen rein von Blut. Das tat er, damit es nicht offenbar würde. Um eines einzigen Hasen willen bläst er einen ganzen Tag sein Horn. Vor seinen Pairs zieht er jetzt scherzend einher. Unter dem Himmel gibt es kein Volk, das es wagen würde, ihn im Felde anzugreifen. Reitet weiter! Was haltet Ihr an? Das Frankenland liegt dort noch weit vor uns.»

Der Bauer kannte das gleiche Schicksal wie der Bauer im Ackermann aus Böhmen *von Johannes von Tepl. Miniatur, 13. Jh.; Bibliothèque royale, Brüssel*

Der Ackermann aus Böhmen

JOHANNES VON TEPL (UM 1350–1414)

Der Ackermann aus Böhmen ist ein Streitgespräch zwischen dem Menschen und dem Tod. Verfaßt wurde es von Johannes von Tepl, der auf diese Weise versucht, sich mit dem Tod seiner Frau abzufinden. Das Werk geht aber weit über den persönlichen Rahmen hinaus und hat bis heute nichts von seiner Aktualität eingebüßt. Im folgenden Abschnitt stellt der Ackermann, der hier die ganze Menschheit vertritt, die grundlegenden Fragen an den Tod und beschuldigt ihn der Ungerechtigkeit. Der Tod weist mit seinen Antworten die Beschuldigung von sich:

Ihr seid der Übeltäter. Darum wüßte ich gern, wer Ihr seid, was Ihr seid und wie Ihr seid, von wannen Ihr seid und wozu Ihr tauglich seid, daß Ihr so viel Gewalt habt und ohne Ansage mich so übel herausgefordert habt, meinen wonnereichen Anger verödet, meiner Stärke Turm untergraben und gefällt habt.

Wahrlich, Herr, in deiner Schöpfung ist nichts Greulicheres, nichts Scheußlicheres, nichts Schädlicheres, nichts Bittereres, nichts Ungerechteres als der Tod. Er betrübt und verwirrt dir alle deine irdische Herrschaft. Er nimmt eher hinweg das Tüchtige als das Untaugliche.

Was böse ist, das nennen unverständlich Leute gut, was gut ist, das heißen sie böse: so tust auch du. Falschen Gerichtes zeihest Du Uns und tust Uns unrecht. Dessen wollen Wir dich überführen. Du fragst, wer Wir seien: Wir sind Gottes Werkzeug, der Herr Tod, ein recht wirkender Mäher. Unsere Sense mäht, wie es trifft.

Du fragst, was Wir seien: Wir sind nichts und doch etwas. Deshalb nichts, weil Wir weder Leben noch Wesen, weder Gestalt noch Inhalt haben, nicht Geist sind, nicht sichtbar sind, nicht greifbar sind; deshalb etwas, weil Wir des Lebens Ende sind, des Seins Ende, des Nichtseins Anfang, ein Mittel zwischen beiden. Wir sind ein Verhängnis, das alle Leute fällt.

Du fragst, von wannen Wir seien: Wir sind aus dem irdischen Paradies. Dort schuf Uns Gott und nannte Uns mit Unserem rechten Namen, als er sprach: «An dem Tag, da ihr von dieser Frucht esset, werdet ihr des Todes sterben.» Darum also schreiben wir Uns: Wir Tod, Herr und Herrscher auf Erden, in der Luft und in des Meeres Flut. – Du fragst, was Wir vermögen: Du hast vorher gehört, daß Wir der Welt mehr Nutzen als Schaden bringen. Hör auf, gib dich zufrieden und danke Uns, daß dir von Uns so gütlich ist geschehen!

Maskentragende Gestalten feiern ein Winterfest, indem sie zu Trommeln, Schellen und Zimbeln tanzen. Französische Miniatur, 14. Jh.; Bibliothèque nationale, Paris

Canterbury Tales

GEOFFREY CHAUCER (UM 1340–1400)

Als Sohn eines Winzers, Krieger, Diplomat, Beamter und Mitglied des Parlaments lernte Chaucer alle Schichten der englischen Gesellschaft kennen. Er porträtierte sie mit viel Humor und Scharfsinn in seinen Canterbury-Erzählungen. Die lustigen, oft derben Geschichten erzählen sich die Pilger auf dem Weg zu Beckets Schrein. Hier treffen wir den Ordensbruder:

Da war ein munterer Ordensbruder auch,
Ein Bettelmönch, ein feierlicher Mann.
In den vier Orden keiner war, der kann
So schmeicheln und das Wort so drehen.
Gestiftet hatte er schon manche Ehen
Von jungen Frauen ganz auf eigne Kosten.
Dem Orden war er recht ein starker Pfosten,
Und sehr beliebt war er und wohlbekannt
Rings bei den Freisassen im ganzen Land,
Wie auch bei würd'gen Frauen in der Stadt,
Da er zum Beichtehören Vollmacht hat
Mehr, wie er selber sagt', als der Kurat,
Denn seines Ordens war er Lizentiat.

Sein Kragen war stets voll von hübschen Dingen,
Messern und Nadeln, jungen Fraun zu bringen.
Und seine Stimme hatte lust'gen Klang,
Er war geübt im Fiedeln und Gesang,
Mit einem Volkslied trug er stets den Preis.
Dann hatt' er seinen Hals wie Lilien weiß,
Und stark war er trotz einem Kriegeshelden.
Er konnt' am Ort euch jedes Wirtshaus melden,
Und Wirt und Schenkin war'n im ganzen Rund
Ihm mehr als Bettler und Aussätz'ge kund.

Auch lispelte er leicht aus Lüsternheit,
So daß besonders süß sein Englisch klang.
Wenn er die Harfe griff nach dem Gesang,
Dann blinkten seine Augen im Gesicht,
Wie in der Frostnacht blinkt der Sterne Licht.

287

Ballade von edlen Frauen vergangener Zeiten

FRANÇOIS VILLON (1431 bis nach 1463)

Geboren im Jahr der Verbrennung Jeanne d'Arcs, studierte Villon an der Pariser Universität. Als Krimineller bewegte er sich später unter Dieben und Mördern. Schöpfend aus Quellen seiner Zeit, in welcher die Ritterlichkeit schon am Aussterben war, schrieb er über die Unwürdigkeit des Lebens und Grausamkeit des Todes, oft aber auch recht gewagte Lieder:

Sagt mir: wo, in welchem Land
Flora weilt, die schöne Römerin,
Thais auch, die lüsterreiche Buhlerin,
Archipiada, die ihr nahestand?
Echo, die in Berg und Wald
unser Rufen widerhallt?
Ihre Schönheit ohnegleichen
war so hold, berückend, klar!

Doch wo ist der Schnee vom vergangenen Jahr?
Und wo ist die zauberschöne Helois,
die einst alle Welt die kluge Jungfrau nannte?
Zu der Abälard in Liebesglut entbrannte,
bis ihr Oheim Fulbert ihn entmannte
und er dann im Kloster Sankt Denis
Mönch und Prior ward sogar?
Liebe hat ihm solches Leid gebracht.

Spielmann und Mädchen küssen sich auf dem Titelblatt einer Ausgabe von Villon, die seine Hauptwerke umfaßt, Das Große Testament *und andere Gedichte, veröffentlicht ca. 1505; Bibliothèque nationale, Paris*

Ach, wo ist die Königin, die mannstoll war
und Herrn Buridan mit ihrer Huld bedacht,
ihm erst ihre süße Minne schenkte
und ihn dann, in einen Sack genäht, bei Nacht
heimlich in der Seine feig ertränkte?
Doch wo ist der Schnee vom vergangenen Jahr?

Fürst, fragt nicht, wo sie geblieben,
weder jetzt noch übers Jahr!
Hört den Kehrreim, den ich hingeschrieben:
Wo ist der Schnee vom vergangenen Jahr?

Ein Minnelied

WALTHER VON DER VOGELWEIDE (um 1170–1230)

Zu Recht wird Walther von der Vogelweide als der beste deutsche Lyriker des Mittelalters gepriesen. In seinen Minneliedern beweist er meisterhafte Beherrschung des hohen Minnesangs und durchbricht zugleich die ständische Enge der Gattung. Das folgende Lied legt er einem einfachen Bauernmädchen in den Mund:

Unter der Linde,
auf der Heide,
da unser beider Lager war,
da könnt ihr schön
gebrochen finden
die Blumen und das Gras.
Vor dem Wald in einem Tal –
tandaradei –
sang schön die Nachtigall.

Ich kam gegangen
zu der Aue:
da war mein Liebster schon gekommen.
Da ward ich empfangen –
Gnädige Jungfrau! –,
daß ich für immer glücklich bin.
Ob er mich küßte? Wohl tausendmal:
tandaradei –
seht, wie rot ist mir der Mund!

Da hat er gemacht
so prächtig
ein Bett von Blumen.
Da lacht noch mancher
herzlich,
kommt er jenen Pfad daher.
An den Rosen mag er wohl –
tandaradei –
merken, wo das Haupt mir lag.

Daß er bei mir lag –
wüßte es jemand
(das verhüte Gott!), so schäm ich mich.
Wie er mit mir war,
niemals, niemand
erfahre das als er und ich
und ein kleines Vögelchen,
tandaradei –
das kann wohl verschwiegen sein.

Festliches Feuerwerk scheint in Florenz eine Trauerweide über den Arno zu zeichnen, der Stadt, wo Dante seine göttliche Beatrice beweinte und seine Liebe in glühenden Versen besang, deren Feuer heute noch nicht erloschen ist. In einer Stadt, wo die Bankiers sich nicht nur um Geld, sondern auch um Kultur kümmerten, wurde 1373 der erste Lehrstuhl für Dichtung geschaffen. Dozent: Boccaccio. Thema: Dante.

hundert farbenprächtige Universitätsversammlungen abgehalten. Ich ließ mich von meiner Phantasie ins 12. Jahrhundert zurückversetzen . . .

Einige meiner Kollegen sind immer noch der Ansicht, daß Blondinen und Bücher nicht zusammenpassen. Im Fall des stattlichen Peter Abälard war dies unzweifelhaft wahr. Sein geschliffener Geist, sein kühner Rationalismus, sein umfassendes Wissen und seine lebhafte Persönlichkeit zogen die Studenten an, wo immer er Vorlesungen hielt, in Melun, in Corbeil, in Paris; es kamen ihrer so viele, berichtet er gelassen, daß die Gasthäuser sie nicht zu beherbergen und die Erde sie nicht zu ernähren vermochte. Obwohl er ein halbes Jahrhundert vor der Gründung der Universität lebte, wurde dank ihm Paris der Mittelpunkt ganz Europas, was das Studium der Theologie, der Philosophie und der Geisteswissenschaften betraf.

Abälard verlor nicht nur manchmal den Kopf in erbitterten gelehrten Auseinandersetzungen, sondern im Alter von achtunddreißig Jahren auch sein Herz, und zwar an die liebliche Heloïse. Er richtete es so ein, daß er als ihr Hauslehrer angestellt wurde. «Wir öffneten unsere Bücher, aber es wurden mehr Worte der Liebe als des Unterrichts gesprochen.» Als Heloïses Onkel erfuhr, daß sie schwanger war, ließ er Abälard kastrieren. Das Liebespaar wurde getrennt, und beide traten ins Kloster ein. Jahre später erinnerte Heloïse, die inzwischen Äbtissin geworden war, in ihren Briefen Abälard daran, daß keine Frau dem Zauber seiner Stimme widerstehen konnte, wenn er seine Liebessonette vortrug. «Mein Abälard, du weißt genau, wieviel ich verlor, als ich dich verlor . . .»

Trotz des Skandals und der Verurteilung seiner Lehren durch zwei Konzile betrachtete Abälard sich immer noch als den einzig zuständigen Philosophen der Welt – *me solum in mundo superesse philosophum*. In seinem berühmten Werk *Sic et Non* (Ja und Nein) stellte er die Meinungen verschiedener Autoritäten einander gegenüber und enthüllte so, daß sie sich häufig widersprachen. Obwohl er in Ungnade starb, «in Stille und Einsamkeit», wurde seine Lehrweise mit der Zeit in allen Universitätsvorlesungen angewandt, und unter seinen Schülern fanden sich später fünfzig Bischöfe, zwanzig Kardinäle und ein Papst.

Seine Methode kam auch dem Bologneser Mönch Gratianus zustatten, dessen Werk *Decretum* das Kirchenrecht vereinheitlichte, und Petrus Lombardus, der mit seinen *Sentenzen* die wichtigste Sammlung theologischer Texte verfaßte. Sie beeinflußte auch Thomas von Aquin, dessen Werke eine tiefgreifende Wirkung auf die christliche Gesellschaft vom 13. Jahrhundert bis heute ausgeübt haben.

Thomas von Aquin war ein großer, freundlicher, kräftiger Mann, der ein phantastisches Gedächtnis und eine ungeheure Konzentrationsfähigkeit besaß. Er stammte aus einer Adelsfamilie, die es gewohnt war, auf dem Schlachtfeld der Gefahr ins Auge zu blicken, und so scheute auch er nicht vor der Aufgabe zurück, in seiner *Summa Theologiae* ein vollständiges Lehrgebäude der christlichen Theologie zu errichten, das auf einer doppelten Erkenntnisquelle beruhte: der göttlichen Offenbarung und dem menschlichen Verstand. Die Offenbarung fand er in der Bibel und in der Überlieferung der Kirche; im Gebrauch des Verstandes ließ er sich durch die Logik des Aristoteles leiten. Er war überzeugt, daß die beiden sich nicht widersprechen konnten, denn beide stammten von Gott. Darum ließen sich Theologie und Philosophie, Glaube und Wissenschaft letztlich vereinen, so lehrte er, und Europas Studenten lauschten.

Wenn ein junger Scholar des 13. Jahrhunderts in einer Herberge seine erste Mahlzeit einnahm, mochte es vorkommen, daß gleich ein Professor oder einer seiner Studenten auftauchte und versuchte, ihn anzuwerben. Auch Universitäten in ihrer Gesamtheit rührten die Werbetrommel. Toulouse verkündete, der päpstliche Legat in Frankreich habe den Studenten und Lehrern seiner Hochschule Generalablaß für all ihre Sünden versprochen, und hier würden Bücher studiert, die in Paris verboten seien.

Der Neuankömmling – der *bejaunus,* Gelbschnabel – wurde oft erbarmungslos gequält. Besonders an den deutschen Hochschulen wurde er als stinkendes wildes Tier betrachtet, das in einer pseudo-feierlichen Zeremonie gezähmt werden mußte. Nachher durfte er seinen Folterknechten ein Essen bezahlen, das seinen Beutel oft auf Wochen hinaus leerte.

In ihren Briefen nach Hause baten die Studenten um Geld, «denn die Stadt ist teuer und stellt viele Ansprüche». Die Professoren halfen ihnen, die Sätze zu drechseln, und lieferten ihnen Musterbeispiele, die ihre Wirkung nicht verfehlt hatten. Bestürzt und verärgert antworteten die Väter: «Ich habe neulich entdeckt, daß du ein liederliches Faulenzerleben führst . . . die Gitarre zupfst, während andere ihren Studien obliegen, woraus sich erklärt, daß du nur ein einziges juristisches Werk gelesen hast, während deine fleißigeren Kameraden mehrere durchgearbeitet haben.»

Die Studenten führten in der Tat ein ausgelassenes Leben. Man stelle sich vor, wie die jungen Leute im Quatier latin lärmend von Schenke zu Schenke zogen, von den «Zwei Schwertern» über den Petit-Pont zu Notre-Dame schwankten – wobei sie einmal sogar so weit gingen, auf dem Altar Würfel zu spielen – und dann wieder zurücktaumelten, um

Gespannt drängten sich einst die ersten Semester im Anatomie-Hörsaal von Padua, dem ältesten in ganz Europa. William Harvey, der den Blutkreislauf entdeckte, studierte hier bald nach seiner Eröffnung im Jahr 1594. Ein halbes Jahrhundert zuvor hatte Andreas Vesalius in Padua die moderne Anatomie begründet. Indem er vom Galgen und aus Friedhöfen geholte Leichen sezierte, zerteilte er den Nebel der mittelalterlichen Theorien und verschaffte den Menschen einen klareren Einblick in die Beschaffenheit ihres Körpers.

Jonathan S. Blair

«Wenn du die Säge oder das Messer an einen Menschen legst, tauche einen Lappen in diese Flüssigkeit und halte ihn ihm unter die Nase»

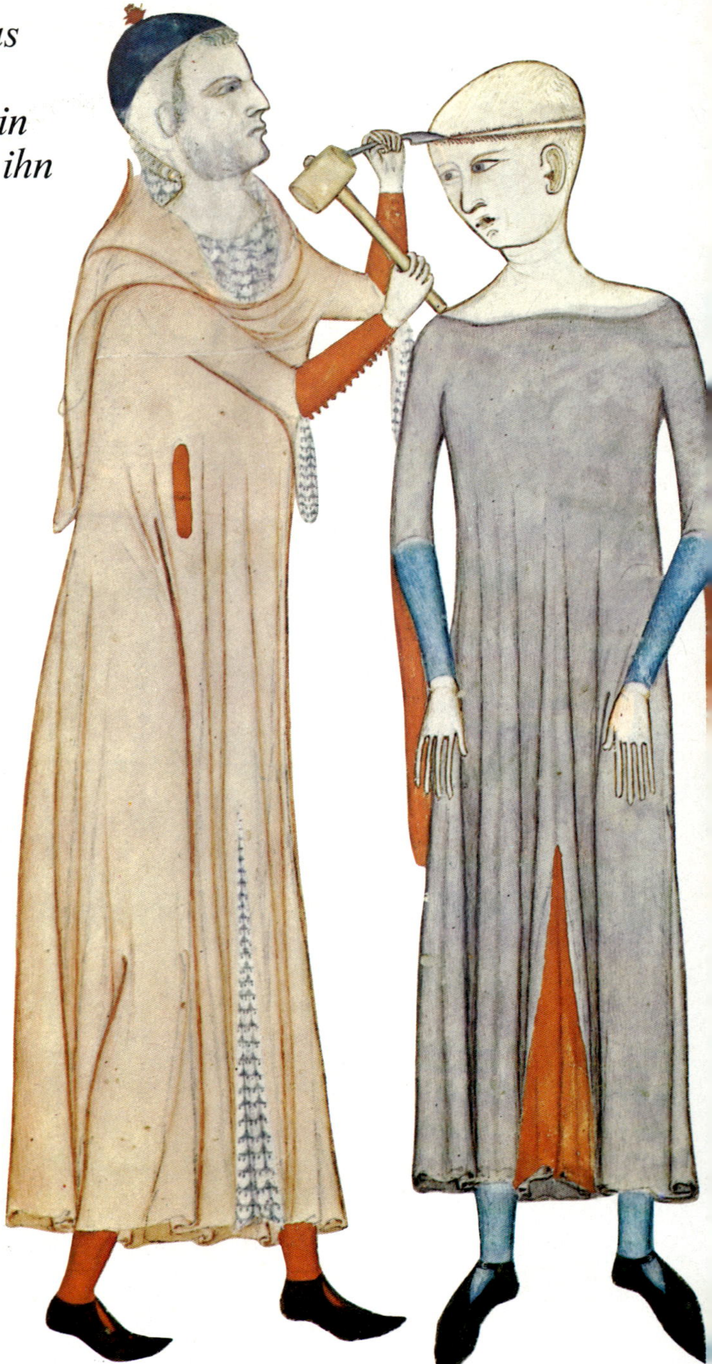

So versprach Michael Scotus im 13. Jahrhundert schmerzlose Operationen dank der *spongia soporifera*, des schlafbringenden Schwamms. In Bilsenkraut, Opium und Alraun getränkt, verschaffte er eine schwache, doch willkommene Erleichterung – wie die meisten Mittel der mittelalterlichen Medizin.

Scotus studierte in Salerno, wo im 11. Jahrhundert erstmals wieder Medizin gelehrt wurde. Als Übersetzungen zur Verfügung standen, lasen die Studenten die Werke des Hippokrates und des Galen und bereicherten sich am Wissen der jüdischen Ärzte und des Arabers Avicenna, der im 11. Jahrhundert Hofarzt in Persien war und dessen *Kanon der Medizin* sechshundert Jahre lang zu den Klassikern gehörte. Die überaus geschickten Araber verzeichneten einhundertdreißig Augenkrankheiten und beschrieben sechs verschiedene Staroperationen, darunter die Entfernung durch Ansaugen und mittels einer goldenen Nadel.

Der im 12. Jahrhundert lebende Roger von Salerno renkte schlecht heilende Knochenbrüche neu ein und behandelte Blutungen mit blutstillenden Mitteln und Gefäßabbindungen. Roland von Parma nahm Trepanationen vor, um durch Flüssigkeiten oder Schwellungen verursachten Druck im Schädel zu lindern (rechts). Die Brüder Borgognoni reinigten Wunden mit Wein und vernähten sie. Bereits im 15. Jahrhundert flickten die Doctores Branca Nasen und Ohren mit Haut, die sie den Armen des Patienten entnahmen.

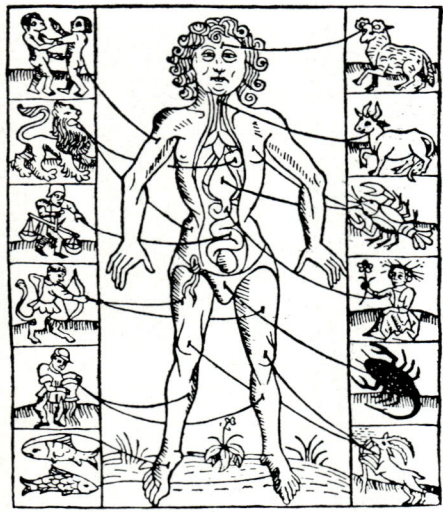

Schröpfkarte, 15. Jh.; The Trenton Free Library, Chirurgische Instrumente, 14. Jh.; Istituto Rizzoli, Bologna. Zeichnung einer Trepanation und einer Untersuchung durch Abtasten; Musée Condé, Chantilly. Apothekerladen aus der Übersetzung von Avicennas Kanon, 14. Jh.; Biblioteca universitaria, Bologna; Scala

Unter den Werkzeugen (unten) sind zu erwähnen die Spreizschere, die Geburtszange, die Säge und die Schröpfmesser.

Der Glaube, daß die Krankheiten von einer Störung des Gleichgewichts der vier Körpersäfte – Blut, Schleim, schwarze und gelbe Galle – hervorgerufen würden, war weit verbreitet. Dieses Gleichgewicht versuchte man durch Schröpfen wiederherzustellen. Tafeln mit den Zeichen des Tierkreises (gegenüber) gaben die günstigste Zeit des Aderlasses für die verschiedenen Körperteile an. Da die Kirche ihren Angehörigen untersagte, Blut zu vergießen, wurde das Schröpfen oft den herumziehenden Badern überlassen.

Die Ärzte prüften Puls und Urin und tasteten den Patienten ab (links). Aber die Kunst der Diagnose war ausgesprochen besser entwickelt als die Therapie, die noch stark mit Zauberei untermischt war. Es gab verschiedene Medikamente. Neben den nützlichen wie Rizinusöl, Alaun und Nitrit verkaufte der Apotheker an der Straßenecke (oben) auch Zaubermittelchen wie Smaragdpulver, getrocknete Eidechsen, Schlangenöl und Krötentinktur.

Der Heilkünstler des Mittelalters steht am Anfang der Errungenschaften, auf die wir so stolz sind: Krankenhauspflege, staatlichen Gesundheitsdienst, falsche Zähne, Goldplomben, Brillen – er hat aber auch seinen zukünftigen Amtsbrüdern einen Ratschlag hinterlassen: «Passe das Honorar nur furchtlos der Stellung deines Patienten an – verlange nie zu wenig.»

293

Alchemistenfeuer brennt in einer restaurierten Werkstatt in der polnischen Universität Krakau, nach Prag die älteste Hochschule Mitteleuropas.

Tausend Jahre zuvor in Ägypten entstanden, begeisterte die Alchemie das ganze mittelalterliche Europa, als die Gelehrten die von mystischen Symbolen wimmelnden arabischen Bücher studierten. Wie bei Aristoteles und den griechischen Philosophen vor ihm wurde alle Materie auf die vier Elemente Erde, Luft, Feuer und Wasser zurückgeführt; alle Zustände ließen sich mit warm oder kalt, naß oder trocken definieren. Die Natur mischte diese Kategorien. Eine Mischung ergab Blei, eine andere – Gold!

In primitiven Laboratorien schmolzen die Alchemisten Metalle, destillierten das «brennbare Wasser», das wir Alkohol nennen, experimentierten mit Eiern, Haaren und Kräutern und waren unermüdlich und vergeblich auf der Suche nach dem «Stein des Weisen», der Schlacken in glänzendes Gold verwandeln sollte. «Diese unfaßbare Wissenschaft» ärgerte einen von Chaucers Pilgern. «Wir rühren und mischen und starren ins Feuer, aber die Erfüllung unseres Wunsches bleibt uns versagt.»

Nicht alle suchten Gold oder ahnten geheime Mächte in Zauberformeln oder in den Sternen. «Jedes Ding muß durch das Experiment nachgeprüft werden», schrieb Roger Bacon, der im 13. Jahrhundert in Oxford bei Robert Grosseteste lernte, dem Pionier der experimentellen Wissenschaft. Bacon verachtete «das verrückte Tun der Zauberer», empfahl jedoch das Fleisch «guter fliegender Drachen» als Nahrung, die langes Leben und Weisheit verschaffte. Er suchte durch Experimentieren «die vollkommenste Medizin» zu finden und half so die Alchemie in Richtung Chemie steuern.

Hinter den modernen Forschern stehen die schattenhaften Gestalten der Alchemisten, denen wir Geräte wie Retorten und Bechergläser verdanken, Techniken wie Destillation und Sublimation, Wörter wie Alkohol; hinter dem Apotheker hebt sich der «Schwarzkünstler» ab, der eine Arznei aus Fröschen und Mumienstaub zusammenbraute. Bacon verglich die Alchemisten treffend mit Leuten, die in einem Rebberg, der der Pflege bedarf, nach Gold graben; sie finden keines, aber «bewirken eine reiche Ernte».

in den krummen Gassen auf dem linken Ufer zu raufen und sich zu balgen. Sie «streiten um Hunde, Frauen oder was weiß ich, hauen sich mit ihren Schwertern gegenseitig die Finger ab oder stürzen sich, nur mit Messern bewaffnet und ohne Schutz auf ihren tonsurierten Schädeln, in Gefechte, vor denen sich bewaffnete Ritter hüten würden». Nationenweise nahmen sie an den Schlägereien teil: Franzosen gegen Deutsche, Engländer gegen Pikarden. Vor Gericht zitiert, beriefen sie sich auf das «Vorrecht der Geistlichkeit» und ließen sich von den milderen Kirchengerichten aburteilen.

Aber wie heute arbeitete auch damals die Mehrzahl der Studenten fleißig und lernte viel. In der Rue du Fouarre (Stroh-Straße, deren Name von dem Stroh kommen soll, das den Studenten entglitt, wenn sie es in die Hörsäle trugen, um darauf zu sitzen) und in der Rue Saint-Jacques kam auf das Schlurfen eines einzigen betrunkenen Taugenichts der gemessene Schritt von zwei Dutzend Schützlingen des heiligen Nikolaus, des Schutzheiligen der Scholaren.

Da man die Universität besuchte, um zu lernen, und nicht, um sich zu unterhalten, verboten die Satzungen die meisten Spiele. William of Wykeham, Bischof von Winchester und Gründer des New College in Oxford, verbot das Schachspiel; er nannte es «schädlich, ausschweifend und unehrlich». Tanzen war gewöhnlich untersagt, obwohl in Basel die Studenten von den Universitätsbehörden aufgefordert wurden, nicht ungebeten bei Tanzgesellschaften zu erscheinen – ungeladene Gäste sind offenbar nichts Neues. Indessen gab es immer welche, die das Studium den Frauen vorzogen. Ein Jüngling, der von Siena heimberufen wurde, um Hochzeit zu halten, begehrte auf, «denn eine Frau kann man immer noch bekommen, während einmal versäumtes Wissen nicht wieder eingeholt werden kann».

Die Studenten, von denen man erwartete, daß sie «still sitzen» würden «wie Mädchen», waren oft ungezogen, stampften und trommelten mit Büchern auf die Bänke, um ihr Mißfallen an einer Vorlesung auszudrücken. 1215 schrieben die Statuten der Pariser Professorenzunft vor, daß die Lehrer während der Vorlesung sich in «einen runden, schwarzen Priesterrock» hüllen mußten, «der bis zu den Fersen reichen soll, zumindest wenn er neu ist». Der Talar oder die *cappa* war das Gewand, das die Weltgeistlichen trugen. Später wurde die akademische Kleidung bunter. In Oxford besaßen die Professoren grüne, blaue und blutrote Talare; die letztere Farbe war das Symbol für die Passion Christi.

Studenten und Professoren standen im Morgengrauen auf, um jede Stunde Tageslicht auszunutzen, denn Kerzen waren teuer. Die Kälte des Winters war ein treuer Begleiter der Studenten – beim Essen, beim Schlafen und am Morgen im Hörsaal. Kein Feuer brannte, während kalte Hände versuchten, im Schutz langärmliger Talare Notizen zu machen.

Nach vier oder fünf Jahren konnte ein Student den Grad eines Bakkalaureus erwerben, und in weiteren drei oder vier Jahren den eines Magisters oder eines Doktors der Philosophie. Die

Satzungen untersagten ihm, Wein in das Prüfungszimmer mitzubringen oder mit einem Dolch dem Examinator aufzulauern, der ihn hatte durchfallen lassen. Der erfolgreiche Kandidat empfing mit seinem Doktorat eine Mütze, einen Ring – Symbol seiner Vermählung mit der Wissenschaft –, einen Friedenskuß und einen Segensspruch.

Während ich im Quartier latin flanierte, dachte ich an ein Genie, das uns nur unter dem Namen «Erzdichter» bekannt ist. Er war ein Villon des 12. Jahrhunderts, ein bitterer Spaßmacher, ein stolzer Bettler, der lieber zu Pferd saß, als zu Fuß ging, gutes Essen und guten Wein liebte und die Gesellschaft eines Mädchens der Einsamkeit vorzog. Als sein Brotherr, ein Erzbischof, ihn wegen seiner allzu großen Lebenslust tadelte, rächte er sich am Prälaten mit dem unverblümten Bekenntnis eines Goliarden, eines fahrenden Dichters:

In der Schenke zu sterben,   *Die Engel rufen freudig:*
Das ist mein Beschluß.   *Vergib seine Schuld,*
Laßt Wein den Mund mir netzen   *Herre Gott, dem Säufer,*
In des Todes Kuß.   *Nimm ihn auf in Huld.*

Diese kecke, respektlose Gesinnung spiegelt den Geist des Studentenlebens und einer Zeit, die kühnen Männern einen neuen Weg zu Reichtum, Macht und Ruhm eröffnete.

296

Die Dämmerung verhüllt Heidelberg am Neckar, ein Anblick, den Generationen von Studenten auf ihren Spaziergängen vom Philosophenweg aus bewunderten. Im Wunsch, Paris nachzuahmen, gründete 1386 der pfälzische Kurfürst Rupert I. hier die erste deutsche Universität. Die Satzungen verboten Fechten, Gotteslästerung und das Einfangen von Tauben, die den Bürgern gehörten; Übeltäter landeten im Studentenkarzer (unten). Alte Sitten bestehen fort: die Studenten duellieren sich heute noch und sind noch genauso trinkfest wie damals (ganz unten).

David F. Cupp

Paul Murray Kendall

JACQUES CŒUR UND SEINE WELT

F reude herrschte in der Stadt Rouen. Die französischen
Streitkräfte hatten die Normandie erobert, den Engländern
Rouen abgenommen und sie zu einem hastigen Rückzug
in die Kanalhäfen gezwungen. Nun hielt am 10. November 1449
Karl VII. von Frankreich mit einem prächtigen Gefolge trium-
phierenden Einzug in die Stadt. In einer schimmernden Rüstung
ritt der wunderliche kleine König auf einem Schlachtroß mit
einer Schabracke aus azurblauem, mit goldenen Lilien übersätem
Samt. Ihm folgten vier in prunkvollen roten Samt gekleidete
Würdenträger. Die Gruppe wurde vom Großkämmerer Graf
Dunois angeführt, und ihr gehörte auch «Sire Jacques Cœur»
an, Schatzmeister des königlichen Hofs, Münzmeister, Freund
des Papstes, Besitzer einer Handelsflotte, deren Ruhm von der
Nordsee bis zur Levante reichte.

Die Chronisten feierten diesen Augenblick in Poesie und
Prosa und legten besonderes Gewicht auf die Anwesenheit eines
Kaufmanns inmitten all der vornehmen Herren.

Jacques Cœur war auch dabei, der Herr über Pfennig und Pfund,
Der mit Umsicht im Herzen höchsten Eifer bewiesen hatte.

Was für ein Unterschied zu dem Tag vor siebenundzwanzig
Jahren, als Karl, dessen Thron umstritten und dessen Leben in
Gefahr war, seinen schäbigen Hof hinter den Mauern von
Bourges im Herzen Frankreichs in Sicherheit brachte! Damals
beachtete niemand Jacques Cœur, denn er war bloß der Sohn
eines Pelzhändlers, ein junger Bürger, der eben eine Familie
gegründet hatte und wer weiß welchen Träumen nachhing.

Die Zeit war in der Tat nicht dazu angetan, ehrgeizige Pläne
zu schmieden. Krieg und Elend überzogen das Land, während
der Hundertjährige Krieg langsam seinem Ende entgegenging.
In Paris, wo der Säugling Heinrich VI. von England zum König

Der gleiche Drang nach Gewinn, der Jacques Cœur trieb, läßt diesen flämi-
schen Geldverleiher die Stirn runzeln, während er Goldmünzen abwägt zu
einer Zeit, da eine Münze so viel wert war wie ihr Gewicht. Ausschnitt aus
einem Gemälde von Quentin Massys, 1514; Louvre, Paris; Giraudon

von Frankreich ausgerufen worden war, starben Tausende an Hunger. Während eines schrecklichen Winters suchten die Leute in den Gossen nach verfaulten Äpfeln, die die Schweine verschmäht hatten; im Sommer waren die Wölfe so ausgehungert, daß sie in den Friedhöfen Leichen ausgruben.

Die französischen Adligen schlossen einen Separatfrieden mit den Engländern, was ihnen die Muße verschaffte, sich auf das Plündern zu verlegen, während der willensschwache x-beinige kleine König Karl in seinen Gemächern flennte. Sein armseliger Hof war oft nicht in der Lage, den Fleischer oder den Bäcker zu bezahlen, und wer weiß, ob nicht Jacques Cœur die Pelze, die noch vorhanden waren, auf Kredit geliefert hatte; das königliche Wams war über und über geflickt. Während die Ratgeber des «Königs von Bourges», wie seine Feinde ihn höhnisch nannten, den Kronschatz ausraubten, um die eigenen Taschen zu füllen, plünderten seine unbezahlten, ausgehungerten Soldaten das Land.

Männer, die nichts mehr zu verlieren hatten, zogen, Dirnen in ihrem Troß mitführend, durch die Provinzen und hielten die Füße der Bauern so lange über ein kleines Feuer, bis sie ihnen verrieten, wo sie ihre Wertgegenstände aufbewahrten. Ein Mann wurde in einen Kaninchenstall gesperrt, auf dessen Dach die Räuber seine Frau der Reihe nach vergewaltigten. Wenn die Schrecken verbreitenden *écorcheurs* (Schinder) eine Reihe beladener Packpferde erspähten, die übliche Art der Warenbeförderung, hatten die Fuhrleute Glück, wenn sie mit dem Leben davonkamen. Frankreich war ruiniert.

Die Dörfer lagen verlassen, das urbare Land verwilderte. Die Leute wagten nur in der Nähe einer von Mauern umgebenen Stadt oder einer Befestigung etwas anzupflanzen und

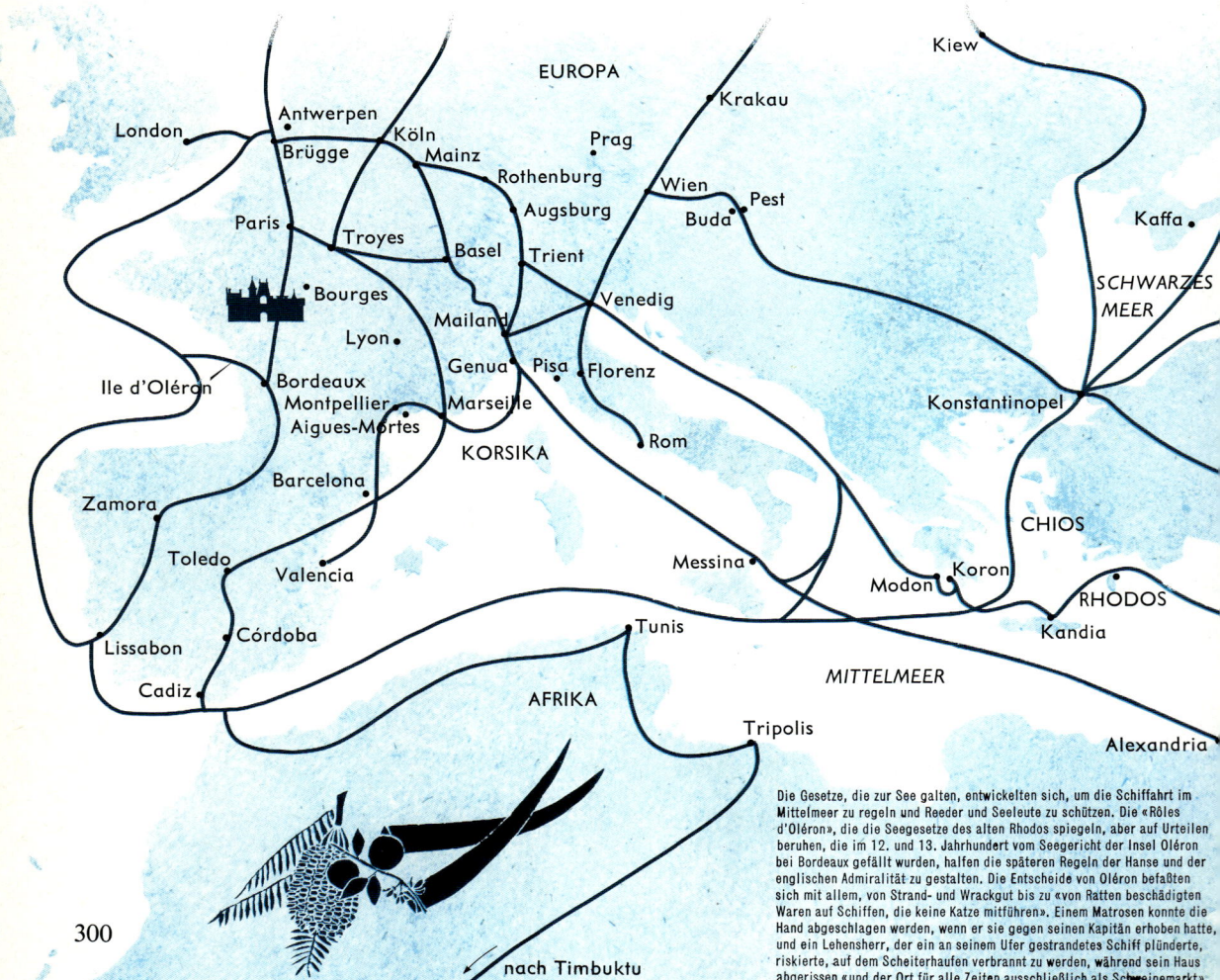

Die Gesetze, die zur See galten, entwickelten sich, um die Schiffahrt im Mittelmeer zu regeln und Reeder und Seeleute zu schützen. Die «Rôles d'Oléron», die Seegesetze des alten Rhodos spiegeln, aber auf Urteilen beruhen, die im 12. und 13. Jahrhundert vom Seegericht der Insel Oléron bei Bordeaux gefällt wurden, halfen die späteren Regeln der Hanse und der englischen Admiralität zu gestalten. Die Entscheide von Oléron befaßten sich mit allem, von Strand- und Wrackgut bis zu «von Ratten beschädigten Waren auf Schiffen, die keine Katze mitführen». Einem Matrosen konnte die Hand abgeschlagen werden, wenn er sie gegen seinen Kapitän erhoben hatte, und ein Lehensherr, der ein an seinem Ufer gestrandetes Schiff plünderte, riskierte, auf dem Scheiterhaufen verbrannt zu werden, während sein Haus abgerissen «und der Ort für alle Zeiten ausschließlich als Schweinemarkt» benutzt wurde.

horchten stets mit einem Ohr auf das Signalhorn des Wächters, der nahende Gefahr ankündete. Der Handel beschränkte sich auf den Austausch zwischen Nachbarorten; die Industrie versorgte nur noch die nächste Umgebung – wenn es überhaupt etwas zu liefern gab.

In dieser Welt wuchs der junge Jacques Cœur zum Mann heran. Er lebte in Bourges, einem Durcheinander winkliger Gassen, über denen sich mehr als vierzig Kirchtürme und die hochragende Kathedrale Saint-Etienne erhoben. Zweifellos besuchte der Sohn des Pelzhändlers Pierre Cœur eine gute Schule, wo das Gewicht vor allem auf Latein, Andachtsbücher und Heiligenbiographien gelegt wurde.

Im väterlichen Haus und Geschäft, das nicht weit vom Schloß des knausrigen Herzogs von Berry entfernt lag, lernte Jacques sicher auch das Latein der Buchhaltung, denn die Geschäftsbücher wurden oft in lateinischer Sprache geführt. 1422 heiratete er die Nachbarstochter Macée. Bald darauf, wahrscheinlich beim Tod seines Vaters, erbte Jacques das Geschäft. Bestimmt sah der aufstrebende junge Kauf-

Der Sirenengesang des «Großhandels» lockte den Kaufmann Jacques Cœur von Bourges nach Montpellier und von dort zu den bunten Märkten der Levante, wo die Europäer voll Furcht die exotischen Waren erstanden, nach denen das Abendland gelüstete – und die sie teuer bezahlte. Er errichtete in ganz Frankreich Warenlager, wob ein Netz von Handelsgesellschaften, beutete Salz-, Silber-, Blei- und Kupferminen aus, trieb Handel in spanischen, englischen und flandrischen Häfen. Metall- und Wollwaren transportierte er über das Mittelmeer auf prächtigen Schiffen wie jenem, das auf einem Fenster seines Hauses in Bourges über eine gläserne See segelt (unten).

Mit Umsicht und Diplomatie bewirkte er, daß Rom das Handelsverbot mit dem Islam lockerte, und rang dem mißtrauischen Sultan von Ägypten Hafenprivilegien ab. Aus den Karawanenstädten, wo die Kontinente sich trafen, kamen Gewürze und Seidenstoffe; aus Nordafrika und Timbuktu jenseits der Sahara Elfenbeinzähne, Datteln und Orangen. Könige und Adlige kauften, Konkurrenten staunten, und Jacques Cœur, so verzeichnet ein Chronist, «gewann für sich allein jedes Jahr mehr als alle anderen Kaufleute im Königreich».

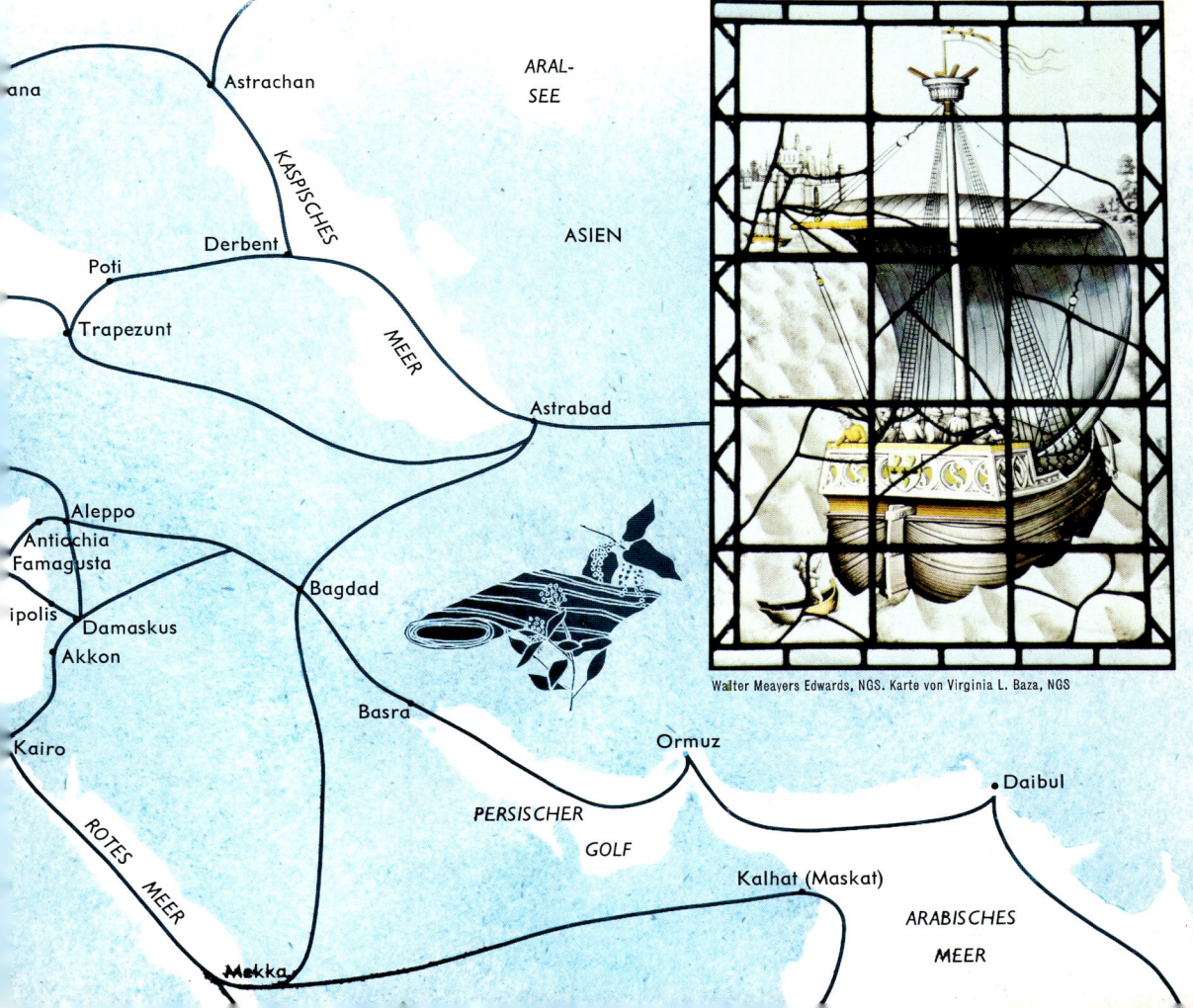

ARAL-SEE

ASIEN

ana

Astrachan

KASPISCHES

Derbent

Poti

Trapezunt

MEER

Astrabad

Aleppo

Antiochia

Famagusta

ipolis

Damaskus

Akkon

Bagdad

Basra

Kairo

Ormuz

Daibul

ROTES MEER

PERSISCHER

GOLF

Kalhat (Maskat)

ARABISCHES

MEER

Mekka

Walter Meayers Edwards, NGS. Karte von Virginia L. Baza, NGS

Venedig, mit dem Meere vermählt, erhebt sich in arkadengeschwungener Pracht über seine zahlreichen Inseln. Während das Festland von Kriegen verwüstet wurde, gelangte die Stadt zu Wohlstand dank ihres Handels mit dem Orient. Jedes Jahr erneuerte sie ihr Bündnis mit der Adria, wenn der Doge von einem Prunkschiff aus einen goldenen Ring ins Meer warf. Jacques Cœur bemühte sich mit Erfolg, ihr Monopol im Verkehr mit der Levante zu brechen.

828 raubten venezianische Kaufleute in Ägypten die Leiche des heiligen Markus. Die Stadt machte den Apostel zu ihrem Schutzheiligen und baute den Dom von San Marco, um seine Reliquien würdig aufzubewahren (links). Über dem Portal der Basilika tänzeln die im Vierten Kreuzzug in Konstantinopel erbeuteten vier Bronzepferde.

1271 schifften sich hier Marco Polo, sein Vater und sein Onkel ein zu ihrer Reise nach dem legendären China (rechts). Nach fünfundzwanzig Jahren kehrten sie zurück und brachten eine Fracht von Edelsteinen und einen unsterblichen Bericht über den an Wundern reichen Orient mit nach Hause.

«Marco Polo sticht in Venedig in See», ca. 1400; Bodleian Library, Oxford. Gegenüber: John Scofield, NGS

mann Johanna von Orléans, als sie 1429 nach Bourges kam – in jenem denkwürdigen Jahr, da das erleuchtete Bauernmädchen den verzweifelten Karl aus seiner Trägheit aufrüttelte und den Anstoß gab zum Wunder der französischen Auferstehung.

Aber für einen unternehmungslustigen Kaufmann war Frankreich ein Gefängnis, und Jacques Cœur beschloß, seine Mauern zu sprengen. Eine Zeitlang wirkte er bei der Führung der Münzanstalt mit; dann bildeten 1430 er und seine Teilhaber eine Gesellschaft mit dem Ziel, Handel zu treiben «mit aller Art von Waren, einschließlich der vom König benötigten . . . mit denen sie Gewinn machen können». Während der nächsten zwanzig Jahre nahmen seine Geschäfte einen schwindelerregenden Aufschwung, bis er der Fürst aller französischen Kaufleute war, offensichtlich den höchsten Adligen ebenbürtig.

Wir wissen nur andeutungsweise, wie er es zustande brachte. Wahrscheinlich häufte er Kapital an, indem er das Vertrauen der Leute gewann. Er baute eine Organisation auf, zu der er fähige Mitarbeiter heranzog, und ihr Fleiß verdiente Geld für sie und für ihn. Sein Hauptquartier verlegte er von Bourges nach Montpellier, dem Hafen am Mittelmeer. Denn er wußte, daß er nur hoffen konnte, den darniederliegenden Handel des verwüsteten Frankreichs wieder zu beleben, wenn er sich einen Anteil am einträglichen Levantehandel sichern und «Großhandel» betreiben konnte. Kühne Geschäftsführung und Glück konnten ungeheuren Profit einbringen – tausend Prozent mit einer einzigen Reise!

Die Gefahren waren allerdings so groß wie die Gewinne – Stürme und Seeräuber, die Launenhaftigkeit des Sultans von Ägypten, die päpstliche Mißbilligung des Handels mit den Ungläubigen, die französischen Gesetze, die die Ausfuhr von Münzen verboten, die rücksichtslose Konkurrenz der venezianischen und genuesischen Kaufleute, die das Schwarze Meer und das ganze Gebiet des Ägäischen Meeres allein beherrschten.

Jacques Cœurs erster kühner Ausflug in diese gefahrenreiche Welt brachte ihm nichts ein als Erfahrung. 1432 landete er mit vier anderen Kaufleuten mit einer Galeere in Beirut. Jeder hatte Schiffsraum gemietet für seinen Anteil an der Ladung von Honig, Woll- und Metallwaren. Sie packten ihre Güter auf Esel und Pferde und machten sich auf die zweitägige Reise nach Damaskus, dem Sammelpunkt der Karawanen, der nach Kairo größten Stadt im Reich des Sultans. An jedem Stadttor wurden die Franzosen wie alle Christen auf Befehl des Sultans gezwungen, abzusteigen und zu Fuß weiterzugehen. Schließlich gelangten sie in ein schmales Tal, das sie einen rauschenden Bach und Obst-

John Marmaras

Leichtfüßige Akrobaten erfreuen mit ihren Kapriolen ein Zunftfest in Ulm. Im Mittelalter machten ihre Vorläufer ihre Sprünge auf den Jahrmärkten, zu denen kirchliche Festtage wurden, wenn fahrende Händler ihre Ware den Pilgerscharen anboten. Sie entdeckten, daß Leute, die sich fern von zu Hause befanden, eine leichte Beute bildeten. Marktschreier, Kupplerinnen, Bänkelsänger und Höker (rechts) fehlten bald auf keinem Fest mehr.

Verkaufsbuden umringten den Bischof von Paris (rechts), wenn er die berühmte Lendit-Messe segnete, so benannt nach dem lateinischen indictum, einer jährlichen Zusammenkunft zur Verehrung heiliger Reliquien. Die Geistlichen zürnten, als die Lustbarkeiten den religiösen Inhalt verdrängten: «Die Leute kümmern sich mehr um Handeln und Festen als um die Messen . . . die Kirche gilt weniger als die Küche.»

gärten entlang nach dem schillernden Damaskus hinunterführte, der Stadt, die nach dem Rosenwasser und den kandierten Früchten duftete, für die sie berühmt war. Jede Nacht wurden die Kaufleute in ihren Herbergen eingeschlossen. Die Christen, die im allgemeinen bei den Mohammedanern verhaßt waren, wurden mit Mißtrauen behandelt.

Auf der Rückfahrt bekam das Schiff unserer Kaufleute vor Korsika ein Leck. Es gelang Cœur und seinen Gefährten, das Ufer zu erreichen, aber Räuber plünderten sie bis aufs Hemd aus, und sie mußten zusehen, wie sie nach Frankreich zurückkehrten.

Ohne sich durch diesen Mißerfolg beirren zu lassen, setzte Jacques Cœur sein Werk fort und baute sein Handelsnetz auf, bis er rund dreihundert Agenten «an vielen verschiedenen Orten sowohl zu Land als zur See eingesetzt» hatte. Er zog erfahrene Kapitäne heran, Männer, die seinem Herzen am nächsten standen. Jean de Village, Oberbefehlshaber der Flotte, sollte seine Treue unter Beweis stellen, als die Katastrophe hereinbrach. Alle seine Kapitäne mußten nicht nur tüchtig, sondern auch hart sein, denn auf einer Galeere befanden sich meistens nur drei Offiziere, und die meisten Ruderer und übrigen Mitglieder der Mannschaft waren Vagabunden oder anrüchige Gesellen, die gewaltsam ausgehoben wurden.

Europa begehrte Gewürze und Luxusgegenstände aus dem Osten. Jacques Cœur beschaffte sie – an der Küste Nordafrikas, in Damaskus, in Famagusta auf Zypern, wo wertvolle Ware im Überfluß zu haben war, im feindseligen Alexandrien, wo die Soldaten des Sultans christlichen Schiffen die Ruder und Segel wegnahmen, im vielsprachigen Kairo, das derart von Menschen wimmelte, daß schätzungsweise hunderttausend Leute unter freiem Himmel schliefen, weil sie keine Behausung fanden, in Häfen, wo die Masten dichtgedrängt in den Himmel über dem Mittelmeer ragten, in Städten mit gleißenden Läden und bei Karawanen von störrischen, spuckfreudigen Kamelen.

Schon der bloße Name der Waren beschwört die Romantik des Welthandels herauf: Belladonna und Datteln, Straußenfedern, Affen und

Elfenbein, Pfeffer, Gewürznelken, Ingwer, Zuckerrohr (als Medikament hochgeschätzt), Muskat, Veilchenessenz, kostbare Farbstoffe wie Zinnober, Karmin, Indigo, Safran, Henna, exotische Arzneien wie Kampfer, Kubebe, Aloe, Bezoarsteine, die dem Magen von Ziegen oder Gazellen entnommen und in kostbaren Medaillons als Universalheilmittel getragen wurden, indische Perlen, Seidenstoffe, Brokate ...

Nachdem er die unzähligen Hindernisse des Seehandels überwunden und seine kostbare Fracht in Montpellier ausgeladen hatte, mußte Jacques Cœur mit dem vielleicht schwierigsten Problem fertig werden: den jammervollen Verhältnissen in Frankreich selbst. Verarmte Adlige vermehrten die bereits zahlreichen Wegzölle, die auf den Straßen des Königreichs erhoben wurden, ins unermeßliche. Bei jeder Brücke, jeder Furt, jeder Grenze eines Lehensgutes mußte ein Warentransport eine Abgabe entrichten. Um seine aus dem Osten stammenden Waren nach Norden zu befördern und Fracht für seine aus-

305

laufenden Schiffe zu finden, errichtete Jacques Cœur Lagerhäuser und Agenturen und bildete neue Handelsgesellschaften, die alle eng miteinander verbunden waren. In Rouen gründete er eine Gesellschaft für den Verkauf von Wolle und Samt, in Limoges eine für den Handel mit Gewürzen, Pelzen und Tuch; in Bordeaux, das von den Engländern besetzt war, sorgte eine Firma für die Belieferung der Stadt mit Weizen und Salz; in Bourges wurde mit Rüstungen gehandelt, ein besonders einträgliches Geschäft. Er übernahm den Handel mit Salz längs der Loire, der Rhone und der Seine, war Teilhaber in einer Papiermühle und in Blei- und Kupferminen in der Gegend von Lyon, stand in Verbindung mit italienischen Finanzleuten in der päpstlichen Enklave von Avignon. Als die Franzosen Paris zurückgewonnen hatten, wurde er 1437 beauftragt, die dortige Münzanstalt neu zu organisieren.

Von Anfang an hatte Jacques Cœur den wichtigsten Markt für all seine kostbaren Importe im Auge gehabt – den Hof. 1439 hatte er sein Ziel erreicht: er wurde zum königlichen Schatzmeister ernannt. Es war ein einträgliches, wenn auch etwas gefährliches Abkommen, denn als Schatzmeister zahlte er für die Waren, die er als Kaufmann verkaufte.

Sein großartiges Warenlager in Tours, das voll war von durchdringend duftenden und glitzernden Gütern, lieferte die Gewürze für die Tafel des Königs, Arzneien für seine Krankheiten. Wünschte die Königin ein edelsteinbesetztes goldenes Salzfaß, begehrte die Gemahlin des Kronprinzen ein nerzgefüttertes Kleid, brauchte ein Edler Rubine zum Schmuck seines Schwertgriffs? Jacques Cœur beschaffte alles. Und ein diskretes Wort über die Bedürfnisse und Notwendigkeiten des Handels in Frankreich – Jacques Cœur sorgte auch dafür. Zahlreiche Dekrete aus den Jahren zwischen 1440 und 1450, die Wegzölle abschafften und Einkünfte regelten, sind wahrscheinlich auf den klugen Schatzmeister zurückzuführen.

Mit der Billigung seines Monarchen schickte Jacques Cœur Jean de Village zu Verhandlungen mit dem Sultan von Ägypten. Gnädig aufgenommen, brachte Jean de Village dem König einen heilkräftigen Balsam heim, einen Leoparden und als erfreulichstes Geschenk die Zusage des Sultans, französische Kaufleute in seinen Häfen und Pilger in Jerusalem willkommen zu heißen.

Gegen 1450 besaß der inzwischen geadelte Jacques Cœur beträchtlichen Grundbesitz. Sein Sohn Jean war zum Erzbischof von Bourges gewählt worden, ehe er dreiundzwanzig war; seine Tochter Perrette hatte einen Edelmann geheiratet. Als Krönung und Symbol seines Erfolgs baute Cœur in seiner Heimatstadt ein Haus, das heute noch von seinem Reichtum und seiner Persönlichkeit zeugt. Ein Zeitgenosse nannte es «so großartig, daß weder Prinzen von Geblüt noch der König selber einen Wohnsitz besaßen, der sich damit vergleichen ließ».

Obwohl seine Wände nicht länger mit farbenfrohen Teppichen verkleidet sind, macht das zweistöckige Gebäude mit seinen steilen Dächern und Schornsteinen und seinem von Galerien

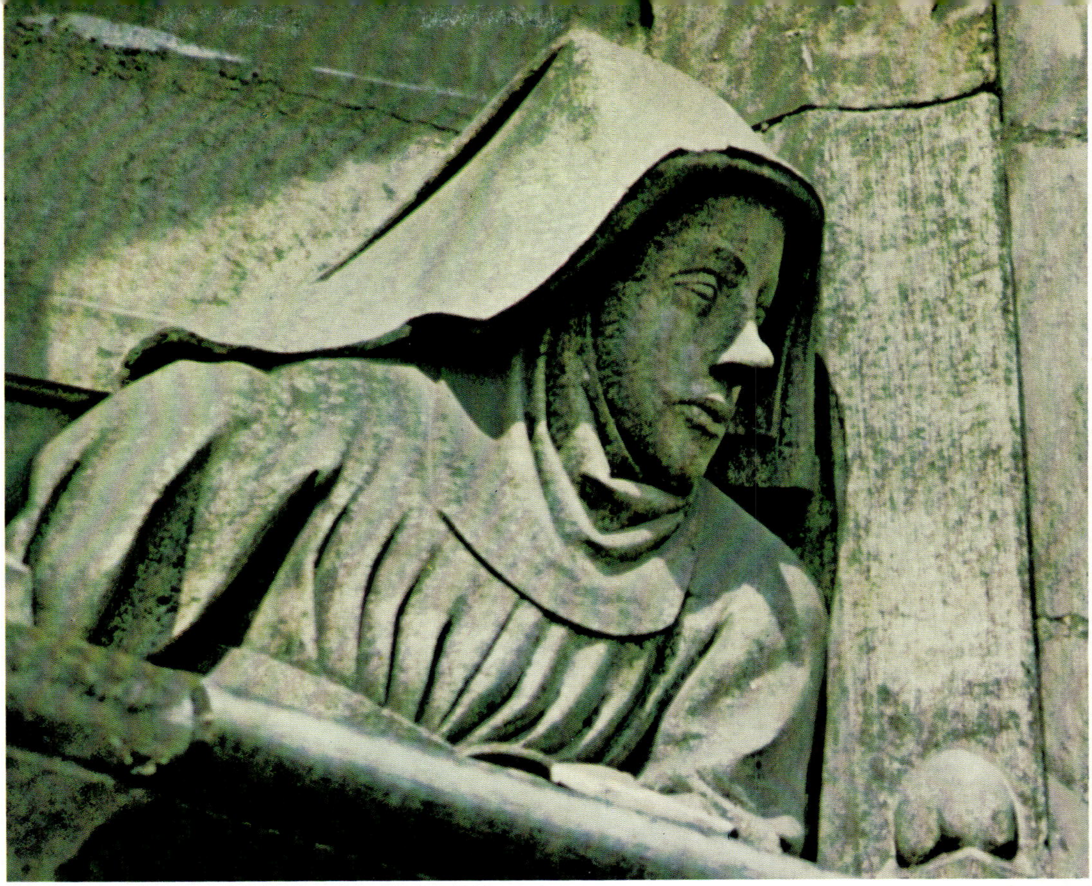

Walter Meayers Edwards, NGS. Unten links: Miniatur aus Brügge, 15. Jh.; British Museum, London

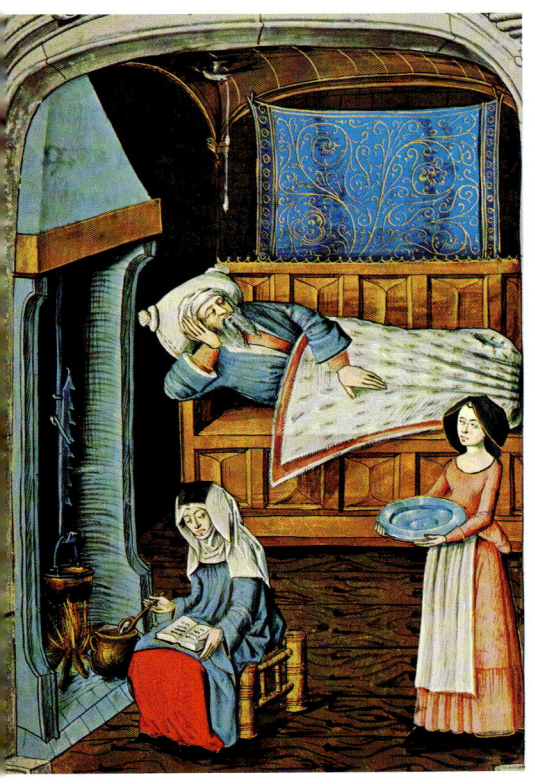

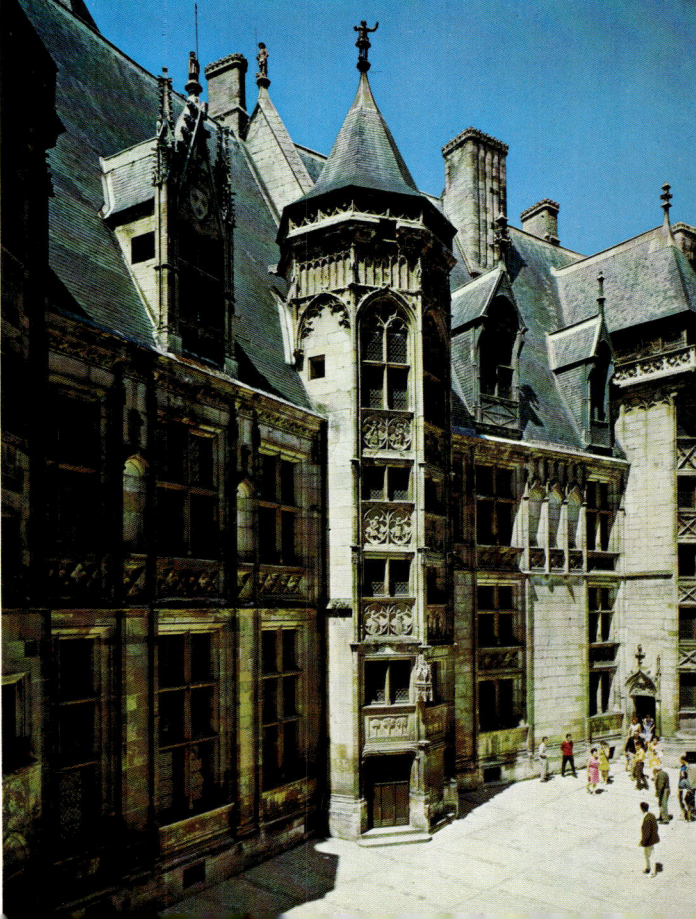

umgebenen Hof heute noch einen starken Eindruck. Bei meinem Besuch fiel mir besonders die Mischung von Pracht und Intimität auf, die Zurschaustellung einer Persönlichkeit innerhalb eines edlen Rahmens, die ungeheure Geräumigkeit, die durch Behaglichkeit gemildert wird – Behaglichkeit, ein Begriff, der im 15. Jahrhundert von den wohlhabenden Bürgern entwickelt wurde.

Über dem Straßeneingang späht aus einer Vertiefung zu beiden Seiten je eine Dienerin herunter; entweder halten sie Ausschau nach ihrem Herrn, oder sie genießen einfach das Schauspiel, das sich ihnen bietet. Über dem Eingang steht ein Juwel von einer Kapelle, so winzig, daß Herr und Herrin sich in Nischen beidseitig des Altars zwängen mußten. Über ihnen wölbt sich ein Himmel mit weißgekleideten Engeln und goldenen Sternen auf einem azurblauen Grund.

Darstellungen über den Türen verraten die Bestimmung des Raums: die Küche wird gekennzeichnet durch einen Koch, der Gewürze mischt, während eine Frau ein Becken wäscht und ein Junge den Bratspieß dreht. Das Haus ist voll von Skulpturen. Wie jeder Bürger, der etwas auf sich hält, wollte Jacques Cœur etwas haben für sein Geld; als Mann, der Phantasie besaß, flößte er seinem steinernen Haus Lebenswärme ein und machte es zum Spiegel seines Gedächtnisses, seiner Einfälle, seines Humors. Überall stellte er seine Kaufmannsgrundsätze zur Schau *(En bouche close n'entre mouche* – In einen verschlossenen Mund schlüpft keine Fliege), sein bilderrätselähnliches Wappen mit den roten Herzen *(cœurs)* und sein unerschrockenes Motto:

A VAILLANS CO RIENS IMPOSSIBLE

«Mutigen Herzen ist nichts unmöglich.» Eine Herausforderung an das Schicksal.

Das nicht mehr gotische und noch nicht der Renaissance angehörende Haus, das trotz seiner Monumentalität des Reizes nicht entbehrt, ist das Traumbild eines Bourgeois, die Verkörperung des Erfolgs eines Bürgers im Zeitalter der Ritter.

Im allgemeinen waren die Städte und der Handel Eindringlinge gewesen in der Feudalwelt, andersartige Neuankömmlinge, die ihre Freiheit, ihre eigene Organisation, ihre besonderen Gesetze erkämpfen mußten. In der düsteren Zeit vor dem Jahr 1000 gab es kaum Kaufleute und

Im Verkaufszentrum einer mittelalterlichen Stadt wurden die Waren auf einer der wenigen gepflasterten Gassen feilgeboten. Schneider schneiden zu und nähen, Kürschner legen ihre Pelze aus, ein Bader rasiert einen Kunden – über seiner Bude hängen seine Becken, denn zu seinem Beruf gehören auch Schröpfen und Zähneziehen. Gebäck duftet in der Bude eines Krämers; ein Schild wirbt für «guten Hippokras», einen Gewürzwein. Städtische Beamte wahrten die Rechte des Käufers; so wurde zum Beispiel ein Fleischer gestraft, der Rindfleisch auf einem Brett schnitt, das zuletzt für Fisch gedient hatte. Die Städte verboten, daß nachts oder privat gearbeitet wurde; der Käufer mußte sehen können, wie die Ware, die er erstehen wollte, hergestellt wurde.

städtisches Leben nach unseren Begriffen. Unter dem Ansturm der Barbaren kehrte das römische Europa zur Agrargesellschaft zurück. Eine unterdrückte Masse von Bauern bebaute das Land und ernährte die Herren, die regierten und Krieg führten, wie auch die Priester, die beteten und lehrten.

Um die Jahrtausendwende war der Ingrimm der Barbarenangriffe abgeklungen, und die Bewohner Westeuropas entwickelten Findigkeit und gewannen Beweglichkeit. Händler, die weite Strecken zurücklegten, und Horden abgehärteter Nomaden verwandelten Winterunterkünfte in Städte und wanderten kreuz und quer über den Kontinent, um in Gegenden des Überflusses billig einzukaufen und in Gegenden der Knappheit teuer zu verkaufen.

In den wachsenden Städten gewannen die Händler Kapital und Macht. Zusammen mit den Handwerkerzünften und den Arbeitern, die ihnen ihre Ware herstellten, gelang es ihnen – oft gegen den erbitterten Widerstand der geistlichen und weltlichen Herren –, eine neue Gesellschaftsordnung aufzubauen, das Bürgertum.

Von den Häfen und Flußmündungen aus drängte der Handel landeinwärts. Südöstlich von London und Brügge, südwestlich von Lübeck und Stavanger, nördlich von Marseille und Barcelona strebten die Straßen alle zu den berühmten Jahrmärkten in der Champagne. Im 12. und 13. Jahrhundert wurden dort in den

Die Gilden übten in vielen Städten die Herrschaft aus, als die Kaufleute und dann die Handwerker sich zu zahlreichen Innungen zusammenschlossen und ihre Leiter in den Stadtrat aufgenommen wurden. Die Färber (rechts oben), die Goldschmiede wie der Handwerker aus Brügge, der einen Kelch zusammensetzt (rechts unten), die Glasbläser (unten), die Straßenarbeiter, die Glöckner, sogar die Dirnen bildeten ihre Zünfte. In Paris gab es deren 101. Kunsttischler gehörten der einen an, Möbelschreiner einer anderen. Die Handwerker, die Pferdegeschirre machten, hatten ihre Gilde, die Sattler ihre eigene. Die Mitglieder trafen sich, um Beschwerden vorzubringen, und aßen nach gestrengen Vorschriften. «Schau zu, daß deine Hände sauber sind . . . Halt zurück mit Reden und spare nicht mit Schauen.» An Feiertagen trugen sie in der Prozession ihre Wappen mit.

Lehrling mit zehn Jahren, Geselle mit ungefähr zwanzig, konnte sich einer selbständig machen, wenn seine Zunft sein «Meisterstück» gutgeheißen hatte.

Böhmische und (gegenüber) flämische Miniatur, 15. Jh.; British Museum. Wappen mittelalterlicher Gilden aus Gent; Stadtarchiv. Goldschmied in Brügge: Walter Meayers Edwards, NGS

Schneider

Küfer

Müller

Städten Bar-sur-Aube, Lagny, Provins und Troyes die größten Märkte Europas abgehalten. Die Italiener brachten Luxusartikel aus dem Orient, um sie gegen englische Wolle, Pottasche und Seile aus dem Baltikum, flämisches und französisches Tuch zu handeln. Die Jahrmärkte besaßen ihre eigene Gerichtsbarkeit, ihre Geldwechsler, das bestausgebildete Buchführungssystem der Zeit – und ihre Schwärme von Gauklern, Bänkelsängern, Quacksalbern und lockeren Frauenzimmern.

Nach und nach verbesserten sich die Methoden, und die Kaufleute hatten nichts mehr mit Hausiererei zu tun, sondern dirigierten die Geschäfte von zu Hause aus und überließen das eigentliche Handeln ihren Agenten. Gleichzeitig nahmen die Handwerker- und Handelsgilden einen raschen Aufschwung, und die für das Mittelalter typische Struktur des Lebens, der Arbeit und der Politik in der Stadt war das Werk der Zünfte.

Welchen Schutzheiligen sie auch verehrten, welche Kleidung sie auch trugen, wie sie auch genannt wurden (*mysteries* in England, *métier* oder *jurande* in Frankreich, *arte* in Italien, *Handwerk* in Deutschland), die Zünfte verfolgten als wichtigstes Ziel den Schutz vor Konkurrenz. Genaue Vorschriften, deren Einhaltung streng überwacht wurde, bestimmten die Arbeitszeit, den Preis, die Qualität der Ware, die Anzahl der Lehrlinge und Gesellen, die ein Meister beschäftigen durfte.

Ein Handwerker konnte nur ein erfolgreicher Geschäftsmann werden, wenn er als Lehrling anfing. Die Lehrzeit dauerte zwischen vier und zehn Jahren. Wenn ein Lehrling seine Zeit beendet hatte, wurde er als Geselle in die Gilde aufgenommen und arbeitete im Tageslohn, bis er sich als Meister selbständig machte. Nicht nur sein Berufsgebaren, sondern auch sein Privatleben wurde kontrolliert.

Ein junger Londoner Stoffhändler, der in seiner Gilde einen bescheidenen Platz innehatte, wurde in den höchsten Rang befördert, als er seine Verlobung mit der reichen Witwe eines Weinhändlers bekanntgab, aber ein verliebter Schneiderlehrling, den sein Meister bei der Zunft verklagte, wurde getadelt, weil er «zu seinem Schaden und Nachteil mit einer Frau verkehrte, denn . . . er war sehr verliebt und besuchte sie jeden Tag».

Im 13. Jahrhundert war es soweit, daß der Bürger sich einen Platz zwischen dem Ritter und dem Geistlichen erobert hatte und in der Feudalwelt eine wichtige Rolle spielte. Paris, die größte Stadt des Westens, zählte rund zweihunderttausend Einwohner, Venedig etwa halb soviel, London vielleicht fünfzigtausend. Die reichen flandrischen Städte gewährten ihren Herrschern den nötigen Kredit, widersetzten sich dafür aber

Das mittelalterliche Leben beschleunigte sich, als der Mensch die Zeit mechanisierte.

Der große Orloj oder «Zeitzähler» (rechts) am Altstädter-Turm in Prag verfolgt die Bahn von Sonne und Mond, gibt die Monate und Tage an und ist mit biblischen und symbolischen Gestalten verziert. Tausende drängten sich 1480 in der böhmischen Hauptstadt, um zuzuschauen, wie Meister Hanus sein Wunderwerk in Gang setzte. Die Legende erzählt, daß die Bürger ihn blendeten, damit er nicht anderswo ein noch besseres erschaffe.

Als in einer Stadt nach der andern Uhren aufkamen, richteten die Menschen ihren Lebensrhythmus nach dem lauten Puls des ersten Präzisionsinstruments der Technologie, dessen früheste Erwähnung sich im 13. Jahrhundert findet. Das klösterliche Ideal legte die Betonung auf einen abgemessenen Verlauf des Tages, und Mönche hatten seit langem mit Skalen versehene Kerzen, Wasser- und Sonnenuhren gebraucht. Aber Kerzen erloschen, Wasser gefror, die Sonne verbarg sich hinter Wolken. Was dann? Jemand verband mit einem an einer Rolle hängenden Gewicht die sinnreiche «Hemmung». Ihre schwingende Welle fügte das Ganze zu einem rhythmischen Hin und Her zusammen, das die Uhren zum Ticken brachte. Aber in der Hitze dehnten sich die eisernen Bestandteile, in der Kälte zogen sie sich zusammen. Die Reibung trug zum unregelmäßigen Gang bei. Manche Uhren gingen im Tag eine halbe Stunde nach.

Die Uhr behielt das Läuten aus jenen Tagen bei, da sie, ohne Zeiger und Zifferblatt, die Mönche zur Messe gerufen hatte. Jetzt betrauerte ihr Klang das Verrinnen der Viertelstunden, die unwiderruflich vorbei waren. In geizigem Tick-Tack gemessen, war Gottes liebe Zeit ein Gebrauchsartikel geworden.

James P. Blair, NGS. Oben: Miniatur aus «Le Livre de l'Horloge de la Sagesse», 15. Jh.; Bibliothèque nationale, Paris

häufig ihrer Politik. Mailand, Florenz und Pisa wurden unabhängige Staaten, in Deutschland entstanden «freie Reichsstädte» wie Straßburg und Mainz.

Und die niedrigeren Angehörigen des Ritterstands begannen die Bürgerschaft zu beneiden. «Ein freier Bürger . . . hat es am besten; sie leben auf edle Art, tragen vornehme Kleider, besitzen Falken . . . prächtige Zelter . . . Wenn die Vasallen verpflichtet sind, sich dem Heer (des Feudalherrn) anzuschließen, bleiben die Bürger in ihrem Bett; wenn die Vasallen in die Schlacht ziehen und niedergemetzelt werden, machen die Bürger einen Ausflug ins Grüne.»

Indessen braute sich auch innerhalb der Stadtmauern manch ein Gewitter zusammen, und im 14. Jahrhundert kam es zu blutigen Aufständen. Die einfache Demokratie der Anfänge war einer städtischen Oligarchie gewichen, die sich aus den auserwählten Kreisen der reichen Gilden zusammensetzte, der Kurzwarenhändler, Tuchmacher, Goldschmiede und Krämer. Die Unter-

Der Schatten des Todes lag düster über dem Geist des mittelalterlichen Menschen. Die Städter drängten sich, um zu sehen, wie das mit zwei Händen zu schwingende «Schwert der Gerechtigkeit» niedersauste; Feuer, Galgen und kochendes Öl waren ebenfalls Mittel, mit denen die Übeltäter ins Jenseits befördert wurden.

schiede in Vermögen und Aussichten verschärften sich; eine stets wachsende Zahl von Arbeitern, die «Dreckfinger», wie die Bessergestellten sie nannten, genoß keine Vorrechte außer der Hoffnung, tagtäglich für einen mageren Lohn schuften zu dürfen. Schwelender Haß flammte auf; in den Straßen herrschten plötzlich Messer und Keulen. Die Aufstände wurden unterdrückt, manchmal mit Hilfe der Fürsten. Mit der Ausnahme von Frankreich, das vom Hundertjährigen Krieg zerfleischt wurde, kehrten die Städte zu ihrem gewohnten Leben zurück.

Trotz der Unruhen und der einengenden Vorschriften der Zünfte gab es immer Großkaufleute, die geschickt genug waren, obenauf zu bleiben und einen Ruhm zu erringen, der der Nachwelt erhalten blieb – Männer wie Marco Polo in Venedig, die Medici, Bardi und Peruzzi in Florenz. Die Legende bemächtigte sich des Dick Whittington und seiner Katze, «des Sohns des Kaufmannsstandes», der dreimal zum Bürgermeister von London gewählt wurde. In Frankreich indessen hatte es noch nie eine Persönlichkeit wie Jacques Cœur gegeben.

Obwohl er sich in der Welt der Fürsten bewegte, blieb der Schatzmeister Karls VII. in Geschmack und Weltanschauung ein Geschäftsmann, ein Bürger, der im Leben der Stadt aufging, die ihm seinen Wohlstand verschaffte. Und im täglichen Leben der Stadt müssen wir ihn sehen, wenn wir seine Persönlichkeit und sein Leben erfassen wollen.

Wie oft hatte Jacques Cœur sich nicht am Anblick eines von weißen Mauern umschlossenen Walds von spitzen Türmen erfreut, die unvermutet aus der Landschaft herausragten! Wenn er sich dem mit Zinnen versehenen Tor näherte, sah er vielleicht, wie die vielbeschäftigten Stadtwachen einem durch Rassel oder

Aber all diese Strafen verblaßten vor dem grauenvollen Tribut, den der Schwarze Tod zwischen 1340 und 1350 forderte. Aus Asien kommend, verbreiteten die Ratten die von Flöhen übertragene Beulenpest längs allen nach Europa führenden Handelswegen. Die Werkstätten leerten sich, die Ernten verfaulten, während die Menschen schreckerfüllt die Flucht ergriffen, sich betranken oder sich zur Buße gegenseitig auspeitschten. Rund ein Drittel der Bevölkerung wurde dahingerafft, so viele, daß die «Lebenden kaum imstande waren, die Toten zu begraben» (rechts).

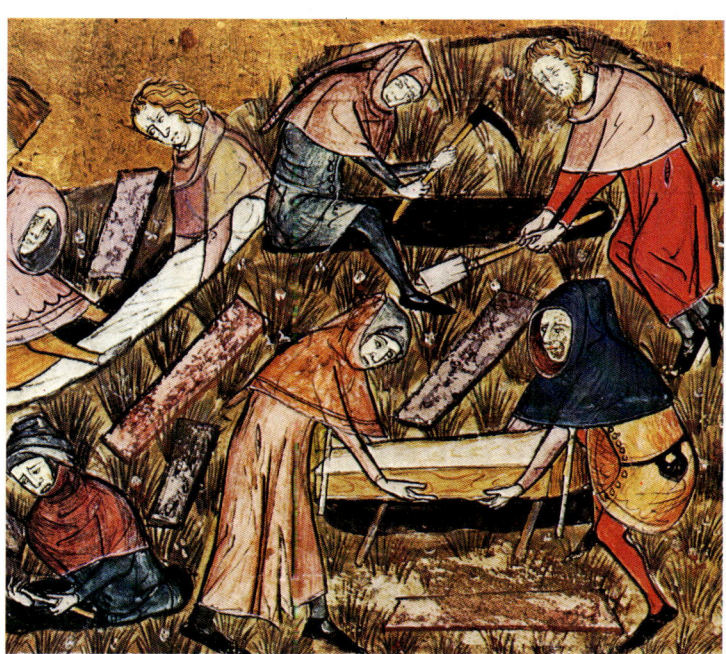

Miniatur aus «Die Pest in Tournai», 14. Jh.; Bibliothèque royale, Brüssel
Links: Miniatur aus Froissarts «Chroniken», 15. Jh.; British Museum

317

Schelle gekennzeichneten Aussätzigen den Weg zum Siechenhaus wiesen, von Fremden, die ihre Ware auf dem Markt feilhalten wollten, einen Zoll erhoben und aufpaßten, daß nicht die von anderen Städten geschickten verhaßten Händler die Nahrungsmittel aufkauften.

Sobald er das Tor durchschritten hatte, befand sich Jacques Cœur in einer lärmigen, übelriechenden Welt von krummen Gassen, die verdunkelt wurden durch die eng aneinandergelehnten vorspringenden Obergeschosse. Fachwerkhäuser schmiegten sich an die Stadtmauern oder die Kirchen – ein wildes Durcheinander von Giebeln und Schornsteinkappen.

Während er sich einen Weg an den Verkaufsbuden vorbei bahnte, hier einer Schafherde, dort einem Trupp Gänse und andernorts dem Griff eines Händlers ausweichend, der unbedingt seine Ware an den Mann bringen wollte, konnte Jacques die Schneider, Schuhmacher und Schmiede bei der Arbeit sehen. Manche warfen einen sehnsüchtigen Blick auf die nahe Kirchturmuhr, denn es wurde von der Morgendämmerung bis zum Einbruch der Nacht gearbeitet. Der Samstagnachmittag und der Sonntag dagegen waren frei, und etwa fünfunddreißig Kirchenfeste brachten zusätzliche Feiertage.

Nach Feierabend drängten sich die Lehrlinge zusammen mit dem Meister und seiner Familie in die paar kleinen Zimmer über der Werkstatt. Das geölte Pergament, das die Fenster verschloß, ließ nur wenig Licht ein. Bloß die Reichen konnten sich Glasfenster leisten.

Das wogende Leben der Stadt brandete vor allem um das Rathaus, die Hauptkirche und den Marktplatz. Zuweilen war das Aufschlagen eines Balls zu hören, wenn die Jungmannschaft trotz des Verbots des Bürgermeisters eine Art Netzball spielte, Vorläufer unseres Tennis. Städtische Beamte patrouillierten auf dem Marktplatz, kontrollierten die Gewichte und die Waren und paßten auf, daß nicht unrechtmäßig gekauft oder verkauft wurde.

Die Luft war von Gerüchen gesättigt. Die abfallfressenden Vögel und die Rinne in der Mitte der Gasse – bei Regenwetter eine Kloake – konnten den sich anhäufenden Müll nicht bewältigen: den aus den Häusern gefegten Abfall, schlimmere Dinge, die aus den oberen Fenstern geleert wurden, und den dampfenden Kot aller Vierbeiner.

Von überallher drang Lärm an die Ohren. «Holz zu verkaufen!» – «Schöne reife Erdbeeren!» – «Warme Schafsfüßchen!» – «Frische grüne Binsen!» Die Trompete des städtischen Ausrufers kündigte an, daß eine neue Bekanntmachung erfolgte. Und unentwegt ertönten die Glocken der Kirchen und des Glockenturms. Sie hallten und bimmelten über den Lärm hinweg, riefen zur Arbeit, zum Feiern, zu Wohl und Wehe; sie schlugen die Stunden, läuteten feierlich für die Toten, erklangen fröhlich, um einen neuen Papst oder den Einzug eines hohen Fürsten zu begrüßen, schepperten, wenn Unruhen ausbrachen.

Die Augen wurden ebensosehr in Anspruch genommen wie die Nase und die Ohren. Ganz in Scharlach gekleidet, Pelze und einen Kastorhut tragend, mit silbernen Ketten behangen, ver-

David F. Cupp

Ein Bild des Mittelalters in einem gotischen Rahmen bietet Rothenburg ob der Tauber, eine ehemals freie Reichsstadt, die nur dem Kaiser untertan war. Von der Zeit geadelte Stadtmauern beschützen die hochgiebligen Häuser; nur die Kleidung und der Motorroller stören die mittelalterliche Stimmung, Andenken an eine Zeit, da Bürger wie Jacques Cœur in befestigten Städten zu Größe gelangten und die Leute riefen: «Stadtluft macht frei!»

ließen der Bürgermeister und die Ratsherren das Zunfthaus, um an einer Beerdigung teilzunehmen. Das Leben spielte sich im Freien ab, voll Leidenschaft und Intensität. Alles geschah in voller Öffentlichkeit. Verbrecher saßen im Zwangsstock, wurden mit Schmutz beworfen und verhöhnt. Bettler zeigten ihre Schwären, Arme ihre Lumpen. Reiche und Mächtige stellten ihren Prunk zur Schau.

Ein Verräter wurde öffentlich hingerichtet. Vor Tausenden von Zuschauern wurde er lebend vom Galgen losgebunden, dann ausgeweidet und geviertelt. Als das Messer des Henkers einen dieser Gefolterten in die Lende stach, stöhnte dieser: «O Gott, noch mehr Unannehmlichkeiten!» In einer Stadt wurde ein Dieb mit dem Ohr auf ein Brett genagelt, dann gab man ihm ein Messer; als er den Mut der Verzweiflung aufbrachte, sich das Ohr abzuschneiden und sich so zu befreien, wurde er verbannt.

Aber die Bewohner der Städte genossen auch erfreulichere Schauspiele: Komödianten, die auf einem Bretterpodium eine lärmende Posse aufführten, oder Innungen, die in ihren Mysterienspielen Szenen aus der biblischen Geschichte darstellten. Die Goldschmiede verherrlichten die Drei Weisen aus dem Morgenland, die Weinhändler ließen das in Kanaa vollbrachte Wunder wiederaufleben. Am 1. Mai strömte alles vor die Stadt, um Grünzeug zu pflücken und «den Mai einzubringen». Am Karfreitag rutschte jedermann, von Jacques Cœur bis zum bescheidensten Handwerker, auf den Knien zum Kreuz, und an Lichtmeß (2. Februar) wurden Kerzen rund um die Kirche getragen, während man vor Allerheiligen die ganze Nacht hindurch den Glocken lauschte.

In dieser Welt war der berühmte Kaufmann aus Bourges eine überragende Gestalt. Während seine Flotte, deren Heimathafen nun Marseille war, nachdem Montpellier versandete, kreuz und quer durch das Mittelmeer fuhr, saß er im königlichen Rat, unternahm diplomatische Missionen in Genua, half, ein gefährliches Schisma in Rom beizulegen, wobei er sich die Dankbarkeit Nikolaus V. erwarb, des ersten der großen humanistischen Päpste. Als 1449 der Krieg mit England erneut aufflammte, war König Karls Kasse wie gewohnt leer. Jacques Cœur sagte schlicht: «Sire, alles, was ich besitze, gehört Euch!» Die französischen Waffen trugen den Sieg davon, und der freudige Einzug in Rouen war Jacques Cœurs Ehrentag. Aber er mußte ihn teuer bezahlen.

Mit erschreckender Plötzlichkeit erfuhr er, was es bedeutete, sowohl ein Außenseiter wie der Gläubiger von Prinzen und großen Herren zu sein. Einige nahmen ihm übel, daß er ein Parvenü war; anderen war seine Macht ein Dorn im Auge. Sogar Karl, der ihm am meisten verdankte, kam soweit, daß er ihn beneidete.

1451 klagte der König seinen Schatzmeister an, die schöne Agnès Sorel, Karls Geliebte, vergiftet zu haben. Nachdem diese absurde Anschuldigung fallengelassen werden mußte, fand man andere Vorwürfe: Mißbrauch königlicher Gelder, rechtswidriger Handel mit dem Islam. Jacques Cœur verteidigte sich tapfer, aber als er 1453 nackt ausgezogen und in die Folterkammer geschleppt wurde, brach sein Widerstand zusammen. Der Hof erlegte ihm eine schwere Geldstrafe auf, beschlagnahmte seinen ganzen Landbesitz und ordnete seine Verbannung aus dem Königreich an, wenn er die «nach königlichem Gutdünken» dauernde Gefängnisstrafe verbüßt habe. Nur die Intervention des Papstes rettete ihm das Leben.

Aber auch als alles verloren war, blieben ihm seine Freunde treu. 1454 konnte er aus dem Gefängnis fliehen und fand Zuflucht bei Franziskanern an der Rhone. Die Schergen des Königs umzingelten das Kloster, aber dem getreuen Jean de Village gelang es, seinen Herrn in Sicherheit zu bringen. Jacques Cœur gelangte nach Rom, wo Papst Nikolaus ihn öffentlich ehrte. Als ein neuer Papst, Calixtus III., 1456 eine Flotte ausrüstete, um gegen die Türken zu kämpfen, die Konstantinopel erobert hatten, war Cœur ihr Befehlshaber. Aber im November des gleichen Jahres wurde er krank und starb auf der Insel Chios.

Seine Gebeine überließ er einem dortigen Bettelmönchkloster, seinen Ruf den Chronisten und seine Unschuld dem Gewissen Karls VII. Seine bewegende Bitte blieb nicht unerhört. Das Land, das ihn verurteilt hatte, ließ schließlich seinem Andenken Gerechtigkeit widerfahren, genau wie es in noch höherem Maße die als Märtyrerin gestorbene Jungfrau von Orléans ehren sollte.

Auf der Suche nach einer Heiligen begegnet Edwards Park einem «kecken kleinen Spuk», der wie ein Mann kämpfte, wie ein Mädchen weinte und wie ein Märtyrer starb. In Kirchen und mit Statuen verehrt Frankreich die Heilige jener Zeit, in Erinnerung an

Johanna von Orléans

Eine Fensterrose krönt die Jungfrau mit einem Glorienschein. Statue von P. d'Epinay, 1901; Reims, Kathedrale. Jonathan S. Blair

Ihre Statue ist allgegenwärtig. Manchmal steht Johanna, bescheiden gekleidet, mit flatterndem langem Haar und fliegendem Banner vorwärtsstrebend, auf einem Sockel. Aber das ist nicht die richtige Johanna. Oder sie wendet ein schönes Antlitz betend gen Himmel. Auch das ist nicht Johanna. Aber wenn sie auf ihrem Schlachtroß sitzt, den behelmten Kopf unerschrocken erhoben, oder wenn sie sich gelassen und triumphierend auf ihren Schwertgriff stützt, dann erkenne ich meine Jeanne d'Arc, die Jungfrau, klein, nicht besonders hübsch, aber von einer gewissen Unbekümmertheit getragen. Und sehr, sehr tapfer. Ich frage mich, was ein englischer Soldat, der in jenem Frühling 1429 Orléans belagerte, von ihr gehalten hätte.

Ihn kann man sich leicht vorstellen: ein alterprobter Bogenschütze des Hundertjährigen Kriegs, mit einer Kappe und einem Wams aus steifem Leder und einem 1 m 80 langen Bogen über den breiten Schultern. Er ist kein Höriger, sondern ein Freisasse, der sich freiwillig zum Kriegsdienst gemeldet hat. Er ist stolz, gelernt zu haben, wie Bischof Latimer später schrieb, «meinen ganzen Leib in meinen Bogen zu legen und nicht bloß die Kraft meiner Arme zu gebrauchen, wie es verschiedene andere Nationen tun». Ein solcher Soldat kümmerte sich wenig um englische Ansprüche auf französischen Boden. Ihm genügte es, zu wissen, daß Land da war, das geplündert werden konnte, und daß vielleicht sein eigener Urgroßvater bei Crécy in diesem gleichen Krieg gekämpft hatte.

Alle jungen Burschen in England wußten Bescheid über die Schlacht von Crécy – über die französische Reiterei, die die kleine Armee Eduards III. angegriffen hatte und einem Hagel englischer Pfeile erlegen war. Zehn Jahre später, 1356, war bei Poitiers ein französischer Angriff wiederum von der Miliz des Schwarzen Prinzen, Eduards Sohn, zerschlagen worden. Die Generationen kamen und gingen, und 1415 schickte sich eine große französische Armee an, bei Azincourt, neunzehn Kilometer von Crécy entfernt, die Armee Heinrichs V. anzugreifen. Und wiederum endete die Schlacht mit einer blutigen Niederlage.

So war also ein Bauern-Bogenschütze 1429 vor Orléans besser vertraut mit der Gewohnheit des Siegens als mit irgendeiner erhabenen Sache. Er diente dem Herzog von Bedford, Regent für den blutjungen Heinrich VI. und Verbündeter des Herzogs von Burgund, der einen Großteil Frankreichs nördlich der Loire, einschließlich von Paris, beherrschte. Ihr Feind im Süden stand im Dienst eines Schwächlings, dessen Legitimität so zweifelhaft war, daß sogar seine eigene Mutter

vernichteten englische Langbogen die Blüte und den Stolz Frankreichs

Englische Bogenschützen, rechts, verjagen die Franzosen vom Schlachtfeld von Crécy. Miniatur aus Froissarts «Chroniken», 15. Jh.; Bibliothèque nationale, Paris

Auf Domrémys grünen Wiesen weisen heilige Stimmen Johanna den Weg zum Ruhm

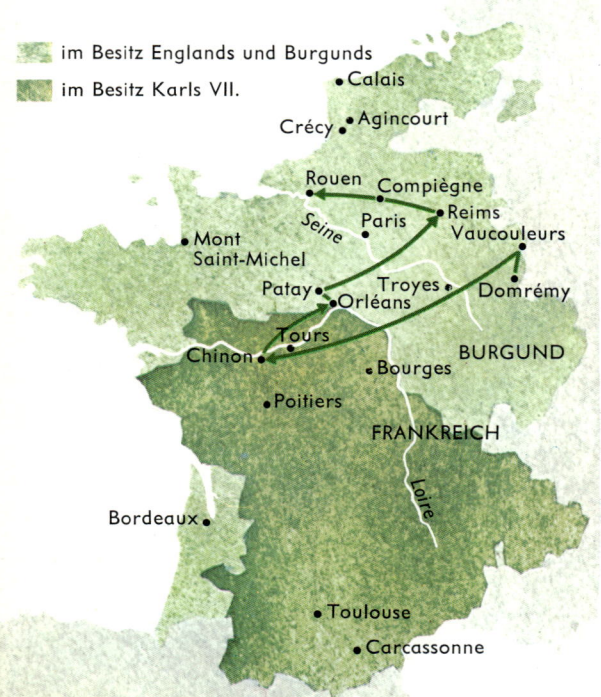

im Besitz Englands und Burgunds

im Besitz Karls VII.

Calais
Crécy
Agincourt
Rouen
Compiègne
Seine
Paris
Reims
Mont Saint-Michel
Vaucouleurs
Patay
Troyes
Orléans
Domrémy
Tours
Chinon
BURGUND
Bourges
Poitiers
FRANKREICH
Loire
Bordeaux
Toulouse
Carcassonne

ihn verächtlich als den «sogenannten Kronprinzen» bezeichnete. Und doch kämpften die Franzosen weiter und hielten mit allen Kräften an Orléans fest, dem Schlüssel zum Loiretal. Nun ging das Gerücht um, daß eine Jungfrau ihnen neue Kraft einflößte – ein Hirtenmädchen aus Domrémy, der Gegend, wo die Vogesen ihre ersten Anhöhen über der Maas erheben.

Johannas Heimatdorf und seine Umgebung haben sich seit fünfhundert Jahren kaum verändert, obwohl sie selbst wohl mit Staunen und Belustigung sähe, daß Läden ihren Namen tragen und Touristen scharenweise ihr restauriertes Geburtshaus besuchen. Es ist größer, als ich erwartet hatte; Jacques d'Arc war offensichtlich ein angesehener Bauer. Getauft wurde Johanna in der Kirche nebenan, die von den Burgundern geschleift, aber später wieder aufgebaut worden war. Ihre Mauern sind übersät mit Bitt- und Dankinschriften: «Merci à Jeanne d'Arc». Eine erinnert an einen späteren Krieg: «Reconnaissance pour l'arrêt des Allemands en Lorraine. 12 septembre 1914». (Dank dafür, daß die

Sonnenaufgang bei Domrémy, Jonathan S. Blair. Der Erzengel Michael und Johanna, Silberrelief; The American Numismatic Society. Johannas Weg durch Frankreich, NGS

Deutschen in Lothringen aufgehalten wurden.)

Inmitten ihrer lieblichen Hügellandschaft hörte Johanna ihre Stimmen – die der heiligen Katharina, der heiligen Margareta und des Erzengels Michael –, die ihr befahlen, Orléans zu retten und Karl VII., den verachteten Kronprinzen, in Reims krönen zu lassen. Solche göttlichen Heimsuchungen waren nichts Einmaliges. In ihrer Abgeschiedenheit und Schlichtheit wandten die Bauern im Mittelalter sich in aller Unbefangenheit Gott und seinen Heiligen zu wie einem geistigen Fenster, das ihnen neue und wundersame Ausblicke eröffnete. Stimmen und Visionen waren häufige Erscheinungen. Johanna hörte mit Klugheit und Beharrlichkeit auf die ihren und änderte so den Lauf der Geschichte.

Sie kann wohl als das überzeugungskräftigste junge Mädchen aller Zeiten betrachtet werden. Man bedenke: sie bekam die Erlaubnis, einen älteren Mann, einen angeheirateten Vetter, zu besuchen. Ihn überredete sie dazu, daß er sie zu einem königlichen Beamten in dem 19 Kilometer von Domrémy entfernten Vaucouleurs

führte. Nach einer ersten Abfuhr (der Beamte spottete, die Soldaten hätten gewiß ihre Freude an ihr) setzte sie sich durch, zog Männerkleidung an und ließ sich vom Herzog von Lothringen ein Pferd geben (einem unwahrscheinlichen Helfer, der mit den Burgundern und den Engländern verbündet war).

Mit einer bewaffneten Eskorte machte sie sich auf den Weg nach dem beinahe fünfhundert Kilometer entfernten Chinon, wo Karl hof hielt. «Ich empfand einen solchen Respekt vor ihr, daß ich es nie gewagt hätte, ihr einen unziemlichen Antrag zu machen», sagte einer der Waffengefährter, die mit ihr reisten und Nacht um Nacht an ihrer Seite schliefen. Sie sorgte dafür, daß die Soldaten nicht unflätig redeten, und hieß einen alten Hauptmann zum Beispiel, lieber bei seinem Spazierstock zu schwören, anstatt die Luft mit seinen obszönen Flüchen zu erfüllen.

Als sie nach Chinon kam, versuchte Karl sie irrezuführen, indem er mit einem Höfling den Platz wechselte. Aber Johanna beachtete den falschen Monarchen auf dem Thron nicht,

sondern ging geradewegs auf den in der Menge halb versteckten Kronprinzen zu und machte ihren Knicks. «Edler Prinz, man nennt mich Johanna, die Jungfrau. Der Herr im Himmel schickt mich zu Euch mit der Botschaft, daß Ihr in der Stadt Reims gesalbt und gekrönt werden und der Statthalter des himmlischen Königs sein sollt, nämlich König von Frankreich . . .»

Als Johanna unter der stärksten englischen Bastion vor Orléans auftauchte, den zwei Brückentürmen Les Tourelles, blickten die Engländer voll Verwunderung auf die knabenhafte Gestalt herab, die in einer einfachen Rüstung auf einem Schlachtroß saß und mit einer hellen Stimme zu ihnen hinaufrief, sie sollten sich unverzüglich ergeben. Sie brüllten, sie sei eine Hure und Kuhmagd und sie würden sie verbrennen, wenn sie sie zu fassen kriegten. Das Mädchen schrie zurück, sie seien ein Lügenpack.

Überreste der zwei Türme sind heute noch jenseits der Loire, gegenüber von Orléans, zu sehen. An einem regnerischen Tag stand ich dort und versuchte, mir die Szene vorzustellen: die Einwohner der Stadt stürmen über die heute nicht mehr existierende Brücke, während Johanna und ihre Soldaten von der Stelle aus angreifen, wo ich mich befinde. Ich höre im Geist das Gepolter der Feldschlangen, die große steinerne Kugeln schleudern, das Keuchen der Männer, die mit aller Kraft versuchen, Leitern gegen die Brustwehr zu stellen, das Brüllen und Fluchen, das Klirren der Schwerter auf den Helmen. Und

mittendrin Johanna, die ihren Freund Dunois, den «Bastard von Orléans», bestürmt, ihr zu sagen, wo das Gefecht am heftigsten tobe, die den Engländern zuschreit, sich zu ergeben, und die in Tränen ausbricht, als sie sie als Hure verspotten.

Kurz vor dem entscheidenden Gefecht bot man Johanna einen Fisch zum Frühstück an. Nein, sagte sie, spart ihn für das Abendessen, «wenn wir über die Brücke zurückgekommen sind und einen ‹god-don› mitgebracht haben, der seinen Teil davon essen wird». «God-don» – anders brachte sie den beliebten englischen Fluch «goddam» nicht über die Lippen. An dem Platz stehend, wo sie gekämpft hatte, spürte ich ihren kecken, verwegenen Geist ganz nahe.

Nach einer Schlacht, die den ganzen Tag dauerte, fielen Les Tourelles. Die Belagerung war zu Ende. Johanna war die Jungfrau von Orléans geworden, und die Soldaten drängten sich um sie. Sie verfolgten die Engländer nach Norden, und nachdem sie ihnen die freundlichen Städte an der Loire entrissen hatten, errang Johanna bei Patay einen großen Sieg – und weinte, als sie den Kopf eines englischen Soldaten in ihrem Schoß hielt und seine letzte Beichte hörte.

Schlachten gewinnen war beinahe leichter, als den widerstrebenden Kronprinzen nach Reims zu bringen. Schließlich machte Karl sich doch auf den Weg, und die Städte, die er durchquerte,

Die Belagerung von Orléans (oben) und die Krönung in Reims, abgebildet in Miniaturen aus dem 15. Jh.; Bibliothèque nationale, Paris. Gegenüber: Eine moderne Johanna feiert den Sieg von Orléans; Jonathan S. Blair

unterwarfen sich ihm und dem jungen Mädchen, das in einer zerbeulten Rüstung neben ihm einherritt. Im Juli 1429 wurde er in der großen Kathedrale gekrönt, während Johanna, die immer noch ihr Banner in der Hand hielt, daneben stand. «Es hat die Pein durchgemacht», erklärte sie, «da ist es nur recht und billig, daß es auch an der Ehre teilhat.»

Es war ein Rätsel, daß Johanna Gehör fand beim König, aber auch eines, daß sie ihren Einfluß so schnell nach der Krönung wieder verlor. Es schien Karl VII. zu stören, daß er einem solchen Mädchen so viel verdankte, und doch erlaubte er ihr nicht, nach Hause zurückzukehren, wie sie es wünschte. Statt dessen ließ er sie weitere, ungenügend vorbereitete Angriffe auf englische Garnisonen unternehmen. Vor Compiègne wurde Johanna von den Burgundern gefangengenommen und gegen ein Lösegeld an die Engländer ausgeliefert. Ihr Schicksal war besiegelt.

England konnte nur hoffen, etwas aus dem Zusammenbruch seiner Ansprüche auf französischem Boden zu retten, wenn es Johanna unschädlich machte. Ein Hexenprozeß wurde angestrengt. Ein Kirchengericht klagte die «Jungfrau Johanna genannte Frauensperson» an, eine «Hexe, Zauberin, falsche Prophetin zu sein . . . die ketzerische Gedanken hegt . . . zum Krieg anstiftet, grausam nach menschlichem Blut dürstet . . . die ihrem Geschlecht ziemende Sittsamkeit gänzlich und schamlos abgelegt und unschicklicherweise das ihr übel anstehende Kleid . . . eines Kriegers angezogen hat».

Die Richter stellten ihr endlos Fragen über die Heiligen. «Wie sah der Erzengel Michael aus, als er dir erschien? War er nackt?»

Die Türme der Kathedrale ragen in den Abendhimmel, der sich über Rouen und der Seine wölbt;

George F. Mobley, NGS. Gegenüber: Johanna am Brandpfahl, Miniatur, 15. Jh.; Bibliothèque nationale, Paris

«Glaubt ihr, Gott habe nichts, in das er ihn kleiden könnte?» fragte Johanna zurück.

Redete die heilige Margareta englisch mit ihr?

«Warum sollte sie englisch reden? Sie steht nicht auf seiten der Engländer.»

Nachdem sie fünf Monate lang verhört, mit der Folter bedroht und in der Burg von Rouen, bewacht von verhaßten englischen Soldaten, in Ketten gefangengehalten worden war, wurde sie zum Feuertod verurteilt und am 30. Mai 1431 auf dem Marktplatz verbrannt. Sie war neunzehn Jahre alt. Da ihr Herz nicht verbrennen wollte, wurde es zusammen mit ihrer Asche in die Seine geworfen, um zu vermeiden, daß es später als heilige Reliquie verehrt würde.

Seltsamerweise schien selbst das einfache französische Volk, das ihr so viel Verehrung entgegengebracht hatte, damals bereit, sie zu vergessen. Der König hatte keinen Finger zu

ihrer Verteidigung gerührt. Aber fünfundzwanzig Jahre nach ihrem Tod ging eine Welle der Erinnerung durch Frankreich. Das Urteil gegen sie wurde aufgehoben. Sie wurde zur Heldin, zum Symbol der Nation.

Mit der Zeit wurden die Engländer aus Frankreich vertrieben, wie sie es vorausgesagt hatte; sie mußten selbst ihren letzten Stützpunkt, den Hafen von Calais, räumen. Indessen zollten auch sie Johanna aufrichtigen Respekt. Das hatte bereits angefangen, als die Flammen an ihr emporzüngelten. Sie hatte gerufen, man möge ihr ein Kruzifix geben, und ein englischer Soldat hatte aus zwei Stecken, die er dem aufgetürmten Brennholz entnahm, ein Kreuz zurechtgemacht und es ihr gereicht.

Als ich an dem Ort ihrer Hinrichtung ihre Statue betrachtete, wußte ich, daß ich an der Stelle dieses «god-don» das gleiche getan hätte.

Tom Allen fährt zurück in die Zeit der Hanse

DAS GOLDENE REICH DER HANDELSFÜRSTEN

Im Grau der Morgendämmerung scheint das Schiff *Gut Wind* von geisterhaften Schwingen getragen zu werden, die im Schein seiner Seitenlampen grün und rot flattern. Plötzlich neigen sich die Spieren, und die Schwingen verschwinden in der Nordsee. Ich spüre, wie das Schiff an den bleibeschwerten Netzen zerrt, während es sich an die Arbeit macht und den Grund nach Steingarnelen absucht.

Bei Sonnenaufgang werden die Netze heraufgeholt, und ihr krabbelnder Fang ergießt sich auf Deck. Karl, der Maat, der die Garnelen sortiert, stößt plötzlich einen Ruf aus und faßt nach einem glitzernden Kügelchen. Er reicht mir eine Gabe, die älter ist als dieses wenig tiefe Meer: einen Tropfen Harz aus der Urzeit. Seine Vorfahren nannten einen solchen Fund einen Sonnenstein. Wir nennen ihn Bernstein.

Ich verließ die *Gut Wind* in ihrem Heimathafen an der nördlichsten Küste Deutschlands, und wie ein Bernsteinsucher von einst zog ich mit meinem Schatz über die Bernsteinstraßen, aus denen sich Nordeuropas erste Handelsstraßen entwickelten. Denn ich folgte den Spuren der großen Händler des Mittelalters, jener seltsamen, geheimen

Der norwegische Hafen Bergen wurde von den Kaufleuten der Hanse beherrscht; George F. Mobley, NGS

Brüderschaft der Hanse. Auf diesen vielbegangenen Wegen, die alle zur See führten, entstand der Bund. Hier taten sich deutsche Kaufleute zusammen, als Raub und Mord dem einzelnen Händler auflauerten. Zuerst gründeten die Hanseaten ihre Verbindung zum gegenseitigen Schutz, dann wurde der Gewinn wichtiger, und sie errichteten ein Imperium, das auf Marktflecken gründete. Zwischen dem 13. und dem 15. Jahrhundert rivalisierte dieses Handelsreich mit den Reichen der Könige.

Hansestädte säumten die Ostsee und beherrschten den Rhein. In Hamburg, Bremen, Lübeck, Köln und Dutzenden und aber Dutzenden anderen Handelsstützpunkten verdrängte eine neue Klasse die Herzöge und Grafen, und die alte Ordnung klagte: «Es ist eine Schande, daß Kaufleute über hochgeborene und edle Männer herrschen.»

Sogar außerhalb des Vaterlands versuchten sie den Handel zu beherrschen – in den Docks von London und Bergen, in den flandrischen Städten, im Herzen Rußlands. Denn die Hanse hielt die Waren in ihren Händen, die Leib und Seele des mittelalterlichen Menschen benötigten. Bernstein, der im Bronzezeitalter als Schmuck eine Tauschware darstellte, verkauften sie für die Rosenkränze eines Zeitalters des Glaubens. Und in der Zeit, da jeder Altar in Europa im Licht geweihter Kerzen erglühte, verkaufte die Hanse das Kerzenwachs. Als die Christenheit nach einem Kalender fleischloser Tage lebte, aßen die Gläubigen Hanse-Fisch, gesalzen mit Hanse-Salz, verschifft auf Hanse-Schiffen – und heruntergespült mit Hanse-Bier. Als ganz Nordeuropa «in englische Wolle gekleidet war», bemühte sich die Hanse, Rohstoff und Webstühle zu kontrollieren.

Ted Spiegel, Rapho Guillumette (ebenfalls unten). Links: George F. Mobley, NGS

Der süße Duft des Profits entstieg den norwegischen Netzen und lockte die Kaufleute der Hanse nach Norden. Wo die Norweger von heute Stockfisch zum Tiefkühlen vorbereiten (links oben), gewannen die Hanseaten ein Vermögen, indem sie Fische trockneten und dann in ganz Europa verkauften. Einige wurden schneller reich, indem sie zweierlei Waagen brauchten, eine zum Kaufen, die andere zum Verkaufen. Heute benutzen ehrliche Hände auf den Kais von Bergen eine Waage (oben), die sich seit damals kaum verändert hat.

Wie Sägezähne stechen die Giebel in Bergens Himmel (links); in der günstigen Lage längs der Docks stehen die Häuser im Hanse-Stil dichtgedrängt. Der wichtigste nördliche Vorposten der Hanse ist heute der zweitbedeutendste Hafen Norwegens.

Wir kennen wenige Hanseaten bei Namen. Die Mitglieder des Bundes lebten gewöhnlich im Schatten der Geschichte, die sie machten. Wenn sie sich in abgelegene Handelsvorposten vorwagten, trieb ihre Geheimniskrämerei sie hinter die Mauern ihrer Kontore. Eigentlich «Zähltische» der Kaufleute und in Wirklichkeit Kommunen, entwickelten sich die Kontore zu Hanse-Inseln inmitten einer feindseligen, ausgeschlossenen Bürgerschaft.

In Bergen, Norwegens Tor zur Nordsee, betrat ich ohne Ermächtigung ein solches Kontor. Aber ich wurde von Archäologen begrüßt, den Erben der *Tyskebryggen,* der Deutschen Kais. Sie hatten den Schlupfwinkel der Hanse freigelegt, nachdem Feuersbrünste jahrhundertealten Schutt weggeräumt hatten. Die Umrisse der Grundmauern der engen Gebäude, die sich im sumpfigen Boden abzeichneten, machten es mir möglich, mir das eingeschlossene Leben dieser Mönche des Handels vorzustellen, die hier mit ihren Waren und ihrem Gold wie im Kloster lebten.

In einem in der Nähe gelegenen Haus am Kai, das als Hanse-Museum dient, besuchte ich die Räume, wo die Meister und die Lehrlinge lebten und arbeiteten. Ein Meister hatte ein Zimmer für sich, wo er sich über seine Bücher beugte und seine Mahlzeiten einnahm. Seine Lehrlinge lebten zu acht oder mehr in einem Raum, der wegen der Feuersgefahr weder Heizung noch Licht besaß, und schliefen auf Seegrasmatratzen in den Wänden entlanglaufenden, mit Schiebetüren verschlossenen Boxen; in einem solchen Abteil, das kaum groß genug war für einen, waren zwei Burschen untergebracht.

Ich wog die an der Wand hängende Ochsenschwanzpeitsche eines Meisters in der Hand und dachte, was für ein rauhes, klösterliches Leben diese jungen Männer gewählt hatten – nicht um das Paradies zu gewinnen, sondern Wohlstand. Wie Mönche gelobten sie Zölibat, Gehorsam und, bis sie Meister wurden, Armut. Selbst für die Meister war das Kontor offiziell eine Welt ohne Frauen. Aber schlüpfrige Geschichten und eine geheime Treppe in der Wohnung eines Meisters deuten darauf hin, daß manch ein höherstehender Hanseat geneigter war, auf die Ehe als auf die Liebe zu verzichten.

In fremden Städten lebten die Hansekaufleute mit ihren Waren zusammen; ein Haus war ein Warenlager, kein Heim. Sie feierten ihre Feste in der Gemeinschaftshalle des Kontors, die in einiger Entfernung von den Speichern stand, damit die Männer das Licht und die Wärme von Öllampen und Kaminfeuern genießen konnten. Aber für Jünglinge, die versuchten, der Hanse beizutreten, bedeutete diese Halle vor allem den Schrecken der Aufnahmeriten.

Ich stellte mir vor, wie ein Jüngling, den wir unter dem Namen Hufanus – wörtlich Hofmann – kennen, über einem stinkenden, mit Abfall geschürten Feuer den Schornstein hinaufgezogen wurde. Im Gegensatz zu manch anderen überlebte er diese Rauchprobe; nun wurde er in Weintonnen voll eiskalten Wassers getaucht, und dann kam die letzte Prüfung: zum dumpfen Ton der Zimbeln peitschten die stärksten Männer ihn aus, bis sie müde wurden. Wenn er vom «Opferaltar» aufstehen konnte und während der ganzen langen Nacht der Prügel und des Trinkens bei Bewußtsein blieb, wurde er in die Hanse aufgenommen. Hufanus soll seiner Mutter in Deutschland zum Beweis seines Erfolgs sein blutiges Hemd geschickt haben. Seine zehnjährige Lehrzeit hatte begonnen.

Bevor sie zu Ende war, wußte er wahrscheinlich mehr über die Transaktionen der Hanse als die Gelehrten von heute. Sogar die Bedeutung des Namens ist uns nicht genau bekannt. Hanse mag einmal eine bewaffnete Schar, eine brüderliche Sekte oder vielleicht einen mystischen Blutsbrüderkult bezeichnet haben. Aber zu Beginn des 13. Jahrhunderts

---

Die Siegel der Schwesterstädte schmücken einen Vertrag aus dem 15. Jahrhundert, der in Lübeck, der Schlüsselstadt der Hanse, aufbewahrt wird. Hier kamen, gewöhnlich um Pfingsten herum, wenn der Frühling das Reisen auf den Straßen erleichterte, Abgesandte der Mitgliedstädte zu Tagungen zusammen, Hanse-Tage genannt, wo Preise und Zölle festgesetzt und Strafen über Städte verhängt wurden, die es wagten, die Gesetze des Bundes zu brechen. Eisenbeschlagene eichene Truhen oder «Testamente» wie die oben im Bild dienten als Kassenschrank für Hanse-Dokumente.

Die großen braunen Siegel stellen von links nach rechts Lübeck, Rostock und Stralsund dar; Archiv der Hansestadt Lübeck. James P. Blair, NGS

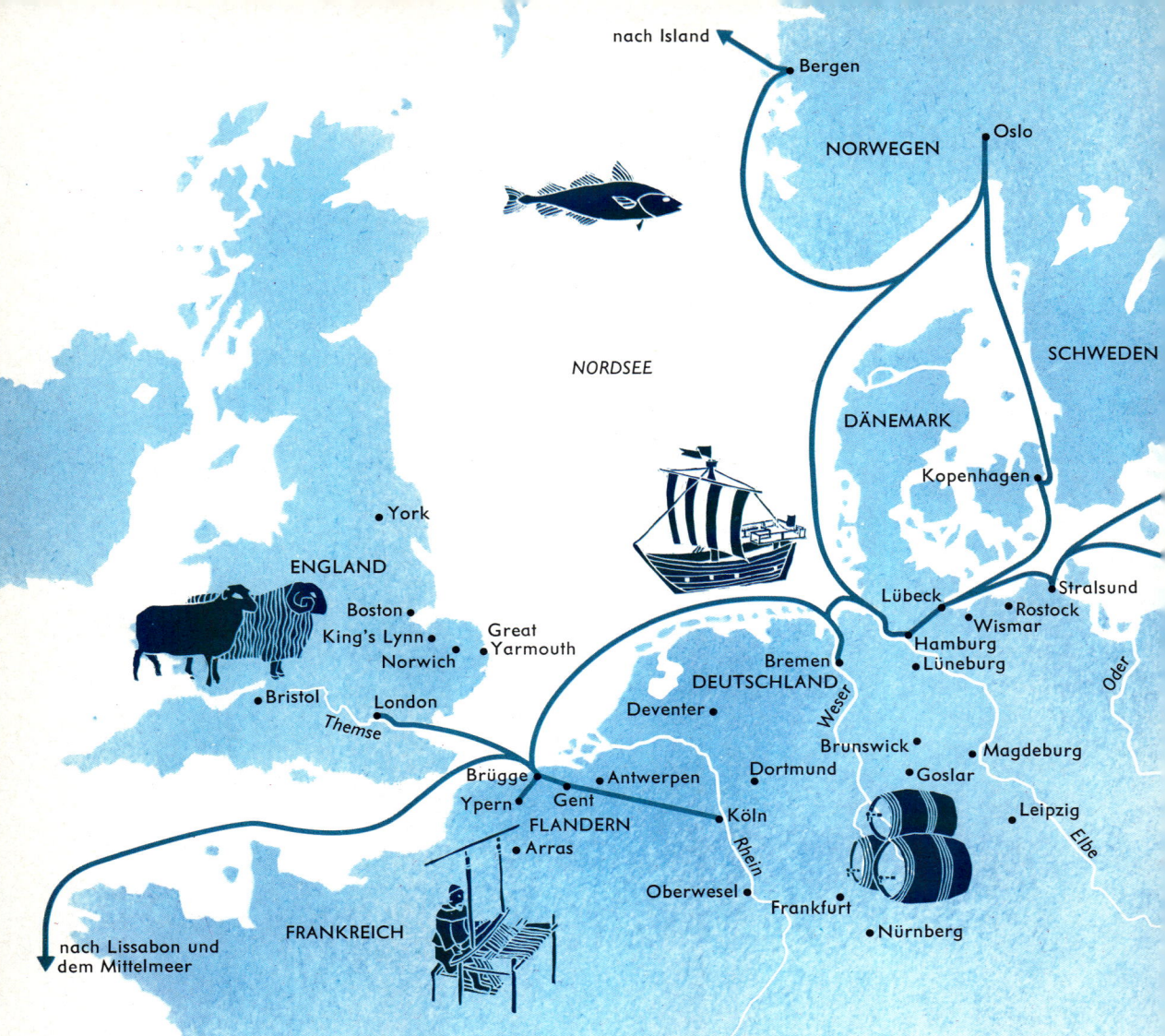

nach Island

Bergen

NORWEGEN

Oslo

SCHWEDEN

NORDSEE

DÄNEMARK

Kopenhagen

YORK

ENGLAND

Boston

King's Lynn

Norwich

Great
Yarmouth

Bristol

London

Themse

Brügge

Ypern

Gent

Antwerpen

FLANDERN

Arras

FRANKREICH

nach Lissabon und
dem Mittelmeer

Lübeck

Stralsund

Rostock

Wismar

Hamburg

Lüneburg

Bremen

DEUTSCHLAND

Deventer

Weser

Oder

Brunswick

Magdeburg

Dortmund

Goslar

Köln

Leipzig

Rhein

Elbe

Oberwesel

Frankfurt

Nürnberg

hatte sich die Hanse eindeutig aus einer Verbindung von Kaufleuten zu einem Städte-
bündnis entwickelt. Zwei dieser Städte, Hamburg und Lübeck, schlossen 1210 einen
Handelsvertrag. Um 1360 zählte die Hanse fünfzig Städte. Innerhalb der nächsten zehn
Jahre wurde sie stark genug, um einen dänischen König zu bekriegen und zu demütigen.

Obwohl die Hanse nie eine offizielle Hauptstadt hatte, herrschte Lübeck lange als
«Königin». Die Lage der Stadt – auf dem abfallenden Ufer der Trave 22 Kilometer
von der See entfernt – verschaffte der Hanse einen leicht zu verteidigenden Hafen an der
Westküste der Ostsee. Ihre Unabhängigkeit – ein gewählter Stadtrat, eine eigene Münzanstalt – befreite die Kaufleute von allen Untertanenpflichten außer denen dem Kaiser
gegenüber. Sie machten aus Lübeck ein ordentliches Schachbrett, auf dem jeder seinen
ihm zugewiesenen Platz einnahm: der Bischof, die Adligen und längs der Hafenanlagen
die Kaufleute.

Die zwei Türme des Holstentors bewachen heute noch den Schutzgürtel der alten
Stadt, eine von Fluß, Kanal und zwanzig Jahrhunderten umgebene Insel. Durch das Tor
erhascht man einen Blick auf eine mittelalterliche Stadt. Schwäne gleiten an den steil-
gieblingen Silhouetten der Speicher vorbei, welche die Trave säumen. Hier luden die Kähne

LADOGASEE

FINNISCHER MEERBUSEN

Newa

Wolchow

Narva

Reval

RUSSLAND

Stockholm

OSTSEE

Nowgorod

0 — 320
Kilometer
Karte von Alfred Zebarth
und Munro Kinsey, NGS

• Moskau

Visby

GOTLAND

Riga

Düna

Königsberg

Danzig

Weichsel

Thorn

POLEN

• Breslau

Krakau →

«In der Gewalt Gottes und der Elemente» segelten die Schiffe der Hanse für Macht und Profit durch alle Gefahren

Mit flämischem Tuch, englischer Wolle, schwedischem Eisen, baltischem Korn oder russischen Pelzen beladen, durchpflügten die dickbäuchigen Einmaster der Hanse die Meere, um im Norden ein Handelsreich zu schaffen. Die Flotten der Hanse trotzten den Piraten, fürchteten jedoch den Winter. «Nach dem Martinstag (11. November) zur See fahren heißt Gott versuchen» – außer wenn es um «kostbare Fracht» ging: Stockfisch aus der Nordsee, Heringe aus der Ostsee, Bier aus Hunderten von deutschen Brauereien. Die meisten Seeleute fuhren die Küsten entlang; mit der Zeit lernten die waghalsigen unter ihnen, den Breitengrad mit einem Astrolabium (rechts) zu berechnen, das die Höhe von Sonne und Sternen bestimmte. Das Handelsnetz spannte sich über Länder und Meere, so daß die Kaufleute der Hanse hochgeschätzte Jagdfalken von Island nach Alexandrien schicken konnten. Die Hansestädte sind immer noch wichtige Etappen auf der Landkarte Europas, verbunden durch unzerstörbare Verkehrsadern, auf denen heute Lastwagen und Eisenbahnen, Kähne und Schiffe fahren.

Astrolabium aus Bronze, 14. Jh.; Museum of the History of Science, Oxford

das Salz aus, das sie durch den ersten großen Kanal Deutschlands aus den Lüneburger Gruben brachten. Die Hanse besaß das Handelsmonopol auf diesem Salz. Ebenfalls nach Lübeck kamen die prächtigen Hanseschiffe, deren tiefe Rümpfe vollgeladen waren mit getrocknetem Stockfisch aus Bergen, Heringen aus der Ostsee, Kupfer und Eisen aus Schweden, Pelzen aus Rußland. Ein Kaufmann im estländischen Handelszentrum Reval (dem heutigen Tallinn, dem russischen Hafen am Finnischen Meerbusen) beschrieb die Verbindung zwischen seiner Stadt und Lübeck mit folgenden glühenden Worten: «Die beiden Städte gehören zusammen wie die Arme des gekreuzigten Christus.»

Lübeck war ein wichtiger Umschlaghafen, denn ein ganzes Netzwerk verband die Flüsse und Straßen Süddeutschlands nicht nur mit dem Norden, sondern auch mit Hanse-Agenten im fernen Lissabon oder Venedig. Gewisse Rohmaterialien gelangten nicht weiter als bis in das Handwerkerviertel von Lübeck. Ich spazierte durch Straßen und Gassen, deren Namen an alte Gewerbe erinnern: Glockengießerstraße, Drechslergasse, Gerbergasse.

Die mittelalterliche Art, das Problem des billigen Wohnungsbaus zu lösen, trat mir in dem Labyrinth von Gassen und Gäßchen entgegen, die sich hinter den Reihen der stattlichen Häuser verbergen. «Man kann sich in diesem Durcheinander verirren», bemerkte ein Lübecker, als wir durch diese Gäßchen bummelten. «Vielleicht verbot aus diesem Grund ein altes Gesetz den Eltern, ihre Kinder allein auf die Straße zu lassen, ehe sie nicht folgende Prüfung bestanden: Man ließ das Kind zwischen einem Apfel und einem Pfennig wählen. Wenn es den Apfel nahm, mußte es zu Hause bleiben, denn in dem Fall war es noch zu jung, um zu wissen, um was es in der Welt geht.»

Ohne eine solche Prüfung bestanden zu haben, stieg ich die steile Engelsgrube hinauf, wobei unter Engel die Engländer zu verstehen sind. Hier legten an einem Ende die Schiffe vom Londoner Kontor an, während sich am andern Ende das Haus der Schiffergilde befindet, einst das Heim des «gewöhnlichen Seemanns». Durch Bilder und Sprüche aus der Bibel, die die Wände zierten, vom Raufen abgehalten, aßen die Matrosen hier miteinander; die Bänke mit den hohen Lehnen tragen heute noch das geschnitzte Siegel der Hansehäfen. Ich saß an einem Schiffstisch aus grobgehauener Eiche und führte mir eine Ladung dessen zu Gemüte, was die Hanse eine «kostbare Fracht» nannte: Fisch und Bier. Über meiner Bank hing das mit einem Kreuz gekrönte Siegel von Riga, dem lettischen Hafen an der Ostsee. Da die Stadt heute zur Sowjetunion gehört, hat sie das Kreuz ihres alten Siegels durch einen roten Stern ersetzt.

Die beiden Hansestädte Bremen und Hamburg herrschten über den Handel in der Nordsee ebenso ausschließlich wie Lübeck über den in der Ostsee. Aber Jütland, das wie eine Hand ins Meer vorspringt, wurde von den Dänen regiert. Und in Reichweite davon lag der Sund, die fünf Kilometer breite Meerenge, die die Schiffe zwischen den beiden Meeren passieren mußten. Wenn die Dänen den Sund in ihre Gewalt brachten, war es aus mit einem der wichtigsten Hansemonopole, der Heringsindustrie in der Ostsee.

Zwist mit den Dänen, der schließlich in Krieg ausartete, einte Lübeck, Bremen und Hamburg, die drei Städte, in denen die Hanse am längsten weiterlebte. Im 19. Jahrhundert, dreihundert Jahre, nachdem der Bund sich aufgelöst hatte, sprachen die Urkunden immer noch von den «hanseatischen» Eigentümern von Grundbesitz in London. Alle drei nennen sich heute noch stolz Hansestädte. Und als Länder der Deutschen Bundesrepublik bewahren Bremen und Hamburg ihr Erbe als Freistädte.

«Lübeck, schönste aller Städte, dein ist die Krone großen Ruhms»

Das Doppeljuwel des Holstentors träumt inmitten eines Blumenmeers von den Tagen, da Mauern seinen Flanken entsprangen und die Königin der Ostsee umgürteten. Die Hanseaten nannten sie «Unser aller Haupt». Einst standen Kanonen in den Nischen und bedrohten die Besucher; heute heißt sie ein Museum willkommen.

Unter den ausgestellten Sehenswürdigkeiten befindet sich ein kleines Modell der Stadt (links); hier ragen die Türme der Marienkirche in die Höhe, und die Straßen laufen auf dem Marktplatz zusammen. Zinnen und die Trave bewachten die von Hansebürgern angelegte Stadt. Schiffe lagen nahe an den Mauern, auf denen Aufseher mit Adlerblick das Kommen und Gehen von Fremden überwachten; Zölle und Abgaben beschränkten die Einfuhr ihrer Waren und füllten gleichzeitig die Kassen der Stadt.

Modell von Lübeck, 1650. James P. Blair, NGS

Als ich durch die Altstadt von Bremen bummelte, drehte sich ein Karussell auf dem Marktplatz. Ballone stiegen empor und platzten knallend. Kinder umringten Leierkastenmänner. Und vor dem gotischen Rathaus stehen in bronzenem Gleichgewicht, am Ende ihrer Märchenreise angelangt, die Bremer Stadtmusikanten.

«Geht es in Bremen immer so lustig zu?» fragte ich meinen Begleiter.

«Es ist doch Freimarkt!» rief er aus. «Fünfzig Wochen lang arbeiten wir hart – und dann gibt's den Freimarkt!»

Seit mehr als tausend Jahren feiert Bremen alljährlich seine Freiheit mit dem Freimarkt – einst eine zollfreie Handelsmesse, jetzt ein Oktobervergnügen. Aber in Wirklichkeit hört Bremen, wie zu Zeiten der Hanse, nie auf zu arbeiten. Ich durchquerte die Anlagen, die den alten Stadtgraben auffüllen. Jenseits der Brücke lebt das moderne Bremen mit seinen Produktionswundern – einer Brauerei, die am Tag 2 400 000 Flaschen abfüllen kann, und einer Werft, in der ein Supertanker von 250 000 Tonnen gebaut wird.

In der Werft an der Weser kam ich mir vor wie in einem dröhnenden Land der Riesen. Aus fünf Stockwerken hohen Fabriktoren kamen 70 Tonnen schwere vorgefertigte Tankerteile, die später zu 250 bis 700 Tonnen wiegenden Platten zusammengeschweißt werden. Ein beinahe 60 Meter hoher Kran ließ ein Stück eines stählernen Rumpfs herunter. «Dieser Kran kann ohne weiteres 780 Tonnen heben», erklärte mir ein Ingenieur, als ein Abteil von der Größe eines Hauses über unsere Köpfe glitt. «Wir setzen das Schiff zusammen wie ein Puzzle. Im Grunde ist es ganz leicht.»

Nicht weit von der Werft entfernt setzen Archäologen ein anderes Puzzle zusammen: die dreitausend Teile eines um 1380 erbauten Hanseschiffes. Es wurde 1962 von einem

Bremer Hafenbagger freigelegt. Wissenschaftler demontierten den Rumpf; die Balken und Bretter aus Eichenholz «schwimmen» gegenwärtig noch in einem Konservierungsmittel. Bis zu dieser Entdeckung konnten die Historiker nur von den Abbildungen der einmastigen Schiffe mit dem breiten Bug, wie sie auf den Siegeln der Hansestädte zu sehen sind, auf ihre Konstruktion schließen. Das in Klinkerbauweise konstruierte Bremer Schiff, das mit einem großen Heckruder gesteuert wurde, gleicht diesen Abbildungen ziemlich genau. Das Fahrzeug, das vom untersetzten Bugspriet bis zum Heck 23,5 Meter und 7,5 Meter in der Breite maß, konnte bei mäßig schwerem Seegang rund 130 Tonnen befördern. Bei einem Sturm strandete es offenbar. Kapitän und Mannschaft durften es nicht verlassen, denn das strenge Hansegesetz gebot: «Im Falle von Schiffbruch müssen die Seeleute ... dem Vertreter des Kaufmanns helfen, die Fracht zu retten.»

Ich dachte an die harten Sitten der Hanse, während ich über zeitlose Seestraßen in einen anderen

James P. Blair, NGS (ebenfalls nächste Doppelseite)

Bremen, ein einstiger Hansehafen, hat seine Vergangenheit nicht vergessen. Im alten Rathaus, wo heute noch Schiffe von damals segeln (links), versammelten sich die Ratsherren, die beinahe alle Kaufleute waren, und labten sich anschließend im Ratskeller (ganz links). Als 1336 die Bürger einem Prälaten Trotz boten, verbrannten dessen Leute die hölzerne Statue des legendären Roland. Aber Bremen baute bald eine größere aus Stein (oben) – Sinnbild der Freiheit – die heute noch über das Rathaus wacht.

Nächste Doppelseite: Im Hamburger Hafen herrscht Tag und Nacht Hochbetrieb, denn hier werden jährlich 40 Millionen Tonnen Fracht umgeschlagen, zwanzigtausend Schiffe abgefertigt. Die Hamburger Hanseaten würden sich über solche Zahlen freuen. «Von allen Regeln», spottete einst ein Besucher, «kennen sie nur die des Einmaleins.» Ihre Seeleute schenkten Hamburg eine schmackhafte Erfindung: mit einem stumpfen Messer zerkleinertes rohes Rindfleisch – den Hamburger.

341

Hafen des Bundes fuhr: Hamburg. Aus den Trümmern des Zweiten Weltkriegs auferstanden, hat die Stadt ihre hanseatische Bedeutung als Deutschlands größter Hafen wiedererlangt. Die Flaggen von fünfzig Nationen flattern dort, wo die Richter der Hanse einhundertfünfzig Ausländer wegen Seeräuberei verurteilten und ihnen allen nach ihrem eigenen hanseatischen Gesetz den Kopf abhauen ließen.

Im Hafen von Hamburg, der sich heute über fast hundert Quadratkilometer erstreckt, handelten die Hanseaten orientalische Gewürze und Süßigkeiten gegen hamburgisches Bier ein. Der Osten treibt heute noch Handel hier: auf der Steuerkabine eines rostigen Frachters prangte auf einem großen Plakat das Gesicht von Mao Tse-tung.

Die Elbe, die wie eine Landstraße über einhundertdreißig Kilometer Hamburg mit der Nordsee verbindet, beförderte einst den Handel der Hansestädte Hunderte von Kilometern landeinwärts. Heute teilt sie Deutschland in zwei Teile. Jenseits liegen die Länder eines modernen Bundes: Ostdeutschland, Polen, die Sowjetunion. Die Deutschen nennen die Elbe einen Strom der Tränen.

Knurrende Hunde und gewehrtragende Wächter patrouillierten den unbebauten Streifen Land am Grenzübergang östlich von Lübeck. Nachdem die Gesichter und Pässe der Reisenden geprüft, das Gepäck und die Abteile durchsucht waren, setzte der Zug sich wieder in Bewegung, und wir waren in Ostdeutschland. In Rostock, Ostdeutschlands schönstem Ostseehafen, stieg ich aus und wurde von einem Ostberliner Beamten empfangen, der von nun an mein ständiger Begleiter war. Von Rostock bis Nowgorod in der Sowjetunion wurde ich mit fester Hand durch die Hansestädte geführt.

Das an der Warnow dreizehn Kilometer von der See entfernt gelegene Rostock war ein wohlhabender Hansehafen. Aber die Kaufleute fürchteten das Aufblühen einer alten

James P. Blair, NGS. Unten: Brügge, Miniatur, 15. Jh.; Bayerische Staatsbibliothek, München

In Danzig «kauften sie die Gaben von Ceres und Bacchus»

Nach Feuer und Krieg mehrmals wieder aufgebaut, sieht das Krantor von Danzig ungefähr noch so aus, wie ein französischer Reisender es zu einer Zeit beschrieb, da die Schiffer Wein gegen «pommersches Gold» – Getreide – handelten. Ein niedriger Flaschenzug nahm sich der Fracht an, ein hoher setzte Masten ein. In beiden Fällen betätigten Männer ein Tretrad, wie in einem anderen Hansehafen (rechts).

Ein hochgeschätzter Ostseehafen der Hanse zur Zeit, da die Deutschritter hier herrschten, gehörte Danzig später zu Polen, dann zu Preußen und zeitweise zu niemand. Hitlers Anspruch auf die Freistadt löste den Zweiten Weltkrieg aus. Aus den Trümmern wiederauferstanden, zeigt der polnische Hafen dem Jungen im Fernglas Mühlen und Schiffswerften.

Stadt, die sich an der Flußmündung selbst erhob. Um zu verhindern, daß der für Rostock bestimmte Verkehr abgezweigt würde, kauften sie kurzerhand die ganze Stadt und verordneten, daß kein Kaufmann dort leben dürfe. Heute gehört Warnemünde immer noch zu Rostock. An einem stürmischen Tag spazierte ich auf dem Seedamm und ließ mich von der beinahe salzlosen Gischt der Ostsee besprühen. (Die Ostsee mit ihrer schmalen Mündung ist mehr ein See als ein Meer und kommt kaum mit dem salzigen Wasser des Ozeans in Berührung.)

Östlich von Rostock stand die Hanse einer feindlichen Welt gegenüber: den slawischen Reichen Pommern und Polen, den baltischen Ländern Litauen, Lettland und Estland. Hanseatische Vorposten – Riga in Lettland, Visby auf der Insel Gotland mitten in der Ostsee – konnten leicht angegriffen werden. Darum suchte die Hanse auf ihrem Weg nach Osten den Schutz der Schwertbrüder und der Deutschritter. Diese Ritter, die ein schwarzes Kreuz auf einem weißen Mantel trugen, hatten im Dritten Kreuzzug als Krankenpfleger gedient. Von Kaufleuten

Mitten in der Ostsee erhebt sich auf der Insel Gotland die Stadt Visby, eine Bastion der Hanse, die von 44 Türmen und drei Kilometer langen Mauern beschützt wurde (oben).

Kaufleute aus Ost und West machten diesen wunderbaren Hafen in der Ostsee reich. Die Luft duftete nach Rosen; «Fensterrahmen aus Silber» und Frauen, die «von goldenen Kunkeln» spannen, erregten das Entzücken der Balladensänger. Aber Visby wurde von Königen begehrt, von Seeräubern heimgesucht, und die Schiffe wurden groß genug, daß sie nicht mehr hier anzulegen brauchten. Heute begrüßt die schwedische Stadt die Besucher mit mittelalterlichem Charme und einem Vermächtnis, das noch weiter zurückreicht: Ponys, die seit 3000 v. Chr. auf dieser Insel der Goten gezüchtet werden.

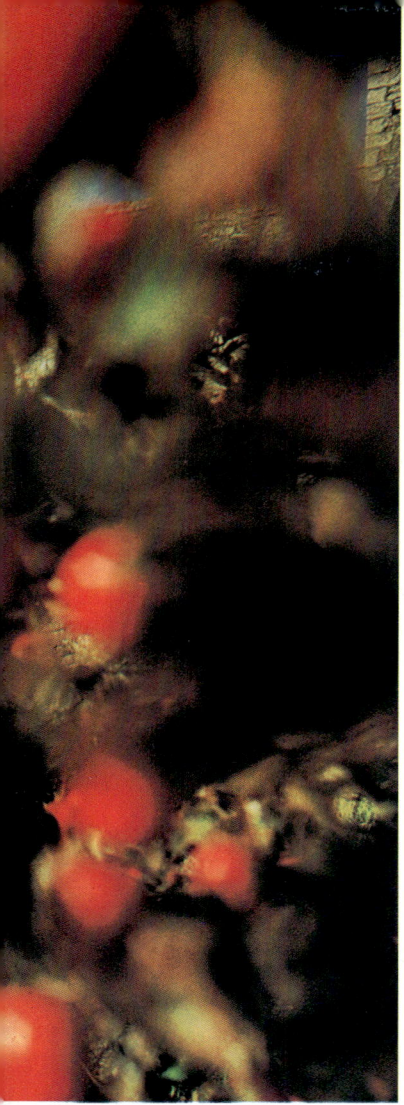

aus Lübeck und Bremen finanziert, wurden sie selber Kaufleute, eine landhungrige Armee, die nach Osteuropa zog und deutsche Städte gründete.

Die Brüder, die aufgeboten wurden, um die Heiden an der Ostsee mit Kreuz und Schwert zu unterwerfen, hatten ihr Hauptquartier in Riga. Sowohl Ritter wie Brüder entwickelten sich zu Raubrittern, die die Regeln des Rittertums mißachteten. Einst überfiel eine als Festbesucher verkleidete Schar in Gdansk, einem polnischen Hafen an der Weichsel, einen Jahrmarkt. Schreie übertönten die Rufe der Händler. Blut färbte ihre Waren. Bei Einbruch der Nacht waren Tausende tot, und die Stadt war deutsch. Polen hatte seinen Zugang zur See verloren.

«Gdansk! Gdansk! Gdansk!» schrie mich ein polnischer Architekt an, als ich seine Stadt Danzig nannte. «Es ist eine polnische Stadt! Sie heißt Gdansk!» Seine Leidenschaft hatte ihre Wurzeln im 20., nicht im 14. Jahrhundert. Ein paar der ersten Schüsse des Zweiten Weltkriegs wurden von einem deutschen Kriegsschiff gegen Danzig abgefeuert. Die vollständig zerstörte Stadt mit ihrem Hafen ist von den Polen liebevoll wieder aufgebaut worden.

Jahrzehntelang flossen die polnischen Ernten über Danzig in die Hanseschiffe. Bernstein, «das baltische Gold», war für die Handwerker der Hanse in Lübeck bestimmt. Polen, die Bernstein versteckten, wurden von den Rittern umgebracht. Das Bündnis zwischen Raubrittern und Kaufleuten enthüllt die zunehmende Rücksichtslosigkeit der Hanse. «Laßt uns verhandeln», hatte ein Lübecker Bürgermeister in weniger streitbaren Tagen gerufen. «Denn es ist leicht, den Wimpel an den Mast zu stecken, aber schwer, ihn wieder herunterzuholen.» Aber jetzt war es vorbei mit den friedlichen Methoden.

1361 erstürmte König Valdemar Atterdag von Dänemark Visby, die ungeheuer reiche Inselstadt, dank der die Hanse die Ostsee beherrschte. Die Hanse hißte den Kriegswimpel.

Seit dem 11. Jahrhundert hatten deutsche Kaufleute in Visby Handel getrieben, einem Ort, wo Ost und West sich trafen. Ein deutsches Warenlager, ein mittelalterlicher Wolkenkratzer von sieben Stockwerken, steht heute noch, ebenso die «deutsche Kirche» St. Maria. Hoch oben an ihrer Außenmauer sah ich ein Zeichen der Hanse: eine vorstehende Stange, an der ein Flaschenzug befestigt werden konnte, um Waren in die Sicherheit des Obergeschosses zu befördern. Im Speicher des Doms verwahrten die Kaufleute auch ihre mit vier Schlössern versehenen Geldtruhen. Aus vier verschiedenen Städten mußte ein Schlüsselbesitzer aufgeboten werden, damit sie alle zusammen in mißtrauischer Einigkeit die Lade öffnen konnten.

Eine Inschrift in einer Kirche auf Gotland beschreibt Valdemars Überfall: «Die Bauernhöfe sind niedergebrannt, besiegt fallen die Leute schreiend unter dem Schwert.» Im Museum von Visby sah ich die gespaltenen Schädel einiger der achtzehnhundert Inselbewohner, die bei der Verteidigung der Stadt umkamen. «Es sind die Knochen von alten Männern, Knaben und sogar Frauen», wurde mir gesagt. «Wir vermuten, daß die Kaufleute hinter den Mauern blieben, vielleicht in der Hoffnung, sich mit Valdemar zu verständigen.»

Aber er raubte die Stadt aus und versuchte, die Hanse aus der Ostsee zu vertreiben, indem er ihre Schiffe angriff. Nun, da sie auf dem Meer, das sie als ihr Eigentum betrachtete, in Gefahr geriet, erklärte die Hanse den Krieg. Jede Hansestadt mußte auf alle Waren eine Kriegssteuer bezahlen. Wer versuchte, sich darum zu drücken, wurde aus dem Bund ausgestoßen – eine gewaltige Strafe, denn der Handelsboykott konnte eine Stadt für dreißig Jahre bankrott machen.

Der Bürgermeister von Lübeck erhielt den Oberbefehl über die Kriegsflotte, die die Hanse aufstellte. In einer verpfuschten Schlacht verlor er seine Schiffe – und dann auf dem eigenen Marktplatz seinen Kopf. Aber die Hanse besaß noch mehr Schiffe und andere Admiräle, um den Krieg weiterzuführen. Jahr um Jahr plünderten Hanseflotten dänische Schiffe und raubten dänische Städte aus. 1369, als sein Reich praktisch zerstört war, bat Valdemar endlich um Frieden.

Die Hanse diktierte einen der demütigendsten Verträge, die ein König je unterschreiben mußte. Die Deutschen gewannen zwei Drittel aller Einkünfte aus den Heringshäfen, freie Durchfahrt durch den Sund und das Recht, auf fünfzehn Jahre hinaus die dänischen Könige zu wählen.

Während das hanseatische Handelsreich seine Herrschaft rings um die Ostsee festigte, stieß es gleichzeitig nach Osten in

Die gedrungenen Türme der Pfalz halten seit sechshundert Jahren Wacht am Rhein. Die Frachtschiffe auf dem meistbefahrenen Strom der Welt halten nicht mehr an, um übersetzte Zölle zu zahlen, aber sie passieren mit Vorsicht den von Weinbergen eingerahmten Engpaß, wo die Lorelei haust, die Sirene, die Schiffer ins Verderben lockt. Felsen und Raubritter stellten auf dieser Strecke der größten Handelsstraße des mittelalterlichen Europa eine bedrohliche Gefahr dar. Als die Opfer sich in Selbstverteidigung der Hanse anschlossen, säumten Städte des Bundes den Strom von Basel bis nach Dordrecht im Rheindelta.   Bruce Dale, NGS

das Land vor, wo es «Honig, Wachs und verschiedene Arten von Reichtümern und teure Pelze» gab – Rußland.

Die hanseatischen Kaufleute in Rußland gründeten ein Kontor in Nowgorod, Mittelpunkt eines Netzes von «Wasserstraßen», die Steppe und Wald, Schwarzes und Kaspisches Meer miteinander verbanden. Bienenwachs für geweihte Kerzen, Talg für geringeres Licht, Honig für Met – all das kam von Gehöften in der Wildnis. Pelzhändler mit langen, geflochtenen Bärten brachten aus dem unwegsamen Norden Stapel von Fellen mit Booten nach Nowgorod. Und auf gefährlichen Reisen durch mongolisches Gebiet kamen die Seidenstoffe aus China, Damast aus der Levante, Weine aus Byzanz und Gewürze aus Turkistan.

Rund um ihre eigene Kirche, St. Peter, bauten die Hanseaten eine Festung. Wenn sie sie verließen, setzten sie ihre Waren und ihr Leben aufs Spiel. Denn obwohl Verträge mit den Fürsten von Nowgorod ihnen offiziell Schutz gewährten, lebten sie inmitten eines Volkes, dem eine lange Tradition von Freiheit Unerschrockenheit geschenkt hatte.

Im 11. Jahrhundert hatten mächtige einheimische Kaufleute im Fürstentum Nowgorod so etwas wie eine Republik geschaffen. Die Führer der Stadt trafen sich in einer *veche* genannten Versammlung auf dem Marktplatz, in deren Verlauf sie die Fürsten wählten – und oft auch vertrieben.

«Die *veche*-Glocke, die das Volk zusammenrief, hing dort», erklärte mir mein Intourist-Führer. Wir standen auf dem Ostufer des Wolchow, auf dem sich seit dem Mittelalter das Geschäftsviertel der Stadt befindet. Durch die gewölbten Überreste der Buden am Fluß erblickte ich auf dem andern Ufer die enggedrängten Kuppeln der Kathedrale St. Sophia. Sie schauten wie Helme über die Mauern, die die fürstliche und kirch-

Festmahl des Ahasverus; Ausschnitt aus einem Altarbild des 15. Jh.; St.-Annen-Museum, Lübeck. Gegenüber: Bruce Dale, NGS

«Wie fein sind die Sitten in diesem barbarischen Land, wie herrlich der Anblick der Stadt»

Die Pracht der Stadt Köln entzückte Petrarca, aber auch ihre Frauen – «was für Gestalten, was für Gesichter, was für eine Haltung!» Als der italienische Dichter 1333 Deutschland bereiste, fand er den Dom von Köln «unglaublich schön, obwohl unvollendet». 1248 begonnen und erst 1880 fertiggestellt, ist er einer der Höhepunkte der deutschen Gotik.

Die Hanseaten gaben ihr Geld aus, um ihren Frauen Patrizierhäuser zu bauen und ihre Söhne an italienischen Universitäten ausbilden zu lassen. Sie gaben Gemälde in Auftrag, in denen sich selbst in biblischen Szenen die Sitten des Mittelalters spiegeln (links). Leinene Tischtücher und goldenes Geschirr schmückt die Festtafel. Emaillierte Messer – die Gäste brachten ihr eigenes mit – zerschneiden zierliche Äpfel. Die Frauen sind in Samt und Seide gekleidet; ein bärtiger, würdiger Mann hüllt sich in einen Überwurf aus italienischem Brokat. Bei den Zusammenkünften unter Männern in den Hanse-Vereinen ging es weniger vornehm zu; die Vorschriften ließen keine barfußgehenden Spaßmacher zu und untersagten, sich im Schmutz zu wälzen, Nahrung zu stehlen, mit Messern oder irdenem Geschirr um sich zu werfen.

liche Hälfte der Stadt umgaben. In der Kathedrale, wo sechs-
tausend Ikonen schimmerten, hörten sich im Mittelalter die
Adligen die Messe sitzend an, während die Bauern standen.
Aber wenn eine Nachbarstadt oder ein Mongolenüberfall drohte,
fanden sich alle mit dem einstimmigen Ruf ein: «Wir stehen
oder sterben für St. Sophia!»

Die Hanse besaß ihr eigenes Losungswort: «Wer kann gegen
Gott und das große Nowgorod den Sieg davontragen?» Dank
ihrer geschickten Diplomatie erhielten die Hanseaten von geld-
gierigen Fürsten praktisch das Handelsmonopol. Aber russische
Händler setzten sich zur Wehr gegen Hanse-Kniffe, wie zum
Beispiel den, einen Faßpreis für große Fässer festzusetzen und
dann die Ware in kleineren Fässern zu liefern. Die Hanseaten
hatten es mit gewitzten Konkurrenten zu tun, gebildeten Männern in einer ungebildeten Zeit. Ich sah in einem Museum von
Nowgorod Beispiele ihrer Korrespondenz aus dem 11. Jahrhundert: Manuskripte aus Birkenrinde, deren kyrillische Schrift-
zeichen mit Bein- oder Steingriffeln eingeritzt waren.

Reichtum strömte in die Heimat. Zahlreiche Beamte überwachten die weitgreifenden Geschäfte des Bundes. Allein das
Kontor in Bergen konnte dreitausend Leute beherbergen. Mit
der Zeit mühten sich allerdings nur die jungen oder abenteuer-
lustigen Hanseaten in so schwierigen Außenposten wie Nowgorod ab. Reiche Kaufleute wurden noch reicher, wenn sie zu
Hause blieben. Und kein Ort in Deutschland versprach mehr
Luxus oder größeren Gewinn als Köln. Von den Römern ge-

Die Hymne von Goslar: «Das hohle Dröhnen ... von berstendem Gestein»

Aus Gruben, die Goethe faszinierten, hat Goslar in über tausend Jahren des Wühlens im weltbekannten Rammelsberg 20 Millionen Tonnen Erz aus dem Harz zutage gefördert. Silber, so glänzend wie die Instrumente der Grubenkapelle von Goslar (oben), machte die Stadt zu einer Schatzkammer, zu der die Kaiser gern Zuflucht nahmen, später zu einer Münzquelle für den Handel der Hanse. Hammer und Meißel des Grubenarbeiters zieren die Uniform der Musikanten, die schwarz ist wie das Innere des Gebirges.

Auf dem Marktplatz von Goslar maßen die Händler des Mittelalters das Tuch mit einer etwa 65 Zenti-meter langen bronzenen Elle (rechts); ärmere Städte brauchten kürzere. Am Feierabend kehrten die Kaufleute in die Bürgerhäuser zurück (rechts außen), die das alte Goslar zu einer Augenweide machen.

gründet, seit den Tagen Karls des Großen ständig vergrößert und verschönert, war die Stadt am Rhein im 14. Jahrhundert ein Palast für die Könige des Handels geworden.

Kirche und Adel ausstechend, regierten sie die Stadt, die sich selber das «Rom des Nordens» nannte und in der ganzen Christenheit die von ihren Reliquien, den Gebeinen der Heiligen Drei Könige, vollbrachten Wunder verkündete. Die Verehrung der Weisen aus dem Morgenland veranlaßte Könige und Pilger, später Kaufleute und Handwerker, einen weiteren Anziehungspunkt zu schaffen: die großartige Kathedrale.

Goldschmiede, Juweliere und andere Kunsthandwerker ließen sich in der Stadt nieder, um die Ansprüche der Neureichen zu befriedigen. Die Frauen ungehobelter Händler begehrten die Annehmlichkeiten der Kultur. Eilig wurden Wappen erfunden. In den eleganten neuen Häusern der Kaufleute umklammerten schwielige Hände Silberlöffel. Habgierige alte Männer, die sich vor dem Tod und der Hölle ängstigten, trugen mit goldenen Vermächtnissen zur Verschönerung der Kirchen und zur Beruhigung ihres Gewissens bei. Die Führer der Hanse verließen ihre Kontore. Wir beginnen sie kennenzulernen. Ein gewisser Tiedemann, der im Londoner Kontor gearbeitet hatte, zog nach Köln, wo er ein Patrizierhaus baute, einen gewinnbringenden Weinhandel betrieb und der Kirche große Dienste erwies. Seine aufwendigen Gaben – ein 63 Pfund schweres Silberkreuz, ein prunkvoller Reliquienschrein – trugen ihm eine zwanzigzeilige Grabschrift ein, als er, «in Balsam und aromatische Gewürze gehüllt», 1386 in sein prächtiges Grab gelegt wurde.

Lange, niedrige, schwer beladene Kähne tuckerten unter mir auf dem Rhein, als ich in Köln auf einer Brücke stand. Allerdings sah ich sie nur aus dem Augenwinkel, denn die schlanken Türme des Doms nahmen Augen und Geist in Anspruch. Während die majestätische Kirche im Mittelalter die Ewigkeit heraufbeschwor, versprach sie 1945 trotz des Trümmerhaufens zu ihren Füßen wenigstens ein Morgen. Der mächtige Rhein, der

James P. Blair, NGS

anderswo von Burgen eingerahmt wird, fließt hier in aller Bescheidenheit, um die Pracht einer Kathedrale zu spiegeln.

Köln versah hochwertige Waren mit dem Siegel der Stadt, einem mittelalterlichen Warenzeichen. Die Stadt setzte die Preise und die Währung nach der «Kölner Mark» fest, einem Silbermaß. Ein großer Teil dieses Silbers kam aus Goslar im Harz, der der Sage nach von Hexen bevölkert ist.

Den unterirdischen Dämonen trotzend, begannen die Bergleute 968, zu der Zeit, da Otto der Große über das Heilige Römische Reich herrschte, im höckerigen Rammelsberg Silber abzubauen. Der Berg wurde Ottos Schatzkiste, und Goslar genoß die Privilegien einer Reichsstadt. Aber als das Reich sich in einander bekämpfende Fürstentümer auflöste, trat Goslar einem anderen Imperium bei: der Hanse.

Ich begleitete einen Grubenarbeiter in einen Schacht, der über dreihundert Meter tief in den Rammelsberg hinunterführt. Wir kauerten in einem kaum schulterbreiten Stollen. «Damals waren die Leute kleiner», sagte der Kumpel und zeigte mir noch schmalere Nischen, wo man Eisen, Kupfer, Blei und Silber abgebaut hatte. «Sie brachten Öllampen mit, die durch ihr Erlöschen anzeigten, daß die Luft knapp wurde.»

Ausschnitt aus einem Altarbild des 16. Jh.; Annaberg in Sachsen. Gegenüber: David F. Cupp

Geschäftig wie Wichtelmännchen bauen Grubenarbeiter (links) an einem Hang Silber und Blei, Kupfer und Gold ab. In geschickten deutschen Händen bohrten Werkzeuge aus Holz und Eisen in Sachsen und Böhmen so tiefe Schächte, daß ein Zeitgenosse verblüfft ausrief: «Was für eine ungeheure Tiefe! Habt ihr das Inferno erreicht?»

Die von Georg Agricola in der ersten Hälfte des 16. Jahrhunderts verfaßte klassische Abhandlung über Bergbau paßt gut zu der Szene. Das Erz wird mit einer Winde hinaufbefördert; wenn es «kein Metall enthält, leeren sie die Erde und die Felsbrocken aus ... und so ... entsteht ein kleiner Hügel rings um die Hütte, wo sich die Winde befindet». Gutes Erz wird «zerkleinert und gewaschen», dann in einer Erfindung des Mittelalters, dem Schubkarren, zum Schmelzwerk gebracht.

Der Vorarbeiter – mit Überwurf – hat kein leichtes Leben, denn wenn die Männer «den Arm brechen oder in die Grube am Schachtende fallen und ertrinken, wird der Aufseher wegen Nachlässigkeit getadelt». Dämonen können eine Grube verhexen, aber Trolle genannte Helfer erleichtern dem Kumpel die Arbeit.

Die Tiefe der Stollen, bemerkt Agricola, «zwang uns, Fördermaschinen zu erfinden, die ihnen angemessen waren». Wasserräder holten das Erz heraus, entwässerten die Gruben, zogen «schädliche Luft» ab. Im Rammelsberg knarrte eines dieser Räder (rechts) bis in den Anfang des 19. Jahrhunderts.

Früher strömte Wasser, das aus einem höher gelegenen See abgeleitet wurde, durch diesen Schacht und trieb große Holzräder an, die dazu dienten, das Erz hinaufzubefördern. Auch nach dem Verlassen der Gruben wurde das Wasser weiter ausgenutzt: es durchfloß die Stadt in einem gemauerten Kanal, an dem siebenundzwanzig Mühlen standen. Eines der Mühlräder dreht sich heute noch in der Nähe des Marktplatzes, der aus dem 12. Jahrhundert stammt. Hier wurde zur Zeit der Hanse Gericht gehalten, denn das Gesetz gebot, daß ein Urteil «unter freiem Himmel» gefällt werden müsse. (Bei allzu schlechtem Wetter konnte der Richter im Rathaus seines Amtes walten, wo ein heute noch bestehender Raum mit einem Ersatzhimmel ausgestattet war: einer blauen, sternenbesäten Decke.) Jeder Kaufmann, der bankrott erklärt wurde, mußte den ganzen Tag nackt auf dem Marktplatz stehen und seine Armut mit seiner Blöße beweisen. Abends wurde er dann, immer noch nackt, aus der Stadt vertrieben.

Aus Deutschlands Gruben kam mehr als Erz. Die Wissenschaft entwickelte Methoden zur Umwandlung der Metalle, die den Anstoß gaben zu neuen Erfindungen. Mit Wasser

betriebene Blasebälge erzeugten größere Hitze in den Schmelz-werken und damit härteres Eisen. Ganze Wälder gingen im Rauch der Holzkohle auf, um die Schmelzöfen zu beliefern. Mit Wasser betriebene Schmiedehämmer verfertigten aus dem besseren Eisen Nägel und Nadeln, Schraubenmuttern und Bolzen. Deutsche Glockengießer kündeten ein neues grimmiges Gewerbe an: Kanonengießen. Aus Spanien und Schweden kam Eisen von ungleichmäßiger Qualität. Die Fachleute der Hanse lernten, es je nach seiner Güte für verschiedene Produkte zu verwenden, von Ankern bis zu Angelhaken. Erfahrene deutsche Bergleute beuteten sogar die Silber- und Bleiminen in England aus.

Im 14. Jahrhundert strömten Waren und Geld der Hanse in ein England, das beides bitter nötig hatte. Eduard III., dessen

Die Themse: goldene Hauptstraße der Hanse

Die deutschen Händler, denen Heinrich II. 1157 «freundschaftlichen Verkehr» gewährleistete, strömten themseaufwärts nach London. Im 14. Jahrhundert horteten die Hanseaten ihre Reichtümer in einer Schanze am Strom, dem Stalhof. Voll Wut und Neid machte der Pöbel einst Jagd auf die Deutschen und tötete alle, die «bread and cheese» nicht aussprechen konnten.

Die Themse windet sich unterhalb Londons an den Docks von Tilbury vorbei; Ted Spiegel, Rapho Guillumette

Finanzen im Krieg mit Frankreich, der hundert Jahre dauern sollte, dahingeschmolzen waren, nahm bei Hansekaufleuten große Darlehen auf und verpfändete dafür die Kronjuwelen, die Krone seiner Königin und seine eigene. Die Hanse führte auch das Zepter über den englischen Handel; ihr «Regierungssitz» befand sich in ihrem Kontor an der Themse, in der Nähe der London Bridge. Dieser Stalhof, ursprünglich ein Ort, wo die Händler ihre Waren zur Schau stellten, war ein von Mauern umgebener Gebäudekomplex, der das Themseufer beherrschte und sich mit dem zunehmenden Einfluß der Hanse vergrößert hatte.

König Heinrich II. hatte 1157 in einem Vertrag mit Kaiser Barbarossa die Deutschen willkommen geheißen und ihnen «Sicherheit beim Handeln mit Waren» versprochen. Zur Zeit Eduards III. hatten es die Deutschen in ihrer Macht, Englands Wirtschaft nach ihren Wünschen zu lenken oder zu drosseln. Schiffsbauer wandten sich an die Hanse, wenn sie Pech, Hanf, Teer und Flachs brauchten; das beste Schiffsholz kam aus den Ostseegebieten, wo die Hanse das Monopol innehatte. Die englischen Soldaten in Frankreich aßen von der Hanse gelieferten Stockfisch, die Armbrustschützen benutzten aus Danzig importiertes, «für Bogen geeignetes Holz». Und ein Großteil des Geldes für die Armee kam von Darlehen, die die Hanse Eduard gewährte. Er verlieh ihr dafür Privilegien.

Von den meisten Gebühren und Steuern befreit, Herren über eines der wichtigsten Tore von London, rangen die Hanseaten Eduard schließlich ein unglaubliches Handelsmonopol ab: «Fortan darf kein Fremder in der Stadt oder in den Vorstädten Einzelhandel treiben . . . oder den Beruf eines Maklers ausüben, mit alleiniger Ausnahme der Kaufleute der deutschen Hanse.»

Die Vorrechte beruhten nicht auf Gegenseitigkeit. Englische Seeleute wurden in den hanseatischen Häfen auf dem Kontinent festgenommen, «in abscheuliche Gefängnisse geworfen und bis zum Hals in Dreck und Wasser getaucht». Die Engländer beklagten sich, daß Fremde «den Gewinn aus unseren Händen saugen, wie die Wespe der Biene den Honig wegsaugt».

Aber die Hanse-Wespen suchten Wolle, nicht Honig, und nur

*«Echtes goldenes Vlies» sprenkelt
ein Feld in Devonshire; mit einer
elektrischen Schere wird es gewon-
nen. Zu einer Zeit, da jährlich die
Wolle von acht Millionen Schafen
England verließ und Wolle «den halben Reichtum des ganzen Landes»
ausmachte, bauten die Händler ihren
Städten Kirchen. Norwich (links),
ein Hanselager im wollreichen Ost-
england, wob Kammgarn und nahm
einen solchen Aufschwung, daß es zur
Zeit der Tudor nach London die
größte Stadt des Landes war. Die
englische Wollindustrie hinterließ
uns eine Waffe, die heute noch gebraucht wird – den Streik.*

wenige im englischen Wollgeschäft wurden gestochen. Mehr als
die Hälfte des Reichtums der englischen Landbesitzer stammte
von den Schafen. Die Wollhändler bauten große Häuser und
prächtige Kirchen in den Städten in den Cotswolds und in Ost-
england, wo die Schafzucht florierte. «Ich danke Gott jetzt und
in Ewigkeit», beteten alle, die am Geschäft mit der Wolle be-
teiligt waren, «die Schafe bezahlen alles.»

Andere indessen bezahlten einen hohen Preis: Zu einer Zeit,
da die Industrie anfing, sich zu entwickeln, blockierte die Schafzucht das Kapital im Weideland und verzögerte das Wachstum
der Städte. Die Hanse schlug ein Vermögen aus der englischen
Wolle, indem sie das goldene Vlies nach Flandern transportierte
und dann als Tuch wieder in England verkaufte. Hanse-Waren-
lager entstanden in York, in Bristol und in Norwich, in Great
Yarmouth, Boston und King's Lynn an der Ostküste.

Ted Spiegel, Rapho Guillumette. Gegenüber: Winfield Parks, NGS

Beim hanseatischen Warenlager von King's Lynn unterhielt ich mich mit einem jungen Archäologen, der den mittelalterlichen Werften der Stadt nachspürt. Die Ouse, die sich in The Wash und die Nordsee schlängelt, verbindet heute noch King's Lynn mit Hamburg und anderen europäischen Häfen. Aber die heutigen Kais liegen ganze Häuserblocks vom ehemaligen Lauf der Ouse entfernt. «Unser bisher interessantester Fund sind Holzplanken, die das Hafenufer abstützten», sagte er mir. «Sie sind aus Kiefernholz, das nicht aus der Gegend stammt. Wir sind ziemlich sicher, daß sie aus dem Baltikum kommen.»

1751, als die Hanse nur noch als Erinnerung fortlebte, erwarb ein Kaufmann von King's Lynn das ehemalige Warenlager. Im Stadtmuseum sah ich die Verkaufsurkunde. Die Siegel von Lübeck, Bremen und Hamburg baumeln daran.

So unbedeutend sind die Überbleibsel der Hanse in England – vermoderndes Holz, verblichene Siegel. Kriege, Feuersbrünste und der Fortschritt haben längst alle Spuren des Londoner Stalhofs getilgt. Heute steht der Bahnhof von Cannon Street auf diesem Boden, der 1853 den drei verbleibenden Hansestädten abgekauft wurde. Aber darum herum pulsiert immer noch das Herz von London: die City.

Das letzte Überbleibsel der Hanse in London fand ich, als ich die Makler mit ihren steifen Hüten an der Börse hinter mir gelassen hatte, an der gestrengen Bank von England vorbeigegangen und in die Stille einer kleinen Kirche, St. Margaret Lothbury, eingetreten war. In diesem von Christopher Wren erbauten Juwel verrichten heute noch die Kaufleute ihre Andacht. Im dunklen Schatten sah ich eine reich geschnitzte Chorschranke, die die ganze Breite des Kirchenschiffs einnimmt. Sie wird überragt von einem Adler, dem Symbol der Hanse von einst, dem Deutschland von heute. Die Schranke erinnert an ihre

«O Wolle, edles Weib ... Göttin der Kaufleute»

Der Dichter John Gower pries die Wolle im England des 14. Jahrhunderts, als die Hanseaten einen Großteil davon einsackten. Laut Überlieferung stammt der Sitz des Lordkanzlers im Oberhaus – ein großer gepolsterter Wollsack (rechts) – aus der Zeit Eduards III., dessen kostspielige Kriege ihn in starke Abhängigkeit von den Wolleinkünften und den Hanse-Geldverleihern brachten. Spätere Monarchen, die Geld brauchten, verordneten, daß alle männlichen Personen über sechs Jahre am Sonntag eine wollene Mütze zu tragen hatten und daß alle Toten in einem wollenen Leichentuch begraben werden mußten.

Hans Holbein d. J., der in Deutschland geborene Hofmaler Heinrichs VIII., schmückte den nüchternen Stalhof der Hanse mit seinen Wandgemälden. Seine Porträts verliehen Londoner Hanseaten wie Georg Gisze (links) Unsterblichkeit; das Bild zeigt ihn, wie er einen Brief seines Bruders, des Bischofs von Danzig, öffnet. Auf dem Pult die Utensilien des Kaufmanns: Tintenfaß, Gänsekiel, Schere, Münzbüchse, Siegelring, stößelförmiges Siegel und ein «selbstgehendes horologium» – eine zylindrische Uhr.

«Der Hansekaufmann Georg Gisze aus Danzig, 1532»; Gemäldegalerie, Staatliche Museen, Berlin. Rechts: Adam Woolfitt

deutschen Stifter, von denen einer voll Schrecken zugesehen hatte, wie das große Feuer von 1666 am Stalhof emporzüngelte.

In den ersten Zeiten führten die Männer des Londoner Kontors ein überaus einfaches Leben. Sie schliefen in geradezu klösterlichen Zellen, zu denen nicht einmal die Scheuerfrauen Zugang hatten. Aber mit der Zeit wurde der Stalhof menschenfreundlicher. In seinem Garten wurde eine Schenke eröffnet, und die elegante Welt – oder sogar gewöhnliches Volk wie die Schauspieler, die zu Shakespeares Truppe gehörten – schaute herein und trank ein Glas Rheinwein oder aß etwas Kaviar. Fresken und Schnitzereien schmückten den großen Saal im Stalhof. Die Meister aßen von silbernen Tellern. Die gestrengen Herren hatten Bekanntschaft gemacht mit dem üppigen Leben in Flandern.

Die englische Wolle verwickelte Könige und Kaufleute lange Zeit in die komplizierte flandrische Politik. Im Hundertjährigen Krieg, als der Graf von Flandern die Partei des französischen Königs ergriff, rief Gent, die Stadt der Tuchweber, den Engländer Eduard III. zu ihrem König aus. Weber aus Ypern flohen nach England und halfen so mit, eine englische Tuchindustrie zu schaffen. Brügge, der Mittelpunkt des flämischen Handels, bemühte sich, seine wollenen Bande zum Inselkönigreich aufrechtzuerhalten.

Deutsche Händler schlossen ihren ersten Vertrag mit Brügge im Jahr 1252 und erlangten nach und nach eine Vormachtstellung, die sich im Wappen der Stadt spiegelt: es trägt die hanseatischen Farben Rot und Silber. Aber die Hanse konnte Brügge nie erobern, denn die Stadt bemühte sich um alle Kaufleute der Christenheit.

Der Hafen lag an der Mündung des Zwyn, eines schmalen Flusses, auf dem die Kähne und Leichter sechzehn Kilometer landeinwärts bis zu den Kais fuhren. Auf Kanälen ver-

teilte sich dann die Ware durch die Innenstadt. Die Säcke mit Wolle wurden von Lastträgern zu den Häusern der Wollhändler gebracht, die Gassen waren zu eng und zu winklig für Karren.

Brügge war berühmt für seine Annehmlichkeiten und erregte das Staunen der Besucher aus anderen Städten. Die Reisenden berichteten vom «Wegmeister», der damit beauftragt war, die Straßen sauberzuhalten und das Gras aus den Ritzen zwischen den Pflastersteinen zu entfernen. Männer mit bleiernen Keulen lösten ein anderes Problem der mittelalterlichen Stadt: das der herrenlosen Hunde. Brandstifter, eine weitverbreitete Plage, wurden hingerichtet, selbst wenn sie nur die poetische Drohung äußerten: «Ich werde dir den roten Hahn aufs Dach setzen!» Um die Gefahren des Feuers zu mindern, zahlte die Stadt ein Drittel der Kosten eines Ziegeldachs.

Und die Luft roch nach Wein! Der Reisende aus dem 14. Jahrhundert, der davon berichtet, lobt auch die Höflichkeit der Kaufleute von Brügge, die ihre Kunden mit den Worten anlockten: «Ich verfüge über eine solche Vielfalt an Waren, daß ich euch gut und billig bedienen kann.» Diese Vielfalt war allerdings überwältigend, denn neben goldgewirkten Wandteppichen, Früchten aus Damaskus und Pelzen aus Rußland gab es auch lebende Löwen, Papageien, Bären und Affen zu kaufen.

«Gent ... erste Stadt Flanderns ... dank der Zahl ihrer Häuser»

Das Lob Jean Froissarts (14. Jh.) scheint dem Besucher, der heute auf den Kais längs der Lys spaziert, durchaus angemessen. Drei Flüsse und ein Heer geschickter Handwerker, die das flämische Tuch woben, in das sich ein Großteil der christlichen Welt kleidete, machten Gent groß. Hier stießen die Kaufleute der Hanse auf starke Konkurrenz von seiten der ansässigen Händler. Wie aufgehäufter Gewinn erheben sich die Häuser an der Lys in einer Vielfalt von Stilen, die bis zum nüchternen romanischen Kornspeicher aus dem 13. Jahrhundert zurückreichen (Mitte).

Keine andere Stadt auf der Welt hätte 1430 für die Hochzeit zwischen Philipp dem Guten, Herzog von Burgund, Graf von Flandern, und Isabella von Portugal einen prächtigeren Rahmen abgeben können. Wein floß aus den Brunnen. Häusergiebel und Straßen waren reich beflaggt. Auf allen Plätzen wurden Mysterienspiele aufgeführt. Gold und Silber blitzten in der langen Prozession, die durch die Stadt zog. Nachts staunten die Männer auf dem Meer draußen über das Licht der Lampen, die alle Türme von Brügge erleuchteten.

Die Diener, die das Fleisch auftrugen, wurden von einundzwanzig Rittern zu den Tischen begleitet. Gaukler, Tänzer und Komödianten unterhielten die Gäste. Während ein Jongleur vor der erhöhten Ehrentafel seine Künste zum besten gab, wurde ein riesige Pastete in den Saal getragen. Ihr entstieg ein blaugefärbtes Schaf mit vergoldeten Hörnern.

Tagsüber fand auf dem großen Platz das farbenfrohe Schauspiel eines Turniers statt. Trompeten schmetterten, Trommeln erdröhnten, Ritter galoppierten an ihren Bewunderinnen vorbei. Scheinkämpfe wirbelten einen Staub auf, der die glänzenden Rüstungen, den Silberschmuck der herrlichen Pferde nicht zu trüben vermochte.

Inmitten dieser mittelalterlichen Pracht gründete Philipp den Orden des Goldenen Vlieses, der dazu berufen war, dem Rittertum und der Kirche zu dienen. Das Rittertum schien bestimmt, auf ewig fortzuleben. Aber was Philipp beherrscht hatte, was die Seeleute gesehen hatten, war das letzte Leuchten von Brügge.

Während die Stadt an jenem Tag dem Goldenen Vlies zujubelte, fing der Zwyn bereits an zu versanden. Ende des 15. Jahrhunderts besaß Brügge kaum noch einen Zugang zum Meer. Die Stadt starb, aber nicht wie so viele andere durch Plünderung, Feuer oder unter den Bomben. Als die Kaufleute nach Ant-

Reich wie das Leben in Frankreich und Flandern zeigt ein Bildteppich aus dem 15. Jahrhundert (rechts) auf idealisierte Art, wie herausgeputzte Leute, die auf Blumen wandeln, Wein zubereiten. Edelleute behängten ihre Betten und die nackten Wände mit den Prachtstücken einer Kunst, die heute noch blüht (unten). Sogar Kinder woben bei Tages- oder Kerzenlicht an Teppichen, die bis zu dreißig Meter maßen. Flandern, dessen Webstühle die Warenlager der Hanse füllten, war Meister in dieser Kunst, im 15. Jahrhundert besaßen Arras, Brügge, Tournai, Brüssel und Antwerpen über sechzig tapissiers, Entwerfer, die die Kartonvorlagen malten.

Ausschnitt aus «Die Weinlese», ca. 1490; Musée de Cluny, Paris. Gegenüber: Weberin in Aubusson, Frankreich; Walter Meayers Edwards, NGS

werpen zogen, fiel Brügge einfach in Schlaf, wie die verzauberte Stadt eines mittelalterlichen Märchens. Und eines Tages sollte sie wieder entdeckt werden.

Es gab Menschen, die erkannten, was Philipp nicht gesehen hatte: die ersten Anzeichen einer neuen Zeit. Er hatte Männer zum Ritter geschlagen, damit sie die Welt, die er kannte, aufrechterhalten sollten. Aber an seinem Hof lebte ein Maler, der die Augen der Menschen aus dem Mittelalter hinausführen sollte. «Jan van Eyck war zugegen», schrieb der Künstler auf eines seiner Bilder. Um in einem Zeitalter der Ehrfurcht die Wirklichkeit als Zeuge wiederzugeben, machte er aus der Kunst einen Spiegel. Und darin blitzt die Renaissance auf.

In Brügge wanderte ich gleichsam durch ein Museum, an glitzernden Kanälen vorbei, durch friedliche Straßen, in von Bogengängen umgebene Innenhöfe. Hinter den Mauern des St.-Jaans-Hospitals aus dem 13. Jahrhundert betrachtete ich in einem einst schmucklosen Krankenzimmer Bilder von Hans Memling, einem anderen flämischen Meister des neuen Realismus. Und auch hier schimmerte etwas Neues in der Malerei auf. Ich fragte mich, was die Hansekaufleute wohl gesehen haben mochten, wenn sie diese Bilder betrachteten. Wunderte sich einer, spürte er die Wandlung? Wahrscheinlich, dachte ich, hatten sie anderes im Kopf, zum Beispiel die Sorgen wegen der Versandung des Zwyn.

Als sie Brügge und Antwerpen zu verlassen begannen, waren sie kaum verschieden von den Hanseaten, die den Bund dreihundert Jahre zuvor gegründet hatten. Sie richteten den Blick auf ihre Waren, spitzten die Ohren für das höchste Angebot und nahmen darum nicht wahr, daß die Zeiten sich änderten. In ihrem Stützpunkt Riga ist der Hahn auf

Von einem flämischen Meister stammt «das schönste Werk ... in der ganzen Christenheit». Seit seiner Entstehung im Jahr 1432 erweckt Jan van Eycks Anbetung des Lamms in der Kathedrale St. Bavo in Gent stumme Ehrfurcht. In der großen Mittelfeldtafel thronen die heilige Jungfrau, Gott und Johannes der Täufer über den Engeln, Propheten und Aposteln, die das Göttliche Lamm anbeten. Napoleon, Diebe, Kunsthändler und der Zweite Weltkrieg waren schuld, daß das Altarbild mehrfach demontiert werden mußte. Mit Ausnahme einer nie wieder gefundenen Tafel entfalten sich heute die vierundzwanzig Eichentafeln so, wie der Künstler sie für seinen Auftraggeber zusammensetzte, einen Kaufmann aus Gent, der sich Unsterblichkeit erkaufte; eine Tafel zeigt sein Porträt.

Van Eyck stand auch in Diensten des Herzogs von Burgund, genau wie Rogier van der Weyden, dessen zartem Pinselstrich wir das Porträt auf der gegenüberliegenden Seite verdanken. Edelleute und Bürger, die ein Vermögen für die Kunst ausgaben, machten Flandern zu einem Museum, in dem sich der goldene Sonnenuntergang des Rittertums spiegelte – und eine neue Morgenröte.

einem Kirchturm heute noch auf einer Seite schwarz, auf der andern golden bemalt. Wenn der Wind von der See her weht, erblickt Riga einen goldenen Hahn, denn dieser Wind war dem Handel günstig. Und Gold war das einzige, was der Hanse wichtig war.

Während die Hanseaten sich bemühten, Reichtümer zu schaffen, schufen andere im 15. Jahrhundert Staaten. Polen erkämpfte das Reich, über das die Hanse und die Deutschritter geherrscht hatten. Iwan der Große eroberte Nowgorod, hob das Kontor auf und wies die Hanseaten aus. Christian II. verschloß ihnen Dänemark. Sogar die Heringe wurden dem Bund untreu. Wahrscheinlich infolge einer geringfügigen Verminderung des Salzgehalts in der Ostsee laichten die Fische jetzt in der Nordsee. Die Holländer profitierten von diesem Glücksfall und gewannen so viel Geld, daß sie eine Handelsflotte aufbauen konnten, die der geschwächten Hanse in Danzig Konkurrenz machte.

England, das durch den Hundertjährigen Krieg erschöpft war und vom Rosenkrieg zerrissen wurde, war noch nicht imstande, der Hanse Trotz zu bieten. Aber als das Nationalgefühl erstarkte, begannen die Engländer ein neues Blatt für ihre zukünftige Abrechnung mit der Hanse. Ein Eintrag betraf zum Beispiel eine Greueltat der Hanse: Sechsundneunzig englische Fischer waren vor Bergen gefangengenommen und, an Händen und Füßen gefesselt, ins Meer geworfen worden.

Erst Ende des 15. Jahrhunderts konnte England zurückschlagen. Heinrich VII. verbot die Ausfuhr von Wolle durch deutsche Händler. Und nicht nur begann sich eine eigene Tuchindustrie zu entwickeln, sondern auch der Schiffsbau machte gewaltige Fortschritte. Größere und bessere Schiffe, als die Hanse sie je gekannt hatte, verließen Englands Häfen. Auf der Suche nach neuen Absatzgebieten fanden sie ein neu entdecktes Land. Ganz Europa wandte sich nun dem Westen zu, neuen Reichtümern entgegen.

1526 drangen von Sir Thomas More angeführte Ritter in den Stalhof ein und nahmen im Verlauf einer Suche nach verbotenen lutherischen Büchern fünf deutsche Kaufleute fest. Ein Hanse-Angestellter schrieb nach Deutschland und beklagte sich, daß der Stalhof «großem und schwerem Druck» ausgesetzt werde. Er wurde noch schwerer. Königin Elisabeth setzte ihren getreuen Sir Francis Drake gegen die Hanse ein; er kaperte sechzig ihrer Schiffe, die sich auf dem Weg nach Spanien befanden. Dann beschlagnahmte Elisabeth 1598 den Stalhof und vertrieb die Hanseaten.

«Wir verließen das Haus», berichtete ein Händler, «und das Tor wurde hinter uns zugeschlagen und wir wußten nicht, wo wir die Nacht verbringen sollten.» Drei Jahre später beurteilte der Sekretär der stolzen Kaufleute der Königin die Lage der hanseatischen Städte folgendermaßen: «Die meisten Zähne sind ihnen ausgefallen, und die verbleibenden sitzen nur mehr locker.»

In dem unergründlichen Augenblick, da die mittelalterliche Welt unterzugehen begann, verschwand auch dieser seltsame mittelalterliche Bund, der zu steif war, um sich anzupassen, zu alt, um sich weiterzuentwickeln. Die Historiker sind sich nicht einig über den Grund des endgültigen Zusammenbruchs der Hanse. Ich für meinen Teil denke an eine ergreifende Begegnung, die ich in Brügge hatte.

Ich hörte im gewaltigen Glockenturm Worte, die im Zwielicht des untergehenden Mittelalters vielleicht bereits gesprochen worden waren. Der Glockenwart sagte mir, er werde in Bälde eine Kunst aufgeben, die sein Vater und sein Großvater vor ihm ausgeübt hatten. Als ich ihn fragte, was er zu tun beabsichtige, antwortete er mir, er werde anderswohin gehen, um Glockenspiele zu betreuen. Ich fragte, wohin. Er blickte über die Stadt und wiederholte, was andere auf der Suche nach neuen Welten gesagt haben:

«Ich gehe nach Amerika.»

Hell glänzend wie das Schauspiel, das die Nacht in Brügge mit Licht erfüllt, führte das Mittelalter den Menschen des Westens von den Trümmern Roms zur Pracht himmelragender Kathedralen, pulsierender Städte, blühenden Handels und einem Glauben, dem die Menschen heute noch verhaftet sind. Ein Jahrtausend, das in Dunkelheit begann und von den Taten der Krieger, Kaufleute, Geistlichen und Fürsten vibrierte, ging in einem Glanz zu Ende, der alle kommenden Zeiten verklären sollte.

Der Löwe von Flandern ziert den gewaltigen Turm im Herzen von Brügge bei einer Aufführung des Spiels vom Heiligen Blut, das eine von den Kreuzfahrern eroberte Reliquie verehrt; Luis Marden, NGS

Register

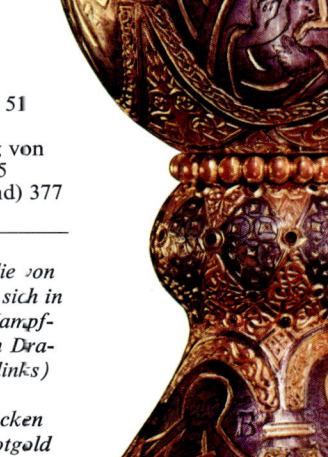

Wut und Glaube aus Tagen, die von beidem erfüllt waren, spiegeln sich in der Kunst des Mittelalters. Kampfszenen drängen sich auf einem Drachen aus dem 9. Jahrhundert (links) im Vikingskipshuset in Oslo.
    Christus und Heilige schmücken einen Kelch aus Silber und Rotgold (rechts), den Herzog Tassilo, ein Feind Karls des Großen, um 780 einer Abtei schenkte.
Stiftsbibliothek, Kremsmünster.

Jahr	Tägliches Leben
300	An den Höfen wird der Sonntag als Ruhetag eingehalten, ca. 320 Gladiatorenkämpfe im Osten verboten, ca. 325 Windorgeln in spanischen Kirchen allgemein verbreitet, ca. 450
500	Einführung des Steigbügels aus dem Osten, ca. 700 Die Sachsen machen sich als erste wieder an den Abbau von Metallen, ca. 740
800	Als sich das Karolingerreich auflöst, sind Lehenswesen und Feudalismus fest verankert, ca. 860 Hufeisen machen es möglich, weitere Strecken schneller zurückzulegen, ca. 900 Der Kumt erhöht die Pferdekraft um das Vierfache, ca. 900
1000	Einfache normannische Burgen, ca. 1000 Wiederaufleben des Studiums der Medizin in Salerno, 1050 Wiederaufleben des Studiums des römischen Rechts in Bologna, ca. 1100 Die Kreuzzüge fördern die Geldwirtschaft, ca. 1150 Erste Windmühlen in Europa, ca. 1180 Schiffsruder am Hintersteven, ca. 1180
1200	Schubkarren erleichtern die Arbeit, ca. 1200 Hamburg und Lübeck schließen Handelsvertrag, Grundstein der Hanse, 1241 Papiermühle in Fabriano, Italien, ca. 1270 Marco Polo reist in den Fernen Osten, ca. 1271 In Norditalien werden Brillen hergestellt, ca. 1285 Bau einer mechanischen Uhr, ca. 1300 Erfindung einer kleinen Kanone, ca. 1320 Höhepunkt des Schwarzen Todes (Beulenpest) 1348–1350
1450	Johann Gutenberg druckt die Bibel mit beweglichen Typen, Mainz, 1455

Zeittafel

Menschen und Ereignisse von Bedeutung sind in chronologischer Reihenfolge angeführt. Die meisten Daten stehen fest, über die anderen sind sich die Historiker in der Mehrzahl einig.

Politik und Krieg	Kirche	Kunst, Literatur, Philosophie
Kaiser Konstantin gründet Konstantinopel, 324 Kaiser Theodosius teilt das Reich in Ost und West, 395 Die Westgoten plündern Rom, 410 Chlodwig zum König der salischen Franken gekrönt, 481	Das Konzil von Nicäa stellt das nicänische Glaubensbekenntnis auf, 325 Bischof Ambrosius auferlegt dem Kaiser Theodosius I. Buße wegen des Massakers von Thessalonike, 390	Hieronymus vollendet die Vulgata, die klassische lateinische Bibelübersetzung, ca. 400 Bischof Augustinus von Hippo schreibt seinen *Gottesstaat*, 413–426
Justinian kodifiziert Recht, 528–529 Tod des Merowingerkönigs Dagobert; der «Majordomus», der oberste Hofbeamte, übernimmt die Regierung des fränkischen Königreichs, 639 Die Muselmanen fallen in Spanien ein und besiegen den letzten Westgotenkönig, 711 Karl Martell, Majordomus, schlägt die Mohammedaner bei Tours, 732 Pippin I. zum König der Franken gewählt, begründet die karolingische Dynastie, 751 Die Lombarden erobern Ravenna, 751 Karl der Große unterwirft die Lombarden, 774	Benedikt von Nursia gründet ein Kloster auf dem Monte Cassino, ca. 529 Papst Gregor I. schließt Frieden mit den Lombarden und wird weltlicher und geistiger Herrscher Roms, 590–604; er schickt den Abt Augustinus als Missionar nach England, 596 Bonifazius beginnt seine Missionstätigkeit unter den Germanen, 716	Byzantinische Mosaike in Ravenna, 450–550 Justinian erbaut in Konstantinopel die Hagia Sophia, 532–537 Cassiodorus gründet Klöster, in denen klassische Literatur abgeschrieben wird, ca. 540 *Beowulf*, angelsächsisches Epos, geschrieben ca. 725 Der Ehrwürdige Beda vollendet seine *Angelsächsische Kirchengeschichte*, 731
Papst Leo III. krönt in Rom Karl d. Gr. zum Kaiser des Weströmischen Reichs, 800 Der Vertrag von Verdun teilt Karls Reich auf und führt zur Gründung von Frankreich und Deutschland; Wikinger verwüsten Europa, 843 Alfred der Große zum König von Wessex gewählt, 871 Die Waräger setzen sich in Kiew fest, 882 Karl der Einfältige tritt die Normandie an den norwegischen Führer Rollo ab, 911 Otto der Große, in Rom zum Kaiser gekrönt, vereint Deutschland und Italien, 962 Hugo Capet, zum König von Frankreich gewählt, begründet die Dynastie der Kapetinger, 987	Das Konzil von Konstantinopel beendet den 726 von Kaiser Leo III. begonnenen Bilderstreit und erlaubt den Bilderdienst, 843 Abt Berno gründet in Burgund das Kloster Cluny, 910 Kaiser Otto und Papst Johannes XII. streiten sich um die Vorherrschaft, 963	Karl d. Gr. errichtet in seinem ganzen Reich Schulen, ca. 800 Tod Einhards, des Biographen Karls d. Gr., 840 Beginn der Kompilation der *Angelsächsischen Chronik* unter Alfred d. Gr., ca. 890
Wilhelm von der Normandie erobert England dank der Schlacht von Hastings, 1066 Das 2. Laterankonzil untersagt den Gebrauch der Armbrust gegen Christen, 1139 Thomas Becket, Erzbischof von Canterbury, wird von Rittern Heinrichs II. ermordet, 1170 Richard Löwenherz beginnt den Dritten Kreuzzug, 1189	Ungarn und Skandinavien christlich, ca. 1000 Durchgehende Kirchenspaltung in orthodoxen Glauben (Osten) und katholischen Glauben (Westen), 1054 Papst Urban II. predigt den Ersten Kreuzzug, 1095 Robert von Molesme gründet in Cîteaux den Zisterzienserorden, 1098 Das 1. Laterankonzil untersagt den Geistlichen die Ehe, 1123	Unter Abt Suger entsteht aus der romanischen Kirche von Saint-Denis die erste gotische Kirche, ca. 1130 *Rolandslied* schriftlich festgehalten, ca. 1100 Gelehrte beginnen in Oxford Vorlesungen zu halten, ca. 1125 Notre-Dame verkörpert Kunst und Architektur der Gotik, 1163 Dank den Gedichten von Chrétien de Troyes wird die Artus-Sage bekannt, ca. 1170
Venezianer plündern Konstantinopel, 1204 Papst Innozenz III. belegt König Johann von England mit dem Bann wegen Verfolgung der Kirche, 1209 König Johann erläßt die Magna Charta, 1215 Philipp IV. beruft in Paris die ersten Generalstände ein, 1302 Eduard III., König von England, beansprucht die französische Krone, löst den Hundertjährigen Krieg aus, 1337 Englische Bogenschützen besiegen die Franzosen bei Crécy, 1346 Der Schwarze Prinz erringt den Sieg der Engländer bei Poitiers, 1356 Der englische König Heinrich V. siegt bei Azincourt, 1415 Johanna von Orléans in Rouen verbrannt, 1431	Gründung des Franziskanerordens, 1209 Dominikus gründet den Dominikanerorden, 1215 Das 4. Laterankonzil bestätigt das Kirchendogma, 1215 Papst Gregor IX. setzt die Inquisition ein gegen die Häresie der Albigenser in Südfrankreich, 1233 Gregor IX. kodifiziert das kanonische Recht, 1234 Beginn des Großen Schismas; zwei Päpste beanspruchen die Macht, 1378 Johannes Hus wegen Ketzerei verbrannt, 1415	Gründung der Universität Cambridge, 1209 Niederschrift des volkstümlichen französischen Epos *Le Roman de la Rose* begonnen, ca. 1237 Roger Bacon verfaßt sein *Opus Majus*, ca. 1268 Thomas von Aquin schreibt die *Summa Theologiae*, 1267–1273 Giotto malt seine berühmten Fresken in der Arenakapelle in Padua, ca. 1305 Dante vollendet die *Göttliche Komödie*, ca. 1321 Petrarca schreibt das Epos *Africa*, 1342 Boccaccio, *Decamerone*, 1348–1353
Die Franzosen erobern Bordeaux, Ende des Hundertjährigen Kriegs, 1453 Konstantinopel von den Türken erobert, 1453	Das Konzil von Konstanz macht dem Schisma ein Ende, 1414–1418	Chaucer beginnt die *Canterbury Tales*, ca. 1387 Jan van Eyck vollendet die Altartafel von Gent, 1432

Derart getadelt, bot ein Bischof im 11. Jahrhundert seinem stirnrunzelnden Kardinal schachmatt. Ungleich dem «sündigen» Würfelspiel, gab er zur Antwort, sei Schach «eine höchst ehrbare Übung für Christen». Aber viele Geistliche fuhren fort, solche Spiele zu verdammen.

Der Zeitvertreib des alten Persien nahm das Europa des Mittelalters gefangen, als Edelleute ihre geistige Beweglichkeit über reich geschnitzten Schachfiguren maßen. Manchmal trug die Liebe den Sieg davon, wenn ein Paar über einem Schachbrett tändelte (rechts). Die Figuren spiegelten die Welt der Spieler: König, Königin, Turm, Springer und Läufer bekämpften sich auf den vorgezeichneten Feldern; vor einer Schlacht übten Krieger oft ihre Strategie über einem Schachbrett. Zuweilen verlor einer die Beherrschung: Knut erschlug einen Gegner, weil er in seiner Wut das Spiel durcheinandergeworfen hatte.

«War es recht . . . deine Abende mit der

Diener und Dienerin halten einen Falken und einen Kranz, während Herr und Herrin Schach spielen. Französisches Spiegeletui, Elfenbein, 14. Jh.; Louvre, Paris

König, auf einem Löwen reitend; Elfenbein, 14. Jh.; Nationalmuseum, Kopenhagen

---

Eitelkeit des Schachspiels zu vertun?»

Königin, auf einem Pferd reitend; dänisch, Walroßzahn; 13. Jh.; Nationalmuseum, Kopenhagen

Läufer (= bishop) englisch, Bischof auf einem Thron, Elfenbein; 12. Jh.; Metropolitan Museum of Art, New York

Springer (= knight), Ritter, wahrscheinlich englisch, ca. 1370, Elfenbein; Metropolitan Museum of Art, New York

Turm, deutsch, aus Bein geschnitzt, 11. Jh.; Staatliche Museen, Berlin

Dank und Bibliographie

Die Herausgeber haben vielen einzelnen Persönlichkeiten und Institutionen ihren Dank abzustatten. Ihr besonderer Dank gilt den Bibliotheks- und Museenverwaltern, die – von Paris, Visby und Nowgorod bis Prag, Palermo und Istanbul – den Autoren und Photographen bei ihrer Arbeit viel geholfen haben, sowie auch folgenden Historikern und Geschichtsprofessoren: Kenneth John Conant, Harvard University; Kemp Malone, John Hopkins University; Walter F. Starkie, University of California; Vsevolod Slessarev, University of Cincinnati; John G. Allee und Avery Andrews, George Washington University; Régine Pernoud, Archives nationales, Paris; Arne Emil Christensen, Antiquitäten-Museum, Oslo. Zu Dank verpflichtet sind die Herausgeber auch den Brüdern von Holy Cross Abbey, Beryville, Va.; Richard E. Ford, John Woodman Higgins Armory, Worcester, Mass.; und William Childress, Jeanne A. Davis und Ferdinand Monjo, die beim Schreiben der Legenden geholfen haben.

Bei der Zusammenstellung des Werkes wurden viele Chroniken konsultiert, vor allem jene von Einhard und dem Mönch von St. Gallen: *Leben und Taten Karls des Großen* und die *Geheimgeschichte* von Prokopius. *Der Codex Calixtinus, Die Briefe des heiligen Bernhard von Clairvaux, Die Regel des heili-*

Ein Buch für Burgund: Herzog Philipp der Gute nimmt die Chronique de Hainault entgegen (Miniatur, 15. Jh.); Bibliothèque royale, Brüssel.

gen Benedikt und *English Historical Documents,* herausgegeben von David C. Douglas und George G. Greenaway, waren wertvolle Quellen. Grundlage bei der Beschreibung der Kreuzzüge waren die Augenzeugenberichte in August C. Krays *The First Crusade,* John Hampdens *Crusader King* und in den *Chroniken* von Jean Froissart. Folgende Schriften allgemeinen Inhalts wurden bei der Redaktion der englischen Originalausgabe als Quellen verwendet (in Klammern die Übersetzungen): *Medieval History* von Norman F.

Cantor, *An Introduction to Medieval Europe* von James Westfall Thompson und Edgar Nathaniel Johnson, *The Shorter Cambridge Medieval History* von C. W. Previté-Orton, *The Age of Faith* von Will Durant, *The Making of Europe* (Die Gestaltung des Abendlandes) und *Medieval Essays* von Christopher Dawson, *The Birth of the Middle Ages* von H. St. L. B. Moss, *The Making of the Middle Ages* (Gestaltende Kräfte des Mittelalters) von R. W. Southern, *Medieval Europe: A Short History* von C. Warren Hollister, *French Chivalry* von Sidney Painter und *Medieval Feudalism* von Carl Stephenson. Folgende Biographien der großen Figuren des Mittelalters wurden herangezogen: *William the Conqueror* von David C. Douglas, *Charlemagne* von Richard Winston, *St. Benedikt and His Monks* von Theodore Maynard, *St. Bernard of Clairvaux* von Watkin Williams, *St. Francis of Assisi* von T. S. R. Boase, *Richard Cœur de Lion* von Philip Henderson, *Eleanor of Aquitaine and the Four Kings* von Amy Kelly, *Saint Joan of Arc* (Die Jungfrau von Orléans) von V. Sackville-West, *Jacques Cœur* von Albert Boardman Keer, *Medieval People* von Eileen Power, *Carolingian Portraits* von Eleanor Shipley Duckett, *Six Medieval Men and Women* von H. S. Bennett und *The Plantagenets* von John Harvey. Auf spezifischen Gebieten vermittelten folgende Bücher wertvolle Hinweise: *The Myth of Rome's Fall* von Richard Mansfield Haywood, *Constantine and the Conversion of Europe* von H. M. Jones, *The Invasion of Europe by the Barbarians* von J. B. Bury, *The End of the Ancient World and the Beginnings of the Middle Ages* von Ferdinand Lot, *Constantinople in the Age of Justinian* von Glanville Downey, *Mahomet et Charlemagne* von Henri Pirenne, *History of the Byzantine Empire* von A. A. Vasilev, *Thought and Letters in Western Europe* von M. L. W.

Laistner, *Feudal Society* von Marc Bloch, *The Medieval Papacy* von Geoffrey Barraclough, *The Carolingian Empire* (Das Karolingerreich) von Heinrich Fichtenau, *A History of the Vikings* von Gwyn Jones, *The Viking* von Tre Tryckare, *The Bayeux Tapestry* und *Anglo-Saxon England* von Sir Frank Stenton, *The Making of England* von C. Warren Hollister, *The Normans in European History* und *The Renaissance of the 12th Century* von Charles Homer Haskins, *Medieval Sicily* von Denis Mack Smith, *Herbst des Mittelalters* von J. Huizinga, *The Great Pilgrimage of the Middle Ages* von Vera und Hellmut Hell, *The Road to Santiago* von Walter F. Starkie, *A History of the Crusades* von Kenneth M. Setton, *A History of the Crusades* (Geschichte der Kreuzzüge) von Sir Steven Runciman, *Cités du Moyen Age* von Henri Pirenne, *The Hansa* von E. Gee Nash und *The Hansa Towns* von Helen Zimmern. Der Einblick ins Zeitgeschehen wurde durch folgende Werke vermittelt: *Life and Work in Medieval Europe* von P. Boissonnade, *Everyday Life in the Viking Age* von Jacqueline Simpson, *Life on a Medieval Barony* von William Stearns Davis, *How They Lived* von W. O. Hassall, *La France au Moyen Age* von Paul Lacroix und *Daily Living in the Twelfth Century* von Urban T. Holmes. Über die Entstehung der ersten Universitäten wurden als Quellen herangezogen: *The Rise of Universities* von Charles Homer Haskins, *The Universities of Europe in the Middle Ages* von Hastings Rashdall und *University Records and Life in the Middle Ages* von Lynn Thorndike. Zusätzlich wurden noch folgende Spezialwerke konsultiert: *A Fifteenth Century Cookry Boke* von John K. Anderson, *A History of the Art of War in the Middle Ages* von Charles Oman, *Medieval and Early Modern Science* von A. C. Crombie und *Medieval Technology and Social Change* von Lynn White, Jr. Quellen für Kunst und Architektur waren: André Grabars *The Golden Age of Justinian* (Die Kunst im Zeitalter des Justinian), Kenneth John Conants *Carolingian and Romanesque Architecture 800 to 1200,* Emile Mâles *The Gothic Image,* Henry Adams *Mont-Saint-Michel and Chartres* und Allan Temkos *Notre-Dame of Paris.* Bei der Anfertigung von Spezialkarten wurden konsultiert William Shepherds *Historical Atlas* und Karl von Spruners und Th. Menkes *Handatlas* (für die deutsche Übersetzung: *Putzgers Historischer Weltatlas*). Ebenso wurden die Führer von Michelin, Nagel, Blue und Hachette von unseren Autoren verwendet.

Das Zitat aus dem *Sonnengesang* des Franziskus von Assisi auf der Seite 158, übersetzt von Xaver Schnieper, wurde dem Werk von Mario von Galli, *Gelebte Zukunft: Franz von Assisi,* Verlag C. J. Bucher, Luzern, entnommen.

Die Zitate auf den Seiten 285–288 wurden folgenden Werken entnommen:
Dante Alighieri, «Der Gruß», in *Italienische Gedichte,* übersetzt von Bruno Goetz, Manesse-Verlag, Zürich 1953
Dante Alighieri, *Die Göttliche Komödie,* übersetzt von Hermann Gmelin, Ernst-Klett-Verlag, Stuttgart
Beowulf, übersetzt von Moritz Trautmann, P. Hanstein's Verlag, Bonn 1904
Rolandslied, übersetzt von H. W. Klein, Eidos-Verlag, München 1963
Walter von der Vogelweide, «Unter der Linde . . .» in *Deutsche Lyrik des Mittelalters,* übersetzt von Max Wehrli, Manesse-Verlag, Zürich 1962
Johannes von Tepl, *Der Ackermann aus Böhmen,* übersetzt von Hermann Kunisch, Herder-Verlag, Freiburg i. Br. 1954
Geoffrey Chaucer, *Canterbury Tales,* übersetzt von Wilhelm Hertzberg, Herbert Stubenrauch/Verlagsbuchhandlung, Berlin 1925
François Villon, «Ballade von edlen Frauen vergangener Zeiten», in *Das Große Testament,* Zollikofer-Verlag, St. Gallen 1949
